教育部人文社会科学重大攻关项目

《知识产权制度的变革与发展》

[04JZD0016]

· 知识产权制度国际化问题研究

· 知识产权制度现代化问题研究

· 知识产权制度战略化问题研究

· 知识产权制度法典化问题研究

知识产权制度
变革与发展丛书
总主编 吴汉东

Research on Internationalization
of Intellectual Property Rights

知识产权制度
国际化问题研究

吴汉东 郭寿康 主编

北京大学出版社
PEKING UNIVERSITY PRESS

图书在版编目(CIP)数据

知识产权制度国际化问题研究/吴汉东,郭寿康主编. —北京:北京大学出版社,2010.11

(知识产权制度变革与发展丛书)

ISBN 978 - 7 - 301 - 17967 - 3

Ⅰ. ①知… Ⅱ. ①吴… ②郭… Ⅲ. ①知识产权 - 国际化 - 研究 Ⅳ. ①D913.04

中国版本图书馆 CIP 数据核字(2010)第 205544 号

书　　名: 知识产权制度国际化问题研究
著作责任者: 吴汉东　郭寿康　主编
责 任 编 辑: 邓丽华　周素梅
标 准 书 号: ISBN 978 - 7 - 301 - 17967 - 3/D · 2711
出 版 发 行: 北京大学出版社
地　　址: 北京市海淀区成府路 205 号　100871
网　　址: http://www.pup.cn
电　　话: 邮购部 62752015　发行部 62750672　编辑部 62752027
出版部 62754962
电 子 邮 箱: law@pup.pku.edu.cn
印 刷 者: 北京大学印刷厂
经 销 者: 新华书店
965 毫米 × 1300 毫米　16 开本　25.25 印张　458 千字
2010 年 11 月第 1 版　2010 年 11 月第 1 次印刷
定　　价: 48.00 元

本卷撰稿人

导　论:吴汉东

第一编:王太平　熊　琦

第二编:刘春霖　张桂红　王莲峰　黄玉烨　彭玉勇　郑万青

第三编:吴汉东　刘　筭　徐　伟　严永和　牛　强

作 者 简 介(以撰写章节顺序)

吴汉东,法学博士,中南财经政法大学知识产权研究中心教授,博士生导师
王太平,法学博士,湘潭大学法学院教授
熊　琦,法学博士,中南财经政法大学知识产权研究中心研究员
刘春霖,法学博士,河北经贸大学法学院教授
张桂红,法学博士,北京师范大学法学院教授
王莲峰,法学博士,华东师范大学知识产权学院教授
黄玉烨,法学博士,中南财经政法大学知识产权研究中心教授
彭玉勇,法学博士,暨南大学法学院副教授
郑万青,法学博士,浙江工商大学法学院副教授
牛　强,法学博士,浙江工商大学法学院讲师
刘　筭,法学博士,中南财经政法大学法学院教授
徐　伟,法学博士,中南财经政法大学知识产权研究中心兼职研究员
严永和,法学博士,暨南大学法学院副教授

总　序

呈现在读者面前的这四卷作品,是教育部人文社会科学重大攻关项目《知识产权制度的变革与发展》的最终成果。丛书虽已定稿,即将付梓,本人作为项目首席专家却心潮难平,与课题组成员同甘共苦的日日夜夜依然历历在目。

新千年伊始,本人尝试在知识产权的国际化、现代化、法典化和战略化等方面进行探索,相关论文也忝列于国内外核心刊物。2004 年,我将多年思考升华为"知识产权制度的变革与发展"这一选题,申报了教育部人文社会科学重大攻关项目,并有幸获得批准。此课题是我所在的中南财经政法大学知识产权研究中心被教育部授予人文社会科学重点研究基地后的第一个重大攻关项目。研究中心全体同事上下一心,积极准备,制定了科学、合理的研究框架和研究思路。同时,本课题还邀请到了国内外顶尖的知识产权专家加盟:国际方面的专家有德国马普知识产权研究所前主任 Straus 教授、德国汉堡大学 Ulrich Karpen 教授、日本北海道大学田村善之教授、日本国立东北大学工学院科技管理系长平彰夫教授、美国密歇根大学 Peter K. Yu 教授;国内方面的专家有我国已故著名知识产权专家郑成思教授、中国人民大学郭寿康教授、台湾地区知名法学专家王泽鉴教授、潘维大教授、刘江彬教授、谢哲胜教授、林宇光教授等。他们或亲自贡献研究成果,或担任子项目主持人,或出任课题组顾问,使本课题具备了跨学科、跨院系、跨学校、跨地区、跨国家的优势,为课题的顺利进行打下了坚实基础。

从 2004 年立项到 2008 年结项,课题进程历经四载。其间中国知识产权事业高潮迭起,我国于 2004 年、2005 年分别成立了"国家保护知识产权工作组"和"国家知识产权战略制定工作领导小组";2006 年 1 月,胡锦涛总书记在全国科学技术大会上提出建设创新型国家的战略目标;同年 5 月,胡锦涛总书记在中央政治局集体学习时强调:"加强知识产权制度建设,提高知识产权创造、运用、保护与管理能力,是增强自主创新能力,建设创新型国家的迫切需要";2008 年 6 月,国务院发布《国家知识产权战略纲要》。为了顺利实现纲要所确定的战略目标,我国进入到新一轮立法、修法时期,《专利法》第三次修订刚刚完成,《商标法》、《著作权法》的修订工作正在进行，民间文学艺术、传统知识以及遗传资源保护的立法工作有序展开。面对我国如火如荼的知识产权制度发展进程，课题研究并没有局限在“形而上”的层面，而是将实证研究与理论研究结合起来，将服务社会与高端咨询结合起来，以积极主动的态度参与其中。在课题组全体成员的努力下，课题研究立足基础理论，紧扣具体制度，总结他国经验，回应本国问题，无论是在知识产权战略制定和实施中，还是在相关立法和修法进程中，课题组结合相关内容推出了多样化的阶段性成果。其中既有在权威期刊上发表的学术论文，也有向相关政府机关提交的咨询报告。课题组提交的《国家知识产权战略纲要》（专家建议稿）、《信息网络传播权条例》（建议稿）、《专利法修正案》（建议稿）、《商标法修正案》（建议稿）等，也都体现在了相关立法文件中。2006 年 5 月 26 日的中共中央政治局进行第三十一次集体学习，本人有幸作为主讲人之一，就本课题涉及的研究成果向党和国家领导人做了汇报，对我国知识产权制度建设和国际知识产权制度现状和趋势进行了系统梳理，并从学者的角度向我国最高决策层面提出了应对方略建议。胡锦涛总书记对于相关内容作了充分肯定并发表了重要讲话，将中国的知识产权事业推上了又一个新台阶。

课题组成员所付出的辛勤劳动得到了知识产权界的认可，本课题在 2006 年的中期检查中广受好评，同年《中国教育报》关于教育部重点研究基地“十五”建设成就以及高校“十五”哲学社会科学成就的报道中，专门肯定了课题组成员在咨询决策和服务社会方面的成绩。2008 年，课题组完成了以下预定的工作计划：筹建“知识产权制度变革与发展”数据库；推出各种形式的阶段性研究成果，其中，在《法学研究》、《中国法学》等权威或核心刊物上发表学术论文 48 篇，向国家保护知识产权工作组、国务院法制办、司法部等部门提交咨询报告 8 篇；提交最终研究成果，即 48 万字的最终成果“知识产权制度变革与发展研究”和 4 个子课题成果，共计 160 余万字的《知识产权制度国际化问题研究》、《知识产权制度现代化问题研究》、《知识产权制度法典化问题研究》和《知识产权制度战略化问题研究》。在此基础上，课题以优秀等级结项。课题结项后，为反映国内外最新研究成果，本书在送交出版前又结合新问题作了增补。课题的结束绝不意味着对知识产权理论和实践的探索停止，我们全体课题组成员会将其视为一个新的起点，为中国的知识产权事业继续贡献力量！

吴汉东

2009 年盛夏于武昌晓南湖畔

目 录

第一编

动力论：知识产权国际保护制度的构造机理

第一章 知识产权国际保护制度的动力学分析

知识产权国际保护制度一般被分为三个时期，即巴黎联盟和伯尔尼联盟时期、世界知识产权组织时期和世界贸易组织时期。[①] 有学者将其总结为一个“从双边安排到多边国际条约的形成过程”。[②] 该制度发端于两个国家之间签订知识产权双边保护协定，约定保护对方的知识产权。到19世纪末期，1883年《巴黎公约》和1886年《伯尔尼公约》的出现使知识产权国际保护进入到了多边条约时代。多边条约时代知识产权国际保护制度最重要的成就是将“国民待遇”(National Treatment)[③]原则作为知识产权国际保护的基本原则之一。“国民待遇”原则的确立彻底改变了传统知识产权制度偏向保护本国国民利益的初衷，其优势在于在满足国际公约最低标准的前提下，允许一国自主地发展和实施自己的法律。[④] 20世纪末期，世界贸易组织的建立和《与贸易有关的知识产权协定》(简称《知识产权协定》或TRIPS)的形成，标志着知识产权高水平保护标准的初步实现。《知识产权协定》被置于世界贸易组织管辖之下，是加入世界贸易组织的必备条件之一，从而大大扩展了知识产权国际保护制度的适用范围，建立起了有力的监督执行机制，保证了在各缔约国的实施，对21世纪的国际贸易体制与知识产权国际保护制度带来了深远的影响。[⑤]

我国学术界对知识产权国际保护制度的研究已经初成大观，其研究成果主要体现在知识产权国际保护制度的基本原则、历史分期等基础性问题以及已经

---

① 参见吴汉东等:《知识产权基本问题研究》，中国人民大学出版社2005年版，第138—141页；张乃根:《国际贸易的知识产权法》，复旦大学出版社1999年版，第54—58页。

② 古祖雪:《国际知识产权法》，法律出版社2002年版，第27页。

③ 国民待遇原则指的是在知识产权保护方面，各缔约国(成员)之间相互给予平等待遇，使缔约国国民与本国国民享受同等待遇。具体参见吴汉东等:《知识产权基本问题研究》，中国人民大学出版社2005年版，第134—135页。

④ See Lionel Bently & Brad Sherman, *Intellectual Property Law*, Oxford University Press, 2001, p. 5.

⑤ 参见吴汉东等:《知识产权基本问题研究》，中国人民大学出版社2005年版，第141页。

生效的知识产权国际公约的组织结构、成员资格、决策制度等具体规则。[①] 研究范围主要集中于知识产权国际保护制度的静态研究和对已经成型的制度和框架的认识。但知识产权国际公约（组织）是如何形成的？其背后的推动者为何人？立法者（公约创立人）是基于何种动机来进行知识产权国际保护立法的？这些问题并没有得到很好的回答，甚至我们对知识产权国际保护的目标都没有形成统一的看法。发达国家往往认为知识产权国际立法的目的是发展世界的高技术市场，而发展中国家则认为那只不过是美国为使发展中国家适应美国的发展模式改变国内法的手段而已。[②]

上述问题的产生在某种程度上可以归结为研究视角的单一化。按照美国学者彼得·M.杰哈特（Peter M. Gerhart）教授的归纳，知识产权国际保护的研究进路可以用"实体/程序"两分法（substance/process dichotomy）来划分，知识产权的实体问题和知识产权制度形成的程序问题是相辅相成的，将两者分离是不可能的。我们至今为止的关注点主要集中于知识产权国际保护制度的实体部分。但是，实体和程序的研究是不可分离的。因为尽管知识生产的最大化和知识资源的分配的实体问题始终应该是我们研究的重点，我们也必须通过程序分析来更好地支撑实体研究，以求理解那些塑造知识产权国际化与一体化的力量及其相互关系。[③] 程序分析视角有助于把握知识产权国际保护制度的实质，即知识产权国际保护制度并不是价值中立的，它服务于其推动者，谁推动了制度的形成，制度就服务于谁的利益。

我国现有的研究没有给予知识产权国际保护制度背后的社会环境、制度形成的参与者及其运作手段、参与者与社会环境之间的相互关系等问题以应有的重视，其直接后果就是对知识产权国际保护制度只知其然而不知其所以然，只能认识昨天和今天的知识产权国际保护制度，但无法清晰地勾勒出其明天的发展方向，也不能有针对性地提出应对策略。对知识产权国际保护制度发展和演变的动机缺乏深入的认识，只会让我们将知识产权制度的全球化视为历史的必然，从而一味茫然被动地接受。

自《知识产权协定》谈判伊始，西方学者就陆续开始从过程或程序方面关注

---

① 比较突出的成果有吴汉东等：《知识产权基本问题研究》，中国人民大学出版社 2005 年版；唐广良、董炳和：《知识产权的国际保护》（修订版），知识产权出版社 2007 年版；古祖雪：《国际知识产权法》，法律出版社 2002 年版；张乃根：《国际贸易的知识产权法》，复旦大学出版社 1999 年版；郑成思：《关贸总协定与世界贸易组织中的知识产权》，中国人民大学出版社 1994 年版。

② 参见郑成思：《世界贸易组织与贸易有关的知识产权》，中国人民大学出版社 1996 年版，第 10 页。

③ See Peter M. Gerhart, *The Triangulation of International Intellectual Property Law: Cooperation, Power and Normative Welfare*, 36 Case W. Res. J. Int'l L. 1, 2004, 3—6.

知识产权国际立法的动向，其分析研究已达相当水准。[①] 然而，目前国内在知识产权国际保护制度研究方面，实体的分析视角是占统治地位的。鉴于知识产权的专门化发展趋势，不仅国际关系学者对知识产权国际立法关注不足，即便是法学界，除了知识产权学者外，其他法学者对知识产权国际立法的关注也不充分。本书不仅倡导从过程或程序角度来分析知识产权国际保护制度的构造机理，而且主张进行综合性的分析。本编定名为"动力论：知识产权国际保护制度的构造机理"即为此意。

一、知识产权国际保护制度立法动力学分析的要义与实质

知识产权国际保护制度立法动力学分析的要义在于了解知识产权国际保护制度形成的具体过程，了解影响着知识产权国际保护制度形成的主体、力量、作用机制与具体作用过程。从分析方法和内容来说，这种分析实质上是一种立法动力学分析。[②] 在社会科学领域，动力学分析的要素往往是社会主体、社会主体的力量、社会主体相互作用的社会规律、社会活动的过程等，社会科学领域中的许多事物的发展变化也经历着一种和自然科学领域中的事物类似的发展变化过程，即社会主体在其力量的推动下根据社会主体相互作用的规律进行社会活动，社会活动也循此而发展演变。

在知识产权领域，国外研究知识产权立法（包括国内和国际立法）的学者也已经开始运用动力学方法来分析知识产权立法问题。格莱美·B. 町武迪（Graeme B. Dinwoodie）和罗彻尔·B. 德莱佛斯（Rochelle C. Dreyfuss）将动力学方法运用于分析《知识产权协定》对国内知识产权立法的影响，他们的分析展示了现在知识产权立法中运行的复杂的、交互影响的动力：国内立法和判决日益涉及国际立法过程，国际立法者和裁决者也必须考虑国内立法中发现的政治策略，包括交易惯例、特定环境下技术和社会实践的相关需要以及非知识产权体制的能力等等。[③] 苏珊·K. 塞尔（Susan K. Sell）在其《私人权力，公共法律：知

① See Susan K. Sell, *Industry Strategies for Intellectual Property and Trade: The Quest for TRIPS, and Post-TRIPS Strategies*, 10 Cardozo J. Int'l & Comp. L. 79; Paul C. B. Liu, *Taiwan: U. S. Industry's Influence on Intellectual Property Negotiations and Special 301 Actions*, 13 UCLA PAC. BASIN L. J. 87; Susan K. Sell, *Private Power, Public Law: The Globalization of Intellectual Property Rights*, Cambridge University Press, 2003.

② 因此，本书以下以"知识产权国际立法动力学分析"来指称"知识产权国际保护制度构造机理分析"。

③ Graeme B. Dinwoodie and Rochelle C. Dreyfuss, *TRIPS and the Dynamics of Intellecutal Property Lawmaking*, 36 Case W. Res. J. Int'l L. 95.

识产权全球化》一书中详细分析了《知识产权协定》形成的具体过程及其交互影响因素,事实上就是运用动力学分析的方法在探究《知识产权协定》的构造机理。劳伦斯·R.赫尔夫(Laurence R. Helfer)则在《体制转换:〈知识产权协定〉和知识产权国际立法新动力学》一文中分析了《知识产权协定》生效之后,知识产权国际立法在后 TRIPS 时代的发展,赫尔夫在其文章中指出,《知识产权协定》对国际知识产权立法具有不曾预料到的影响,尤其是《知识产权协定》对知识产权的强化已经导致国家、非政府组织以及政府间组织官员在扩大了的国际舞台内引发对知识产权的关注。因此,自《知识产权协定》实施以来,我们能看到的只不过是在更多国际舞台中知识产权问题中的利益爆炸,在世界卫生组织、世界粮农组织、食品和农业基因资源的当事方和生物多样化公约当事方的国际会议、联合国人权委员会及其人权促进与保护分委员会的专家和政治实体中,国际知识产权问题处于或接近于议程的顶峰。其结论是,《知识产权协定》生效以来知识产权国际立法的发展是发展中国家进行体制转换的结果。①

之所以能够对知识产权国际立法进行动力学分析,是因为知识产权国际立法同样存在以下现象,即在知识产权行为主体的推动下,根据其相互作用的宏观背景和规律进行知识产权国际立法活动。在知识产权国际立法中存在各种各样的参与主体,例如国家及其政府官员(包括发达国家和发展中国家)、私人集团(如知识产权产业集团、其他市民社会组织)等,这些知识产权国际立法的不同参与主体也通过不同的制度和机构如国际制度、国际组织、国内制度和机构等参与到知识产权国际立法中。不同主体通过不同制度的不同立法努力也产生了不同的知识产权国际立法结果,以美国为首的发达国家通过将知识产权国际立法从世界知识产权组织(WIPO)体制转换到关税与贸易总协定(世界贸易组织)(GATT/WTO)体制,从而产生了空前高水平知识产权保护的《知识产权协定》②,而发展中国家则通过将知识产权国际立法从世界贸易组织体制转换到生物多样性、植物基因资源、公共健康和人权等立法体制,进而缓解了《知识产权协定》对发展中国家的压力。③

---

① Laurence R. Helfer, *Regime shifting: The TRIPs Agreement and New Dynamics of International Intellectual Property Lawmaking*, 29 Yale J. Int'l L. 1.

② See, Susan K. Sell, *Private Power, Public Law: The Globalization of Intellectual Property Rights*, Cambridge University Press, 2003.

③ See, Laurence R. Helfer, *Regime shifting: The TRIPs Agreement and New Dynamics of International Intellectual Property Lawmaking*, 29 Yale J. Int'l L. 1.

二、知识产权国际立法动力学分析的内容

在从程序或过程角度对知识产权国际立法进行动力学分析的学者中，塞尔的分析是最为综合的，塞尔在书中详细讲述了一个12位美国高科技公司的首席执行官推动《知识产权协定》签署的故事。塞尔说："本书主张，知识产权全球规则是结构化主体的产物。主体被置于特定的结构中，机制在结构和主体之间从两个方向进行调节。结构改变机制并创造新主体，接着，主体改变机制，并创造新的结构。这些要素的不同联合产生了不同的结果。"①其中主体和结构均是推动《知识产权协定》签署的力量，而机制则是主体和结构据以推动《知识产权协定》签署的具体"通道"，不仅如此，塞尔在其书中还详细描述了主体在结构的配合下通过机制推动《知识产权协定》签署的具体过程。尽管塞尔的分析主要限于《知识产权协定》的形成过程，其分析也基本上是以主体为中心的，但其中却涉及了知识产权国际立法动力学分析的全部要素和内容。本书认为，知识产权国际立法动力学分析的内容主要包括以下方面：

（一）知识产权国际立法的政治、经济、科技等宏观环境

根据马克思主义的社会原理，人类社会是物质运动的最高形式，是人们在特定的物质资料生产基础上相互交往、共同活动形成的各种关系的有机系统。人类社会具有复杂的结构，即生产力系统、生产关系系统和上层建筑系统。在人类社会构成的这些基本系统中，"只有把社会关系归结于生产关系，把生产关系归结于生产力的高度，才能有可靠的根据把社会形态的发展看做自然历史过程"②。同时，尽管杰出历史人物在社会发展中发挥着重要的作用，但却无法左右社会发展的历史趋势。因此，作为上层建筑的法律发展和立法取决于其背后的政治、经济、科技等宏观环境。尽管国际立法具有不同于国内立法的特点，它显然也不能逃避这一规律的制约。而在法社会学看来，法律是社会系统的一个组成部分或单元，法律既是一个在规范上闭合的系统，也是一个在认知上开放的系统，认知上的开放性要求法律与其环境之间具有不对称关系，即法律的运作依环境的运作而定，而且适应于正在发生变化的条件。③ 法律与立法同样也

---

① Susan K. Sell, *Private Power, Public Law: The Globalization of Intellectual Property Rights*, Cambridge University Press, 2003, 7.

② 《列宁选集》第1卷，人民出版社2004年版，第8页。

③ 卢曼：《法律的自我复制及其限制》，载《北大法律评论》第2卷第2辑，法律出版社1999年版，第448—451页。

取决于其背后的政治、经济、科技等宏观社会条件。塞尔在其分析中将本章所指的知识产权国际立法的宏观背景称为“结构”，她认为，对主体之间博弈以及博弈结果的分析，“需要置于时间和空间中，并需要置于更深的决定谁最先开始进行这个‘博弈’的结构”。就其作用来说，“结构施加了一种被忽略了的原因力，有助于鉴别任何具体环境中重要的主体，也塑造了主体的偏好”。同时，“结构因素也警醒我们谁的偏好最可能有关，不仅仅在国内的背景中，在国际舞台上也是如此”。在国际上，“对国家不对称力量能力的关注有助于解释国外的影响，也有助于解释协商结果”。其中“美国国内的机制变化比其他国家内的类似变化有更大的影响；美国机制成为强迫国外变化的经济强制和优势力量运用的手段”。[①]

（二）知识产权国际立法的参与主体及其运作手段

尽管政治、经济、科技等宏观环境是知识产权国际立法的决定性因素，但知识产权国际立法的参与主体及其运作手段也是非常重要的。因为“历史背景并不指向一个方向。……企业家及其主体在这个故事中仍然是有价值的。在和如投资、服务等领域的相应努力比较时，这甚至是更明显的”[②]。以《知识产权协定》的形成为例，如果不是美国知识产权委员会的积极行动，关税与贸易总协定（GATT）乌拉圭回合谈判的结果也许仍然会包括知识产权，甚至也可能形成《知识产权协定》，但最可能的结果将是仅仅出现一个所谓的反冒牌货法典。因此，主体及其运作手段是知识产权国际立法动力学分析的重要内容，它们直接影响甚至决定了知识产权国际立法的具体结果和发生方式。

（三）知识产权国际立法的机制

上述微观层次的主体、宏观层次的结构和宏观环境的解释都有一定的说服力，也均抓住了知识产权国际立法的重要方面。然而，这两个方面却不是知识产权国际立法动力学分析的全部。因为每一层次分析均遗漏了某些非常重要的东西，即机制，机制是微观层次和宏观层次之间的关键连接。塞尔用机制指法律规范、美国政府的立法、执行和司法部门以及国际组织（如 WTO）。塞尔认为，所有这些机制均是动态的，它们均发挥着作用，也受着影响，它们均构造并为主体所构造，它们构造结构并为结构所构造。这种交互机制的动态过程在推动着知识产权中的全球商业规则。因此，有必要检视连接主体和结构之间的关

---

① Susan K. Sell, *Private Power, Public Law: The Globalization of Intellectual Property Rights*, Cambridge University Press, 2003, 5.

② Ibid., 4.

联和机制。[①] 所谓机制指的是有机体的构造、功能和相互关系,泛指一个工作系统的组织或部分之间相互作用的过程和方式,如:市场机制、竞争机制、用人机制等。机制是一套结构化的规则,可以是人为的也可以是自然的。[②] 知识产权国际立法的机制是指前述知识产权国际立法的宏观力量和微观主体赖以推动知识产权国际立法进行的一套结构化的规则,包括正式的制度安排、组织机构的设置和非正式的方法,这些制度安排、组织机构和非正式方法既包括国内的,也包括国际的。

(四)知识产权国际立法的具体过程

前面三项内容是知识产权国际立法动力学分析的三个要素,但仅仅离散地分析这三个要素显然无法得知知识产权国际立法的结果,尤其无法理解其内在规律性。必须将这三个要素有机地结合在一起才能形成具体的知识产权国际保护制度,也只有深入、全面、综合、动态地分析这三个要素的相互作用过程才能了解知识产权国际保护制度的构造机理。这就意味着知识产权国际立法动力学分析不仅需要分别离散地分析前述宏观背景、立法主体和立法机制三个方面,更需要综合地分析这三个方面相互作用的复杂过程;不仅要分析宏观环境是如何影响立法主体的,还要分析立法主体是如何影响宏观环境的;不仅要分析立法主体是如何通过相应机制进行立法活动的,更必须分析立法主体和宏观环境是如何影响机制的变动的。因为,“这些要素的不同联合产生了巨大的不同结果”[③]。

三、知识产权国际立法动力学分析的价值

知识产权国际立法动力学分析的价值包括以下两个方面:

一方面,知识产权国际立法动力学分析作为一种过程或程序分析方法,其价值首先在于程序方面,知识产权国际立法动力学分析使得我们能够洞悉知识产权国际立法的规律性,熟悉和掌握知识产权国际立法的技巧和策略,把握知识产权国际立法的未来趋势。知识产权国际立法的历史进程我们是很清楚的,但这一历史进程是如何发生和发展的?为什么知识产权国际立法的各个阶段

---

① Susan K. Sell, *Private Power*, *Public Law*: *The Globalization of Intellectual Property Rights*, Cambridge University Press, 2003, 6.

② “百度百科”机制条,http://bk.baidu.com/view/79349.htm。

③ Susan K. Sell, *Private Power*, *Public Law*: *The Globalization of Intellectual Property Rights*, Cambridge University Press, 2003, 7.

在其发生的特定时期而不是在其他时期?是什么因素影响着知识产权国际立法的这一历史进程?这些因素又是如何影响知识产权国际立法的这一历史进程的?特定国家应该如何面对知识产权国际立法的这一历史进程?它是全然被动的还是有一定的自主性?如果有自主性,它又该如何参与其中,努力使这一历史进程反映自己的利益?知识产权国际立法的未来发展又将如何?等等。这些问题的回答必须求助于知识产权国际立法动力学分析。首先,因为只有知识产权国际立法动力学分析才综合地分析影响知识产权国际立法进程的各种要素及其相互作用过程,因此只有知识产权国际立法动力学分析能够了解知识产权国际立法这一历史进程的内在规律。其次,只有知识产权国际立法动力学分析才会全面地分析知识产权国际立法的微观主体及其运作手段,因此,这种分析是国家在知识产权国际立法中采取正确的策略和方法的基础。再次,这种知识产权国际立法动力学分析对知识产权国际立法规律性的把握是理解知识产权国际立法的过去和预知知识产权国际立法的未来的重要方法和途径。

另一方面,尽管知识产权国际立法动力学分析是一种过程或程序分析方法,但由于程序与实体的不可分性,这种分析有助于我们认识国际知识产权实体规则的实质。知识产权国际立法动力学分析详细地描写了谁在立法、为谁的利益立法、通过什么机制立法、立法为的是何种目标等等问题,而这些问题的分析有助于我们认识国际知识产权实体规则的实质,尤以全球化时代的知识产权国际立法为甚。

以《知识产权协定》的谈判和签署为例,美国等发达国家之所以推动《知识产权协定》的签署,显然是因为《知识产权协定》的知识产权强保护有利于其国家利益的实现。它们不仅是经济强国,而且是知识经济强国,在全球化的今天,知识产权的强保护有助于强化它们通过控制知识进而控制全球经济。发展中国家之所以对《知识产权协定》持抵制态度,显然是因为作为知识净进口国,知识产权强保护只能增加它们的负担。在知识产权国际立法的后 TRIPS 发展中,发展中国家之所以要在生物多样性、植物基因资源、公共健康和人权等体制内力争知识产权新规则,显然是因为这些体制内问题更有利于强化它们的谈判地位与力量。

自《知识产权协定》开始谈判以来,私人集团的参与成为知识产权国际立法的重要特点,《知识产权协定》的签署被认为是美国知识产权私人集团推动的结果①,因此《知识产权协定》的谈判和签署过程表明了在利益驱动下知识产权私

① Susan K. Sell, *Private Power, Public Law: The Globalization of Intellectual Property Rights*, Cambridge University Press, 2003.

人集团对全球知识产权规则的控制。虽然这并不能完全否认《知识产权协定》的合法性和正当性,但至少使得我们不能将《知识产权协定》神圣化,相反应该更加理性地分析它。因为尽管私营部门组织的代表给谈判桌前带来了高水准的技术与理论支持,然而,它们代表了其成员狭隘的部门利益和物质利益。① 因此,就知识产权私人集团对知识产权国际立法的参与来说,人们越来越担心,全球商业力量正在逐步排挤公共利益。在商业力量的影响下,延长专利保护与其说是为了刺激发明创造,还不如说是为了保护投资价值。② 知识产权国际立法参与者均在寻求着满足自己利益最大化的立法结果,但因参与者之间力量的不对称,知识产权国际立法更多地反映了力量强大的参与者的利益。因此,在规范性文献当中,全球治理是如此扭曲,以至于它促进的只是最强大国家及其所属集团的利益,却压制了社会公众利益和人类安全的实现。扭曲的全球治理被理解为各国之间不对等的力量、全球资本的利益和日程的结构性优势,以及全球政策进程的技术官僚相互作用的产物。③ 正由于《知识产权协定》谈判和签署过程中发达国家和发展中国家之间、知识产权私人集团和其他私人集团之间力量的不对称,2003 年 2 月,联合国发展项目发布了一份批评《知识产权协定》关于世界贸易体系的报告。报告断言,"对大部分发展中国家来说,《知识产权协定》的适当性是高度令人怀疑的",并要求发展中国家"就用替代性的知识产权范式取代《知识产权协定》开始对话",并在过渡期内"修改《知识产权协定》被解释和执行的方法"。④

---

① 〔英〕戴维·赫尔德、安东尼·麦克格鲁:《治理全球化:权力、权威与全球治理》,曹荣湘、龙虎等译,社会科学文献出版社 2004 年版,第 22 页。

② 英国知识产权委员会:《知识产权与发展政策相结合》,第 4 页,http://www.iprcommission.orggraphicChinese_Intro.htm。

③ 〔英〕戴维·赫尔德、安东尼·麦克格鲁:《治理全球化:权力、权威与全球治理》,曹荣湘、龙虎等译,社会科学文献出版社 2004 年版,第 20 页。

④ Laurence R. Helfer, *Mediating Interactions in an Expanding International Intellectual Property Regime*, 36 Case W. Res. J. Int'l L. 4.

第二章
全球化时代知识产权国际保护制度的环境变迁

在法社会学看来,法律是社会系统的一个组成部分或单元,法律既是一个在规范上闭合的系统,也是一个在认知上开放的系统,认知上的开放性要求法律与其环境之间具有不对称关系,即法律的运作依环境的运作而定,而且适应于正在发生变化的条件。[①] 知识产权国际保护制度也是在一定的社会环境中生存和发展的,它也必定"随时代而发展、变化"。[②] 本章我们所分析的是全球化时代知识产权国际保护制度的环境变迁。

一、经济环境的变迁:知识经济导致的社会控制力转移

知识经济的概念兴起于1996年经合组织(OECD)名为《以知识为基础的经济》的报告,此后美国商务部的《崛起的数字经济》和世界银行的1998—1999年度世界发展报告《知识促进发展》均开始强调知识对经济发展的基础性作用。

知识经济是继农业经济和工业经济以后的一种新社会经济形态,是以知识为基础的经济直接依赖于信息的生产、分配和使用,其最突出特点是知识的经济功能得到凸显。在产品的价值构成中,知识创造的价值占最大比重,明显区别于物质在产品价值中占最大比重的工业和农业经济。[③] 尽管传统劳动密集型的农业经济和资本密集型的工业经济的发展均离不开知识,但是与它们相比,知识经济中的知识在"质"和"量"上均有很大不同。第一,知识经济中的知识是以高新技术为基础的知识,不同于农业经济时代以经验为基础和工业经济时代以一般科学、技术为基础的知识;第二,与传统的农业和工业经济相比,知识经济中的信息呈指数增长,信息生产已经成为知识经济发展的动力。由于知识经济中知识在"质"和"量"上的这种变化,知识在生产力中的作用已从非独立

---

① 卢曼:《法律的自我复制及其限制》,载《北大法律评论》第2卷第2辑,法律出版社1999年版,第448—451页。

② 〔日〕中山信弘:《多媒体与著作权》,张玉瑞译,专利文献出版社1997年版,第6页。

③ OCED:*Knowledge-based Economy*, http://www.OECD.org.

因素变成为独立因素，由潜在的生产力变成了现实的生产力，成为核心竞争力的关键因素。

上述生产力的发展带来的是资本主义生产方式的全球化，导致了社会分配方式和社会控制权的变迁。不同于农业经济和工业经济的按劳动、资本等物质资源分配的社会分配方式，知识经济的社会分配方式开始按照知识和信息的占有程度来分配。美国学者拉兹洛曾指出："在20世纪末和21世纪初，规定世界上权力与财富性质的游戏规则已经改变。权力不再以某个组织的权威之类的传统标准为基础，财富的含义正在从诸如黄金、货币和土地之类有形的东西转移开去。一个比黄金、货币和土地更灵活的无形的财富和权力基础正在形成。这个新基础以思想、技术和通讯优势为标志。"①

在全球经济中，大量掌握知识与信息的不是国家和政府，而是以跨国公司为代表的私人企业。发达国家企业中，以知识产权为核心的无形财产在整个企业资产中所占的比重越来越大。澳大利亚学者彼得·德拉豪斯（Peter Drahos）教授将这一类公司称为"知识创新型企业"（knowledge creating company）。② 由于知识和信息向以跨国公司为代表的私人集团集中，高科技产业中开始出现所谓的"温特尔模式"。所谓"温特尔模式"是现今美国企业对全球信息产业控制方式之一，美国企业直接以中国台湾地区、韩国、新加坡和中国大陆地区等人力资源成本低的国家或地区为合作对象，让台湾地区和新加坡生产一般的电脑部件，让韩国生产半导体的一个部分，由中国大陆和东南亚生产低档的周边产品，而作为核心部件的中央处理器和软件产品的知识产权由美国本土的英特尔和微软公司把持。私人集团利用其所控制的知识产权来制定技术标准，周期性地提升电脑性能和硬件需求，进而与因特网等最新的信息技术结合，左右了全球信息产业的发展进程，于是形成了"温特尔平台"。微软的视窗操作系统和英特尔芯片结合，微软占领了90%以上的软件市场，英特尔占领了80%的芯片市场。这种温特尔模式是信息时代最典型的企业生产模式，它意味着几家控制核心知识产权的公司可以形成一个实质的卡特尔，垄断整个市场。拥有技术和产品标准的公司，可以利用垄断优势，不断推出新产品。③

财产的非物质化革命使得以跨国公司为代表的私人集团成为了经济全球

---

① 〔美〕E. 拉兹洛：《决定命运的选择》，李吟波、张武军、王志康译，三联书店1997年版，第6页。

② See Peter Drahos & John Braithwaite, *Intellectual Property, Corporate Strategy, Globalization: TRIPS in Context*, 20 Wis, Int'l L. J. 451 (2002), p. 453.

③ 杨帆：《新经济：新科技革命与全球化的结合》，载 http://www.blogchina.com/new/display/3094.html，2007年9月12日访问。

化的代言人和既得利益者。联合国就曾在其有关报告中指出,“跨国生产已经成为世界经济结构中的主要特征”,跨国公司具有在全世界寻求获得优厚利润的能力。根据有关估计,1%的最大跨国公司拥有全球跨国直接投资的50%以上。而全球生产的40%,国际贸易的50%—60%,工艺研制的80%,国际技术转让的30%和几乎全部劳务贸易,也都被发达国家的跨国公司所控制。①

与之相适应,作为界定、激励、配置、平衡和保护知识财产的知识产权制度也成为私人集团重点关注的对象。② 知识产权制度抑制着社会交易中可能出现的任意性和机会性行为,降低了包含知识产权的交易中的交易成本,使交易双方的行为更可预见,并由此促进着劳动分工和财富创造。③ 私人集团对知识产权的关注清晰地表现在如何阐释知识产权保护的正当性上。知识产权过去常常被视为一种“特权的授予”(grants of privilege),即是反垄断规则的例外。将这些权利看做特权强调了它们的临时性和不稳定性。国家可以授予特权但并非有义务授予。而在现代社会,知识产权被明定为一种“私权”(private right),这种转变暗示着国家有义务保护它们。这种差别不仅仅是语义的,而是知识产权正当性的根本变革。④ 追踪这些观念与制度的变化才能使我们真正触及问题的本质,即为何知识产权成为了国际贸易进程中的“武器”。知识产权归入私权后,主要享有其利益的是私人主体。也正因为私人对私权收益的占有,促使了作为私权的知识产权的大规模扩张。如果说历史上私人力量的逐步发展和强大,使其能够组成与国家相对的市民社会。在知识产权全球化的今天,有学者已经认识到,与知识产权保护相关联的许多国际关系问题,往往表现为知识产权这种“私权”的权利人,为了在国外造成有利于保护其私权的环境,推动其政府向另一个或另一些国家施加影响和压力的各种行为。⑤ 在某种程度上,我们可以说是私人在主导着知识产权国际立法的发展。一些知识产权私人集团为了保护自身的利益,已经走在了政府的前面。反过来,这些私人集团有通过种种手段,操纵政府作为其国际上的代言人,以此实现其在知识产权领域的收益。

---

① 白玲等:《跨世纪世界经济演变的趋势及其不确定的变数》,载《天津商学院学报》2002年第2期。

② 有学者对知识产权制度的功能作了如下概括,即(1)知识财产私有的界定功能;(2)知识创造活动的激励功能;(3)知识资源利用的配置功能;(4)知识财富分享的平衡功能;(5)知识利益保护的规范功能。具体参见吴汉东:《利弊之间:知识产权制度的政策科学分析》,载《法商研究》2006年第5期。

③ 参见〔德〕柯武刚、史漫飞:《制度经济学》,韩朝华译,商务印书馆2004年版,第35页。

④ See Susan K. Sell, *Private Power, Public law: The Globalization of Intellectual Property Rights*, Cambridge University Press, 2003, p.5.

⑤ 参见郑成思:《世界贸易组织与贸易有关的知识产权》,中国人民大学出版社1996年版,第10页。

上述事例无疑说明,在知识经济时代,拥有先进知识的私人集团成为了财富分配的最大受益者,也正是利益驱使着这些知识新贵开始逐渐充当知识产权国际化进程的主角。

二、国家战略的转变:发达国家的竞争策略

知识经济的兴起和社会控制力的转移不但使私人集团走上了国际规则制定的前台,还深刻地改变了发达国家的国家战略方针。

知识经济是全球化的经济。农业经济以地为界,基本上是封闭型的;工业经济靠能源和市场,也只能是通过殖民和掠夺。而随着工业经济向知识经济转变,经济的全球化真正开始出现了。[①] 随着知识经济将社会的控制权交到了知识拥有者的手中,国家之间的博弈不再是对土地和自然资源的争夺,经济的发展也不再是以对殖民地原材料和劳动力的剥削为动力。知识经济社会中国力的对比演变成为了知识占有量的对比。美国的帕兰(Palan)教授等人将经济全球化的特征概括为四点,即金融的全球化、生产的国际化、技术的更新化、政治的解构化。[②] 另外,由于技术更新的加快,高新技术企业的生产成本迅速攀升,企业要想收回成本已经不能只依赖国内市场。这意味着一国的企业不仅面临来自国内的竞争,而且要面对全球市场中的其他企业,这表现为知识产权在国际贸易中比重的迅速膨胀,早在20世纪90年代末期美国就已经有将近50%的对外出口依赖于某种形式的知识产权保护。[③] 在全球化的今天,保护了知识产权就是维持了发达国家及其企业的经济命脉。

全球经济的结构转型直接导致了发达国家竞争性国家战略(competitive state strategy)的出台,这些国家竞争性战略被定义为一系列专门以改善商业环境、提高国家在全球经济中的竞争优势的政策[④],尤其是在高科技产业集中程度高的美国,这种竞争战略表现在对国际知识产权制度的构建。具体而言,这种国家政策的转型主要可以归结为以下原因:

---

① 易继明:《技术理性、社会发展与自由》,北京大学出版社2005年版,第7页。

② See R. Palan & J. Abbott, with P. Deans, *State Strategies in the Global Political Economy*, London: Pinter, 1996, p. 20.

③ 参见李明德:《"特别301条款"与中美知识产权争端》,社会科学文献出版社2000年版,第98页。

④ See R. Palan & J. Abbott, with P. Deans, *State Strategies in the Global Political Economy*, London: Pinter, 1996, p. 6.

(一) 发达国家传统工业的没落

《知识产权协定》谈判前美国经济已是持续低迷,其在世界经济中的地位不断下降。早在20世纪60年代,美国经济已经进入经济学家所说的滞涨状态。1971年,美国出现了120年来第一次贸易逆差,美元形势益加恶化,信用大跌,欧洲屡屡发生的抛售美元抢购黄金的风潮莫不使美国当权者如坐针毡,感到国力江河日下。1976年,鉴于美国经济危机日益加深,国际货币委员会在牙买加集会,签署了"牙买加协议",宣布废除黄金官价,允许各会员国自由选择汇率,布雷顿森林体系宣布解体,以美元为中心的世界贸易体系彻底瓦解。[①] 与此同时,美国工业的全球竞争力日益下降,1985年1月美国"总统工业竞争能力委员会"发布的长篇报告显示:近10年来,无论是美国的高技术产品还是非高技术产品,在世界市场的销售份额都下降了近10个百分点。[②] 美国不仅在国际上竞争力下降,即便是国内市场也经受着来自日本等国的严峻竞争。20世纪80年代初,日本汽车已经占据了美国市场的20%,钢铁市场的10%—15%,电视市场的30%—50%,收音机市场的50%—60%,手表市场的50%,摩托车甚至高达90%。[③]

在这种大背景下,"衰落"成了美国政策制定者心中的魔咒,如何设法增强美国公司在全球市场中的竞争力成为压在白宫和国会山中决策者们心中的一块顽石。[④] 尽管美国经济处于衰落之中,但是美国政策制定者却清楚地看到,美国科技实力一直独占鳌头,但问题是这种科技优势却没有能够转变成经济实力和竞争力。美国官方将这种传统工业的没落归结于发展中国家极低的人力成本和低端技术的普及,这使得美国的传统工业受到了发展中国家进口商品的致命打击。美国学者 Reichmann 指出,发展中国家制造业水平的不断提高,使得发达国家不得不放弃传统工业产品,转而更加依赖拥有比较优势的知识产品(intellectual goods)。[⑤] 美国"总统工业竞争能力委员会"在其报告中也同时指出:"美国的经济衰退是必须面对的现实,但美国的技术力量依然处于世界绝对领先水平。不过这种技术力量方面的优势并没有反映在贸易上,因为美国对专

---

① 刘威:《论布雷顿森林会议后的美国经济》,载《经济评论》1995年第6期。

② 转引自唐承运、刘锡海:《80年代美国经济与里根政府对策》,载《外国问题研究》1996年第3期。

③ 陈建、鲁玲:《日本经济大军进军美国——谈日美经济冲突》,载《百科知识》1995年第5期。

④ Susan K. Sell, *Private Power, Public Law: The Globalization of Intellectual Property Rights*, Cambridge University Press, 2003, p. 35.

⑤ Ibid.

利这样的知识产权保护不够充分。”[①]事实上，“总统工业竞争能力委员会”报告已经开始付诸实践。1980年旨在促进政府资助研究中的发明的技术转移的《拜—杜尔法》(the Bayh-Dole Act)就是用来应对美国生产力下降和对抗日本的竞争力增长[②]；1982年，美国对其联邦法院系统进行了改革，设立了统一的专利上诉法院——联邦巡回区上诉法院，联邦巡回区上诉法院的设立彻底改变了美国的专利政策，大大强化了对专利的保护。据统计，在联邦巡回区上诉法院成立前，美国专利争议中认定专利有效的还不到50%，而在该法院成立之后，这一比例则上升到了70%。[③] 美国推动《知识产权协定》的制定显然是支持知识产权扩张的国内政策的自然延伸。

（二）发展中国家立法状况的阻碍

知识产权客体具有消费上的非竞争性(Non-rivalries consumption)与非排他性(Non-excludability)[④]，这意味着其自身无法解决未付费者的“搭便车”问题。由于高新技术产品的研究开发费用极高，产品一旦进入知识产权保护水平不高的国家，就会面临被低成本仿造而不能依靠强有力的当地知识产权立法加以制止和制裁的局面。特别是软件、音像制品这一类可以以数字形式复制的产品，其复制成本微不足道。而另一方面，知识产品的研发成本逐步攀升，企业必须不断地加大研发投入才能继续保证其知识产品在高端市场上的竞争优势。[⑤] 这种高成本生产和低成本复制之间冲突的加深很大程度上限制了美国在知识产权上的比较优势，因此美国急需提高国际知识产权实体法的保护水平。一直以来，美国都提倡一种“自由”贸易。从20世纪70年代末开始，知识经济较发达国家的与知识产权有关的贸易在世界贸易中的比重逐年增长，但在相对落后的国家其知识产权没有受到有力的保护，与贸易有关的知识产权侵权变得日益严重，全球因知识产权侵权所造成的损失每年达800亿美元，侵权货物贸易占世界贸易总量的5%—8%。鉴于已有的知识产权国际公约缺乏相应的力度和规定，美国改“自由”(free)贸易为“自由且公平”的贸易(free-but-fair-trade)，旨在

---

① 王晋刚、张铁军:《专利法生存》，知识产权出版社2005年版，第44页。

② Eyal Press & Jennifer Washburn, *The Kept University*, Atlantic Monthly Mar. 1, 2000, 39. Citing Clovia Hamilton, *Proposed Cooperative Economic Development Agreements under the Bayh-Dole Act*, 36 J. Marshall L. Rev. 405.

③ 王晋刚、张铁军:《专利法生存》，知识产权出版社2005年版，第46页。

④ 参见〔美〕罗伯特·考特、托马斯·尤伦:《法和经济学》，张军等译，上海三联书店、上海人民出版社1999年版，第58页。

⑤ See Susan K. Sell, *Private Power, Public law: The Globalization of Intellectual Property Rights*, Cambridge University Press, 2003, p. 38.

强调营造一个公平的国际贸易环境。美国的决策者们相信,只要在一个公平的国际经济规则下,他们仍然有实力去推行自由贸易。现在的问题只是其他国家阻止他们这么做而已。① 知识产权中的贸易障碍是指在国际贸易中因各国知识产权的规定和保护水平存在差异,使知识产权的贸易摩擦不断增加。如果各国知识产权保护的实体法和程序法没有一个统一的最低标准,美国知识产权拥有者的经济利益将会受到极大的损害。因此,美国以"公平"为优先考量对象的知识产权政策实质上还是为了在全球范围内推广自由贸易。在这种政策的指导下,它一方面反对国内的"贸易保护主义"(protectionism),一方面坚持通过美国贸易法来打击其他国家所谓的显失公平的行为,同时积极进行双边和多边谈判来降低贸易壁垒。②

三、南北对立的加剧:发展中国家的觉醒与回应

尽管知识经济拉大了发达国家与发展中国家的距离,但是某些发展中大国如中国、印度、巴西等的经济发展速度已经超越发达国家,在国际政治经济中的作用也在不断增强。发展中国家已经不再听任发达国家发号施令,而是在在国际政治和经济事务中坚持自己独立的见解和行为方式。由于发展中国家之间存在着许多共同的利益,它们往往联合起来与发达国家进行斗争,从而成为当前世界上正在不断发展壮大的一支不可忽视的重要力量,它们已有能力在国际事务中维护自己的利益。③ 举例来说,1978 年以来,中国取得了巨大的成就:27 年的平均增长率超过 8%;贸易额超过了 1 万亿美元;从 1978 年占世界出口量不到 1% 到今天占超过世界 6% 的出口量;1997 年以来一直保持着物价和汇率的稳定,年外国直接投资(FDI)超过了 500 亿美元,居世界第一位;外汇储备超过了 8500 亿美元,人均国内生产总值(GDP)超过 1200 美元;加入 WTO 以及"太空俱乐部",获得 2008 年的北京奥运会和 2010 年上海世博会的举办权,等等。④ 印度经济增长自 20 世纪 80 年代起也开始加速,1992 至 2002 年平均为 5.5%,2004 年为 7.5%,2005 年为 8.1%,2006 年预计为 7.5%—8%。⑤ 这些无

---

① See Susan K. Sell, *Industry Strategies for Intellectual Property and Trade: The Quest for TRIPS, and Post-TRIPS Strategies*, 10 Cardozo J. Int'l & Comp. L. 79, 2002, pp. 81—82.

② See Id, p. 82.

③ 王怀宁:《世界经济形势与格局变化》,载《国外社会科学》2000 年第 1 期。

④ 〔美〕罗伯特·蒙代尔:《世界经济格局中的中国:前景与挑战》,张兴祥、陈唯译,载《厦门大学学报》(哲学社会科学版)2006 年第 6 期。

⑤ 李晓:《印度经济能够赶超中国吗?——兼论"中印比较"的意义》,载《国际经济评论》2006 年第 6 期。

不表明,发展中国家的经济形势正在发生巨大变化,一些代表性的国家已经取得了引人瞩目的成就。在国际合作方面,尽管存在相互之间的利益冲突、发达国家的干涉等因素的影响,发展中国家还是在相关领域发展出了一些有效的合作机制,如联合国贸易与发展会议的 77 国集团、东盟、《知识产权协定》谈判中的"十国集团"等,这些合作机制可以有效地团结发展中国家的力量共同抗衡发达国家。今天,发展中国家已经不再是任人宰割的羔羊,而是逐步形成了自己独立的力量与意见,在国际事务包括知识产权国际立法中发挥着重要的作用。

发展中国家力量的增强一方面是由于其经济实力的提升,另一方面是其开始认识到团结的效果。但这种结果也导致了南北矛盾的加深,私人集团不断地推动自己的国家强势地推动知识产权国际立法的制定和执行,《知识产权协定》的形成和 WIPO 的功能转换都是在其运作下取得的"成绩"。在 20 世纪 70 年代,WIPO 秉承着一种调节发达国家和发展中国家利益公正的理念,但现在却异化为实现私人集团和发达国家知识产权标准化的工具。[①] 上述种种压力激起了发展中国家的反抗,《知识产权协定》生效后,在发展中国家的推动下,知识产权国际立法开始从传统的 WIPO 和《知识产权协定》等传统体制转向生物多样性、植物基因资源、公共健康和人权等方面,知识产权国际化进程由此进入后 TRIPS 时代。

① Susan K. Sell, *Private Power, Public Law: The Globalization of Intellectual Property Rights*, Cambridge University Press, 2003, 19—20.

第三章
知识产权国际立法的参与主体及其运作手段分析

知识产权国际立法的最主要表现形式是国际公约,而国际公约的主体只能是国家,因此国家是知识产权国际立法的最主要力量,是推动知识产权全球化的最主要的直接推动力量。但根据上文的分析,知识产权国际化历史是一部私人集团与国家利益的博弈史,这也决定了其背后立法动因的复杂性。从知识产权国际化进程的发展可以看出,在某种程度上,我们现在处于一个“企业控制”(corporation-control)而不是“民族国家控制”(nation-control)的时代。知识产权国际保护制度的发展不仅是国家推动的结果,而且也是私人集团(主要包括企业、非政府组织等)推动的结果。这种现象的背后是经济、政治和文化的全球化所带来的深刻变革。以企业为代表的私人集团在21世纪所面临的是全球市场的竞争,而这种竞争大量掺杂着国家政策、国际关系等诸多因素。因此私人集团也努力通过其各种运作手段来影响政府公共政策的制定和国际关系的走向。

一、微观主体:私人集团的运作手段解析

与国内法的体系不同,国际法律规则中几乎没有明确的等级,也不存在一个具有协调和平衡功能的司法实体和立法机构。① 这样一种等级和权威的缺乏,直接导致了知识产权国际立法常常是无规律和不规则的。因此,私人集团得以通过自己的力量来制定有利于自身的国际法律规则。与以往主权国家主导的国际立法不同,私人集团主导的国际立法着重于运用实用主义进路,即不再动辄以“正义”、“公平”或“人权”、“发展权”等宏大的抽象性语境出发,而强调法律制定的目的。正如德国学者耶林所言,目的是全部法律的创制者。② 私

① See Laurence R. Helfer, *The International Relations of Intellectual Property Law: Mediating Interactions in an Expanding*, 36 Case W. Res. J. Int'l L. 123, pp. 127—128.

② 参见邓正来:《迈向全球结构中的中国法学——庞德“法理学”(五卷本)代译序》,载〔美〕庞德:《法理学》(第一卷),邓正来译,中国政法大学出版社2004年版,第3页。

人集团及其所处的利益集团为了最大限度地将自己的利益加入到知识产权的国际立法中，创造了大量的“去中心化、去国家化”的立法程序。有学者将其称为“私人政府”制定规则的形式。这些规则要求其所创制的法律可以独立于各国的国内法，并与一般的国际公法保持距离。①

私人集团影响国际立法发端于20世纪70年代。在此以前，以美国公司为主体的私人集团还没有过多地介入到知识产权国际立法之中。主要原因可归纳为两个方面：

第一，70年代之前的知识产权国际保护经历了从巴黎联盟和伯尔尼联盟时期到世界知识产权组织（以下简称WIPO）时期的发展。但由于《巴黎公约》和《伯尔尼公约》对于不同国家利益的包容度过于富有弹性，因此一直以来缺乏执行力，只能视为“软法”（soft law）。这集中表现在缔约国在加入条约可以对条款提出保留，即使因为纠纷向国际法院起诉，但由于国际法院只能对法律问题作出解释，所以对缔约国无法形成有效的拘束。各国为了解决争端，只有继续沿用外交或立法手段。另外，由于公约奉行“投票公决”原则，其实质内容和附件都需要缔约国投票决定。《伯尔尼公约》第27条甚至规定，除某些条文外，所有对公约文本的修订，包括附件的修订，均需全体一致投票通过。② 虽然这种做法是为了确保发展中国家和发达国家利益实现平衡，但也极大地限制了公约的修订。正因为如此，自从20世纪70年代以后，两公约的修订就一直搁浅至今。从成本与效益的角度来分析，私人集团是不会为两个不能执行、无法发展的公约付出代价的。

第二，经济全球化还没有形成，国际知识产权问题还未能对私人集团造成经济上的影响，知识产权私人集团的力量也不足以对国际事务产生实质性影响。70年代之前国际知识产权立法集中于欧洲，无论是两大公约的签订还是WIPO的设立，都是欧洲国家推动的结果。这一阶段的知识产权国际保护制度很大程度上是一种区域性现象，是建立在欧洲国家对知识产权利益的共同分享之基础上的，且与欧洲法律传统中主张的人权保护和自然法一脉相承。当时的美国、苏联、中国等许多国家都长期游离于公约之外，其中的一些国家（特别是美国）认为自己还是知识产品的“消费者”（net-consumer），保护外国人的知识产权会与发展本国经济的目标相冲突。基于其文化、教育落后于欧洲国家的现实考量，美国《1790年版权法》奉行的是低水平保护：版权客体狭窄，对作品要求

---

① See Gunther Teubner, *Global Law without a State*, Dartmouth Pub Co, 1996, Foreword, XIII.

② 具体参见刘波林译：《保护文学和艺术作品伯尔尼公约（1971年巴黎文本）指南》，中国人民大学出版社2002年版，第190页。另外，虽然巴黎公约中没有明文规定关于条约修订需要多少缔约国同意，但历次修订均得到了全体参会缔约国的同意。

标准较低，对外国作品长期不予保护，且游离于1886年伯尔尼联盟长达102年之久。[①] 直到20世纪80年代，美国开始意识到自己已经转变为一个知识产品的“净生产者”（net-producer），于是开始与欧盟、日本等发达国家一道鼓吹全球范围内高水平的知识产权保护[②]，这已是后话。从19世纪到20世纪70年代以欧洲主导的知识产权国际立法一向是以政府为主导，以国家政治和国际关系为主题。虽然政府知识产权战略的制定一定程度上体现了本国企业发展的需要，但由于知识产权在企业资产中的地位还没有达到一定的比例，所以企业参与的能动性并不明显。

私人集团积极参与知识产权国际立法始于将知识产权保护与国际贸易挂钩的20世纪末期。正是由于知识经济导致的全球化进程，建立在“民族国家”基础之上的“实然国际政治秩序”与建立在“自由贸易”基础上的“应然国际经济秩序”在知识经济的冲击下出现了不可调和的矛盾。这种“地域性政治气候”与“国际性经济需求”的冲突正是私人集团参与知识产权国际立法的主要动因。私人集团企图打破主权国家的沟壑，为自己在全球市场上谋求更大的利益。国际化不再是由单一的民族国家所主导，取而代之的是各种政府间国际组织、超国家组织和非政府间国际组织等机构力量的迅速崛起。[③] 这种国际化中的基本单位，就是全球化的既得利益者——私人集团。“私人立法”一方面极大地推进了国际立法的进程，实现了市场经济所要求的体制性法律制度趋同化。[④] 例如许多领域的国际法规都是以某某产业联盟的名义提出，这都是其为开拓全球市场而作的努力；另一方面，在某些私人集团的弱势竞争领域，它们也会高举保护主义的大旗，在某个领域内反对全球化的进程。如美国企业为了维持其在全球版权产业中的绝对优势，通过各种途径极力阻挠《文化多样性公约》的通过。

由于私人集团在国家机构和国际组织没有正式的代表权，因此它们参与知识产权国际立法主要是通过对政府和国际组织施加压力来得以实现的。私人集团的实用主义策略可以从以下两个方面进行说明。

---

① 具体参见吴汉东：《知识产权制度运作：他国经验分析与中国路径探索》，载《中国版权》2007年第2期。

② See Lionel Bently & Brad Sherman, *Intellectual Property Law*, Oxford University Press, 2001, p. 5.

③ 参见黄文艺：《法律国际化与法律全球化辨析》，载《法学》2002年第12期。

④ 这种趋同化表现为实体法的一体化和程序法的一体化。实体法的一体化主要指私人集团组建的各种非政府组织出台的国际商事公约、示范法与国际标准合同和国际惯例等；程序法的一体化主要指仲裁领域的一系列公约与示范法。

(一) 私人集团的国内战略:产业联盟与政府部门的互动

私人集团的国内战略可以分为两个步骤,第一步为实现企业之间“合作博弈”,即同一领域内本来存在竞争关系的企业通过结成产业联盟来实现利益的最优①;第二步为通过产业联盟储备资金、完善组织、整合信息与积累经验,再利用极富侵略性和有组织的游说活动对政府和国会的决策施加影响,并向政府提供其他国家知识产权环境的报告。

台湾政治大学的刘江彬教授曾撰文指出,美国企业所构建的产业联盟已经在美国国内具有了极大的影响力。甚至有许多国家认为美国的产业联盟在知识产权问题上夸大甚至扭曲事实,对政府官员、立法者和公众进行误导,并使问题政治化。② 美国是世界上第一个以国家立法的形式将知识产权与贸易制裁和市场竞争相联系的国家,又率先建立了由司法部和专利商标局牵头,联邦调查局、海关和其他政府有关部门参加的部际协调机构以及专门的国际贸易委员会。③.其中缘由就是私人集团为了介入国家公共政策的制定而采取的策略。

美国产业联盟与政府部门的博弈充分体现在了以下两个方面:

1. 建立利益表达渠道

私人集团对知识产权国际立法的影响很大程度上有赖于国内的制度和机构的支持。一国内部特定的机构设置和制度安排对知识产权国际立法有着极大的影响力。这种机构主要是那些能够使私人集团的意见到达政府决策机关的中介性机构,其实现了私人集团利益与政府公共政策的良性互动。美国深知其中利害关系,因此其不断发展和完善这方面的机构设置,使私人集团的利益诉求能够很快地传递到政府相关决策部门。

从20世纪80年代开始,知识产权私人集团雇用了专业的游说团队(lobbying campaign),极力促使国会和政府了解到“世界范围内知识产权保护水平的提高对美国货物和服务贸易的影响是至关重要的,政府有必要动用法律手段去

---

① 美国的或发起于美国的产业联盟主要有:(1) 国际知识产权联盟(International Intellectual Property Alliance,简称“IIPA”),(2) 商业软件联盟(Business Software Alliance,简称“BSA”),(3) 国际反盗版联合会(International Anti-Counterfeiting Coalition,简称“IACC”),(4) 药品制造者协会(Pharmaceutical Manufacturers Association,简称“PMA”),(5) 国际商标协会(International Trademark Association,简称 “INTA”),(6) 知识产权委员会(Intellectual Property Committee,简称“IPC”)等。

② See Paul C. B. Liu, TAIWAN: U. S. Industry's Influence on Intellectual Property Negotiations and Special 301 Actions, 13 UCLA Pac. Basin L. J. 87, (1994), p. 93.

③ 郭民生、郭铮:《“知识产权优势”理论探析》,载《知识产权》2006年第2期。

迫使他国采取切实措施打击侵犯美国知识产权的行为”。[①] 私人集团的游说在一系列法案和政策中逐步反映出来。如 1979 年修订的“301 条款”就允许“私人集团采取公开的手段来推动现有贸易协定的实施”。[②] 同时,产业联盟也极力发展美国贸易代表(United States Trade Representative)[③]作为自己在政府中的代言人。甚至有学者认为美国贸易代表就是迎合产业联盟的产物[④],贸易代表对国际知识产权问题尤为关注,其前代表助理就认为,重创美国工业的罪魁祸首就是国际知识产权立法保护的不足,在这种环境下,美国的公司正受到来自四面八方侵权人的挑战。[⑤] 到了 80 年代末期,产业联盟的努力终于修成正果,1988 年制定的《综合贸易竞争法》(Omnibus Trade and Competitiveness Act of 1988)不但重点突出了知识产权问题,更重要的是以往总统的一些权力,如判断他国的贸易活动是否损害美国的利益、决定美国是否以及如何采取贸易报复等,转移到了贸易代表手中,由国会监督贸易代表行使。可以说,产业联盟事实上已经将“301 条款”这一贸易武器收入囊中。

2. 充当政府智囊团

由于知识产权的高度专业性,私人集团还利用自身的专业优势,不断为政府决策提供智力支持。尽管政府机构有自己的信息来源,但在知识产权国际保护问题上,政府的相关信息和专业知识有所欠缺。知识产权保护的相关信息主要包括外国知识产权保护状况对本国企业的影响。由于跨国公司所具有的独特优势,它们往往比政府更加了解外国的知识产权保护状况,政府往往依赖大的知识产权跨国企业来提供他国的知识产权相关信息。在专业知识方面,跨国公司都拥有高素质的知识产权管理和服务部门,它们的知识产权专家为政府将知识产权中的专业性问题转化为可理解的政治性语言,同时解释知识产权与国

---

① US Senate. 1986a. Senate Finance Committee. Intellectual Property Rights: Hearings Before the Subcommittee on Finance. 99th Congress, 2nd session July 23. 转引自 Susan K. Sell, *Private Power, Public law: The Globalization of Intellectual Property Rights*, Cambridge University Press, 2003, pp. 47—48。

② B. Fisher & R. Steinhardt, *Section 301 of the Trade Act of 1974*, Law and Policy in International Business, 14 (1982), p. 596.

③ 美国贸易代表最早是美国国会制定 1974 年贸易法时设立的一个常设机构,1979 年制定贸易协议法时改称为美国贸易代表,旨在总统的领导下处理有关对外贸易方面的事务。具体过程的描述参见李明德:《“特别 301 条款”与中美知识产权争端》,社会科学文献出版社 2000 年版,第 8—11 页。

④ M. Gadbaw, *Intellectual property and international trade: Merger or marriage of convenience?* Vanderbilt Journal of Transnational law 22 (1989), pp. 223—239.

⑤ See A. Zalik, *Implementing the trade-tariff act*, *Les Nouvelles*, 21 (1986), pp. 200—206. 转引自 Susan K. Sell, *Private Power*, *Public law*: *The Globalization of Intellectual Property Rights*, Cambridge University Press, 2003, p. 81。

际贸易之间的实质关系。这就为知识产权私人集团提供了通过提供信息和专业知识来影响政府知识产权政策的机会。私人集团也乐于为政府提供这样的相关信息,他们认为,这些信息报告会在华盛顿的政客和经济学家讨论是否将知识产权保护列为国际贸易谈判的主要议题时起到作用。①

另外,私人集团还派驻代表进入对美国贸易政策具有极大影响的贸易谈判咨询委员会(Advisory Committee on Trade Policy Negotiations,简称 ACTN)。贸易谈判咨询委员会由贸易谈判代表和商务部、农业、劳工以及国防部合作管理,其不但是多边贸易谈判中私人集团咨询体系的最高监督委员会,也是私人集团向总统谏言的官方渠道。许多知识产权产业联盟的负责人,例如辉瑞制药公司、IBM 等企业的首席执行官或国际部门负责人都曾先后担任贸易谈判咨询委员会知识产权特别小组的成员。② 这种充当政府智囊团的做法也无疑会极大地影响政府国际知识产权战略的制定。

(二)私人集团的国际战略:跨国动员与单边制裁的结合

仅仅在国内立法中实现知识产权与国际贸易的挂钩还远没有达到知识产权私人集团的要求,在全球范围内实现知识产权立法的一体化才是其最终目标。美国政府也认识到了这些知识产权私人集团的经济竞争力,因此极力支持其对知识产权国际立法的主导。

私人集团的国际战略可以视为其国内战略的衍生和发展,但也存在一定的差别。在国内层面,私人集团通过产业联盟与政府博弈;而在国际层面,美国企业的执行官们为了提高效率,避免不必要的利益平衡,所以直接联合其欧洲和日本的盟友来推行知识产权的国际立法。而其最大的成果就是 WTO 中《知识产权协定》的形成。

知识产权私人集团在国际层面的战略主要分为以下两步:

1. 知识产权委员会与其他发达国家企业的合作

在 1986 年,数十家美国知识产权跨国公司的 CEO 成立了一个“知识产权委员会”(Intellectual Property Committee,简称 IPC),其宗旨是推进知识产权的国际保护。IPC 联合其欧洲和日本的同僚起草了一份基于发达国家知识产权法律的草案并提交给了当时的关贸总协定秘书处,这就是后来《知识产权协定》的雏形。③ 可以说,《知识产权协定》是 12 个 CEO 所代表的知识产权私人集团的

---

① Susan K. Sell, *Private Power, Public law: The Globalization of Intellectual Property Rights*, Cambridge University Press, 2003, p. 47.

② Ibid., pp. 48—50.

③ Ibid., p. 96.

产物。

与上文提到的许多知识产权产业联盟不同,IPC 的成员在最多的时候也只有区区 14 个成员。[①] 这主要是因为各个产业联盟在是否在关贸总协定中加入知识产权的态度不一,许多版权产业联盟并不像专利联盟那样热衷,他们认为关贸总协定的谈判程序复杂,无法立竿见影。一些音乐、电影和发行行业的企业仍然主张通过“301 条款”解决目前的问题,计算机软件行业则关注《伯尔尼公约》在发展中国家的贯彻。[②] 为了避开不必要的协调和争执,IPC 有意限制其成员资格,并坚持成员企业应将权力给予最高管理层代表,以避免耗时的企业内部协商。因此,尽管成员不多,但 IPC 却能具有广泛的代表性,囊括了美国的化学、计算机、创造性艺术、电子、重工业和消费者制造以及制药业等产业。[③]

在内部意见统一以后,IPC 开始了跨国动员活动。从 1986 年开始,IPC 一方面和英国、德国和法国的产业联盟联系,并通过它们与欧洲雇主集团(UNICE)沟通[④];另一方面联合日本经济组织联盟(Keidanren)。IPC 不断强调知识产权侵权的严重后果,并通过炫耀知识产权双边谈判取得的成果来吸引上述集团的加入。而后,经过短暂的讨论,IPC 最终确定一个国际知识产权协定所必需的三个部分,即(1) 一部关于版权、专利、商标和相关创造性成果的最低保护法;(2) 一套执行程序;(3) 一个争端解决机制。[⑤] 这样一来,共识和草案都已形成,IPC 开始筹备将与贸易相关的知识产权协定加入到随后举行的关贸总协定谈判中。

2. 通过单边制裁辅助《知识产权协定》的通过

发达国家的知识产权方案受到了发展中国家的强烈抵制,包括印度、巴西在内的发展中国家组成了所谓的“十国集团”(Group of Ten),企图制止知识产权保护成为关贸总协定的一部分。IPC 为了解决此问题,频频督促美国贸易代表采用“胡萝卜加大棒”的关联交涉策略来使发展中国家屈服。所谓“胡萝卜”是指美国庞大的国内市场,即通过关联交涉,发展中国家所在的“南方”将获得服装和农业贸易自由化;而发达国家所在的“北方”获得的是一体化的知识产权

---

① 从 1986 年至 1996 年的 10 年间,知识产权委员会的成员数从 11 个增至 14 个。

② Susan K. Sell, *Private Power, Public law: The Globalization of Intellectual Property Rights*, Cambridge University Press, 2003, p. 101.

③ Susan K. Sell, *Industry Strategies for Intellectual Property and Trade: The Quest for TRIPS, and Post-TRIPS Strategies*, 10 Cardozo J. Int'l & Comp. L. 79 (2002), pp. 89—92.

④ 欧洲雇主集团是欧洲机构中的商业和工业的官方代表,包括来自 22 个国家的 33 个成员联盟。

⑤ See Susan K. Sell, *Private Power, Public law: The Globalization of Intellectual Property Rights*, Cambridge University Press, 2003, pp. 103—108.

保护。所谓“大棒”是指在乌拉圭回合谈判的8年间,美国贸易代表继续进行攻击性的“特殊301”外交,迫使发展中国家坐到谈判桌前。① 这集中表现为1986年美国对“十国集团”的带头人巴西和韩国展开的301调查,并向其他发展中国家发出301调查将依次降临的信号。②

这种策略效果非常明显,到了1989年,发展中国家终于就范,带头反对的一些国家已经同意将知识产权纳入关贸总协定。在同年4月的日内瓦会议上,代表们达成了将关贸总协定的基本原则适用于知识产权问题的声明。就此,《知识产权协定》的最大障碍已经解除,协定进入了实质的制定阶段。③

根据上述分析可知,知识产权私人集团在国内和国际两个层面推进着知识产权国际立法,两条战线相互配合。产业联盟逐步促使政府设置与自身利益相关的机构,与政府建立畅通的沟通渠道,将知识产权问题在国内贸易法中放大,同时在国际上联合其他知识产权强国,将知识产权问题纳入到WTO的体制中,这样即可利用WTO的“一致同意”原则,使发展中国家无法利用数量优势进行投票,进而阻止发展中国家推行自己的策略,掩盖了知识产权强国的动机,正当化了作为平等主权之间的最终协议。④ 虽然美国政府有偏袒知识产权私人集团之嫌,但是在知识经济时代,知识产权私人集团代表着美国的核心竞争力,“控制知识”的竞争策略不但是私人集团,也成为了美国进行全球竞争的手段。维护私人集团经济利益的直接后果就是使美国的比较优势得以在全球范围内发挥,国家整体竞争力得到了极大的巩固,国内经济顺利实现转型。知识产权私人集团与政府在最终目标上可以说已经达成一致。

二、宏观主体:国家影响知识产权全球化的基本策略

(一)国家参与知识产权国际立法的动因

知识产权国际立法的最主要表现形式是国际公约,因此国际公约的主体只能是国家,国家是推动知识产权全球化的最主要的直接推动力量。许多人认为,民族主义是近200年来在国际政治中最有力的学说,而民族主义致力于国

① See Michael P. Ryan, *The Function-specific and Linkage-Bargain Diplomacy of International Intellectual Property Lawmaking*, 19 U. Pa. J. Intel'l Econ. L., p. 542.

② Ibid., pp. 562—563.

③ See Susan K. Sell, *Industry Strategies for Intellectual Property and Trade: The Quest for TRIPS, and Post-TRIPS Strategies*, 10 Cardozo J. Int'l & Comp. L. 79, 2002, pp. 94—96.

④ See Laurence R. Helfer, *Regime shifting: The TRIPS Agreement and New Dynamics of International Intellectual Property Lawmaking*, 29 Yale J. Int'l L. 1 (2004), p. 21.

家利益。[1] 19世纪英国的帕默斯顿伯爵曾自信地说:“国家之间没有永恒的朋友,也没有永恒的敌人,只有永恒的利益,这些利益是我们责无旁贷的追求。”现实主义经典大师汉斯·摩根索则指出:“外交政策的唯一标准是国家利益的实现。”[2]国家作为传统国际化进程的推动者,在“企业控制”的时代仍然起着举足轻重的作用。以往的双边或多边协议都是以国家的名义达成的。根据上文的分析,虽然现在私人集团直接或间接推动着知识产权国际立法的前进,但民族国家仍然是国际化进程中的重要一极,其从整个国家的战略体系出发,根据其自身的利益安排,站在与私人集团不同的角度上影响着知识产权国际立法。

国家推动知识产权全球化的主要动力和目标就是促进其国家利益。国家利益包括很多内容,如国家的领土完整、独立和主权、军事安全、经济繁荣、文化传统的维持、政治制度的选择等。在知识产权国际立法领域,国家参与国际立法的动力和目标显然是追求其经济利益。美国之所以要求在GATT的乌拉圭回合谈判中纳入知识产权并最后形成《知识产权协定》的原因固然有美国知识产权私人集团的推动,但当时“‘衰落’占据了美国政策制订者的心神,美国设法增强它的公司在全球市场中的竞争力”[3]的国家原因是不容忽视的,知识产权私人集团只不过为美国政府设计了一个增强其公司在全球市场中的竞争力的方案,美国国家经济利益的内在需求还是非常重要的。同时,显然知识产权保护与一国的领土完整、独立和主权、军事安全、文化传统的维持、政治制度的选择等是没有直接关系的,具有直接关系的是经济利益。

(二) 国家影响知识产权国际化的主要策略

民族国家主要是通过致力于国际法秩序中的“体制转换”来实现对知识产权国际化进程的影响的。[4] 体制转换是在权力约束既定的情况下,国家和非国家参与者采用的使国际体制更精确地反映其利益而演化的策略,即通过将条约协商、立法动议或标准制定等活动从一个国际舞台转向另一个而改变现状的努力。体制转换中“体制”的含义最初由国际关系学者克拉斯纳教授提出,其指的是“原则、标准、规则和决策程序,围绕这些原则、标准、规则和决策程序参与者的预期集中于一个既定的领域”。

---

① Joshua S. Goldstein:《国际关系》,北京大学出版社2005年英文影印版,第31页。

② 转引自秦治来、苗红妮:《西方国际关系研究中的国家利益观》,载《中国社会科学院研究生院学报》2004年第4期。

③ Susan K. Sell, *Private Power, Public Law: The Globalization of Intellectual Property Rights*, Cambridge University Press, 2003, p.35.

④ Stephen D. Krasner, *Structural causes and regime consequences: regimes as intervening variable*, International organization, 36(3): (1982). p.186.

体制转换之所以可能是因为不同的国际体制在国家成员资格和影响力（在某些体制中，强权国家支配着谈判议程并塑造适合其利益的结果，而在另一些体制中则不存在强权者或者强权者仅发挥着很有限的作用，这就为较弱小的国家创造了机会）、立法方法（如实体法公约的协商或软法标准的制定）、监控和争端解决机制（如和自愿提交程序相比，要求国家将争端提交一个国际法庭）、制度文化（如给予国际组织官员更多或更少的支持特定目标的权力）以及对外部影响的渗透性（如只有国家有代表权的组织与那些非政府组织也可以参与的组织）方面各不相同。这些各式各样的制度特色为国家和非国家参与者提供了丰富的产生反体制标准的舞台，无论是强大还是弱小的参与者都能进行。①

体制转换在知识产权国际立法中是屡见不鲜的。如美国于 20 世纪 50 年代通过体制转换而在联合国教科文组织体制内制定了作为《伯尔尼公约》的替代的《世界版权公约》。知识产权国际立法中最为成功的体制转换当属美国等发达国家将知识产权国际立法从 WIPO 转向 GATT，从而创立了全球统一的知识产权国际保护体系。从此，知识产权国际立法从 WIPO 体制下的国际化阶段转入了《知识产权协定》体制下的全球化阶段。美国等发达国家之所以将知识产权国际保护从 WIPO 体制转入 GATT 体制，是因为 GATT/WTO 的三个不同于传统 WIPO 的制度特点使得它成为美国和欧盟谈判知识产权保护标准的上好舞台：

第一，GATT/WTO 中重要的协商杠杆作用。作为具有最大的内部市场的地区和国家，欧盟和美国最有力量通过许诺对外国商品开放（或者威胁关闭）其市场而根据其利益设计贸易谈判。

第二，在 GATT/WTO 之内将知识产权保护和其他问题领域相关联的能力扩张了具有广泛分歧利益的国家之间协议的领域。GATT/WTO 涉及问题的多样性增加了成员国之间的回旋余地，发展中国家同意将知识产权包括在新创造的 WTO 之内以作为确保其农产品、纺织品和其他商品进入工业化国家的交换。

第三，GATT 的争端解决制度比 WIPO 的争端解决机制要更为有效。②

结果表明，美国等发达国家的体制转变策略是成功的，它们在乌拉圭回合的《知识产权协定》中得到了它想要的大部分。根据 Gorlin 的看法，除了发展中国家的较长的过渡期外，着力推动知识产权全球化的美国知识产权私人集团代

① Laurence R. Helfer, *Regime Shifting: The TRIPS Agreement and New Dynamics of International Intellectual Property Lawmaking*, 29 Yale J. Int'l L. p. 15.

② Ibid., pp. 21—22.

表——知识产权委员会得到了它想得到的95% 。[①]《知识产权协定》生效后,发展中国家在生物多样化公约、联合国粮农组织的食品和农业植物基因资源委员会、世界卫生组织以及联合国相关人权组织的框架内将知识产权与生物多样性、植物基因资源、公共健康和人权联系了起来,力图产生知识产权国际新规则,推动知识产权全球化在后 TRIPS 时代的发展。尽管发展中国家的这些努力不能改变它们在其国内法中贯彻《知识产权协定》标准的义务,但发展中国家在这些领域的努力有助于推动《知识产权协定》朝着更公平合理的方向发展,事实上发展中国家的努力已经导致知识产权"新公约的起草、现行协议的重新解释以及新的非约束性宣言、指南和建议的产生"[②]。

除了运用体制转换策略来推动或者影响知识产权全球化之外,国家还有许多其他具体策略。我国台湾地区学者刘江彬先生曾总结过美国在国际知识产权谈判中的六大策略:(1) 不仅在法律而且在理性根据上发起全方位的攻击。在法律方面,制定或修改法律以领导或满足国际标准。在外交方面,用合理的理由要求其贸易伙伴提高知识产权保护,减少和预防盗版。(2) 利用整个美国市场的杠杆作用,将知识产权作为全面贸易问题的一部分,从而获得那些对美国具有贸易盈余而未充分保护知识产权的国家的让步。(3) 通过美国在双边和多边谈判中的影响或利用相关国际组织推进其立场。(4) 运用单边贸易制裁,既允许进行谈判,也对贸易伙伴施加压力,促其让步。(5) 以明确的方式描绘和巩固贸易谈判的权威性,并将这种权威置于美国贸易代表手中。(6) 以产业界作为指控的急先锋,联合政府和产业界的力量和利益,采取一致立场反对外部力量。[③] 如有些观察家推测,在 GATT 乌拉圭回合谈判中,美国贸易代表特别针对印度和巴西,频频将它们列入特殊 301 的"观察名单"或"重点观察名单",甚至进行贸易制裁,其原因可能是它们在 GATT 谈判中在提出第三世界的要求中发挥着领导作用,而巴西则显然因受到压力而不仅修改了专利法,也接受了在 GATT 谈判中包含知识产权。[④]

---

① Susan K. Sell, *Industry Strategies for Intellectual Property and Trade: the Quest for TRIPS, and Post-TRIPS Strategies*, 10 Cardozo J. Int'l & Comp. L. p. 97. 美国知识产权委员会想得到的,实际上就是美国等发达国家想得到的。

② Laurence R. Helfer, *Regime Shifting: The TRIPS Agreement and New Dynamics of International Intellectual Property Lawmaking*, 29 Yale J. Int'l L 28.

③ Paul C. B. Liu, *Taiwan: U. S. Industry's Influence on Intellectual Property Negotiations and Special 301 Actions*, 13 UCLA PAC. BASIN L. J. 89—90.

④ Robert Weissman, *A Long, Strange TRIPS: The Pharmaceutical Industry Drive to Harmonize Global Intellectual Property Rules, and the Remaining WTO Legal Alternatives Available to Third World Countries*, 17 U. Pa. J. Int'l Econ. L. 1078. 的确,印度和巴西是 GATT 乌拉圭回合谈判中发展中国家"10 国集团"的首领。

在《知识产权协定》签署后，鉴于其对发展中国家产生的巨大影响，发展中国家开始寻求在生物多样性公约、联合国粮农组织的食品和农业植物基因资源委员会、世界卫生组织以及联合国相关人权组织等体制内寻求弱化《知识产权协定》的影响。发展中国家在这些领域里巧妙地运用了道义策略，即这些框架涉及的问题是生物多样性、基因资源、食品安全、公共健康和人权，这些往往是发达国家也常常强调的社会公共问题，这有点类似上文发达国家知识产权私人集团推动知识产权全球化所运用的“私权”化策略，这些问题的提出使得发达国家在道义上处于下风，从而使得发展中国家在一定程度上成功地影响了《知识产权协定》，产生了新的知识产权国际规则，有效地影响了知识产权全球化的动向。

第四章 知识产权国际立法的机制与具体过程

以上本书分析了知识产权国际立法的宏观环境和参与主体,那么这些宏观环境和参与主体是如何对知识产权国际立法发挥作用的?其发挥作用的具体过程又如何?这就是知识产权国际立法的内在机制和具体过程问题。

一、知识产权国际立法的内在机制

所谓机制指的是有机体的构造、功能和相互关系,是一套结构化的规则,泛指一个工作系统的组织或部分之间相互作用的过程和方式,如:市场机制、竞争机制、用人机制等。所谓知识产权国际立法机制是指前述知识产权国际立法的宏观环境和参与主体赖以推动知识产权国际保护制度形成的一套结构化的规则,包括正式的组织机构设置、制度安排和非正式的方法。机制在知识产权国际立法中具有非常重要的地位和作用,是前述知识产权国际保护制度的宏观背景和参与主体之间连接的纽带和发挥作用的桥梁。塞尔教授认为,对知识产权国际立法的微观层次和宏观层次进行解释均是有说服力的,但也不是最终决定性的,因为每一层次均遗漏了某些非常重要的东西。这个被遗漏的东西就是机制,机制是微观层次和宏观层次之间的关键连接。塞尔教授用机制指代法律规范、政府立法、执行和司法部门以及国际组织(如 WTO)。塞尔教授认为,所有这些机制均是动态的,机制、主体与构造是互动的,机制构造主体并为主体所构造,机制构造结构并为结构所构造。这种交互机制的动态过程在推动着知识产权中的全球商业规则。[①] 知识产权国际立法既不仅仅是宏观环境作用的结果,也不仅仅是微观推动力量推动的结果,甚至也不仅仅是宏观环境作用和微观推动力量共同努力的结果,而是宏观环境和微观推动力量通过机制并与机制交互作用的复杂过程的结果,机制是知识产权国际立法的重要决定因素。

正如前一章所言,尽管知识产权国际立法是在国际上发生的,但知识产权

---

① Susan K. Sell, *Private Power, Public Law: The Globalization of Intellectual Property Rights*, Cambridge University Press, 2003, 6.

国际立法的原始动因和最终推动力量却在国内。因此,知识产权国际立法的机制可以包括两个方面:一个方面是影响知识产权国际立法的国际组织及其制度安排,这些国际组织及其制度安排影响知识产权国际立法的最主要主体——国家——的知识产权国际立法行为,另一个方面是知识产权国际立法各参与国国内的相关机构设置及其制度安排,参与国国内的相关机构设置及其制度安排影响参与知识产权国际立法的国内主体的行为,对知识产权国际立法也会产生影响。因此,此处分以下两个部分进行分析。

(一)影响知识产权国际立法的国际组织与制度安排

尽管在国际关系理论中有多种理论,但现实主义理论在其中具有极其重要的作用,并展示出对动乱时期国际关系的极强的解释力。[①] 因此,尽管其他各种理论对解释国际关系也具有一定的作用,但现实主义理论应该是最强有力的。在现实主义者看来,国际机构要么被认为是不起作用的,要么很大程度上被认为是附带现象,也就是说,缺乏独立的制约力量。[②] 如在19世纪80年代早期和中期,GATT的工作人员就受到了里根当局的轻视,经济合作与发展组织政府也日益用七国集团和双边协议绕开GATT的多边组织,从而GATT机构官员感受到了机构生存的压力,从而开始从在南北之间进行协调转向支持“北方”,他们认为乌拉圭回合是其最后的机会,他们不想GATT遭受联合国贸易与发展会议(UNCTAD)的命运。[③] 但根据其他国际关系理论,国际机构对国际关系也并非毫无用处。事实上,国际机构对国际关系也发挥着一定的作用。如在GATT乌拉圭回合谈判中,如果不是总干事邓克尔提出的“一揽子方案”及其要么接受要么拒绝的表决方案,包括《知识产权协定》在内的世界贸易组织协定的签署是难以想象的。因此,本书将国际组织和国家区分开来,将国家看做是推动知识产权国际立法的直接力量之一,而仅将国际组织看成是国家通过它活动的一种机制,不是独立的主体。

根据现实主义的理解,体制的规则是根据霸权的国内利益裁剪的,当那些利益变化时,规则必定跟着改变。但是权力尽管重要却也并不是唯一的决定因素,政府间组织和国际制度常常限制着霸权行动的范围,并允许较弱小的国家

---

① 朱瀛泉:《西方国际关系理论:一种学科史视角的鸟瞰》(上)(下),载《历史教学问题》2004年第1、3期。

② 〔英〕戴维·赫尔德、安东尼·麦克格鲁:《全球化与反全球化》,陈志刚译,社会科学文献出版社2004年版,第15页。

③ See, Susan K. Sell, *Private Power, Public Law: The Globalization of Intellectual Property Rights*, Cambridge University Press, 2003, 20.

和非国家参与者影响原则、标准和规则发展的余地。不同的体制在国家的成员资格和影响力、立法方法、监控和争端解决机制、制度文化以及对外部影响的渗透性等方面各不相同。比如投票和其他程序性工具创造了力量较小的国家和非政府组织进行联合或结成网络的机会。这些国际组织和机构的秘书处及其工作人员也能通过设计协商进程和影响国家的优先选择计算来影响体制的运转轨道。①

在《知识产权协定》谈判前,涉及知识产权问题的国际组织主要是WIPO,《知识产权协定》的谈判将知识产权问题纳入了GATT的谈判,随着世界贸易组织协定的签署,《知识产权协定》下的管理知识产权的国际组织便成了WIPO和WTO并存,而随着发展中国家在《知识产权协定》生效后体制转换的努力,生物多样性公约、联合国粮农组织的食品和农业植物基因资源委员会、世界卫生组织以及联合国相关人权组织等也开始向知识产权问题渗透。

各种不同的相关知识产权国际组织及其制度特色使得同一国家在不同组织内的活动能力有所不同,从而也就产生了不同的协商结果即不同的知识产权国际规则。WIPO管理的单一知识产权问题使得知识产权谈判没有任何回旋余地,无法利用谈判的杠杆作用,其一国一票的决策机制使得大国在其中的谈判地位并不突出。WIPO的知识产权体制不仅使得发展中国家试图降低《巴黎公约》专利保护的企图没有成功,也使美国知识产权私人集团和政府意识到在WIPO框架下也无法达成提高知识产权保护水平的企图,从而将主要精力转向GATT。②

在《知识产权协定》谈判时,GATT管理的不仅有知识产权问题,更有广泛的贸易问题,这不仅增加了谈判的回旋余地,可以充分利用谈判的杠杆作用,也使得国内市场规模巨大、经济实力强大的美国、欧盟和日本等国有非常强的交涉能力,可以借其贸易方面的经济实力作为知识产权谈判的筹码。同时,其一致同意的决策机制,也使得大国在决策中的分量较重,因为大国尽管不容易积极推动某些方案的通过,但却足以否决其他国家的方案。这两方面共同作用的结果显然是大国在决策中地位举足轻重。《知识产权协定》的谈判过程也表明,美国充分利用其庞大的国内市场频频利用特殊301条款迫使发展中国家坐在《知识产权协定》的谈判桌前。因此,最终形成的就是反映了美国、欧洲和日本等经济强国的利益的《知识产权协定》。

而在后TRIPS时代,生物多样性公约、联合国粮农组织的食品和农业植物

---

① Laurence R. Helfer, *Regime Shifting: The TRIPS Agreement and New Dynamics of International Intellectual Property Lawmaking*, 29 Yale J. Int'l L. 13—15.

② Ibid., 20—21.

基因资源委员会、世界卫生组织以及联合国相关人权组织等国际组织内，尽管发展中国家的力量并没有变化，但在这些机构内它们取得了道义方面的优势，公共健康、生物多样性、人权、文化多样性等问题是人类的社会公共问题，具有道义的正当性，这就强化了发展中国家的谈判地位与话语权，产生了力量弱小国家在国际知识产权舞台发挥作用的空间和余地，其结果就是发展中国家产生了一些《知识产权协定》的"反体制标准"。

（二）影响知识产权国际立法的国内机构设置与制度安排

国际组织和国际制度提供了国家影响知识产权国际立法的内在机制，但影响知识产权国际立法的直接推动力量不仅有国家，还有国内的私人集团，而决定国内私人集团对知识产权国际立法影响的则是机构设置与国内制度。国内机构设置和制度安排尤其是在国际关系中具有强大实力的国家的国内机构设置和制度安排对知识产权国际立法有着巨大的影响。正如 Sell 教授指出的那样：美国国内的制度变化比其他国家国内的类似变化有更大的影响，美国国内的制度变化成为强迫国外知识产权政策变化的经济强制和优势力量运用的手段。[1] 因此，这里也以世界上最为典型也最为成功的美国相关的机构设置和制度安排为例来分析知识产权国际立法的国内机构设置与制度安排。

这里影响知识产权国际立法的国内机构设置主要是指私人集团影响政府知识产权政策的相关机构的设置，主要是指使得私人集团的意见能够到达政府机构的中介性机构的设置。这种机构的设置提供了私人集团意见到达政府知识产权政策决策机构的通道，如果一个国家设置有这种机构，私人集团的意见就能很容易地传递给政府决策部门；如果没有设置这种机构，则私人集团的意见就很难传递给政府部门。美国在这方面就有着非常完善的机构设置，使得私人集团的意见能够快速便捷地传递到政府相关决策部门甚至总统。如美国主管贸易政策的机构是美国贸易代表，美国贸易代表不仅有自己的专家，还在与其他政府部门有关的问题上和其他政府机构合作，更具特点的是，美国贸易代表还设立了庞大的外部顾问系统。美国国会于 1974 年建立了私人集团咨询委员会系统以确保美国贸易政策和贸易谈判目标能充分地反映美国商业和经济利益，以后几次贸易法的修订中均不断扩充和强化该系统。这些咨询委员会的职能是提供和签订贸易协议前的谈判目标和交涉立场有关的信息和建议。美国的贸易政策咨询委员会系统包括 26 个咨询委员会，有大约 700 名顾问。委

---

① Susan K. Sell, *Private Power, Public Law: The Globalization of Intellectual Property Rights*, Cambridge University Press, 2003, 5.

员会成员一般来自国会成员、协会和组织、出版物和其他经证明对美国贸易政策有兴趣或专长的个人,挑选成员是基于资格、地域和具体委员会的需要。成员需自己承担其旅费和相关费用,并需接受忠诚调查。根据2002年《贸易法》,每一咨询委员会都要为行政当局和国会准备一份贸易协议建议。贸易咨询委员会系统共分为三个层次:总统贸易政策和谈判咨询委员会、4个政策咨询委员会以及22个技术和部门咨询委员会。总统贸易政策和谈判咨询委员会的45个成员由总统任命,任期2年,这些成员应广泛地代表贸易所影响的关键经济部门。该委员会应考虑整个国家利益背景的贸易问题,由美国贸易代表负责管理。政策咨询委员会由美国贸易代表单独或者和其他内阁成员联合任命。美国贸易代表独自管理政府间政策咨询委员会,农业政策咨询委员会(APAC)、劳动咨询委员会(LAC)和贸易与环境政策咨询委员会(TEPAC)由美国贸易代表和农业部、劳动部和环境保护署分别共同管理。22个部门和技术咨询委员会分别组织在两个领域:工业和农业。代表由美国贸易代表和商务部长和农业部长分别共同任命,每一部门和技术委员会代表一个特定部门和产品团体(如纺织品或奶制品),提供涉及贸易政策决定对该部门产生的影响的具体技术建议。其中总统政策咨询委员会的影响尤其大,它通常是由各大公司的董事会主席、首席执行官或总裁组成,知识产权私人集团在其中影响巨大,总统政策咨询委员会现任成员中就包括英特尔公司董事会主席克雷格·巴雷特(Craig Barrett)、爱默生电器公司总裁詹姆士·伯杰斯(James Berges)、德尔计算机公司首席营运长凯文·B. 罗林斯(Kevin B. Rollins)等人。[①] 从1981年起,辉瑞的埃德蒙德·普莱特(Edmund Pratt)担任这个有影响的委员会的主席,确保知识产权关注将获得最高层政策制定水平的听证。1981年,在总统政策咨询委员会的建议下,美国贸易代表设立了一个专门负责投资和知识产权的副贸易代表新职位。[②]

影响知识产权国际立法的国内制度主要是指私人集团影响政府知识产权政策的相关配套制度,包括私人集团意见传递、政府决策参与、政府决策监督等制度。这些制度的完善有助于私人集团的意见和要求向决策者的传递,使政府决策能充分反映私人集团的意见。美国在这方面就设置了非常完善的制度。就知识产权而言,美国通过多次修改其贸易法,尤其是1984年对贸易法的修改第一次将未能充分保护知识产权包括在301条下的可诉行为中,将知识产权和贸易紧密地联系了起来,且允许产业界、贸易协会和个别公司请求美国贸易代表调查外国政府的行为。正由于这种制度设计,美国私人产业部门对美国贸易

---

① http://www.ustr.gov/Who_We_Are/Mission_of_the_USTR.html.

② Susan K. Sell, *Industry Strategies for Intellectual Property and Trade: the Quest for TRIPS, and Post-TRIPS Strategies*, 10 Cardozo J. Int'l & Comp. L. 84.

代表的行动的影响是巨大的。据统计,至1992年末,美国贸易代表共进行了90件301调查案件,其中77件是产业界提起的,占了总数的77.78%。[①]

二、知识产权国际立法的实际过程——以《知识产权协定》为例分析

以上分析了知识产权国际立法的宏观环境、微观主体及其发挥作用的具体机制,那么这些宏观环境和主体具体又是如何通过具体机制而影响知识产权国际立法进程的?此处以参与主体最全面复杂的《知识产权协定》的形成为例来分析这些宏观环境和微观主体通过机制影响知识产权国际立法的内在机理和具体过程。当然,知识产权国际立法远比《知识产权协定》的谈判签署要多得多,甚至有些立法也是非常重要的,早期的如《巴黎公约》和《伯尔尼公约》的签署、WIPO的成立,晚近的如WIPO的1996年《互联网公约》的签署、专利、商标等实体法条约的谈判签署等以及《知识产权协定》生效之后知识产权问题向《生物多样性公约》(CBD)、联合国粮农组织的食品和农业植物基因资源委员会、世界卫生组织以及联合国相关人权组织等体制内进行渗透。

本书之所以选取《知识产权协定》的谈判和签署为例分析知识产权国际立法的内在机理与过程是因为《知识产权协定》的谈判和签署显然是最为重大的知识产权国际立法事件。同时即便在后TRIPS时代,《知识产权协定》的重要地位仍然是不可抹杀的。尽管知识产权国际立法在后TRIPS时代的发展不仅与《知识产权协定》具有紧密的历史延续性,而且也反映了《知识产权协定》谈判和签署时各种宏观背景和微观主体在《知识产权协定》生效后的影响的继续,也可以和《知识产权协定》的谈判、签署及执行看成是一个完整的事件,但后TRIPS时代知识产权国际立法体制已经变得极为复杂,在后TRIPS时代,国际知识产权体制已经成为具有许多新参与者、根据新结构建立和运行并产生混乱的新规范的众多制度的网络。这是一个比作为中心框架的《知识产权协定》的叙述更不便利、更加混乱的图片。[②] 鉴于后TRIPS时代知识产权国际立法体制的复杂性和资料的缺乏,本章并不分析后TRIPS时代知识产权国际立法体制。

《知识产权协定》的谈判和签署无疑是知识产权国际立法中最为重要的事

---

① Paul C. B. Liu, *Taiwan: U. S. Industry's Influence on Intellectual Property Negotiations and Special 301 Actions*, 13 UCLA PAC. BASIN L. J. 98.

② Graeme B. Dinwoodie, *The International Intellectual Property Law System: New Actors, New Institutions, New Sources*, 10 Marq. Intell. Prop. L. Rev. 206.

件,自 1986 年 9 月 GATT 乌拉圭回合谈判启动至 1994 年 4 月 15 日世界贸易组织协定(包括《知识产权协定》)签署,《知识产权协定》经过了长达近 8 年的谈判方始完成。由于引入了最惠国待遇原则、规定了保护的最低标准、规定了知识产权保护的执行机制、引入了 WTO 的争端解决机制,《知识产权协定》成为保护水平最高、影响范围最广、执行效力最强的知识产权国际公约。《知识产权协定》是在知识经济、经济全球化、市场化得到一定发展的情况下制定的,因经济全球化、市场化和知识经济的发展,试图对全球经济及其规则进行控制的跨国经营和跨国控制的跨国资产阶级形成,这使得不仅知识经济强国,而且知识经济强国国内的知识产权产业部门均开始竞逐于全球市场,影响全球经济规则。而面对着知识经济强国及其国内知识产权产业集团咄咄逼人的攻势,发展中国家及其国内私人集团、发达国家国内知识产权产业集团之外的其他群体也不甘引颈就戮,发起了有力的反击。因此,《知识产权协定》的谈判与签署是有史以来参与者最为多样复杂、斗争最为激烈的国际知识产权立法事件,为我们分析知识产权国际保护制度的构造机理提供了一个最理想的试验场。

(一) 宏观环境变化影响微观主体的地位与利益

经济全球化、市场化形成了跨国经营的超级大公司,知识经济的发展提高了知识在经济中的地位,改变了知识产权产业在社会经济中的地位,也改变了社会的控制方式,控制知识的竞争策略成为跨国公司进行全球竞争的有力方式,而知识产权是控制知识的最有效的手段,而且是合法的手段。知识产权的强化更有利于加强知识产权产业的竞争地位与竞争力,因此知识产权产业积极追求知识产权的强保护。同时,由于知识经济的发展,随着知识产权产业在经济中的地位的上升,许多传统产业的地位下降了。正如 Sell 教授指出的那样:在乌拉圭回合中,所谓的“夕阳”产业如纺织业失去了它们作为第二波领导者的地位,而知识产权委员会的产业如制药业、娱乐业、计算机软件业则处于一个较好的位置,它们拥有积极贸易余额,是有活力的出口者。因此尽管美国经济整体上不景气,但这些美国知识产权企业在国外前景良好。因此,为确保签署《知识产权协定》,美国谈判者不得不在乌拉圭回合议程中的其他部分作出让步。如多年来为美国纺织品生产者提供某些进口保护的多边纺织品安排逐步被取消了。因此,在美国有这么一种认识,即如果没有在《知识产权协定》签署中的交易,在支持强知识产权规定的美国工业既定的政治分量下,包括《知识产权协定》的乌拉圭回合一揽子协议的批准是不可能的。[①] 由于知识经济的发展，新兴的知识产权产业成为了美国政府的宠儿，而那些传统的夕阳产业则不幸成为弃儿。美国政府更容易支持知识产权产业部门而不是传统产业部门。

经济全球化、市场化和知识经济的发展不仅改变了国内产业的地位和利益，而且也改变了国际上国家的地位与利益。经济全球化、市场化造就了一个全球经济与全球市场，在一定程度上使得世界紧密地联系在了一起，强化了经济强国对全球经济的控制力。知识经济提高了知识在经济中的地位，使得知识经济强国在全球化的经济中居于更优势的地位，也使得它们更有动力通过控制知识保护的规则来提高本国经济的竞争力。也许正因如此，鉴于美国在世界经济中的地位和影响，全球化有时也被人们称做“美国化”。这虽然可能有些言过其实，但也绝非无稽之谈。

知识产权国际立法的宏观环境对其主体地位和利益的影响事实上已经为《知识产权协定》的制定过程所印证，也解释了为什么是美国及其知识产权产业部门而不是其他国家和部门推动了《知识产权协定》的协商与签署。

（二）设计问题：将知识产权和贸易关联

知识经济的发展和经济的全球化、市场化影响了国家和国内不同产业部门的地位和利益，这促使知识经济强国和知识产权产业部门不仅有动力也有能力推动国内和国际知识产权的强化，《知识产权协定》的谈判与签署就是这种强化的重要事例。但如前所述，《知识产权协定》的谈判除了知识经济的发展和经济的全球化、市场化之外，还与美国当时的经济状况有关。同时，知识产权产业部门和知识经济强国对《知识产权协定》的推动还有复杂的过程，下文就详细描述这种过程。

如前所述，在《知识产权协定》谈判前美国经济处于双赤字的困境之下，政府充满了美国衰落的认识，急于提高其在全球经济中的竞争力。与此同时，美国也认识到其科技实力是比较强的，一直处于世界领先水平，只不过这种科技优势却没有能够转变成经济实力和竞争力。在美国面临着科技实力强、经济竞争力下降急欲提高竞争力的问题时，知识产权产业部门及时出现了，它们为美国经济面临的这种机遇与困境提供了解决方案，其方案就是将知识产权和贸易挂钩，促使美国转变对外贸易政策，提出以改进国外对美国知识产权的保护而提高美国的国际竞争力。

---

① Susan K. Sell, *Private Power, Public Law: The Globalization of Intellectual Property Rights*, Cambridge University Press, 2003, 37.

美国将知识产权和贸易挂钩最早始于 GATT 谈判东京回合接近尾声的 20 世纪 70 年代晚期,如列维·斯特劳斯公司发动了反对外国假冒其牛仔裤商标的斗争,经游说,获得了美国贸易代表对反冒牌货法典的支持,但最后因发展中国家的抵制,该法典在 GATT 东京回合无果而终。与此同时,蒙山都农业公司、FMC 公司和 Stauffer 化学公司通过美国政府迫使匈牙利政府终止了农药盗版,辉瑞(Pfizer)、IBM 和杜邦(DuPont)也开始寻找改变外国知识产权行为的方法,许多公司参与到与被指控侵犯了美国公司知识产权的贸易伙伴之间密集的双边磋商中。1982 年,在许多美国公司的要求下,美国贸易代表进行了和匈牙利、新加坡、墨西哥、韩国和台湾地区的一系列磋商,目的是支持对美国公司的专利、商标和版权越来越多的保护,磋商导致这些国家(地区)保证将提高知识产权保护水平,并使一大部分美国基础的高技术公司确信知识产权和贸易的关联的运用是富有成果的。①

在知识产权产业部门的游说下,1984 年美国政府第一次官方地将知识产权和贸易联系起来了,颁发了一份强硬的声明,强调知识产权保护和美国产业全球竞争力之间的关键联系。据认为,国会《1984 年贸易和关税法》的修改直接反映了知识产权游说者的需要,将知识产权和贸易之间的关联制度化了,修改后的法第一次将未能充分保护知识产权包括在 301 条下的可诉行为中,且允许产业界、贸易协会和个别公司请求美国贸易代表调查外国政府的行为,将知识产权保护作为评估发展中国家对美国享有单方贸易优惠条件的新标准。②

(三) 国内统一与跨国动员

将知识产权和贸易关联起来为知识产权产业部门将知识产权纳入 GATT 提供了基本条件,下一步就是将知识产权纳入 1986 年 9 月将要开始的 GATT 乌拉圭回合谈判之中。当然,在这一过程中,美国政府也不全然是被动的。1984 年,美国贸易代表要求私人集团探讨在即将到来的 GATT 回合进程中包括知识产权的问题。IBM 的欧派尔授权经济学家雅克·戈林(Jacques Gorlin)为美国贸易代表起草贸易基础的知识产权方法大纲文件,戈林于 1985 年 9 月起草了"计算机软件国际版权保护的贸易基础方法"的文件,1985 年 10 月,贸易谈判咨询委员会的知识产权特遣小组提交了一份基于戈林文件的报告给贸易谈判咨询委员会。在 1986 年 2 月和 3 月,美国贸易代表克莱顿·优特(Clayton Yeutter)要求欧派尔和普莱特就把知识产权放进乌拉圭回合议程提供帮助。优

---

① Susan K. Sell, *Industry Strategies for Intellectual Property and Trade: the Quest for TRIPS, and Post-TRIPS Strategies*, 10 Cardozo J. Int'l & Comp. L. 83—84.

② Ibid., 85—86.

特指出，欧洲、日本和加拿大政府没有受到任何知识产权产业的压力，而没有美国、加拿大、欧洲、日本的共同联合，在乌拉圭回合中就不可能有知识产权交易的机会。因此，为形成一个国际知识产权法典，普莱特和欧派尔还需要具有国际联系并能吸引住美国政府和外国支持者的忠诚且积极参与的核心公司，于是欧派尔和普莱特就联系并说服其同行首席执行官们在1986年3月组织了知识产权委员会。① 为了能够更有效地工作而不受到更多的干扰，知识产权委员会不通过其各自的产业协会而进行工作，为最大化其影响，知识产权委员会有意地限制其成员资格，并坚持成员公司应为管理的最高层所代表，以避免麻烦的公司内协商。这使得它能更快速地形成一致意见。尽管成员不多，知识产权委员会也具有较宽的代表性，包括了美国的化学、计算机、创造性艺术、电子、重工业和制药业等产业。②

在国内形成一致意见后，知识产权委员会开始了跨国动员活动。1986年6月，知识产权委员会和英国产业同盟、德国的德国工业联邦协会（Bundesverband der Deutschen Industrie，BDI）、法国的法国雇主协会（Patronat）进行联系，并通过它们联系了欧洲雇主集团（UNICE）。欧洲雇主集团是欧洲机构中的商业和工业的官方代表，包括来自22个国家的33个成员联盟。1986年7月，知识产权委员会赶赴日本并会晤了日本经济组织联盟（Keidanren），日本经济组织联盟是一个私人的非营利经济组织，实质上代表着日本经济活动的所有分支。在与欧洲和日本的会晤中，知识产权委员会强调知识产权问题太重要了以至于不能只交给政府处理，它主张知识产权产业应先决定最好的行动过程然后告诉政府做什么。最后，知识产权委员会成功地与欧洲和日本同行建立了一个跨国产业间的一致同意，其欧洲和日本同行同意就将知识产权纳入GATT乌拉圭回合谈判继续工作并保证将这些观点在乌拉圭回合开始时及时向它们各自的政府提出。后来欧洲雇主集团和日本经济组织联盟成功地将其各自的理由提交给各自的政府，至1986年9月GATT乌拉圭回合谈判开始时止，美国、日本和欧洲已经就在GATT中包括一个知识产权法典联合起来了。1987年10月，在日内瓦的美国贸易代表提交了其实现知识产权协议谈判目标的建议。1988年6月，该美

---

① 知识产权委员会的成员一直在11—14家之间变动，在最初成立时其代表公司如下：百时美施贵宝（Bristol-Myers）公司，哥伦比亚广播公司（CBS）、杜邦公司（Du Pont）、通用电气公司（General Electric）、通用汽车公司（General Motors）、惠普公司（Hewlett-Packard）、IBM公司、强生公司（Johnson & Johnson）、默克制药公司（Merck）、蒙山都公司（Monsanto）和辉瑞制药公司（Pfizer）。参见 Susan K. Sell, *Post-《知识产权协定》Developments: The Tension between Commercial and Social Agendas in the Context of Intellectual Property*, 14 Fla. J. Int'l L. 193, note 2。

② Susan K. Sell, *Industry Strategies for Intellectual Property and Trade: the Quest for TRIPS, and Post-TRIPS Strategies*, 10 Cardozo J. Int'l & Comp. L. 89—92.

国、日本和欧洲的私人集团"三方集团"发布了类似于戈林的"GATT知识产权条款的基本框架"文件，该文件覆盖了保护的最低标准、执行和争端解决规定，成为了最终的《知识产权协定》的基础。[①]

（四）GATT的知识产权谈判与《知识产权协定》的签署

GATT的知识产权谈判不是一帆风顺的，因为它不仅面对着发展中国家的强烈反对，在其各自国内也有相关利益团体对知识产权产业部门的强知识产权保护表示不满，甚至在基本框架达成一致的美国、欧洲和日本知识产权产业内部也有某些具体问题方面的分歧。

首先是发展中国家对知识产权纳入GATT谈判的反对。在1986年到1989年4月，知识产权问题在贸易谈判中陷于停顿，以印度和巴西为首的发展中国家"十国集团"激烈地抗议在GATT中包括知识产权。[②] 面对着发展中国家的反对，美国贸易代表采用胡萝卜加大棒的关联交涉策略最终征服了发展中国家。其所给予的胡萝卜是美国庞大的国内市场，通过关联交涉，"南方"将获得服装和农业贸易自由化；"北方"将获得全球统一的、具有最低标准的知识产权保护。同时，在乌拉圭回合谈判的8年间，美国贸易代表继续进行攻击性的"特殊301"外交，迫使发展中国家坐到谈判桌前。[③] 如为迫使发展中国家回到谈判桌前，美国贸易代表在1986年对发展中国家中的领导性国家巴西和韩国展开301调查，并向其他发展中国家发出301调查将一个一个国家地进行的信号。[④]

到1989年，发展中国家的抵制最终被克服了，1989年底，谈判各方就发展中国家应给予的执行措施的宽限期达成一致意见。于是，《知识产权协定》的协商程序从南北僵局转向艰难的欧洲和美国、美国和日本的具体条款谈判。尽管美国知识产权委员会、欧洲雇主协会和日本经济组织联盟已经就作为其三方文件反映的多边知识产权协议的实质达成框架性的一致意见，然而还是出现了具体条款细节上的分歧，不仅包括专利传统的，也包括农业补贴等方面的问题。在谈判陷入僵局时，1991年11月，总干事邓克尔制作了一个包含每一部门协商结果的草案，其中包含一个新的《知识产权协定》文本，邓克尔将草案提交给谈判各方并建议该"邓克尔草案"应作为一个整体被拒绝或接受。尽管各方仍继

---

① Susan K. Sell, *Private Power, Public Law: The Globalization of Intellectual Property Rights*, Cambridge University Press, 2003, 104—108.

② Ibid., 94.

③ Michael P. Ryan, *The Function-specific and Linkage-Bargain Diplomacy of International Intellectual Property Lawmaking*, 19 U. Pa. J. Int'l Econ. L. 542.

④ Ibid., L. 562—563.

续对“邓克尔草案”进行争议和批评,谈判各方最终就所谓的“邓克尔草案”达成一致,乌拉圭回合于 1994 年 4 月 15 日结束。①

《知识产权协定》的谈判表明,尽管发展中国家也试图进行联合,试图抵制《知识产权协定》的签署,但最终还是没能成功,本书认为其根本原因首先是发展中国家的整体实力不如发达国家,因此发展中国家往往在美国的 301 条款调查和制裁的打击下仓惶败退。另一个原因可能是发展中国家对知识产权问题是不熟悉的,当时对《知识产权协定》的强知识产权保护的后果估计不足。因此,在获得发达国家在纺织品、农产品市场开放等有形的项目上的让步后,在影响长远但无形的知识产权问题上对发达国家进行了让步。也许,发展中国家在后 TRIPS 时代所进行的努力,可以从侧面来推测出发展中国家在签署《知识产权协定》时对该协议后果估计不足的事实。因为发展中国家的这些方面的努力显然是在《知识产权协定》实施后感受到了《知识产权协定》强知识产权保护的实际效应后才作出的反应。但显然,这些努力已有些晚了,因为《知识产权协定》的墨迹已干。②

---

① Susan K. Sell, *Industry Strategies for Intellectual Property and Trade: the Quest for TRIPS, and Post-TRIPS Strategies*, 10 Cardozo J. Int'l & Comp. L. 95—97.

② Susan K. Sell, *Post- TRIPS Developments: The Tension between Commercial and Social Agendas in the Context of Intellectual Property*, 14 Fla. J. Int'l L. 194.

第五章 知识产权国际保护制度构造机理与中国的应对

本书对知识产权国际立法分析提供了一种新的视角，也得出了一些不同以往的研究结论。但显然，只有通过这种分析对我国参与知识产权国际立法提供有益的借鉴和对策，落实到中国的实际，这种分析才有其实际价值。本章尝试将前文的分析结论运用于我国，具体将分为以下三个部分：

一、知识产权国际立法的一般性认识

本书认为，通过前面几章的分析，我们至少可以总结出知识产权国际立法的下述一般性认识：

（一）知识产权国际立法的必然性

以上知识产权国际立法动力学分析表明，知识产权国际保护制度的形成具有一定的历史必然性，经济全球化、市场化和知识经济的发展不仅内在地要求国际知识产权保护规则的进一步统一，也要求加强知识产权保护。因此，在一定意义上说，全球统一且具有较高水平的知识产权保护的《知识产权协定》的形成具有历史必然性，也具有必要性。没有全球统一的规则就没有全球化、市场化的全球经济，没有高水平的知识产权保护就没有发达的知识经济。这也表明，尽管《知识产权协定》是发达国家及其知识产权利益集团推动的结果，但客观上也在一定程度上反映了全球经济社会发展的客观要求。不然，仅有发达国家及其知识产权利益集团的推动，《知识产权协定》的签署是难以想象的。

（二）知识产权国际立法的不公正性

尽管知识产权国际立法具有历史必然性，反映了全球经济社会发展的客观要求，但知识产权国际保护制度的形成也具有一定的偶然性，其发生的具体时间和具体结果并不是由宏观的经济环境唯一地决定的，而是许多具体主体的具体行为共同作用的结果。以《知识产权协定》为例，如果不是美国知识产权委员会的大力推动,最后最可能形成的也许只是一个反冒牌货法典,而不是涵盖所有知识产权种类的综合性的《知识产权协定》。如果不是IBM公司的首席执行官欧派尔和辉瑞制药公司的首席执行官普莱特的积极行动,知识产权委员会也许就不会成立。如果知识产权委员会采取了错误的策略,不进行跨国动员活动,知识产权是否能包括进乌拉圭回合都未可知。如果不是美国的胡萝卜加大棒的关联性策略,发展中国家的抵制也许不能被克服,乌拉圭回合将会在何时结束,会产生什么结果也将不得而知。另外,经济学家戈林的个人知识和观点、GATT总干事邓克尔的组织技巧等个人因素对《知识产权协定》的具体结果甚至是否能达成均产生了不小的影响。正是这诸多的因素共同决定《知识产权协定》的具体结果,知识产权国际立法的偶然性也是很大的。

知识产权国际立法中因不同个体主体参与而导致的偶然性比其他国际立法中的偶然性更大,因为它涉及的是具有人为特征以及保护对象不确定的知识的保护规则,知识产权国际立法很容易被人为操纵。这种危险已为学者所认识到,即知识财产的危险就在于市民社会对它的利用。一旦开始认识到知识财产的金钱利益,市民社会将迫使政府建立更完善的知识产权制度,并将其在全球范围内推广。这会威胁个人共同体的道德生活。因为知识产权保护的知识位于共同体生活中的许多社会关系的中心,市民社会对知识财产中的金钱利益的无情追逐产生了共同体分裂的分离关系和力量。①

事实上,《知识产权协定》在很大程度上是市民社会中的一部分——知识产权产业集团——追逐的结果,同时作为这些知识产权产业集团的代言人的知识产权保护水平过高的《知识产权协定》已经使发展中国家面临着巨大的压力,这种压力激起了发展中国家在《知识产权协定》生效之后推动着知识产权全球化的后TRIPS发展,知识产权日益与生物多样性、植物基因资源、公共健康和人权等问题关联起来,知识产权国际立法开始从传统的WIPO和《知识产权协定》等传统体制向生物多样性、植物基因资源、公共健康和人权等体制渗透,"国际知识产权体制已经成为具有许多新参与者、根据新结构建立和运行并产生混乱的新规范的众多制度的网络,是一个比作为中心框架的《知识产权协定》叙述更不便利、更加混乱的图片"②。《知识产权协定》之后知识产权国际立法更为复杂难解,《知识产权协定》的执行也面临着更困难的局面。

随着知识经济的发展和知识产权重要性的提高,知识产权成为各国对外政

---

① See Peter Drahos, *A Philosophy of Intellectual Property*, Dartmouth: Publishing Company Limited, 1996, 91.

② Graeme B. Dinwoodie, *The International Intellectual Property Law System: New Actors, New Institutions, New Sources*, 10 Marq. Intell. Prop. L. Rev. 206.

策的重要组成部分,尤其是自20世纪最后20年以来,知识产权渐渐成为美国等发达国家对外经济政策的中心,包含知识产权在内的美国贸易法特殊301条款成为美国与世界各国尤其是发展中国家进行经济谈判的核心手段之一,知识产权在特殊301调查中频频出现,成为争议的最大来源。这是毫不奇怪的,是知识经济发展的必然结果。随着知识经济的发展,世界各国纷纷追求对经济竞争的制高点——知识——的控制,这导致知识产权在各国对外经济政策中的地位逐步提高,成功的对外知识产权政策成为提高经济竞争力,推动国民经济发展的重要手段。

知识产权国际保护制度本身即是全球治理的一个组成部分,全球治理建构了一系列分析方法,以表达全球化条件下那些政治生活的核心问题,也即谁在统治,为谁的利益,通过什么机制,为的是何种目标?① 由于民主及其制度的缺乏,全球治理的合法性是有问题的。仍以《知识产权协定》为例,《知识产权协定》谈判和签署过程就表明了利益驱动下知识产权私人集团和知识经济强国对全球知识产权规则的控制,它们对全球知识产权规则的控制显然不是为了全人类,而是为了其自身的超额利润和国家利益,国际知识产权秩序是国际政治经济力量博弈的结果。尽管这并不能否认《知识产权协定》的国际合法性和正当性,因为它是经过正当的国际立法程序而制定的,但这至少要求我们不能将《知识产权协定》神圣化,而应该理性地分析它。也许正因如此,2003年2月,联合国发展项目发布了一份引人注目地批评《知识产权协定》关于世界贸易体系的报告。报告断言,"对大部分发展中世界来说,《知识产权协定》的适当性是高度令人怀疑的",并要求发展中国家"就用替代性的知识产权范式取代《知识产权协定》开始对话",在过渡期内"修改《知识产权协定》被解释和执行的方法"。②

《知识产权协定》不平衡的根本原因在于GATT(WTO)体制本身。在GATT(WTO)中,表面上看来所有成员国在该组织中享有平等的投票权,且与技术性较强的经济组织如世界银行等不同,它的各级决策是由其成员国推动而不是由专家系统承担的。然而,WTO的平等投票权的实际价值远小于表面上的意义,因为WTO决策采用一致同意原则,而这种一致同意原则趋向于在由美国、欧盟、日本和加拿大等发达国家掌控的非正式协商会议中通过商讨解决问题。因此,在WTO的贸易协商中,拥有较大市场份额的国家享有对决策的重要影响,

---

① 〔英〕戴维·赫尔德、安东尼·麦克格鲁:《治理全球化:权力、权威与全球治理》,曹荣湘、龙虎等译,社会科学文献出版社2004年版,第13页。

② Laurence R. Helfer, *Mediating Interactions in an Expanding International Intellectual Property Regime*, 36 Case W. Res. J. Int'l L. 4.

实质上它们可被称做决策制定者，而那些市场份额较小的国家只是有效的决策接受者。[①] 因此，在《知识产权协定》谈判及签署中，发达国家的绝对主导地位是很明显的，而其形成的规则显然也是不平衡的。这已经为学者所指出，学者认为《知识产权协定》"颠覆了全球公共领域中的平衡"，而《知识产权协定》下的知识产权体制则是一种"明显向发达国家倾斜的国际知识产权体制"。其结果导致"发展中世界所掌握的智力产品搁在了全球公共领域，而发达世界的智力产品紧紧地掌握在公司手中"。[②]

（三）发达国家与发展中国家的博弈

国际社会需要公正合理的国际规则，只有公正合理的国际规则才能构建全球和谐社会，实现永久和平。这不仅符合全球大多数国家的利益，而且与强权国家的利益也并不矛盾。公正合理的国际规则由多个方面构成，既有赖于公正合理的决策与协商程序，也有赖于强权者的公正，还有赖于弱势国家的团结、联合与争取。

首先是公正合理的决策和协商程序。决策和协商程序应能确保不论经济实力强弱、不论大小、不论种族的所有国家都能参与其中并充分表达其意见。只有这样国际决策和协商才可能是公正合理的。

其次是强权者的公正。强权者往往是世界上的发达国家，由于其在政治、经济、科技、文化等方面的实力，发达国家在和发展中国家的各方面交往中往往占有先天的优势，这就意味着在与发展中国家交往中，为了确保公平与合理，发达国家必须作出一定的让步。这就是国际规则往往有照顾发展中国家的规定的原因。以《知识产权协定》为例，尽管它是强权国家推动促成的，但其中对发展中国家和最不发达国家也有更长的宽限期的规定。

再次，国际社会向来是强权主义的世界，公正的国际规则制定程序不能建立在至少不能完全建立在强权者的仁慈上，通过国际社会的弱势群体的联合也可以形成与强权者抗衡的力量，促使国际规则的制定程序更为公正合理。这就需要发展中国家中的大国积极参与到国际规则的制定过程中，并积极团结广大发展中国家。

尽管以上这些内容中有些是关于一般国际规则的制定与形成过程的，但显然也适用于知识产权国际立法。事实上，本书前面分析的知识产权国际规则的

---

① 参见〔英〕戴维·赫尔德、安东尼·麦克格鲁：《治理全球化：权力、权威与全球治理》，曹荣湘、龙虎等译，社会科学文献出版社 2004 年版，第 12 页。

② Anupam Chander and Madhavi Sunder, *The Romance of the Public domain*, 92 Calif. L. Rev. 1348—1353.

形成也反映了知识产权国际规则形成的这些方面的一般特点。

二、中国的国际地位与知识产权国际立法能力

作为世界上最大并已加入世界贸易组织的发展中国家,我国不仅拥有大量的知识产权专业人才,更具有世界上发展最快、规模也较大的国内市场,拥有较强的谈判能力,应该积极参与到知识产权国际规则的制定中去,积极推动基因资源、地理标志和包括民间文学、传统医药等在内的传统知识等我国具有优势的知识资源的国际保护规则的形成,使我国不具有优势的知识产权国际保护规则合理化,努力推动有利于我国社会经济发展的知识产权国际规则的形成。

(一)中国的国际地位与影响力

经过三十年的改革开放,中国的综合国力得到了很大的提升,在国际事务中的地位也越来越高。在经济方面,2006 年中国国内生产总值为 209407 亿元,比上年增长 10.7%,创造了继 2003 年经济增长 10.0%、2004 年 10.1%、2005 年 10.4% 之后的新高。[①] 从国际比较来看,2005 年,我国国内生产总值达到 183085 亿元(按汇率法折合 22289 亿美元),居世界的位次由 2001 年的第六位,跃升为第四位,占世界的份额也由 2001 年的 4.2% 上升到 5%。我国经济总体实力和对世界的影响力进一步提高;2005 年我国对外贸易进出口总额为 14219 亿美元,比 2001 年增长 1.8 倍。居世界的位次仅次于美国和德国,居第三位,占全球贸易进出口总额的比重由 2001 年的 4% 上升到 6.7%。我国贸易出口与进口总额居世界的位次从 2001 年的第六位,上升到 2004 年和 2005 年均列第三位,仅次于美国和德国;2005 年我国吸引外国直接投资(FDI)稳定增长,全年达到 638 亿美元,我国利用 FDI 占发展中国家总额的 1/3,我国利用 FDI 数量从 2001 年居世界第六位上升到 2005 年居第三位;2005 年,我国工农业生产保持稳定快速增长,主要工农业产品产量继续保持世界领先地位。工业产品中,钢、煤、水泥、电视机和棉布的产量继续保持世界第一,发电量继续位居世界第二,糖产量居世界第三;原油产量居世界第五。农业产品中,谷物、肉类、棉花、花生、油菜籽、水果及茶叶的产量继续保持世界第一,甘蔗产量位居世界第三,大豆产量位居世界第四;2005 年底我国外汇储备达到 8189 亿美元,至 2006 年 2 月底,我国外汇储备增长到 8536 亿美元,已超过日本成为全球外汇储备最多的

---

① 谢鸿光:《从〈统计公报〉看中国发展》,http://www.stats.gov.cn/tjfx/ztfx/tjgbjd/t20070301_402388147.htm。

国家,到2006年10月份,我国外汇储备已跨过万亿美元大关。[①] 总体上我国经济已进入到新的发展阶段,经济实力大大提升,在世界上已经占有举足轻重的地位。

在科技方面,2005年SCI收录我国论文总数6.8万篇,是2002年的1.7倍,收录的论文总量在世界排位从2002年的第6位上升到第5位,我国基础研究的国际地位显著提高。2006年,我国规模以上高技术产业企业实现工业总产值41322亿元,是2002年的2.7倍。2006年,我国专利部门受理的国内专利申请量达47万件,是2002年的2.3倍;其中技术含量较高的发明专利申请为12.2万件,是2002年的3.1倍;发明专利所占比重为26.0%,比2002年提高了6.6个百分点。2006年我国专利部门授予国内专利权22.4万件,其中授予发明专利2.5万件,是2002年的4.3倍;发明专利所占国内授权专利的比重为11.2%,比2002年提高了6个百分点。我国自主创新能力显著提高。目前,在一批高技术研究成果的有力支撑下,我国以医药制造业、航空航天制造业、电子及通信设备制造业、电子计算机及办公设备制造业、医疗设备及仪器仪表制造业为代表的高技术产业保持快速增长,效益逐年提升,产业规模已跃居世界第三,出口总额跻身世界前两位,高技术产业已成为我国国民经济新的增长点,对促进产业结构调整、推动经济增长方式转变起到了重要作用。[②]

据瑞士洛桑国际管理学院(IMD)发布的2007年《国际竞争力年度报告》,2007年,中国内地的竞争力排名超越日本,从前一年的第18位升至第15位。根据瑞士洛桑国际管理学院的报告,2007年中国内地在经济表现、政府效率、企业效率和基础设施等4个大指标中的排名均有所上升,其中经济表现排名由第三位升至第二位,仅落后于美国;政府效率排名由第17位升至第8位,升幅突出;企业效率排名由第27位升至第26位;基础设施排名由第33位升至第28位。

外交部副部长王毅在2004年中宣部和教育部举办的"首都高校形势报告会"上,对中国的定位进行了评估,他认为,中国是"在全球范围,尤其是在周边地区日益发挥重要影响的社会主义的发展中大国"。首先,中国是一个社会主义国家;其次,中国是一个发展中大国;最后,中国是一个在全球范围内有重要影响的国家。在这一点上,中国作为联合国安理会常任理事国、作为有核国,在国际事务中有重要发言权,对世界和平与稳定负有不可推卸的责任和义务。在

---

① 国家统计局国际中心:《2006年我国经济和社会发展国际地位比较研究》,http://www.stats.gov.cn/tjfx/fxbg/t20061128_402368780.htm。

② 国家统计局综合司:《发展回顾系列报告之十一:科学技术事业迈出新步伐》,http://www.stats.gov.cn/tjfx/ztfx/sqd/t20070930_402435819.htm。

现阶段,中国的利益和影响力主要在周边,同时正不断向外延伸。①

总体上,无论是经济、科技、国际竞争力还是政治外交,中国的国际影响日渐增大,在国际上的地位越来越重要,尽管今天中国的影响力还以局部为主,但也有一定的全球影响力,这成为中国参与知识产权国际立法的基础。

(二)中国的知识产权国际立法能力

在《知识产权协定》谈判与签署时中国仅仅具有观察员的身份,在世界贸易组织中没有合法的代表资格,对包括《知识产权协定》在内的世界贸易组织的大多数规则制定没有法定的参与权,这使得《知识产权协定》难以反映中国的利益。目前中国已经加入世界贸易组织,具有了在世界贸易组织的合法代表资格,具有了参与世界贸易组织规则制定的合法权利和渠道。

同时,和大多数发展中国家不同的是,中国不仅有参与知识产权国际立法的国际实力,同时更有参与的能力,即中国具有参与知识产权国际立法的相关人才,这是许多发展中国家所缺乏的。尽管目前中国教育还屡受诟病,知识产权的立法实践也只有三十年,知识产权理论研究和人才培养方面和具有几百年历史的发达国家尚有差距,但知识产权理论研究也迅速发展,对知识产权相关理论问题和实践问题已经有较深入的把握,中国的知识产权教育已经取得了一定的成绩。

在理论研究方面,目前中国的知识产权研究已经吸引了世界的注意,中国每年也多次举办知识产权方面的国际研讨会。许多关于知识产权国际保护制度的著作不仅对知识产权国际保护制度有着深入的分析,同时有些更结合中国知识产权法律制度进行分析,对于中国了解知识产权国际保护制度以及中国知识产权法律制度履行知识产权国际义务均发挥了重要的作用。②

在知识产权人才培养方面,目前中国已经培养出了大量知识产权专门人才。截至目前,中国培养知识产权双学士已愈20年,知识产权双学士毕业生在中国知识产权理论研究和知识产权实践中均发挥着重要的作用。中国目前仅具有知识产权方向博士学位授予权的高校和研究机构就达15家,这些高校和研究机构培养出了大量的知识产权高级研究人才。尤其是近年来培养的博士毕业生,大多数不仅专业基础扎实,外语也比较熟练,具有宽广的国际视野。中国目前培养出来的知识产权人才在国家的知识产权立法、理论研究和国际谈判中均发挥着重要的作用。

---

① 《王毅谈中国的国际地位和外交政策》,http://www.china.com.cn/chinese/HIAW/541805.htm。

② 参见本书第4页注1所列举的文献。

总之,中国不仅具有参与知识产权国际立法的实力,同时更具有参与知识产权国际立法的理论能力。

三、中国应对知识产权国际立法的基本态度与对策

本书认为,中国应对知识产权国际立法首先要从内部做起,即正确认识与评价相关知识产权国际规则,完善自己的知识产权法律制度,有艺术地确保履行已经承诺的国际义务。同时,中国应该积极参与到知识产权国际立法中,有意识地从国内、国际两个层面完善体制、理顺关系,努力促使知识产权国际规则更为公正合理,更有利于中国经济社会的发展。

(一)中国知识产权国际立法的基本态度

首先,中国应正确认识和评价相关知识产权国际规则,有艺术地确保已经承诺的知识产权国际保护义务的履行。我国加入 WTO 已近十年,在 2006 年即加入 WTO 之后 5 年之际,我国赢得了执行《知识产权协定》的许多赞誉。但这种赞誉可能只意味着我们履行了 WTO 义务,满足了发达国家和跨国高科技公司的利益要求。但《知识产权协定》究竟是否符合我国利益?我们自己是否也像大多数发展中国家那样受到了利益损失?对此,我国当前甚至并没有这样的评估报告,学术界也没有相应的实证研究。本书这里的分析至少能使我们形成这样的认识:《知识产权协定》绝不是为我国这样的发展中国家的利益而制定的,恰恰相反,它是为在国际关系中处于主导地位的发达国家的利益而制定的。因此,对我国知识产权制度建设来说,《知识产权协定》绝不是神圣的,也不是价值中立的,我们不能盲从《知识产权协定》,也不能以《知识产权协定》为准绳来评价我国的知识产权制度。尽管因已加入 WTO,我国不能违背自己所承担的国际义务,无法从当时的承诺回退,但《知识产权协定》还是有一定的弹性的,成员国仍然具有余地选择最适合自己的方式履行国际义务。以《知识产权协定》为例,"成员国有余地在《知识产权协定》的总轮廓之内型塑权利和权力的结构",也能够在该协议的一般条款之内用许多方法来定义知识产权,《知识产权协定》不是强制统一的约束性文件,它提供了一个游戏场,在《知识产权协定》之内国内法律能够被塑造以满足成员国的政治、社会、经济和其他政策目标。[①] 应以我国的国情而不是《知识产权协定》作为评价我国知识产权制度的基本依据。

---

① Shubha Ghosh, *Reflections on the Traditional Knowledge Debate*, 11 Cardozo J. Int'l & Comp. L. 501—502.

其次,中国有责任积极参与知识产权国际立法,力促公正的知识产权国际保护制度形成。目前中国是世界上最大的发展中国家,正在树立负责任的大国的国际形象,因此中国有责任代表广大发展中国家的利益与意志,积极参与到知识产权国际规则的制定中,努力促使公正的知识产权国际保护制度的形成。目前,中国已经开始密切关注国际知识产权领域的发展动态,积极组织相关部门参与世界贸易组织、世界知识产权组织、国际植物新品种联盟、亚太经合组织、亚欧会议等国际组织的国际知识产权制度的改革和国际知识产权问题的谈判。如中国积极参与了在世界贸易组织与贸易有关的知识产权理事会(TRIPS理事会)主持下进行的,作为世界贸易组织多哈回合新一轮谈判重要组成部分的公共健康、地理标识、遗传资源、传统知识等知识产权议题的谈判;中国多次组织相关部门参加了世界知识产权组织举行的会议,中国代表团就中国知识产权制度取得的成绩,以及中国对国际专利制度、遗传资源、传统知识及民间文学艺术等国际知识产权热点问题的看法作了重要发言,阐明了中国的原则和立场;等等。但目前中国对知识产权国际立法的参与还非常不够,在参与目的上还主要限于单纯维护自己利益,与负责任的大国的要求还有较大差距。中国参与知识产权国际谈判不仅要维护自己的合法权益,更应该代表广大发展中国家的利益和意志,力促公正合理的国际知识产权制度的形成。

(二) 中国应对知识产权国际立法的国际策略

目前,中国参与知识产权国际立法还受到较多的制约,不仅有国际的经济、政治力量对比的制约,也有国内的制度和组织不完善的制约。因此中国要有效地参与知识产权国际立法,必须有正确的策略。本书本部分谈中国应对知识产权国际立法的国际策略,下部分谈国内策略。

本书认为,中国应对知识产权国际立法的国际策略应包括以下内容:

第一,坚持发展中国家的地位与立场。在中国加入世界贸易组织谈判过程中,国际上对中国究竟是发展中国家还是发达国家的地位问题就曾存有较激烈的争论,中国当时以发展中国家身份加入世界贸易组织既是中国的政治选择,也反映了中国当时的实际经济水平。[①] 近几年来,中国经济获得了长足发展,2005年中国经济总量就已经超过意大利而位居世界第六位,但这仍改变不了中国的发展中国家的地位。[②] 既然中国是发展中国家,那么坚持发展中国家的立场就是中国的必然选择。

---

① 《龙永图:以发展中国家地位加入 WTO 是中国的政治选择》,http://www.cs.com.cn/csnews/20010705/89069.htm。

② 《中国:“发展中国家”地位丝毫没变》,http://cn.biz.yahoo.com/060123/56/fk4j.html。

第二，树立大国的信心。尽管中国仍然是发展中国家，但如前所述目前中国已经在世界经济、政治、科技等方面居于重要地位，中国必须树立大国的信心，敢于充分利用自己的谈判力量，维护自身的合法权益，并站在发展中国家立场上为广大发展中国家谋取更为公正合理的国际知识产权立法秩序。2007年4月17—18日，商务部和知识产权局主办、信息产业部、科技部、发改委、质检总局协办的"WTO：标准化中的知识产权（北京）国际研讨会"被观察家认为是中国结束国际知识产权问题的"招架"策略而开始逆袭知识产权"围剿"的开始。[①]

第三，团结和联合广大发展中国家。在世界知识产权事务中，发展中国家的巴西、印度等一直是发展中国家对抗发达国家知识产权"侵袭"的排头兵，无论是在《知识产权协定》谈判过程中还是在《知识产权协定》理事会的后继会议中，巴西和印度等发展中大国一直在努力坚持自己的知识产权立场，力促知识产权国际规则的公正与合理。但作为世界上最大的发展中国家，中国在知识产权国际立法的参与上多是被动的，和其他发展中国家的步调并不一致。中国只有和其他发展中国家尤其是作为发展中大国的巴西、印度等国进行联合和合作，才能在国际知识产权事务中发挥更大的作用。

第四，适当地进行体制转换。国际体制概念是国际关系学者斯蒂芬·D.克拉斯纳（StephenD. Krasner）于1982年在一篇论文中发展起来的，国际体制是指参与者预期集中于一个给定问题领域的原则、标准、规则和决策程序。其中原则是事实、因果关系和公正；标准是根据权利和义务定义的行为标准；规则是行动的具体指示或解释；决策程序是进行和执行集体选择的主要惯例。[②] 体制包括实质的、制度的和关系的三要素。其中：实质要素集中于体制的原则、标准和规则；制度要素包括国家用来创造原则、标准和规则的合作安排；关系方面集中于包括于特定体制内的实体问题领域以及这些实体问题领域和其他体制的问题领域相互交叉的方法。[③] 在国际关系学者看来，体制转换是在权力约束既定的情况下，国家和非国家参与者采用的使国际体制更精确地反映其利益而演化的策略，即通过将条约协商、立法动议或标准制定活动从一个国际舞台转向另一个而改变现状的努力。体制转换提供了产生"反体制标准"的机会。国家和

---

① 商思林：《结束"招架"时代，中国逆袭知识产权"围剿"》，http://old. news. hexun. com/2209463. shtml。

② Stephen D. Krasner, *Structural causes and regime consequences: regimes as intervening variable*, International organization, 36(3): 186 (1982).

③ Eric Brahm, International Regimes, http://www. beyondintractability. org/essay/international_regimes/? nid = 6584.

非国家参与者之所以能够通过体制转换而实现自己的目标,是因为每一体制均有一些自己的特点,最根本和重要的是国际关系中的力量对比。在某些体制中,强权国家支配着谈判议程并塑造适合其利益的结果,而在另一些体制中,没有强权者或者强权者仅发挥着更有限的作用,这就为较弱小的国家创造了机会。另外,国际体制在其立法方法、监控和争端解决机制、制度文化以及对外部影响的渗透性等方面也各不相同。不同国际体制的制度特色为国家和非国家参与者提供了丰富的产生反体制标准的舞台,体制转换成为强大和弱小的参与者都能玩的游戏。① 体制转换在知识产权国际立法中是屡见不鲜的。早期的如美国于20世纪50年代通过体制转换而在联合国教科文组织体制内制定了作为《伯尔尼公约》的替代的《世界版权公约》。晚近的如美国等发达国家将知识产权国际立法从WIPO转向GATT创立全球统一的知识产权国际保护体系的《知识产权协定》的体制转换。相对于《知识产权协定》和WIPO体制,生物多样性、植物基因资源、公共健康、人权和发展等体制,包括中国在内的发展中国家可以充分利用在这些体制或论坛内的道义优势提出其有关知识产权的主张,利用生物多样性、植物基因资源、公共健康、人权和发展等道义性色彩较浓厚的问题矫正《知识产权协定》过强的知识产权保护。

(三)中国应对知识产权国际立法的国内策略

本书认为,中国参与知识产权国际立法的国内策略主要包括以下内容:

第一,设置专门的知识产权贸易政策管理与执行机构,统一负责国家知识产权贸易政策。这一点中国已经具备,中国设置了国务院保护知识产权工作组,工作组在商务部设置了办公室,该机构不仅负责中国知识产权贸易政策的管理和执行,还负责中国各知识产权保护机构之间的协调。

第二,企业和社会各界积极参与知识产权贸易政策的制定与谈判。目前,中国企业和社会各界参与知识产权贸易政策制定与谈判基本上还处于初级阶段。商务部已经初步建立了由商务部、地方商务主管部门、行业中介机构和涉案企业共同参与相互配合应对国外反倾销诉讼的"四体联动"机制。所谓"四体联动"工作机制,是商务部为有效动员社会各方面力量应对日益增多的贸易摩擦而提出来的,其概念首先在进出口公平贸易工作中得到发展和检验。之后,"四体联动"工作机制被推广到其他贸易政策公共事务中。"四体联动"中的"四体"分别指的是中央政府部门(商务部)、地方政府部门(各地外经贸和有

---

① Laurence R. Helfer, *Regime Shifting: The TRIPs Agreement and New Dynamics of International Intellectual Property Lawmaking*, 29 Yale J. Int'l L. 10—17.

关主管部门)、中介组织(行业组织以及专业服务机构等)和企业。其中,商务部统一领导各项工作的全面开展,负责贸易政策决策、对外贸易谈判、贸易壁垒交涉等。地方政府部门是中央政府与当地企业和中介组织之间的桥梁,负责上传下达、指导协调、宣传培训等工作。行业组织为企业提供行业信息等服务,是行业公共利益的代言人,是行业自律协调的组织者。企业是从事贸易活动的主体,受贸易政策的影响,同时也是贸易政策相关公共事务的参与者。以上"四体"分工协作、信息共享、紧密互动,就是"四体联动"工作机制。[①] 这一工作机制的建立对我国企业应对国外反倾销诉讼发挥了积极影响。但这还远远不够,这种机制的发挥主要还限于应对与国外的贸易摩擦,还应该将这种机制扩大到整个贸易政策的制定。目前,中国企业不仅参与贸易政策制定与谈判的积极性不高,甚至在应对国外反倾销诉讼方面的积极性和能力也不足。

第三,建立企业、行业协会和社会各界参与知识产权贸易政策制定的法律机制。目前,尽管有关法律法规提供了一部分企业、行业协会和社会各界参与知识产权贸易政策制定和谈判的法律依据,如《中华人民共和国对外贸易法》第56条的规定:对外贸易经营者可以依法成立和参加有关协会、商会。有关协会、商会应当遵守法律、行政法规,按照章程对其成员提供与对外贸易有关的生产、营销、信息、培训等方面的服务,发挥协调和自律作用,依法提出有关对外贸易救济措施的申请,维护成员和行业的利益,向政府有关部门反映成员有关对外贸易的建议,开展对外贸易促进活动。但这相对于美国的相关制度建设则相差甚远,不仅没有规定具体的参与程序与途径,也没有切实的综合性的参与机构。这大大阻碍了有关企业、行业协会和社会各界对知识产权贸易政策的积极参与,使得我国知识产权贸易政策的制定不能借助社会的广泛力量,不能反映社会各界的声音。要促进企业、行业协会和社会各界参与知识产权贸易政策制定和谈判,必须修改我国的外贸法,建立相应的法律机制。

---

① 《"四体联动"机制》,http://gof.gdwto.org.cn/。

第二编

变革论:从 WIPO 到 TRIPS 时代的知识产权国际保护制度

第一章
从世界知识产权组织到知识产权协定：知识产权国际保护新体制

一、知识产权国际保护体系的形成

在一定程度上我们可以认为，知识产权的地域性乃知识产权保护走向国际化的根本原因，经济发展和文化传播的全球化是知识产权国际保护制度产生的主要动力。继《保护工业产权巴黎公约》、《保护文学和艺术作品伯尔尼公约》等一系列知识产权保护国际公约签署之后，世界知识产权组织的成立是知识产权国际保护体系形成以及知识产权保护走向完全国际化的重要标志。

（一）知识产权国际保护公约的签署：知识产权保护国际化的轨迹

在19世纪之前，知识产权的保护主要局限于国内。但随着世界经济科技一体化进程的加快和信息的广泛传播，在19世纪中叶，知识产权的国际保护开始受到人们的广泛关注，因为"仅仅保护本国国民的作品或发明可能导致令人费解的不合理后果：如果只是保护国内的文学艺术作品，外国作品就会成为'海盗'的抢手货，其售价通常极其低廉"[①]。人们期望在世界范围内形成一套知识产权国际保护制度，全面有效地保护知识产权人的利益，这是世界经济发展的必然趋势。在这期中，发达国家技术先进，拥有数量巨大的知识产权，在国际货物和知识产权贸易中始终居于主导地位，因此发达国家出于自身利益的考虑，对加强知识产权国际保护的迫切要求便成为推动知识产权保护国际化进程的主要因素。知识产权保护的国际化历程，主要反映在知识产权国际保护文件的签署上。[②]

---

① 吴汉东主编：《知识产权国际保护制度研究》，知识产权出版社2007年版，第37页。

② 通过知识产权国际保护文件来对知识产权进行跨国保护，经历了一个由双边条约到多边公约的历程。例如，到《保护文学和艺术作品伯尔尼公约》（1886年）签署前，仅欧洲保护著作权的双边条约就达三十多个。以双边条约形式保护知识产权，手续繁琐、内容各异、效力不一，于是有关国家便开始寻求通过多边公约的形式保护知识产权，《巴黎公约》是其第一次尝试。限于篇幅，本章将双边条约形式保护知识产权的过程略过。

1. 巴黎公约:工业产权国际保护体系的形成

《保护工业产权巴黎公约》(下文称《巴黎公约》)的签署标志着工业产权国际保护体系的形成。在 TRIPS 签署之前,《巴黎公约》是知识产权领域唯一的“一部非常重要的国际法”①,它是工业产权国际保护体系的基本公约或“母公约”②,是“所有工业(知识)产权协调活动之母”③,其他工业产权专门协定为该体系的辅助条约或“子公约”。

(1)《巴黎公约》产生的原因

《巴黎公约》产生的根本原因在于知识产权的地域性与国际技术贸易迅速发展之间的冲突。19 世纪中后期,自由竞争的西方资本主义发展模式开始向垄断阶段过渡,各国越来越重视技术与知识在竞争中的垄断优势,工业产权的国际保护问题越来越受到关注。知识产权作为一种无形财产权,具有地域性、时间性等特点。知识产权的地域性是指知识产权受到地域的限制,具有严格的领土性,在一国或地区设立的知识产权只在该国或该地区范围内有效,不发生域外效力。④ 知识产权人若想自己的权利在域外受到保护必须向有关国家或地区分别申请。这不仅给申请人带来许多麻烦,而且对各国主管当局来说也是相当繁重的工作负担。况且,各国知识产权法律规定内容不一,给欲在外国取得知识产权保护的权利人也造成不少困难。随着世界经济的发展,技术和知识越来越成为经济发展的主要动力,在国际贸易中,技术的重要性日益提高,高科技产品或知识密集型产品在国际贸易中的比重不断上升,技术贸易得到迅速发展。知识无国界,知识产权的保护却受到严格的地域限制。为了突破知识产权严格的地域限制,《巴黎公约》应运而生。

《巴黎公约》产生的直接诱因源于 19 世纪一次国际展览会主办方的尴尬。1873 年,奥匈帝国在维也纳举办国际发明展览会,接到邀请的诸多西方国家反应冷漠,担心参加展览的本国发明得不到有效保护而被外国人抢走使用。这促使有关国家在维也纳召开了第一次国际专利会议,呼吁缔结发明专利保护的国际条约。1878 年,有关国家为在法国巴黎又一次举办国际展览会而召开了第二次国际专利会议,会议决定成立一个专门委员会,负责起草一份有关工业产权保护的国际公约。1880 年,21 个国家的代表在法国巴黎讨论了公约草案。1883 年 3 月 20 日,法国、比利时、巴西、危地马拉、意大利、荷兰、葡萄牙、萨尔瓦

---

① 古祖雪著:《国际知识产权法》,法律出版社 2002 年版,第 64 页。

② 参见郑成思:《工业产权国际公约概论》,北京大学出版社 1985 年版,第 1 页。

③ 〔印〕甘古力著:《知识产权:释放知识经济的能量》,宋建华、姜丹明、张永华译,知识产权出版社 2004 年版,第 26 页。

④ 参见刘春霖主编:《知识产权法》,河北人民出版社 2007 年版,第 9 页。

多、塞尔维亚、西班牙和瑞士等 11 个国家发起,在法国巴黎召开工业产权国际会议,正式签订了《保护工业产权巴黎公约》(Paris Convention for The Protection of Industrial Property)。自 1884 年 7 月正式生效之后的一百多年间,曾召开 8 次修订会议,其中最初两次即 1886 年罗马修订会议和 1890—1891 年布鲁塞尔修订会议没有通过修订本,从 1900 年起,连续 6 次召开修订会议,每次会议结束时都通过一个修订文本,这样就形成了 6 个修订文本,即 1900 年 12 月 14 日的布鲁塞尔修订本、1911 年 6 月 2 日华盛顿修订本、1925 年 11 月 6 日海牙修订本、1934 年 6 月 2 日伦敦修订本、1958 年 10 月 31 日里斯本修订本、1967 年 7 月 14 日斯德哥尔摩修订本。

(2)《巴黎公约》的特点

《巴黎公约》共 30 条,分为实体条文和行政条文两大部分。从第 1 条到第 12 条是实体条文,明确规定了各成员国国内立法应遵循的基本原则和各方面的基本要求。第 13 条至第 30 条属于行政条文。其中第 13 条至第 17 条主要涉及联盟大会、大会执行委员会和国际局等组织机构的职权以及财务问题。第 18 条至第 30 条主要涉及本公约的加入、生效、退出和争议的解决等问题。

《巴黎公约》是一个"开放性"的国际公约[①]。所谓开放性,即"加入公约不受任何条件限制,加入公约的资格不受任何审查"[②]。任何一个国家只要它能保证根据其本国法律实施公约的规定,就可以向世界知识产权组织总干事提交加入书。在总干事向各成员国发出该国已经加入的通知之日起 3 个月后《巴黎公约》对该国发生效力。迄今为止,加入《巴黎公约》的国家已经超过 160 个。绝大多数成员国都采用斯德哥尔摩文本,少数国家仍采用海牙文本、伦敦文本或里斯本文本。目前,已经没有任何国家采用 1900 年和 1911 年两次修订的文本。1984 年 11 月 14 日我国全国人大常委会通过关于我国加入《巴黎公约》的决定。1984 年 12 月 19 日我国政府向世界知识产权组织总干事交存加入书。加入书中同时声明,中国不受公约第 28 条第 1 款的约束。1985 年 3 月 19 日中国正式成为《巴黎公约》的成员国,适用 1967 年斯德哥尔摩文本。该文本于 1997 年 7 月 1 日对香港特别行政区生效,于 1999 年 12 月 20 日对澳门特别行政区生效。

《巴黎公约》是保护知识产权的第一个"综合性"的国际公约,开创了知识

---

① 《巴黎公约》的开放性主要体现在其第 21 条和第 22 条的规定。按照《巴黎公约》第 21 条之(1)的规定,"本联盟以外的任何国家都可以加入本议定书,成为本联盟的成员国。"第 22 条规定,"除适用第 20 条第(1)款(b)项和第 28 第(2)款的规定可能有例外外,批准或加入应自动导致接受本议定书的全部条款并享受本议定书的全部利益。"

② 古祖雪著:《国际知识产权法》,法律出版社 2002 年版,第 66 页。

产权国际保护的新纪元。《巴黎公约》的保护对象是工业产权,具有综合性,比保护工业产权某一方面内容的专门协定更具影响力。《巴黎公约》规定,对工业产权应作最广义的理解,不仅应适用于工业和商业本身,而且也应同样适用于农业和采掘业,适用于一切制成品或天然产品,例如:酒类、谷物、烟叶、水果、牲畜、矿产品、矿泉水、啤酒、花卉和谷类的粉。工业产权的保护对象包括:专利(发明),实用新型,外观设计,商标(商品商标),服务标记,厂商名称,货源标记或原产地名称和制止不正当竞争。《巴黎公约》的具体内容,实质上是巴黎联盟在工业产权保护问题上向各成员国提出的最低要求和共同准则,各成员国应当共同遵守。任何成员国都不应违反《巴黎公约》的规定,损害巴黎公约特别规定的权利。公约第 25 条规定,"本公约的缔约国承诺,根据其宪法,采取保证本公约适用的必要措施。不言而喻,各国在递交其批准书或加入书时将能根据其本国法律实施本公约的规定"。《巴黎公约》之"第一个"、"综合性"国际公约的特点,决定其成为各国工业产权立法的参照系,"成为工业产权国际保护的事实上的基本标准"。①

《巴黎公约》是知识产权国际保护的"基本公约",它确立的工业产权国际保护基本原则,已经成为当今知识产权国际保护制度的基石。《巴黎公约》确立的主要原则包括:

国民待遇原则。国民待遇原则,即参加本公约的国家组成保护工业产权联盟,联盟成员国在法律上把现在或者将来可能给予本国公民的有关工业产权方面的各种利益和保护,应当同等地给予本国内的任何其他成员国公民,同时,不得规定联盟成员国公民在请求保护的国家须有住所或者营业所才能享有工业产权,并且,不应当使本公约对于联盟成员国公民特别规定的权利受到任何损害;对于非联盟成员国公民,只要在成员国内有住所或者有真实有效的工商业营业所的,就应当享有同成员国公民同样的待遇和保护。国民待遇原则并非绝对,《巴黎公约》允许成员国在司法和行政程序、管辖权以及指定送达地址或委派代理人等方面在法律中明确予以保留。国民待遇原则的要义在于,它既不要求各国法律的一致性(不涉及知识产权保护水平问题),也不要求适用外国法的规定(不涉及国家主权的地域限制问题),只是要求每个国家在自己的领土范围内独立适用本国法律,不分外国人还是本国人而给予平等保护,即它是不同社会经济制度和不同发展水平的国家都能接受的一项原则。② 国民待遇原则的意义在于,它排除了成员国相互之间就工业产权保护可能出现的歧视

① 唐广良、董炳和著:《知识产权的国际保护》,知识产权出版社 2002 年版,第 53 页。

② 参见吴汉东:《论知识产权国际保护制度的基本原则》,http://www.iprcn.com/view_new.asp? idname = 1663,2008 年 1 月 10 日访问。

待遇,保证了工业产权国际保护的平等性。正因为如此,国民待遇原则被其后的绝大多数知识产权保护国际条约所接纳,如 WTO《知识产权协定》第 3 条也规定了国民待遇原则,《伯尔尼公约》、《罗马公约》、《华盛顿公约》都规定了这一原则。

优先权原则。《巴黎公约》规定的优先权即国际优先权,是指已经在某一成员国正式提出专利、实用新型、外观设计、商标注册申请的任何人,或者其权利继承人,在规定期间内就同一主题又向其他成员国提交申请的,则可以第一次提出申请之日为申请日。专利和实用新型的优先权期间为 12 个月,外观设计和商标的优先权期间为 6 个月。这些期间自第一次申请的申请日开始计算,但申请日不计入期间之内。《巴黎公约》规定,对于依靠以实用新型申请为根据的优先权而在一个国家提出外观设计申请的情况,其优先权的期间应与对外观设计规定的优先权期间一样。而且,依靠以专利申请为根据的优先权而在一个国家提出实用新型的申请是许可的,反之亦然。本联盟成员国不得由于申请人要求多项优先权(即使这些优先权产生于不同的国家),或者由于要求一项或几项优先权的申请中有一个或几个因素没有包括在作为优先权基础的申请中,而拒绝给予优先权或拒绝专利申请。关于要求优先权的程序,《巴黎公约》规定,希望利用前一项申请的优先权的任何人,应当作出声明,并说明前一申请的日期和受理该申请的国家以及该申请的号码。当然,联盟成员国也可以要求作出优先权声明的任何人提交前一项申请(说明书、附图等)的副本,还可以要求该副本附有有关机关出具的载明申请日的证明书和译文,但对提出申请时要求优先权的声明不得规定其他的手续。优先权原则的意义在于,能够有效保护在先申请者的跨国利益,使其能以时间上的在先优势抵消本地冲突申请人地域上的近便优势,使申请人能自如地依照该外国法律完成申请。

专利、商标的独立原则。专利、商标的独立原则是指各成员国授予的专利权和商标专用权是彼此独立的,各缔约国只保护本国授予的专利权和商标专用权。本原则所适用的对象仅限于专利(发明)和商标(商品商标)。《巴黎公约》第 4 条之二规定,本联盟国家的公民在其他国家,不论是否为本联盟的成员国,就同一发明所取得的专利是互相独立的。《巴黎公约》第 6 条规定,商标的申请和注册条件,在本联盟各国由其本国法律决定。但对本联盟国家的国民在本联盟任何国家提出的商标注册申请,不得以未在原属国申请、注册或续展为理由而予以拒绝,也不得使注册无效。在本联盟一个国家正式注册的商标,与在联盟其他国家注册的商标,包括在原属国注册的商标在内,应认为是互相独立的。专利、商标独立原则的意义在于,强调工业产权的国际保护是国家知识产权制度的协调,它以尊重国家主权为前提。

2. 伯尔尼公约:首开著作权国际保护公约之先河

《保护文学和艺术作品伯尔尼公约》(下文称《伯尔尼公约》)的签署,标志着国际著作权保护体系的初步形成。《伯尔尼公约》是第一部保护文学、艺术作品的著作权国际公约,它确立了一个基本的法律架构,强调作者对其创作的作品享有精神权利和物质权利。它对其后的著作权立法产生了重大影响。

(1)《伯尔尼公约》产生的背景

著作权的保护源于对文学艺术作品的商业性利用,但自 1710 年英国的《安娜法》到 19 世纪后期,这种保护基本上是限于国内的。随着作品的广泛传播和传播技术的不断发展,作品突破一国国界在他国乃至全球范围进行传播越来越容易和普遍。仅靠一国的《著作权法》不能满足作者对其权利保护的要求。在此背景下,19 世纪中叶欧洲的一些国家就开始通过互惠和签订双边条约的做法,对著作权进行跨国保护。1858 年,欧洲一些国家在布鲁塞尔召开了一次文学与艺术作品作家代表会议,开始探讨建立著作权国际保护机构。1886 年 9 月 9 日,由英国、法国、德国、意大利、瑞士等 10 个国家发起,在瑞士首都伯尔尼签订了《保护文学艺术作品伯尔尼公约》,并于 1887 年 12 月 5 日生效。当时,美国也派代表参加了 1886 年大会,但因当时美国的出版业远不如英法等欧洲国家发达,参加公约对美国不利。所以,美国代表便以该条约的许多条款与美国版权法有矛盾,得不到美国国会的批准为借口,拒绝在公约上签字,直到 1989 年 3 月 1 日才参加伯尔尼联盟,成为第 80 个成员国。《伯尔尼公约》先后进行了两次增补和五次修订。现在实施的《伯尔尼公约》是 1971 年的巴黎文本。

目前伯尔尼公约的成员国大约有 150 个左右。我国全国人大常委会于 1992 年 7 月 1 日通过《关于我国加入〈保护文学和艺术作品伯尔尼公约〉的决定》,1992 年 10 月 15 日伯尔尼公约在我国生效,适用巴黎文本。

(2)《伯尔尼公约》的特点

《伯尔尼公约》正文 38 条,附件共 6 条。其中第 1 条至第 21 条属于实质性条款,第 22 条至第 38 条为行政组织管理性条款。《伯尔尼公约》附件是在 1971 年修订《伯尔尼公约》时因发展中国家强烈要求而增加的。它是关于发展中国家的特别条款,它规定发展中国家出于教育和科学研究的需要,可以在《伯尔尼公约》规定的限制范围内,按照《伯尔尼公约》规定的程序,发放翻译或复制有版权作品的强制许可证。

《伯尔尼公约》具有很多与《巴黎公约》一样的特点,如都是对所有主权国家开放的"开放性"知识产权公约,都是"无限期有效"的国际公约等。除此之外,《伯尔尼公约》最鲜明的特点在于,它是第一部保护著作权的国际公约,因此其所确立的基本原则和精神对以后的各国相关立法以及其他国际条约的缔结都具有十分重要的示范和“宣示”[①]作用。《伯尔尼公约》确立的著作权保护的主要原则包括:一是国民待遇原则,即在作品起源国以外的本联盟各成员国中,其作者享有各该国法律现今或今后给予该国国民的同样的权利以及本公约特别授予的权利。二是自动保护原则,指在作品起源国以外的本联盟其他成员国内,当他享有和行使依国民待遇所提供的有关权利时,即使该成员国法律就著作权的获得要求履行规定手续,也不需要履行任何手续,其作品一经创作,即自动产生版权,无须注册登记,也无须标有特别标记。三是独立保护原则,指享有国民待遇的作者,在作品起源国以外的任何成员国所得到的版权保护,与其作品在起源国受到的保护无关。在满足本公约给予的最低保护基础上,对于该作者权利的受保护程度和司法救济方式,应当完全适用提供保护的那个成员国的法律。独立保护原则是以国民待遇原则为前提的,而且以最低保护标准原则为基础。它强调被请求保护的成员国与作品起源国之间的相互独立和互不依赖。四是最低保护标准原则。该原则强调作品起源国以外的任何成员国给予其作者的保护不得低于本公约特别授予的权利。上述基本原则构成《伯尔尼公约》的核心内容[②],并对以后缔结的诸如《世界版权公约》、《视听作品国际登记条约》、《保护表演者、音像制品制作者和广播组织罗马公约》等也产生了重要影响。

在适用上,《伯尔尼公约》的内容构成各个成员保护著作权的最低标准,具有优先适用的效力。正如《伯尔尼公约》第19条和第20条所规定,“本公约的规定不妨碍要求本联盟某一成员国法律可能提供的更广泛的保护。”“本联盟各成员国政府有权在它们之间签订特别协议,以给予作者比本公约所规定的更多的权利,或者包括不违反本公约的其他条款。凡符合上述条件的现有协议的条款仍然适用。”《伯尔尼公约》关于著作权保护的标准也为著作权和邻接权领域的其他国际公约所承认。[③]

---

① 古祖雪著:《国际知识产权法》,法律出版社2002年版,第81页。

② 当然,伯尔尼公约基本原则不是绝对的,存在如下例外情形:一是对于实用艺术品、工业品平面与立体设计等等在何种程度上适用法律,以及这些艺术作品、工业品平面与立体设计的受保护条件,由各缔约国国内立法自行决定。二是凡任何非本联盟成员国未能充分保护本联盟某一成员国国民为作者的作品时,后一国可对在作品首次发表时系前一国国民而又在任何一联盟成员国内无经常居所之作者的作品的保护加以限制。三是在作品的保护期限问题上,在一切情况下,作品的保护期限由被请求保护的国家的法律加以规定;但除该国法律另有规定外,这个期限不得超过作品起源国规定的期限。四是只有在作者本国法律承认这种保护的情况下,才可以在本联盟的成员国内要求获得追续权的保护,而且保护的程度应限于被要求给予保护的国家的法律所允许的程度。五是作品起源国国民作者在起源国适用本国法律,不适用本公约的保护。

③ 如《保护表演者、音像制品制作者和广播组织罗马公约》第1条规定,不得从本公约的任何规定中,作出有损于作品著作权保护的解释。这里“作品著作权保护”应当理解为《伯尔尼公约》和《世界版权公约》关于作品著作权保护的最低要求。

3. 其他相关国际条约:知识产权国际保护制度体系的完善

除了《巴黎公约》和《伯尔尼公约》这两个里程碑性的国际公约的签订,其后又达成若干协调各国知识产权保护的国际文件,它们在一定程度上是对《巴黎公约》和《伯尔尼公约》的补充完善,并与之共同构成世界知识产权组织框架下知识产权国际保护制度的法律渊源。

这些知识产权国际保护条约中主要有:1891 年,法国、比利时、西班牙等国按照《巴黎公约》关于成员国有权在不与公约抵触前提下进一步缔结有关协定的规定而缔结了一个商标保护协定——《商标国际注册马德里协定》(下文简称《马德里协定》),对商标的国际注册、国际注册的效力和有效期以及国际注册与国内注册之间的关系作了具体规定;1891 年于马德里缔结的《制止商品来源的虚假或欺骗性标志协定》,对成员国之间制止虚假货源标记作了具体规定;巴黎公约成员国于 1925 年 11 月 6 日在海牙缔结于 1928 年生效的《工业品外观设计国际保存海牙协定》(the Hague Agreement Concerning the International Deposit of Industrial Designs),规定了如何申请工业品设计专利保护"国际备案";1947 年由联合国教育、科学及文化组织主持准备,1952 年在日内瓦缔结并于 1955 年生效的《世界版权公约》(Universal Copyright Convention);巴黎联盟成员国间于 1957 年 6 月 15 日在法国尼斯签订、1961 年 4 月 8 日生效的《商标注册用商品与服务国际分类尼斯协定》(Nice Agreement Concerning the International Classification of Goods and Services for the Purpose of the Registration of Marks);1958 年在葡萄牙里斯本签订,1967 年在斯德哥尔摩修订,1979 年 10 月 2 日修改的《保护原产地名称及其国际注册里斯本协定》(Lisbon Agreement for the Protection of Application and Their International Registration),具体规定了各成员国保护原产地名称的基本要求;1961 年 10 月 26 日由国际劳工组织与世界知识产权组织及联合国教育、科学及文化组织共同发起,在罗马缔结的保护邻接权的《保护表演者、音像制品制作者和广播组织罗马公约》(Rome Convention for the Protection of Performers, Producers of Phonograms and Broadcasting Organizations,下称《罗马公约》);1961 年 12 月 2 日,比利时、丹麦、法国等在巴黎签订的《保护植物新品种国际公约》,规定了各成员国保护植物新品种的基本要求;1968 年 10 月 4 日在洛迦诺签订,1971 年起生效的《建立工业品外观设计国际分类洛迦诺协定》(Locarno Agreement on Establishing an International Classification for Industrial Design);1970 年 6 月 19 日,78 个国家和 22 个国际组织在华盛顿召开的《巴黎公约》外交会议上签订的《专利合作条约》(Patent Cooperation Treaty, PCT),目的是统一缔约国的专利申请手续和审批程序以及就专利文献的检索工作和批准专利权的初步审查工作等方面进行合作。

（二）世界知识产权组织的成立：知识产权国际保护体制的形成

1883 年《保护工业产权巴黎公约》的缔结，成立了保护工业产权巴黎联盟；1886 年《保护文学和艺术作品伯尔尼公约》的签署，成立了保护文学艺术作品伯尔尼联盟。两个联盟分别设立了各自执行行政管理事务的国际局，依照巴黎公约和伯尔尼公约的授权，这两个联盟国际局都由瑞士联邦政府监督管理，其秘书长由瑞士联邦委员会任命，一般性的事务由瑞士联邦对外事务部负责处理。1893 年，瑞士联邦政府将它们合并成"保护知识产权联合国际局"（法语简称 BIRPI），最初其总部设在伯尔尼，1960 年为了与联合国和其他国际组织相邻近，它的总部迁到日内瓦。1967 年 7 月 14 日，根据"联合国际局"的提议，在斯德哥尔摩召开会议，签署了《成立世界知识产权组织公约》。世界知识产权组织（英文全称 World Intellectual Property Organization，缩写 WIPO）于 1970 年 4 月 26 日正式成立。1974 年 12 月 17 日成为联合国组织系统下专门机构之一，其总部设在日内瓦。

世界知识产权组织的目标体现在其宗旨中。正如有学者所言，"任何一个国际组织都有自己的宗旨。这种宗旨就是该国际组织成立和活动的目标"①。世界知识产权组织的宗旨是，通过各国间的合作，并与其他有关国际组织适当配合，促进在全世界保护知识产权；保证各联盟间的行政合作。其具体职责包括：促进旨在便利在全世界对知识产权的有效保护和协调各国有关这方面的法令的措施的发展；执行巴黎联盟及其有关专门联盟和伯尔尼联盟的行政任务；可同意担任或参加其他旨在促进知识产权保护的国际协定的行政工作；鼓励缔结旨在促进知识产权保护的国际协定；对请求知识产权方面的法律—技术援助的国家给予合作；收集和传播有关知识产权保护的情报，从事并促进这方面的研究，并公布这些研究的成果；提供促进知识产权国际保护的服务，并适当办理这方面的注册并公布有关注册的资料；采取其他适当的行动。

WIPO 下设四个主要领导机构：大会、成员国会议、协调委员会和国际局。大会是 WIPO 的最高权力机构，由成员国中参加巴黎联盟和伯尔尼联盟的国家组成，每三年召开一次例会，应 1/4 大会成员国请求或者协调委员会请求，可以召开大会特别会议。成员国会议由全体成员国组成，每三年召开一次，与大会同时同地举行。其主要任务是议论知识产权方面共同感兴趣的问题，制定法律技术援助计划的预算，以及行使公约规定的其他职权。协调委员会既是一个咨询机构，又是大会和成员国会议的执行机构，设立此委员会的目的是保证巴黎

① 曾令良著：《世界贸易组织法》，武汉大学出版社 1996 年版，第 34 页。

联盟和伯尔尼联盟等各联盟之间的合作。国际局是 WIPO 的常设办事机构,是 WIPO 的秘书处,其首脑称总干事,负责提供报告和工作文件,做好会议准备和组织工作,处理本组织的内外事务工作和办理国际注册等。

世界知识产权组织的成立,标志着比较完整的知识产权国际保护体制的形成。这一方面表现为,以《巴黎公约》和《伯尔尼公约》为代表的一系列知识产权国际保护条约或公约已经构建起了知识产权国际保护的制度体系,国际知识产权法渊源和知识产权国际保护依据具备;另一方面,世界知识产权组织的成立,意味着知识产权国际保护和协调主体的诞生。世界知识产权组织是当今世界主要的知识产权国际保护和协调机构。它是联合国组织系统下 16 个专门机构之一,它专门负责管理全球知识产权事务,尤其对《巴黎公约》、《伯尔尼公约》以及各专门协定所建立的联盟进行组织上和管理上的改革,因而标志着比较完整的知识产权国际保护体制的形成。

二、世界知识产权组织框架下的知识产权国际保护体系

(一) 世界知识产权组织框架下知识产权国际保护的基本要求

1. 有关专利(发明)、实用新型、外观设计保护方面的基本要求

依照《巴黎公约》的规定,发明人有署名权,即发明人有权要求在专利证书上写明自己是发明人,但各成员国不应要求在商品上载明专利、实用新型或外观设计等,作为给予专利保护的前提条件;成员国不得以专利产品的销售或依专利方法制造的产品的销售受到本国法律的限制或限定为理由,而拒绝授予专利或使专利无效;当一种产品输入到对该产品的制造方法给予专利保护的本联盟国家时,专利权人对该进口产品享有进口国法律在该国对制造该产品的方法所授予的一切权利,当然专利权人将在任何成员国内制造的物品输入到对该物品授予专利的国家的,不应当导致该项专利的取消;本联盟各国都有权采取立法措施实施强制许可,以防止由于行使专利所赋予的独占权而可能产生的滥用;维护公共利益,维护国际交通正常秩序,国际交通工具过境临时使用专利不应认为是侵犯专利权人的权利;《巴黎公约》没有要求各联盟成员国必须把实用新型作为保护的对象。

2. 有关商标(商品商标)保护方面的基本要求

《巴黎公约》规定了商标注册的条件和禁例。符合下列情况的商标,被请求国可以拒绝注册或宣布注册无效:第一,商标具有侵犯第三人在被请求给予保护的国家的既得权利的性质的;第二,商标缺乏显著特征,或者完全是由商业中用以表示商品的种类、质量、数量、用途、价值、原产地或生产时间的符号或标记

所组成,或者在被请求给予保护的国家的现代语言中或在善意和公认的商务实践中已经成为惯用的;第三,商标违反道德或公共秩序,尤其是具有欺骗公众的性质;第四,在工商业活动中违反诚实经营的不正当竞争行为。《巴黎公约》规定,未经联盟各国主管机关许可,而将该国的国徽、国旗和其他的国家徽记、各该国用以表明监督和保证的官方符号和检验印章以及从徽章学的观点看来的任何仿制用做商标或商标的组成部分,应当拒绝注册或使其注册无效,并采取适当措施禁止使用。对于本联盟任何国家参加的政府间国际组织的徽章、旗帜、其他徽记、缩写和名称也同样适用。但不会引起公众误解的善意使用除外。《巴黎公约》规定,在任何情况下使用商标的商品的性质绝不应成为该商标注册的障碍。决定一个商标是否适合于受保护,必须考虑到一切实际情况,特别是商标已使用期间的长短。

关于商标的转让。根据联盟成员国的法律,商标的转让只有在与其所属企业或商誉同时移转方为有效时,若该企业或商誉位于该国的部分连同在该国制造或销售标有被转让商标的商品的专有权一起转让给受让人,则该商标的转让应为有效。如果受让人使用受让的商标事实上会具有使公众对使用该商标的商品的原产地、性质或基本品质发生误解的性质,则联盟成员国可以否认其转让效力①。

关于商标的保护。《巴黎公约》规定,如果某一国家规定已经注册的商标必须加以使用,那么只有经过适当的期间,而且只有有关人员不能证明其不使用有正当理由时,才可以撤销其注册。如果商标所有人使用的商标,在形式上与其在本联盟国家之一所注册的商标的形式只有细节的不同,而并未改变其显著性的,不应宣告无效,也不应减少对商标所给予的保护。《巴黎公约》第 9 条规定,一切非法标有商标或厂商名称的商品,在进口到该项商标或厂商名称有权受到法律保护的本联盟国家时,应予以扣押。同时,在发生非法粘附上述标记的国家或在该商品已进口的国家,扣押应同样予以执行。但对于过境商品没有执行扣押的义务。联盟成员国有义务采取扣押有关进口商品、制止不正当竞争等适当的法律救济手段来保护商标、厂商名称、货源标记等。对驰名商标的特别保护,《巴黎公约》第 6 条之二规定,商标注册国或使用国主管机关认为一项商标在该国已经成为驰名商标,并属于有权享受本公约利益的人所有,而另一商标构成对该驰名商标的复制、仿制或翻译,从而易产生混淆时,联盟成员国应依职权或依利害关系人的请求拒绝或撤销该另一商标的注册,并禁止其使用。如果该另一商标主要部分构成对上述驰名商标的复制或仿制,易产生混淆时,

---

① 参见《巴黎公约》第 6 条之四。

也应适用上述规定。驰名商标权利人提出上述申请的期限为 5 年或各成员国规定的更长的期限,但对于依恶意取得注册或使用的商标提出取消注册或禁止使用的请求,不应规定时间限制。

3. 有关服务标记、厂商名称、货源标记方面的基本要求

对于服务标记,《巴黎公约》强调,本联盟各成员国应当承诺保护服务标记,但不要求各成员国对服务标记注册保护,也没有进一步明确要求本联盟各成员国应当如何予以保护;关于厂商名称,《巴黎公约》第 8 条规定,厂商名称应在本联盟一切国家内受到保护,没有申请或注册的义务,也不论其是否为商标的一部分;关于货源标记,《巴黎公约》第 10 条规定,对于标有虚伪的原产地或生产者标记的商品在进口时应予以扣押,凡从事此项商品的生产、制造或销售的生产者、制造者或商人,无论为自然人或法人,其营业所设在被虚伪标为货源的地方、该地所在的地区,或在虚伪标为货源的国家、或在使用该虚伪货源标记的国家者,无论如何均应视为有关当事人。

4. 有关反不正当竞争方面的基本要求

巴黎联盟成员国有义务对各该国国民保证给予制止不正当竞争的有效保护。① 凡在工商业事务中违反诚实的习惯做法的竞争行为构成不正当竞争的行为。下列各项特别应予以禁止:具有不择手段地对竞争者的营业所、商品或工商业活动造成混乱性质的一切行为;在经营商业中,具有损害竞争者的营业所、商品或工商业活动商誉性质的虚伪说法;在经营商业中使用会使公众对商品的性质、制造方法、特点、用途或数量易于产生误解的表示或说法。

5. 关于原产地名称保护的基本要求

《里斯本协定》共 18 条。其主要内容包括:该协定在保护工业产权联盟系统内,所适用的国家组成特别联盟,在其领土内保护联盟其他国家产品的原产地名称。原产地名称需要受到国际保护的,由该产地所属成员国的工业产权主管部门,向世界知识产权组织国际局申请国际注册,并说明产地的地理名称、使用该原产地的商品项目以及该原产地产品的使用人。获准国际注册后,各成员国(在规定期限内声明不保护该原产地名称的除外)都应保护该原产地名称,禁止本国的任何产品的生产经销者不经许可而使用该原产地名称。保护旨在防止任何假冒和仿冒。《里斯本协定》规定,协定由世界知识产权组织管理。

6. 关于植物新品种保护的基本要求

根据《保护植物新品种国际公约》的规定,成员国可以自由选择专门法或专

---

① 参见《巴黎公约》第 10 条之二。

利法或二者并用对植物新品种给予保护①,保护时采用特有的国民待遇与互惠兼而有之的原则。在保护内容上,可以受保护的植物不限种类,但保护期有差别。公约规定"自批准之日起不少于20年,对于树木和藤本植物,这个期限不少于25年"。公约规定"凡已正式向缔约方之一提交保护某一品种的申请('首次申请')的育种家,为获得同一品种权而向其他缔约方提交申请('二次申请')时,均享有为期12个月的优先权。"经受理方审查通过,授予育种家品种权。同一个植物新品种在不同成员国所受的保护互相独立。

7. 关于著作权保护的基本要求

关于保护范围,《伯尔尼公约》第1条规定,适用本公约的国家组成保护作者对其文学艺术作品所享有权利的联盟。《伯尔尼公约》第2条规定,受公约保护的"文学艺术作品"一词包括科学和文学艺术领域内的一切作品,不论其表现方式或形式如何;本公约所提供的保护不得适用于日常新闻或纯属报刊消息性质的社会新闻。

关于著作权的内容,《伯尔尼公约》将著作权分为精神权利或人身权利和经济权利或财产权利两部分。作者人身权的保护期应延续至作者死后,至少要保留到作者财产权保护期限届满为止,也可以提供无限期保护。关于财产权的保护,本公约给予保护的期限为作者终生及其死后五十年。但对于电影作品,本联盟成员国有权规定,保护期限自作品在作者同意下公映后五十年届满,如自作品摄制完成后五十年内尚未公映,则自作品摄制完成后五十年届满。对于不具名作品和具笔名作品,本公约给予的保护期为自其合法向公众发表之日起五十年。但如作者采用的笔名不致引起对其身份发生任何怀疑时,该保护期则为作者终身及其死后五十年。如不具名作品或具笔名作品的作者在上述期间内披露其身份,则保护期限亦为作者终身及其死后五十年。本联盟成员国没有义务保护不具名作品或具笔名作品,如果有充分理由假定其作者已死去五十年。本联盟成员国有权以法律规定摄影作品及作为艺术品加以保护的实用美术作品的保护期限;但这一期限不应少于自该作品完成时算起二十五年。作者死后的保护期和上述期限应从作者死亡日或上述款项提及事情发生日起算,但这种期限只能从死亡后或所述事件发生后次年的1月1日开始计算。本联盟成员国有权规定比前述规定期限为长的保护期。受本公约罗马文本约束并在本文

① 目前,国际上多数国家通过制定特别法来保护植物新品种。如日本通过对种苗法的修改来保护植物新品种;美国则将专利法和特别法结合起来保护植物新品种;德国、法国最先用专利法保护植物新品种,欧洲专利公约签订后,该公约的所有缔约国的专利法都将植物新品种的发明排除在专利法保护范围之外,而按照特别法加以保护。我国于1997年3月20日由国务院发布《中华人民共和国植物新品种保护条例》,并于1997年10月1日起施行。

件签署时有效的本国法律中规定了比前述规定期限为短的保护期的本联盟成员国,有权在加入或批准本文件时保留这种期限。在一切情况下,期限由向之提出保护要求的国家的法律加以规定;但除该国法律另有规定外,这个期限不得超过作品起源国规定的期限。

关于著作权的限制与保护,《伯尔尼公约》在第 10 条及第 10 条之二中专门就著作权的限制作出规定,其目的在于满足公众获取信息的需求,平衡著作权人的利益与公众利益。《伯尔尼公约》第 16 条规定:"对于一切侵权复制品,在为原著提供法律保护的各成员国应予扣押,即使侵权复制品来自不保护该作品的国家,也应扣押。扣押依照各国法律实行。"公约第 19 条规定,本公约绝不妨碍本联盟任何成员国法律可能提供的更广泛的保护。

根据《伯尔尼公约》附件的有关规定,发展中国家在加入本公约(巴黎文本)时,可以要求享受对于发展中国家的特别优惠。

8. 关于邻接权保护的基本要求

依照《罗马公约》的规定,任何一个成员国均应依照本国法律,给予其他成员国的表演者、录音制品录制者及广播组织,以相当于本国同类自然人及法人的待遇,即国民待遇原则。在录音制品录制者或表演者就录音制品享有专有权方面,实行非自动保护原则;如果把表演者的演出录制下来,不仅录音制品录制者对录制品享有专有权,表演者也对它享有专有权;但录音制品录制者与表演者的这种专有权不能自动产生,而必须在录音制品上附加三种标记:录音制品录制者或表演者的英文(Producer of Performer)字首略语;录音制品首次发行之年;录音制品录制者与表演者的姓名。三种不同邻接权的保护期是以 20 年为最低限,公约不阻止其成员国提供比 20 年更长的保护期。对邻接权的权利限制有四种情形:私人使用;在时事报道中有限地使用;广播组织为编排本组织的节目,利用本组织的设备暂时录制;仅仅为教学或科学研究目的而使用。

(二)世界知识产权组织框架下知识产权国际保护体系的特点

1. 保护对象全面

在保护的对象上,《巴黎公约》的任务在于保护工业产权,《伯尔尼公约》的任务在于保护著作权和邻接权,《成立世界知识产权组织公约》则将二者结合起来,目的在于对知识产权进行系统的国际保护。《成立世界知识产权组织公约》中的"知识产权"包括:关于文学、艺术和科学作品的权利;关于表演艺术家的演出、录音和广播的权利;关于人们努力在一切领域的发明的权利;关于科学发现的权利;关于工业品式样的权利;关于商标、服务商标、厂商名称和标记的权利;关于制止不正当竞争的权利以及在工业、科学、文学或艺术领域里一切其他来自知识活动的权利。可见，《成立世界知识产权组织公约》关于知识产权保护的国际协调，所涉及的知识产权的范围涵盖了一直到今天人们对知识产权通常理解的范围。这从世界知识产权组织负责管理的国际条约的范围中也可见一斑。世界知识产权组织负责管理的国际条约中涉及工业产权保护的公约有7个：《巴黎公约》、《制止商品来源虚假或欺骗性标记马德里协定》、《国际植物新品种保护公约》、《保护奥林匹克会徽内罗毕条约》、《关于集成电路的知识产权华盛顿条约》、《商标法条约》、《专利法条约》；涉及版权方面的公约有7个：《伯尔尼公约》、《罗马公约》、《保护录音制品制作者禁止未经许可复制其录音制品日内瓦公约》、《发送卫星传输节目信号布鲁塞尔公约》、《国际视听作品登记条约》、《世界知识产权组织版权条约》、《世界知识产权组织表演和录音制品条约》；知识产权注册登记方面的公约6个：《商标国际注册马德里协定》、《工业品外观设计国际保存海牙协定》、《保护原产地名称及其国际注册里斯本协定》、《专利合作条约》、《商标国际注册马德里协定有关议定书》、《国际承认用于专利程序的微生物保存布达佩斯条约》；知识产权国际分类方面的公约4个：《尼斯协定》、《洛迦诺协定》、《国际专利分类斯特拉斯堡协定》、《建立商标图形要素国际分类维也纳协定》。

2. 制度内容完整

世界知识产权组织框架下的知识产权国际保护制度，确立了一系列知识产权国际保护的规范和制度，形成了一个比较完整的制度体系。

首先，世界知识产权组织框架下的知识产权国际保护制度形成了一个知识产权国际保护的原则体系。一方面，适用于整个知识产权国际保护的原则主要包括国民待遇原则、最低限度保护原则和保护公共利益原则。国民待遇原则是《巴黎公约》、《伯尔尼公约》、《罗马公约》等一系列主要知识产权国际保护公约共同的基本原则，强调公约的成员国在法律上把现在或者将来可能给予本国公民的有关知识产权方面的各种利益和保护，应当同等地给予本国内的任何其他成员国公民。它是国家主权平等原则和国家主权独立原则在知识产权保护领域的具体体现，为主体在全世界有效保护自己的知识产权提供了法律依据。最低限度保护原则，强调成员国给予本国内的任何其他成员国公民的知识产权保护待遇，不得低于国际条约规定的最低标准。它既是世界各国知识产权制度一定程度上走向统一的重要标志，同时又是国民待遇原则实现的基础。这是因为，国民待遇原则承认各国知识产权制度独立，允许保护水平存在差异，但若这种“差异”过大，缔约国之间权利义务无一定程度的对等性，就可能导致国民待遇原则流于形式，令知识产权国际保护公约难以执行。保护公共利益原则具体体现在诸如《巴黎公约》、《伯尔尼公约》等知识产权国际条约所确立的知识产权限制规范上,如著作权的合理使用、专利的强制许可等,目的在于促进有利于公共利益的社会经济与文化事业的发展。另一方面,在工业产权和著作权两个领域,世界知识产权组织框架下的知识产权国际保护制度确立有一些各自的特殊原则,诸如工业产权国际保护的优先权原则、作品著作权自动产生原则等。

其次,世界知识产权组织框架下的知识产权国际保护制度,确立了不同知识产权保护的标准,协调了国际保护的具体程序,形成了内容较为完整的制度体系。以《巴黎公约》为代表的工业产权国际保护条约,分别就专利、外观设计、商标、原产地名称、制止不正当竞争行为等规定了保护的对象范围、权利内容、权利期限、权利限制和权利保护等;以《伯尔尼公约》为代表的著作权和邻接权保护条约则就著作权和邻接权保护的范围、权利内容、权利期限、权利限制和权利保护提供了具体的规范;以《马德里协定》和《专利合作条约》为代表的一系列国际条约,就知识产权注册登记等国际协调程序方面提供了法律依据。因此,可以说世界知识产权组织框架下的知识产权国际保护制度是内容较为完整的知识产权保护国际协调体系。

3. 参与成员较为广泛

世界知识产权组织实质上是一个世界性的知识产权国际保护联盟,成员具有广泛性、包容性。依照规定,只有国家方可成为世界知识产权组织的成员。世界知识产权组织的成员对下述各国开放:“保护工业产权巴黎联盟”或“保护文学和艺术作品伯尔尼联盟”的任何成员国家;联合国会员国、或任何联合国专门机构的成员国、或国际原子能机构成员国或国际法院规约的当事国的任何国家;以及应世界知识产权组织大会邀请成为本组织成员国的任何国家。一个国家如要成为世界知识产权组织的成员,须向位于日内瓦的世界知识产权组织总干事交存批准书或加入书。截止到 2006 年 10 月,该组织的成员国为 183 个国家。目前,WIPO 的成员已经占世界国家总数的 90% 以上。我国于 1980 年 3 月 3 日向 WIPO 总干事递交加入书,于 1980 年 6 月 3 日成为联合国世界知识产权组织的正式成员国,并于 1982 年 11 月 18 日起,成为 WIPO 协调委员会委员。

2006 年 10 月 3 日闭幕的 WIPO 成员国大会还同意授予若干国际非政府组织以观察员地位①,进一步显示了其广泛性、包容性特点。这些组织包括:阿拉伯知识产权保护联合会(AFPIPR);欧洲商业专利服务集团(PatCom);以及贸易—人权—公平经济组织(3D)。被授予观察员地位的各组织将应邀出席 WIPO 成员国大会和与其有直接利害关系的其他会议。另有 9 个国家非政府组

① 该信息来源于 http://www.wipo.int/edocs/prdocs/zh/2006/wipo_pr_2006_462.doc,2007 年 8 月 12 日访问。

织被认为可以为 WIPO 成员国大会的讨论作出富有建设性的重要贡献,因此也根据 WIPO 成员国 2002 年 10 月的决定,被授予观察员地位。这些组织包括:美国生物技术产业联盟(ABIA);瑞士法语区知识产权协会(AROPI);印度工业联合会(CII);刚果国家传统音乐促进理事会(CNPMTC);EXIT 中心—信息技术商业支持中心(EXIT 中心—IT BSC);法律和公共政策研究联邦协会(联邦协会);日本专利律师协会(JPAA);国家知识产权组织(NIPO);叙利亚知识产权协会(SIPA)。目前,共有 67 个政府间组织(IGO)、203 个国际非政府组织和 40 个国家非政府组织在 WIPO 享有观察员地位。

4. 法律地位权威

世界知识产权组织框架下的知识产权国际保护制度的权威性不容置疑。一方面,如上所述,世界知识产权组织框架下的知识产权国际保护制度,所保护的知识产权范围广,具有完整性和系统性;世界知识产权组织具有世界性知识产权国际保护联盟的性质,成员具有广泛性和包容性,这些都是其权威性的基础。另一方面,世界知识产权组织的成立,使知识产权保护真正纳入了一个政府间国际组织的职能范围①。相比之下,之前巴黎联盟和伯尔尼联盟的执行行政管理事务的国际局,不过是依照《巴黎公约》和《伯尔尼公约》授权由瑞士联邦政府监督管理,其秘书长由瑞士联邦委员会任命。易言之,它们包括后来合并成的"保护知识产权联合国际局",都称不上是真正意义上的政府间国际组织,至多也是一个政府组织,"没有国际法意义上的法律依据"②,起不到一个国际机构应起的作用。世界知识产权组织成为联合国组织系统下 16 个专门机构之一,专门负责管理全球知识产权事务,更是极大地提高了其权威性。再一方面,世界知识产权组织所管理的国际条约,构成知识产权多边国际保护的主要内容,因而世界知识产权组织在知识产权国际保护中的地位至关重要。其成立伊始即鼓励成员国签署保护知识产权的国际条约及各成员国的国内知识产权立法;促进文件和专利程序的标准化;办理国际知识产权注册登记;管理国际专利证件中心,为各成员国提供检索服务等,以自己的工作证实了其在国际知识产权保护方面的权威性。

(三) 世界知识产权组织框架下知识产权国际保护制度的局限性

世界知识产权组织在成立初期为知识产权国际保护作出了巨大的贡献,但是 20 世纪末情况发生了较大变化,知识产权国际保护与世界性贸易问题之间

---

① 古祖雪著:《国际知识产权法》,法律出版社 2002 年版,第 36 页。

② Arpad Bogsch, The First Hundred Years of the Berne Convention for the Protection of Literary and Artistic Works, Copyright, 22nd year—No. 9, 1986. p. 307.

的关系日益密切,原有的知识产权国际保护制度的局限性越来越凸显。20 世纪末以来,国际贸易已从传统的、单一的货物贸易发展为货物贸易、服务贸易和知识产权贸易并重的多元化贸易形式,在这其中知识产权格外重要。一方面是因为知识产权已经成为一种单纯的国际贸易对象,另一方面是因为货物贸易、服务贸易都离不开知识产权。在这种情况下,世界知识产权组织框架下的知识产权国际保护制度面临前所未有的挑战,尤其在解决国际贸易中出现的知识产权保护问题时显得力不从心。

关于知识产权保护的范围与标准。如前文所述,《巴黎公约》等知识产权国际保护协议确立了最低限度保护原则,强调成员国给予本国内的任何其他成员国公民的知识产权保护待遇,不得低于国际条约规定的最低标准,这一定程度上标志着国际知识产权标准的形成。但世界知识产权组织框架下的知识产权国际保护制度以在世界范围内推广知识产权保护、协调各国立法为宗旨,其着眼点在于知识产权保护的广泛性而非"高标准"。《巴黎公约》等国际公约规定的知识产权保护最低要求的起点较低,加之世界各国由于各自政治、经济、文化发展背景存在较大差异,所以不同国家对知识产权的保护范围、保护水平、保护期限、保护措施和程序以及权利限制等的规定也有很大差别。如 1986 年前,瑞士对化工和制药业的终极产品的知识产权不予保护,意大利对制药业的工艺流程不予保护,阿根廷对化工、制药和食品工业的终极产品不予保护,等等。① 可见,原有知识产权国际公约未能真正确立约束各国法律的知识产权保护的共同准则,从而在协调国际贸易中出现的知识产权保护问题时难能发挥实质作用。

关于知识产权国际保护主体。世界知识产权组织框架下的知识产权国际保护制度的渊源虽然是《巴黎公约》、《伯尔尼公约》等多边协定,突破了知识产权保护国际协调初始阶段双边协定的局限性,但"多边"也是有限度的,毕竟其知识产权国际保护主体不是所有国家。以多边国际公约的方式建立起来的知识产权保护规则,只对参加该公约的国家赋予义务,与参与国际贸易的所有国家不对等,且各有关知识产权保护的国际公约的成员国也并不完全相同,一些知识产权国际公约甚至由于签约国的局限性而没有实际效力或效力甚弱。所有这些都令世界知识产权组织框架下的知识产权国际保护制度在日益发达的国际贸易面前步履维艰。

关于知识产权保护机制。在知识产权保护机制上,世界知识产权组织框架下的知识产权国际保护制度的局限性,一方面表现为机制不健全。诸如《巴黎

① 曹志平:《TRIPS 与知识产权的国际保护》,载《湘潭工学院学报(社会科学版)》2001 年第 3 期。

公约》、《伯尔尼公约》、《罗马公约》等国际公约虽然都规定了关于公约条文解释和争端解决办法,但缺乏强制性制裁措施,而且各成员国对此还可以作出保留。[①] 易言之,世界知识产权组织框架下的知识产权国际保护制度"未能提出相应的确保履行规定义务的措施和解决有关争端或纠纷的有效途径,因此并不能解决知识产权保护的实质问题,从而在一定程度上,削弱了由世界知识产权组织领导的国际知识产权保护体制的效力"[②]。另一方面表现为内容陈旧,整体保护水平不高。许多知识产权国际保护公约签署后虽经多次不同程度的修改和补充,但整体上与有效保护随着新技术革命而不断出现的新技术、新产品仍存在着一定的距离。诸如在集成电路、计算机软件、生物技术和核能技术等方面,原有的知识产权体系跟不上当今高科技的发展。

现存的知识产权国际保护体制已不能适应国际经济新形势发展的需要,世界知识产权组织的改革因而提上了议事日程。一方面,知识产权国际保护日益集中体现于国际贸易领域中的知识产权问题,而世界知识产权组织框架下的知识产权国际保护制度难以解决国际贸易领域内的知识产权保护问题,甚至导致了知识产品国际贸易或知识产权国际交易中的不公平待遇。另一方面,世界知识产权组织与世界贸易组织前身关贸总协定的成员国或缔约国不完全相同,与关贸总协定的也不一致,严重影响了国际贸易领域中的知识产权问题的解决。

世界知识产权组织改革的尝试并未获得成功。一则,世界知识产权组织框架下的知识产权公约性质"软",这从 WIPO 宗旨中"合作"与"协调"两个范畴的使用上可见一斑。这一缺陷导致许多国家不参加这些条约,甚至不承认这些知识产权概念。二则,世界知识产权组织框架下的知识产权公约的成员方存在很大差异,如成员方最多的《巴黎公约》成员达一百多个,成员方少的如关于工业品外观设计、商标注册等公约有几十个成员,《集成电路知识产权条约》因为成员方少影响了它的生效。这种现象必然使世界知识产权组织下各个公约的约束力缺乏普遍性。三则,发达国家与发展中国家之间立场的对立而长期陷于僵局,难以取得进展[③],使得美国等发达国家将注意力转向关贸总协定(GATT),希望突破世界知识产权组织框架下知识产权国际保护体制,将知识产权保护问

---

① 1878 年,在酝酿工业产权国际公约的巴黎会议上,就巴黎公约的性质存在两种意见:一是认为公约应当成为一种强制性的跨国实体法,用来统一所有成员国国内的工业产权制度;二是认为公约应当是一个法律冲突解决方案。前者会阻却许多国内立法差距较大的国家加入,令公约不具有广泛性;后者则会导致在涉外工业产权保护上因选择专利或商标所有人的本国法为其准据法而使大多数国家望而却步。巴黎公约最后求助于"国民待遇"原则来实现其成员的广泛性。

② 丁丽瑛:《论知识产权国际保护的新体制》,载《厦门大学学报(哲社版)》1998 年第 1 期。

③ 参见李小伟:《知识产权国际保护体制的变化及其影响》,载《台、港、澳及海外法学》1996 年第 6 期。

题引入国际性贸易规则,利用关贸总协定关于争议解决机制中的报复手段建立一套新的知识产权保护体系。

三、与贸易有关的知识产权协定:知识产权国际保护新体制

(一)《与贸易有关的知识产权协定》的缔结

1.《与贸易有关的知识产权协定》的起因

首先,20 世纪 80 年代以来,伴随着世界新技术革命的兴起,知识产权贸易额在整个国际贸易中的比重大幅度上升,与知识产权相关的贸易迅猛发展。与之相伴,国际贸易中的知识产权问题日益增多,如商品进出口中假冒商标问题、专利产品"平行进口"中的侵权问题等。从经济发展的趋势看,把知识产权作为一个特殊议题纳入关贸总协定的管辖范围逐步提上日程。在国际贸易中,知识产权在发达国家与发展中国家的比重不均衡,90% 的知识产权属于发达国家,发达国家起着主导作用。以美国为代表的发达国家为了保护国际贸易中自己的知识产权,极力主张把贸易与知识产权保护挂钩。它们认为,在关贸总协定内建立一套知识产权保护体系,就可以减少因知识产权保护不力而给国际贸易带来的障碍,并增强其在多边基础上对侵犯知识产权行为的报复能力,以弥补现行世界知识产权组织框架下的知识产权国际保护制度的不足;通过把贸易和知识产权问题挂钩,发达国家可以利用技术和贸易优势来影响国际上对知识产权的保护,并且可以保持其国际贸易中的技术优势。美国认为世界上许多国家大量仿制其出口产品,从而极大地损害了美国的利益,它声称每年在知识产权方面蒙受的损失达 600 亿美元①。鉴于此,美国制定了其所谓专门保护知识产权的"特殊 301"条款;欧共体也在知识产权方面对发展中国家制定了类似的政策。

其次,原来的 GATT 中并非没有任何有关知识产权的内容,但内容极为有限,远未形成统一的知识产权保护规则。例如有要求缔约方制止滥用原产地标记的行为(第 9 条);为收支平衡目的使用配额,不得违反知识产权法律(第 12 条第 3 款、第 18 条第 10 款);一般例外(第 20 条第 4 款)规定,保护知识产权的措施应当是非歧视的等。这些有关知识产权的凤毛麟角的规定,已经不能适应世界贸易尤其是技术贸易的发展了。

再次,世界知识产权组织框架下的知识产权国际保护体系"国际立法软弱,

---

① 曹建明、贺小勇著:《世界贸易组织》,法律出版社 2004 年版,第 269 页。

各国立法不一"①,影响了国际经济贸易的发展。如上文所述,世界知识产权组织框架下的知识产权国际保护制度的局限性越来越凸显,如签字国少,约束力弱;缺乏统一的争端解决机制;缺乏有关高新科技成果知识产权保护的规定;各国知识产权立法差异较大等,使得世界贸易中知识产权问题难以指望通过世界知识产权组织框架下的知识产权国际保护制度来加以解决。

2. 乌拉圭回合的知识产权纷争

1982 年 11 月,GATT 首次将假冒商品贸易的议题列入议程。1985 年,GATT 总理事会设立的专家组得出结论:假冒商品贸易越来越严重,应当采取多边行动。但对 GATT 是否为解决这一问题的适当场所,各方分歧比较大。

以美国、瑞士等为代表的发达国家主张,应将知识产权列入多边谈判的议题;美国代表甚至提出,如果不将知识产权作为新议题,美国将拒绝参加第八轮谈判;发达国家还主张,应制订保护所有知识产权的标准,并且必须通过世界贸易组织的争端解决机制对知识产权进行保护。②

以印度、巴西、埃及、阿根廷和南斯拉夫为代表的发展中国家认为,保护知识产权是世界知识产权组织的任务,应当把制止假冒商品贸易与广泛的知识产权保护区别开来;它们担心,保护知识产权会构成对合法贸易的障碍;强化保护知识产权有利于跨国公司的垄断,提高药品和食品的价格,从而对公众的福利产生不利的影响。③ 如一些国家的代表所形容的,如果把知识产权问题加到关贸总协定中,就如同把病毒输入计算机一样,其结果只会进一步加剧国际贸易中已存在的不平衡。

1986 年 9 月 15 日,在乌拉圭埃斯特角城发起的第八轮谈判中,瑞士等 20 个国家提出把"服务贸易"、"投资保护"和"知识产权"作为三个新议题纳入谈判范围的提案。尽管一些发展中国家不同意将知识产权问题引入国际贸易中来,甚至发达国家内部意见也未取得一致,但贸易大国之间的共识起了决定性的作用。到 1990 年底,在乌拉圭回合的布鲁塞尔部长级会议上,把知识产权问题纳入关贸总协定已基本成为定局。1991 年,关税与贸易总协定总干事提出了乌拉圭回合最后文本草案的框架,其中《与贸易(包括假冒商品贸易在内)有关的知识产权协定》基本获得通过。

发展中国家之所以最终接受了《与贸易有关的知识产权协定》,一方面是因为《与贸易有关的知识产权协定》并非对发展中国家完全不利。很多发展中国家自 20 世纪 80 年代以来大量引进外资,加强知识产权保护也是其自身需要;

① 曹建明、贺小勇著:《世界贸易组织》,法律出版社 2004 年版,第 269 页。
② 参见石广生主编:《世界贸易组织基本知识》,人民出版社 2001 年版,第 231 页。
③ 同上。

"乌拉圭回合"一揽子协议中,包括了发展中国家可以得到的一些好处,"发展中国家担心,没有《与贸易有关的知识产权协定》,美国国会将不会批准一揽子协议"。[①] 另一方面,发达国家同意在实施《与贸易有关的知识产权协定》方面给发展中国家一些过渡期。

1993 年 12 月 15 日,《与贸易有关的知识产权协定》最终达成,它标志着在当今的国际经贸发展中,科学技术、国际经贸与知识产权三者之间的关系,正发生着有史以来深刻的变化。这种变化不仅是促进知识产权保护规范化的动力,而且决定了知识产权在国际贸易中的地位,反映了知识产权保护的时代特征和发展趋势。[②] 自 1995 年 1 月 1 日始,世界贸易组织(WTO)开始取代关贸总协定正式运行,与此同时世界贸易组织也开始部分取代知识产权国际保护体系中世界知识产权组织的作用,世界贸易组织与世界知识产权组织齐肩并进,共同促进知识产权国际保护的新体制初步确立。

(二)与贸易有关的知识产权协定:知识产权国际保护新体制

"不论从 TRIPS 所涉及范围还是条约义务力度上,都是谈判开始时全然没有料到的。"[③]《与贸易有关的知识产权协定》的作用和影响也是大多数参加谈判的代表所始料不及的,它标志着一个加强知识产权国际保护新纪元的开始。

首先,《与贸易有关的知识产权协定》的里程碑意义体现在其所确立的宗旨上,即减少国际贸易中出现的扭曲和阻力,促进对知识产权的国际保护,防止知识产权执法的措施与程序变成合法贸易的阻碍;肯定并要求全体成员必须遵守并执行 4 个国际公约,包括《保护工业产权巴黎公约》、《保护文学艺术作品伯尔尼公约》、《保护表演者、录音制品制作者与广播组织公约》和《关于集成电路知识产权条约》。《与贸易有关的知识产权协定》确立了国民待遇原则,即各成员在知识产权保护上,对其他成员国民提供的待遇,不得低于其本国国民;确立了最惠国待遇原则[④],即在知识产权保护上,某一成员提供给第三方国民的任何可带来利益的措施,均应立即、无条件地适用于其他成员国的公民;重申了透明度

---

① 石广生主编:《世界贸易组织基本知识》,人民出版社 2001 年版,第 232 页。

② 李冬梅、徐红菊:《知识产权国际保护制度的法理学分析》,载《当代法学》2001 年第 7 期。

③ Jeffrey J. Schott: Uruguay Round(1994) p. 116.

④ 《与贸易有关的知识产权协定》首次将"最惠国待遇"规定为"在知识产权保护上,某一成员提供给其他国民的任何利益、优惠、特权或豁免,均应立即无条件地适用于全体其他成员之国民"。这是知识产权国际保护的重大变化,为世贸组织成员间实行非歧视贸易提供了重要的法律基础。在以往的知识产权国际公约中,几乎没有一个知识产权国际公约订有最惠国待遇条款。由于 TRIPS 是众多国家和地区参加的国际协议,因此,享受最惠待遇的主体也有一百多个,其受惠范围之大是空前的。

原则。《与贸易有关的知识产权协定》所确立的这些宗旨和原则,反映了知识产权保护的时代特征和发展趋势,开创了世界贸易组织与世界知识产权组织共同促进知识产权国际保护的新体制。

其次,《与贸易有关的知识产权协定》的里程碑意义还体现在其对"知识产权"的重新定位上。

走进"世界贸易"的知识产权,在《与贸易有关的知识产权协定》中有了自己的重新定位。它既不同于传统的知识产权分类,又并非知识产权家族中的新贵,只不过按照国际贸易实践的需要,经过乌拉圭回合8年马拉松式的谈判,确定了协定中的知识产权仅与贸易有关,并且仅与有形的货物贸易有关。这里的贸易,既包括合法的贸易,也包括假冒商品的贸易。在前者,有时存在知识产权保护问题,在后者则始终存在打击假冒、保护知识产权的问题。《与贸易有关的知识产权协定》中知识产权的范围包括版权与邻接权、商标权、地理标志权、工业品外观设计权、专利权、集成电路布图设计(拓扑图)权、未披露过的信息专有权。这7个方面是对WTO成员保护知识产权的最低要求。

版权与邻接权领域,出租权成为新贵,但不保护精神权利。《知识产权协定》继承了《伯尔尼公约》要求各成员国必须授予的经济权利(共有8项):翻译权、复制权、公开表演权、广播权、朗读权、改编权、录制权和制片权。《知识产权协定》在此8项权利之外,还增加了一项《伯尔尼公约》中未加明确的"出租权"。鉴于各国版权法可以对出租权作不同规定,《知识产权协定》要求其成员至少对出租利润可能很高的计算机程序与电影作品给予出租权。对于"精神权利",《知识产权协定》则不授予作者精神权利。[①] 这两项"革命性"变革,集中反映了本协定是"与贸易有关"的知识产权协定。另外,《知识产权协定》对计算机程序的保护,已超过《伯尔尼公约》;对邻接权的保护则低于《罗马公约》。

商标方面,明确保护服务商标,重塑驰名商标。《知识产权协定》保护的商标不但包含了传统的商品商标,也包含了服务商标。《知识产权协定》在给予驰名商标的保护上与《巴黎公约》比,其革新表现在:一是将《巴黎公约》的特殊保护延及服务商标;二是把保护范围扩大到禁止在不类似的商品或服务上使用与驰名商标相同或近似的标识;三是对如何认定驰名商标,也作了原则性的规定。关于商标权的取得,TRIPS用"注册在先"的原则,将"标识性"和"视觉可识别性"作为注册条件;规定商标权的保护期不得少于7年,可无限次续展;如以未使用为由撤销注册商标,则必须是连续3年未使用;TRIPS明确规定不得对商标权实行强制许可。

---

① 《与贸易有关的知识产权协定》第9条第1款明确排除了"精神权利"。

界定了地理标志的含义。地理标志系指下列标志:标示出某商品来源于某成员地域内,或来源于该地域中的某地区或某地方;该商品的特定质量、信誉或其他特征,主要与该地理来源相关联。各成员应对地理标志提供保护,包括对含有虚假地理标志的商标拒绝注册或宣布注册无效,以防止公众对商品的真正来源产生误解或出现不公平竞争。①《与贸易有关的知识产权协定》对葡萄酒和白酒地理标志提供了更为严格的保护。对于"虚假地表明"产品来源于某地的地理标志,即使不会对公众产生误导,不是不公平竞争,也不得用于葡萄酒和白酒。

工业品外观设计不一定是工业产权。工业品外观设计是指对产品的形状、图案或其结合以及产品的色彩与形状、图案或其结合所提出的适于工业上应用的新设计。受保护的工业品外观设计的所有人,有权制止第三方未经许可而为商业目的制造、销售或进口带有或体现有受保护设计的复制品或实质性复制品之物品。工业品外观设计的保护期应不少于 10 年。协定专门强制要求成员在纺织品外观设计的保护上,不能附加不合理的条件。纺织品设计具有周期短、数量大、易复制的特点,因此对纺织品设计给予保护的条件,特别是费用、审查和公布方面的条件,不得影响这些设计获得保护。《知识产权协定》要求全体成员必须保护工业品外观设计。同时,又允许各成员自由选择以什么样的法律加以保护,既可以用工业产权法,也可以用版权法。在知识产权协定中始终没有提到"工业品外观设计专利",也未规定外观设计的强制许可。

专利方面,规定了进口权,突出植物新品种保护。在专利保护方面,《知识产权协定》照顾了各成员不同的立法传统,它规定了什么成果可以获得专利,又规定了什么成果不可以获得专利;在专利"三性"(创造性、新颖性、实用性)上明确注明"创造性"与"非显而易见性"是同义语;对于"新颖性"未作任何解释或说明,也就是说,各成员可以自由选择"绝对新颖性"、"相对新颖性"和"混合新颖性"标准;明确规定对违反社会公德、公共秩序的成果,动、植物品种,以及疾病诊疗方法,均不授予专利;对植物新品种必须以其他专门法给予保护,不允许在这项成果上留下空白;明确了专利权人的进口权,但这仅指专利产品这种"货物"进口权,而非"专利"本身的进口权;规定专利保护期不得少于 20 年。

集成电路布图设计方面,不允许强制许可,无追溯保护。对集成电路布图设计,世界贸易组织成员可以通过专门法律,也可以通过专利、工业品外观设计、反不正当竞争等法律加以保护;登记或商业利用均可以产生权利,保护期从两者中的先者开始计算,期限为 10 年;《知识产权协定》允许成员不保护其加入

① 参见《与贸易有关的知识产权协定》第 22 条的规定。

协定前已出现的集成电路布图设计;规定权利人享有的权利仅包括"进口权"、"销售权"、"其他形式的发行权",未明确规定"复制权",但协定却暗示了未经许可的复制是非法的。协定还从"善意侵权可减少责任"的角度,作出权利限制的规定。

商业秘密——未披露的信息成为绝对权。《知识产权协定》中的"未披露的信息"主要是指商业秘密,明确将其列为一项知识产权,确定了其绝对权地位。事实上,在世界贸易组织的"知识产权协定"谈判展开之前,大多数国家均主要把商业秘密作为一种由合同确立的"债权",而不是作为类似知识产权的法定"专有权"予以保护的。①

依照《与贸易有关的知识产权协定》的规定,"未披露的信息" 的条件包括:必须是秘密没有被公开过;因保密才具有商业价值;合法控制它的人已为保密采取了措施。与传统知识产权(专利权、商标权、版权)相比,商业秘密权利人多了两项权利:制止他人披露,制止他人获得有关信息。协定没有对商业秘密权利限制作出具体规定,但却暗示如果出于保护公众的需要,则可以对这种权利实行某些限制。

再次,《与贸易有关的知识产权协定》的里程碑意义也在其知识产权执法机制中得以体现。

《知识产权协定》为了保证协定中赋予自然人或法人的私权能够得到行使,但又不致妨碍国际贸易活动,因此专门规定了各成员行使权利的途径和争端解决方式,一改原有各国分列执法标准的传统。协定首先明确了有关执行程序必须"公平合理",进而又明确各成员的执法不得"无保障拖延";在任何情况下,对行政部门的终局裁决或决定都应给当事人诉诸法律的权利。执法的最低要求是防止、制止、阻止侵权。各成员的法律应当规定禁止"即发侵权"之类可预见到、又并非无根据推断的侵权准备活动;对已发生的侵权活动采取执法措施,如临时禁令等;针对将来可能继续发展的侵权活动所采取的措施,如下达永久禁令等。在知识产权保护上,采取临时措施与边境措施是 WTO《知识产权协定》与原有国际公约相比的一大不同之处。这两种措施,都是把侵权活动制止在未发生或初发阶段,阻止它的进一步扩展从而保障权利人的利益。《知识产权协定》所说的争端是指成员国或成员地区之间的知识产权争端,而不是指权利人之间或与非权利人之间的争端。在争端解决方面,协定规定采用原关贸总协定解决争端的总机制。知识产权争端解决程序,首先要求各成员的法律、条例及法律规范性文件,只要与知识产权有关,就要有透明度。一般情况下,上述

① 郑成思著:《知识产权法:新世纪初的若干研究重点》,法律出版社 2004 年版,第 350 页。

法律或具有法律性质的文件必须“颁布”,如果没有“颁布”的可能或必要,也必须使公众能够得到,否则就不视为有透明度。成员还应把有关文件的内容全部通知“与贸易有关的知识产权理事会”,以便由该理事会检查执行情况。

(三)知识产权国际保护新体制的特点

《知识产权协定》是从以往有关知识产权国际保护的公约继承发展而来,并且强制自己的成员必须遵守并执行原有的《保护工业产权巴黎公约》、《保护文学艺术作品伯尔尼公约》、《保护表演者、录音制品制作者与广播组织公约》和《关于集成电路知识产权条约》等世界知识产权组织框架下的国际公约,但其鲜明特点不容抹杀。

《知识产权协定》所确立的知识产权国际保护新体制,在从贸易的角度来保护知识产权前提下,其所涉内容相当广泛。一方面,《知识产权协定》是目前内容最为广泛的知识产权国际保护文本,涉及(与贸易有关的)所有类型的 7 个知识产权种类,一改世界知识产权组织框架下的知识产权国际公约仅保护知识产权的某一个具体方面的模式,如《巴黎公约》只规定了有关工业产权的保护制度,《伯尔尼公约》只规定了版权的保护制度等。另一方面,《知识产权协定》增添了诸多原有公约没有规定的权利内容并弥补了众多公约在知识产权保护中的缺陷,如规定了对未披露的信息的保护,增加了作品出租权的规定,规定注册商标的有效期限不得少于 7 年,期满后可以无限地续展,每次续展的有效期限不得少于 7 年,这就弥补了《巴黎公约》中没有规定注册商标的有效期限的缺憾。再一方面,《知识产权协定》第一次把知识产权纳入贸易体系的范围内进行保护,突出对“与贸易有关的”知识产权的保护,反映了当今国际贸易发展的要求,对今后国际贸易发展和世界经济一体化进程的推动作用不可低估。

《知识产权协定》所确立的知识产权国际保护新体制,针对世界各国发展水平的不同,在区别对待基础上,“提升了知识产权保护水平”[①]。《知识产权协定》针对不同发展水平的国家,分别规定了实施该协定的时间表,即《知识产权协定》在发达国家从 1996 年 1 月 1 日起、在发展中国家(包括经济转型国家)从 2000 年 1 月 1 日起、在最不发达国家从 2006 年 1 月 1 日起分别开始实施。其体现出的这种务实精神,不仅使大多数国家容易接受,从而加快知识产权国际保护进程,而且这本身就保证了其内容切实有效地实施。除此之外,如上文所述,《知识产权协定》第一次规定了对未披露的信息的保护,第一次要求各成员国对计算机程序给予版权保护,第一次规定了作品的出租权,详细规定了执法措施

---

① 吴汉东等著:《知识产权基本问题研究》,中国人民大学出版社 2005 年版,第 158 页。

等,较以往知识产权国际保护公约在知识产权保护的整体水平上有大幅度的提高。

《知识产权协定》所确立的知识产权国际保护新体制,一改以往知识产权公约"软"属性,《知识产权协定》中强制缔约意味较浓,协定的权威性毋庸置疑。从《知识产权协定》条文中找不到强制缔约的明文规定,但是由于该协定为世贸组织制定,其广大的成员国必须遵守,强制缔约性不言自明。另外,对非世贸组织的大多数国家来说,由于巨大的经济利益的诱惑,它们为能够尽快成为世贸组织的一员而加紧按照《知识产权协定》的标准制定和修改国内法中有关知识产权保护的规定,因此可以说这些国家实际上是《知识产权协定》的潜在缔约人。《知识产权协定》的强制缔约性对推动知识产权的国际保护具有一定的积极意义。知识产权与国际贸易挂钩使《知识产权协定》比以往任何公约、组织更受到重视,《知识产权协定》不可避免地会部分取代世界知识产权组织原有的作用,但世界知识产权组织仍然存在,今后还会继续在推动知识产权国际保护方面发挥作用,并与世界贸易组织共同完成知识产权国际保护的庄严使命。这表明《知识产权协定》改变了原有的知识产权国际保护格局,使知识产权国际保护从以世界知识产权组织为核心逐渐转变为《知识产权协定》与世界知识产权组织并重的局面,并且《知识产权协定》有更加重要之势。

(四)《知识产权协定》的缺陷

《知识产权协定》在某些方面也存在一些不尽如人意之处。

一方面,《知识产权协定》的签署,贸易大国尤其是发达国家之间的共识起了决定性的作用,所以其内容更多地反映了发达国家的意志,而对发展中国家的特殊需求照顾不够。例如根据发展中国家发展的实际需要,发展中国家要求颁发强制许可的条件应当尽可能简化,以便于本国公共利益实现和国民经济的整体发展。但《知识产权协定》对颁发强制许可的条件规定得十分严格,比以往任何知识产权国际公约的相关规定都苛刻,这在一定程度上限制了发展中国家颁发强制许可,不利于这些国家经济、技术的发展。再如,协定只将最惠国待遇引入知识产权国际保护领域,而未同时将关贸总协定中的非互惠待遇引入,这便使发展中国家承担了相对较多的义务,将发达国家与发展中国家之间的差距越拉越大。

另一方面,《知识产权协定》只保护"与贸易有关"的知识产权,将知识产权当做一种"私权"、纯粹的"财产权"予以保护,无视创造者的精神利益,这与知识产权制度的初衷相悖。此外,知识产权协定规定了知识产权保护的临时措施和边境措施,在为主体知识产权提供充分有效保护的同时,也为知识产权主体滥用权利、限制和打击竞争对手提供了机会。当然,我们希望通过今后的改革,能够弥补这些缺陷,使《知识产权协定》所确立的知识产权国际保护新体制,能够更加充分地发挥其对世界经济和文化事业发展的促进和保护作用。

再一方面,随着时代的发展,《知识产权协定》在内容上面临诸多挑战。比如,尽管《知识产权协定》是"霸气十足的高标准",但进入网络时代,其"已明地显缺乏预见性"①,至少协定现有条款无法适应网络时代知识产权国际保护的需要。再如,加强对传统知识知识产权的保护,是人权公约"参与文化生活权利"的题中之意,但《知识产权协定》"忽视了对文化与知识多样性保护的原则,导致一些国家或地区、一些民族或种族群体应有权利的丧失"。②

① 参见刘春田主编:《知识产权法》,中国人民大学出版社 2002 年版,第 425 页。

② 吴汉东等著:《知识产权基本问题研究》,中国人民大学出版社 2005 年版,第 160 页。

第二章
知识产权国际保护新体制的争端解决机制

世界贸易组织的《关于争端解决规则与程序的谅解》(以下简称 DSU)以及 TRIPS 第 64 条的规定,为知识产权国际保护创设了新的争端解决机制。在国际贸易中,随着知识产权保护的问题越来越突出,知识产权的争端解决机制的作用就显得日益重要。就与贸易有关的知识产权争端解决而言,世界贸易组织并未建立一个特殊的争端解决机制,所谓知识产权国际保护新体制的争端解决机制,实质上是利用现存的 WTO 争端解决机制来解决有关知识产权的争端。然而,由于知识产权争端的特殊性、复杂性和高度敏感性,TRIPS 第 64 条虽然规定了关于知识产权的争端适用 WTO 的争端解决机制,但同时也规定了关于知识产权争端解决的特别规则,截至目前,WTO 知识产权争端解决机制仅限于解决“违法之诉”①,而对于“非违法之诉”和“其他情形”之诉则必须通过 TRIPS 第 64 条规定的特别程序处理,即只能由知识产权理事会提出“非违法之诉”和“情势之诉”的范围和争端解决方法,并将其建议提交给部长级会议供批准。WTO 自成立以来,其争端解决机构已经处理和正在处理 26 个涉及 TRIPS 的争端。26 个知识产权争端的解决,创设了一些争端解决的特别案例,厘清了许多关于知识产权争端解决的理论问题,同时,也对 WTO 争端解决机制特别是 DSU 的规则提出了挑战,对中国的知识产权保护状况提出了警示。因此,对知识产权国际保护新体制的争端解决机制的理论与实践进行系统的梳理和研究,既有理论意义,更对 WTO 争端解决机构正在处理的中美知识产权争端的解决具有很强的指导意义。②

---

① 有学者将”violation”翻译成“违约之诉”或“违反之诉”,主要是基于对 GATT 到底是“国家之间的合约”还是“法律”的不确定,或采取回避该问题的方法来翻译。笔者以为 WTO 和其前身 GATT 都形成了完整的法律体系,所以,将它翻译成“违法之诉”。

② 详见 http://www.wto.org/english/tratop_e/dispu_e/cases_e/ds362_e.htm。

一、WTO 争端解决机制

(一) WTO 争端解决机制的沿革

WTO 争端解决机制是在关税及贸易总协定争端解决机制的基础上发展起来的。① 虽然 1947 年的《关税及贸易总协定》②第 22、23 条总是被人们当做 GATT 争端解决机制的法律基础,但由于它的规定既简单又模糊,所以,GATT 争端解决机制实际上是在后来的实践中形成和发展起来并逐渐成为颇具特色的国际司法体制的。经过 50 年经验的积累和习惯规则的形成,GATT 争端解决机制为《WTO 协定》的附件 2:《关于争端解决规则与程序的谅解》所吸纳并重新塑造,形成了 WTO 争端解决机制。这套 GATT/WTO 争端解决机制为 GATT/WTO 多边贸易体制的法律义务或规则得以遵守,条文得以正确解释乃至整个贸易体制得以有效运转,提供了有力的保证。③

追根溯源,GATT/WTO 争端解决机制是在和平解决国际争端的国际法理论和实践中形成和发展起来的。随着国家的出现以及国际关系的形成和发展,国际争端也随之产生。关于处理国际争端的原则,马克思曾指出,要"努力做到使私人关系间应该遵循的那种简单的道德和正义的准则,成为国际关系中的至高无上的准则"④。但是,国际争端关系到整个国家利益,而私人争端则仅仅涉及个别人的利益,所以,仅从利益层面上,国际争端的解决就远比其他争端的解决更为重要,并且更加复杂和难以解决。正因为如此,解决国际争端不能适用国内法处理私人争端的方法,而必须采取国际法的特殊方法。⑤

传统国际法上,解决国际争端的方式可大致分为两大类:强制的方式和非强制的方式。强制的方式是一国为使另一国满足其某些要求而采取的强迫手段,如反报、报复、扣留或拿捕对方的船舶、军事示威或平时封锁和干涉等等。

---

① 关税及贸易总协定在本文中包含两种含义:其一指多边贸易协定;其二指事实上的国际贸易组织,指组织时(在本书特别是在涉及争端解决机制时)多用 GATT 简称,但有时为叙述全面也用全称。在提及具体条款时若使用 GATT,则指多边贸易协定。下文不再特别说明。

② 1947 年的《关税及贸易总协定》已经为 1994 年《关税及贸易总协定》所取代,但在论述历史问题时,它仍然指的是 1947 年《关税及贸易总协定》,简称为 GATT 1947。GATT 1994 是在 GATT 1947 的基础上发展而来的,其实质是条约的更新。二者的区分,根据上下文不会产生歧义,因此,此后不再另作说明。

③ 赵维田:《世贸组织(WTO)的法律制度》,吉林人民出版社 2000 年版,第 429 页。

④ 《马克思恩格斯全集》,第 16 卷第 14 页,转引自王铁崖主编:《国际法》,法律出版社 1981 年版,第 451 页。

⑤ 王铁崖主编:《国际法》,法律出版社 1981 年版,第 451—452 页。

非强制的方式一般包括外交方法和法律方法，前者如谈判、斡旋、调停、和解（调解）及国际调查等，后者如仲裁和司法解决。传统国际法承认国家享有“诉诸战争权”，即以战争作为推行国家政策、解决国际争端的手段，所以将上述两种方法都视为解决国际争端的合法手段。[①] 现代国际法与传统国际法的主要区别之一，就是建立了用和平方法解决国际争端的原则。《联合国宪章》总结了过去国际条约和国际实践中已经形成的和平解决国际争端的各种方法，使其更加明确和完善。《联合国宪章》在其第 1 条“宗旨”中明确规定：以和平方法且依正义及国际法之原则，调整或解决足以破坏和平之国际争端或情势。为实现第 1 条的宗旨而制定的基本原则之一是：各会员国应以和平方法解决其国际争端，避免危及国际和平、安全、及正义。《联合国宪章》将这一原则作为七项基本原则之一，要求会员国承担遵守的义务。[②] 为贯彻实施和平解决国际争端的原则，《联合国宪章》在第 33 条争端之和平解决中明确规定：1. 任何争端之当事国，于争端之继续存在足以危及国际和平与安全之维持时，应尽先以谈判、调查、调停、和解、仲裁、司法解决、区域机关或区域办法之利用、或各该国自行选择之其他和平方法，求得解决。2. 安全理事会认为必要时，应促请各当事国以此项方法，解决其争端。此后，《关于各国依联合国宪章建立友好关系和合作的国际法原则宣言》、《关于和平解决国际争端的马尼拉宣言》等国际法文件相继通过，和平解决国际争端作为国际法的基本原则得以确立，用和平的方法解决国际争端的制度初步形成。因此，和平解决国际争端成为国际法的基本原则得以确立，“以和平方式解决国际争端，乃第二次世界大战后国际组织之一项重要组织设计及政策目标。GATT/WTO 身为第二次世界大战后最重要之世界贸易规范与组织，自然不能自外于此一时代潮流。GATT/WTO 争端解决体系，历经 50 余年发展，已日臻完善，有效促进了国际贸易合作与世界经济成长。”[③]GATT/WTO 在长期的实践中，形成和发展了以下解决争端方法：磋商，斡旋，调解，调停、仲裁、专家组和上诉复审等方法，其中一些方法与《联合国宪章》规定的谈判[④]、调停、和解以及仲裁等方法是相近或基本相同的。因此，它们在适用时也应该遵

---

① 周鲠生：《国际法》（下册），商务印书馆 1976 年版，第 757 页。

② 王献枢主编：《国际法》（修订第 2 版），中国政法大学出版社 2002 年版，第 347 页。

③ 洪德钦著：《WTO 法律与政策专题研究》，中国人民公安大学出版社 2004 年版，第 303 页。

④ 在国际公法中，一般将协商和谈判、斡旋与调停、调查与和解作为解决国际争端的主要外交方法或政治解决方法。协商是 20 世纪 50 年代起得到重视并流行的方式，它与谈判近似，但其参与者往往不限于当事国，而且，它按照协商一致的方式达成协议。有许多国际条约和公约中都有协商的条款。例如《北大西洋公约》第 4 条，1978 年的《关于国家在条约方面的继承的维也纳公约》更是将协商和谈判、调解、仲裁以及司法解决并列为解决争端的正式方法。参见王献枢主编：《国际法》（修订第 2 版），中国政法大学出版社 2002 年版，第 349—352 页。另参见王铁崖主编：《国际法》，法律出版社 1981 年版，第 455—463 页。

守国际法的一般原则。

(二) WTO 争端解决机制的运作

由于历史和现实的、政治和经济的原因,各国对知识产权保护的深度和广度存在着严重差异。随着知识产权贸易在国际贸易中的比重越来越大,知识产权在国际贸易中的地位越来越重要,各国对知识产权保护的差异就必然成为国际经济关系紧张的一个因素。① TRIPS 为国际知识产权保护提供了更具预见性和更加规范的框架,也为贸易争端的系统解决提供了可能的基础,从而使 WTO 争端解决机制更加全面。TRIPS 试图缩小各国在知识产权保护上的差距,并将各国知识产权保护纳入国际通行规则。它不仅为各成员方创设了保护其他成员方的知识产权的最低标准,同时也规定了实施其他 WTO 成员方知识产权的程序及救济的最低标准。当某一成员方未能履行或未能全部履行 TRIPS 规定而引发贸易争端时,WTO 的争端解决机制将得以运用,除非 TRIPS 另有规定。世界贸易组织并未建立独立的知识产权争端解决机制,实质上,WTO 知识产权争端解决机制是 WTO 争端解决机制在 TRIPS 下有关争端解决的实际运用,因此,对 WTO 争端解决机制的全面理解和把握是理解、把握和运用 WTO 知识产权争端解决机制的关键。

WTO 成立以来,涉及 TRIPS 的知识产权争端都是按照一般国际贸易争端解决程序在 WTO 争端解决机构(以下简称 DSB)进行解决的。WTO 争端解决机构已成功解决和正在处理的涉及 TRIPS 的 26 个案件中,有 13 个案件是在磋商阶段就已经取得令双方满意的结果,并达成了和解协议;8 个案件经历了 WTO 争端解决机制的所有主要程序,另有 3 个案件处于悬而未决状态,2 个正在处理中。② 由于 TRIPS 第 64 条第 1 款规定,除非 TRIPS 另有规定,DSU 详述和实施的 GATT 1994 第 22 条和第 23 条的规定也适用于 TRIPS 项下产生的磋商和争端解决。因此,WTO 知识产权争端解决程序主要涉及 GATT 1994 第 22 条和第 23 条、DSU 第 4 条、第 6—25 条以及 TRIPS 第 64 条规定的运用。目前已经处理和正在处理的争端都属于 GATT 1994 第 23 条第 1 款第 1 项的争端,即属于违法之诉,而对于第 23 条第 1 款第 2 项和第 3 项所规定的"非违法之诉"和"情势之诉"的争端则尚未发生,其原因在于 TRIPS 第 64 条第 2 款已经明确规定,在规定的时限,即自《WTO 协定》生效之日起 5 年内(1999 年),GATT 1994

---

① Understanding the WTO: The Agreements Intellectual property: protection and enforcement, http://www.wto.org, 2006 年 1 月 2 日访问。

② 指 DS 362 案 和 DS363 案。详见 http://www.wto.org/english/tratop_e/dispu_e/cases_e/ds362_e.htm。

第23条第1款第2项和第3项不得适用于该协定项下的争端解决，同时，尽管第64条第3款规定，在上述规定的时限内，TRIPS理事会应审查根据TRIPS提出的属于GATT 1994第23条第1款第2项和第3项规定类型的投诉的范围和模式，但因事实上未有成员方提出解决此类争端的请求，因此，也就未发生相应的审查事项，当然也就没有相应的建议提交部长级会议供批准。而部长级会议对第64条第2款规定的5年期限的延长问题也一直未能作出一致同意的决定，所以，至少到目前为止，WTO争端解决机构仍然只是受理"违法之诉"性质的知识产权争端。而对于"非违法之诉"和"情势之诉"即使能通过理事会的审查，由理事会向部长级会议提交的建议也需一致同意才能通过，因此，只要有一个成员方不同意就不能通过，所以，要使属于第23条第1款第2项和第3项规定的知识产权争端通过WTO争端解决机构来解决，绝非易事，这是值得各成员方特别注意的，这也是为什么迄今为止WTO知识产权争端只有26个案件属于"违法之诉"的根本原因。

WTO知识产权争端解决机制的运作涉及DSU规定的争端解决的磋商、专家组、上诉复审、仲裁程序的运用以及专家组或上诉报告的执行及监督。对于DSU规定的斡旋、调解和调停程序则基本未加利用，或者说未明确加以利用。

1. 磋商

磋商是传统的和平解决国际争端的方法。过去是GATT争端解决机制确立并长期运用的解决贸易争端的首要方式和必经程序。现在，成为WTO争端解决机制的首要方式。通常各成员方只有在经过一次或数次磋商后才会进入其他解决争端的程序。磋商在关贸总协定中的运用始见于GATT 1947第22条。GATT第22条规定：(1) 当一缔约方对影响本协定执行的任何事项向另一缔约方提出要求时，另一缔约方应给予同情的考虑①，并应当给予充分的机会进行磋商。(2) 经一缔约方的请求，缔约方全体对经本条第1款磋商但未达成令人满意结论的任何事项，可与另一缔约方或另几个缔约方进行磋商。从第22条第1款的字面来看，一个缔约方的任何关于GATT协定的执行事项都可以成为另一个缔约方提出磋商请求的理由。该条所包含的磋商事项的范围很广，但不够具体，且没有判定标准，因此，在争端解决实践中难以广泛运用。此外，只要一方保持必要的礼貌，他便应该给予"同情的考虑"。但这种"考虑"不具有

---

① Sympathetic Consideration，有的翻译成积极的考虑，见《世界贸易组织乌拉圭回合多边贸易谈判结果法律文本》，法律出版社2000年版，第357页。笔者以为根据字面含义直接翻译成"同情的考虑"，能够体现其本意。

任何法律制裁的意义,虽然这种表述可以理解为带有一定的强制性因素[1],但如果另一争端方与之意见相左,不愿与之磋商,它对另一方完全无可奈何。而第 2 款虽然规定,经一缔约方请求,在第 1 款的磋商未达成一致意见时,缔约方全体可以介入磋商,可与另一个缔约方或另几个缔约方进行磋商,但并未具体规定根据什么条件磋商,因此,该款规定的效力也不明显,实际上也不能达到解决争端的目的。因此,在 GATT 历史上,缔约方大多是根据第 23 条的规定提请磋商而引发争端解决程序并进而解决争端的。

GATT 1947 第 23 条第 1 款规定利益的丧失或损害:如任一缔约方认为,由于:(1) 另一缔约方未履行其依照本协定承担的义务;或(2) 另一缔约方采取的无论是否与本协定抵触的任何措施;或(3) 任何其他情况的存在,使它根据本协定直接或间接享受的利益正在丧失或受到减损,或者阻碍本协定所规定目标的实现,则该缔约方为了使该问题能得到满意的调整,可以向其认为有关的其他一个或数个缔约方提出书面请求或建议。任何有关缔约方对提出的请求或建议应给予同情的考虑。

如有关缔约方之间在合理期限内尚不能达成满意的调整方法,或者困难属于第 1 款第 3 项所述类型,则该问题可以提交缔约方全体处理,缔约方全体对此应立即进行调查,并应向其认为有关的缔约方提出适当建议或酌情对该问题作出裁决。缔约方全体如认为必要,可以与缔约方、联合国经社理事会和任何政府间机构进行磋商。如缔约方全体认为情况严重足以构成其在该情况下决定授权一个或数个缔约方中止实施本协定规定的对其他一个或数个缔约方的减让或其他义务的充分理由,则它可以作此授权。如对任一缔约方的减让或其他义务的实施事实上已中止,则该缔约方在此项行动采取后的 60 天内,应自由决定书面通知缔约方全体执行秘书长(即今天的总干事的前身)其退出本协定的意愿,该退出应在秘书长收到通知之日后的第 60 天正式生效。

显然,第 23 条具体规定了缔约方在什么情况下可以提出磋商请求和按照何种方式进行磋商。与第 22 条相比,第 23 条使提请磋商的理由具体化,并给出了何种情况下可以提请磋商的标准。即提请的理由有:(1) 另一缔约方未履行其依照 GATT 协定承担的义务;(2) 另一缔约方采取的无论是否与 GATT 协定抵触的任何措施;(3) 任何其他情况的存在。提请磋商的标准为:(1) 一成员方根据 GATT 协定直接或间接享受的利益正在丧失或受到减损,或者,(2) 阻碍了 GATT 协定所规定目标的实现。该条同时强调了因果关系,即上述利益丧失或减损或 GATT 协定目标的实现受到的阻碍是由于上述 3 个理由所引起。

---

① 赵维田著:《世贸组织(WTO)的法律制度》,吉林人民出版社 2000 年版,第 431—432 页。

GATT 1947 第 23 条第 2 款规定了缔约方全体介入磋商的条件及缔约方全体可以授权报复的条件。从字面上看，已显现出比第 22 条规定的磋商具有更大强制性，但由于其仍然是基于"同情的考虑"，且没有时间限制，因此，显然也不能达到迅速解决争端的目的，因此，不能不说它是导致 GATT 历史上许多争端久拖不决的原因之一。

同 GATT 磋商制度不同，WTO 成立以来的争端解决，特别是与 TRIPS 有关的争端解决，主要是通过 DSU 第 4 条规定的磋商程序，并结合 GATT 1994 第 22 条的规定，而获成功解决的。①

DSU 第 4 条规定的磋商是在 GATT 磋商的基础上形成的规范化了的磋商。这种双边磋商是最好的解决争端的办法。WTO 与 GATT 的磋商的根本性不同在于它规定了时间限制。DSU 第 4 条详细规定了磋商的时间限制、提请磋商的形式、第三方参加磋商的理由等问题，共分为 11 款。

(1) 各成员确认决心加强和提高各成员使用磋商程序的有效性。

表明各成员愿意使用传统的国际法使用的解决争端的办法——磋商以解决争端，并且为了不伤和气，各方愿意遵循磋商的结果。

(2) 每一成员承诺对另一成员提出的有关在前者的领土内采取的、影响任何适用协定运用的措施的交涉给予同情的考虑，并提供充分的磋商机会。②

该款明确规定了 2 个问题：① 磋商的范围：对一成员领土内采取的任何适用协定③的措施的争端都可以提请磋商。也即适用所有 DSU 第 4 条规定的协定的措施引发的争端，不论其为何种性质。② 一成员方对另一方提请磋商的态度：经过谈判和磋商解决分歧，是国际法传统的习惯方式，在许多双边贸易协定都大量使用过。这种方式原本是依靠自愿进行的。DSU 第 4 条承继了 GATT 第 22 条的规定，沿袭了 GATT 中对磋商规定的带有强制性因素的表述"同情的考虑"和"充分机会"。④

(3) 如磋商请求是按照一适用协定提出的，则请求所针对的成员应在收到请求之日起 10 天内对该请求作出答复，并应在收到请求之日起不超过 30 天期

---

① 以 GATT 1994 第 23 条为由提出投诉的只有 DS174，DS125，DS115，DS125，DS176 共 5 个案件。DS160 未结合 GATT 1994 条款。

② 如任何其他适用协定有关一成员领土内的地区或地方政府或主管机关所采取措施的规定包含与本款规定有差异的规定，则以此类其他适用协定规定为准。

③ "适用协定"(covered agreement)的范围是指 DSU 附录 1 所规定的协定，包括(1)《WTO 协定》；(2) 多边贸易协定 附件 1A：多边货物贸易协定；附件 1B：《服务贸易总协定》；附件 1C：《与贸易有关的知识产权协定》；附件 2：《关于争端解决的规则与程序的谅解》；(3) 诸边贸易协定：附件 4：《民用航空器贸易协定》；《政府采购协定》；《国际奶制品协定》；《国际牛肉制品协定》。(目前《国际奶制品协定》和《国际牛肉制品协定》因已经到期而失效。)

④ 赵维田著：《世贸组织(WTO)的法律制度》，吉林人民出版社 2000 年版，第 431—432 页。

限内真诚地进行磋商,以达成双方满意的解决办法,除非双方另有约定。如该成员未在收到请求之日起 10 日内作出答复,或未在收到请求之日起不超过 30 天的期限或双方同意的其他时间内进行磋商,则请求进行磋商的成员可直接开始请求设立专家组。

该款明确规定了磋商的期限。目的在于防止磋商的久拖不决。如果被请求磋商一方未能在接到磋商请求的 10 日内作出答复,或在收到请求之日起满 30 日内未进行磋商或在双方同意的其他时限内进行磋商,则磋商程序结束。请求方可以直接要求设立专家组,从而进入另一种争端解决程序。该款及随后的相关磋商期限的规定,是 WTO 争端解决机制中磋商与 GATT 争端解决机制的磋商的根本性不同。

(4)所有此类磋商请求应由请求磋商的成员通知争端解决机构及相关理事会和委员会。任何磋商请求应以书面形式提交,并应说明提出请求的理由,包括对争议的措施的确认,并指出投诉的法律根据。①

该款明确规定提起磋商请求的形式必须是书面的,并且,要说明提出请求的理由,特别是对所争议的措施的确认和投诉的法律根据。请求磋商均要通知争端解决机构及相关理事会和委员会,保证了磋商请求的透明度,为其他第三方要求参加磋商提供了可能性。这里的磋商形式已经接近了起诉书的形式,为随后的磋商不成或磋商不能在规定的期限内完成而转入专家组程序打下了良好的基础。

(5)在依照一适用协定的规定进行磋商的过程中,在根据本谅解采取进一步行动之前,各成员应努力尝试对该事项作出令人满意的调整。

磋商当事方应努力尝试使争端得以解决的令人满意的方法,以避免争端进一步升级,尽量使争端能在磋商阶段获得令人满意的解决。

(6)磋商应保密,并不得损害任何一方在任何进一步程序中的权利。

磋商保密,是为了防止当事方在磋商失败后再进入进一步程序中的权益受到减损。

(7)如在收到磋商请求之日起 60 天内,磋商未能解决争端,则投诉方可请求设立专家组。如磋商各方共同认为磋商已不能解决争端,则投诉方可在 60 天期限内请求设立专家组。

如磋商各方共同认为磋商已不能解决争端,则请求方可在 60 天期限内请求设立专家组。该款给予请求磋商方更大的选择争端解决办法的权利,甚至可

---

① 虽然几乎所有的中文译本都将"complaint"翻译成起诉,但笔者以为磋商只是和平解决争端的一种非诉讼方法,所以,以翻译为投诉为宜。在专家组程序中的翻译基于同样道理,也翻译成投诉。

以不用等到磋商满 60 天，就请求进入设立专家组程序。显然，该款规定是为了加快解决争端的进程，以免当事方浪费时间和人力、物力并使争端久拖不决。

（8）在紧急案件中，包括涉及易腐货物的案件，各成员应在收到请求之日起不超过 10 天的期限进行磋商。如在收到请求之日起 20 天的期限内，磋商未能解决争端，则投诉方可以请求设立专家组。

该款规定的目的是促使紧急案件的迅速解决，以避免不可补救的损失的发生。

（9）在紧急案件中，包括有关易腐货物的案件，争端各方、专家组及上诉机构应尽一切努力尽最大可能加快解决程序。

本条主题是磋商，但因磋商是后续程序专家组及上诉复审的前提，所以，为了达到第 8 款目的，将紧急案件的后续程序也加以规定，目的还是为了防止不可挽回的损失的发生。至于是否紧急，并没有统一标准，因此，在实践中，当事方可能因何谓紧急而产生歧义。在 DS170 加拿大专利保护期案中，美国认为加拿大关于专利保护期的规定不符合 TRIPS 规定，如果不立即修改，将给美国的专利所有人的权利造成不可补救的损失，因此，应视为紧急案件，从而要求专家组根据该款规定加快专家组程序，但遭到加拿大的坚决否认。专家组考虑到该案的实际情况，作出了折衷的决定，即虽未按"紧急案件"处理，却加快了专家组程序，从而使该案自专家组成立到专家组报告的通过时间不超过 8 个月。

从该两款规定，足见 WTO 争端解决机制具有极大的灵活性。对于紧急案件，包括易腐货物的案件，规定了更加快捷的磋商程序。不仅缩短了第 3 款、第 8 款的期限，还明确要求各争端方、专家组和上诉机构都要尽最大努力加快程序，目的在于尽快解决争端。这显然是非常人性化的规定，同时，也强化了争端解决机制。

（10）在磋商中，各成员应特别注意发展中国家成员的特殊问题和利益。

考虑到发展中国家的发展状况，也由于世界贸易经济的发展离不开发展中国家，GATT/WTO 的争端解决机制乃至整个 GATT/WTO 体制，在许多方面给予发展中国家以特殊和优惠待遇。早在 1966 年 4 月 5 日缔约方全体就通过了《关于第 23 条第 2 款的程序》，针对发展中国家投诉发达国家规定了专门办法[①]。其主要内容是：① 允许在投诉时，要求 GATT 总干事出面作调解；② 投诉两个月后，得要求总干事向理事会作出报告；③ 理事会接到总干事报告后，立即指定并设立专家组；④ 专家组接手案件后，于 60 天内作出裁决与建议，交

---

① DSU 第 3 条第 12 款还特别指出当该程序作为 DSU 第 456 和第 12 条的替代，当该程序与上述条款相冲突时，以该程序为准。详见 DSU 第 3 条第 12 款。

理事会;⑤ 被投诉缔约方接到理事会建议后,于 3 个月内报告其履行情况;如发现被投诉方未履行,应于下届理事会讨论报复措施。[①]

(11) 只要进行磋商的成员以外的任一成员认为按照 GATT 1994 第 22 条第 1 款和 GATS 第 22 条第 1 款或其他适用协定的相应规定[②]所进行的磋商涉及其实质贸易利益,该成员即可在根据上述条款进行磋商的请求散发之日起 10 天内,将其参加磋商的愿望通知进行磋商的成员和争端解决机构。该成员应被允许参加磋商,只要磋商请求所针对的成员同意实质利益的主张是有理由的。在这种情况下,他们应如实通知争端解决机构。如参加磋商的请求未被接受,则申请成员有权根据 GATT 1994 第 22 条第 1 款或第 23 条第 1 款、GATS 第 22 条第 1 款或第 23 条第 1 款或其他适用协定的相应规定提出磋商请求。[③]

该款规定的是第三方参加磋商的问题。无论磋商当事方是否通知或同意,如果 WTO 的任一成员方认为它在正在进行的磋商中有实质贸易利益(substan-

---

① 赵维田著:《世贸组织(WTO)的法律制度》,吉林人民出版社 2000 年版,第 455 页。

② 适用协定中相应的磋商规定如下:《农业协定》第 19 条;《实施卫生与植物卫生措施协定》第 11 条第 1 款;《纺织品与服装协定》第 8 条第 4 款;《技术性贸易壁垒协定》第 14 条第 1 款;《与贸易有关的投资措施协定》第 8 条;《关于实施 1994 年关税与贸易总协定第 6 条的协定》第 17 条第 2 款;《关于实施 1994 年关税与贸易总协定第 7 条的协定》第 19 条第 2 款;《装运前检验协定》第 7 条;《原产地规则协定》第 7 条;《进口许可程序协定》第 6 条;《补贴与反补贴措施协定》第 30 条;《保障措施协定》第 14 条;《与贸易有关的 TRIPS》第 64 条第 1 款;以及每一诸边贸易协定主管机构确定并通知争端解决机构的诸边贸易协定中任何相应的磋商规定。(该注释是 DSU 本身的注释 4 的内容,因 WTO 争端解决的专家组可能会引用该注释,并直接引用 DSU 注释 4 的内容,所以,此处本应标注 4,但因电脑对注释采取自动编号,所以,此处无法根据 DSU 本身规定的序号进行注释,特此说明。)

③ GATS 第 22 条规定是磋商,它分为 3 款:1. 每一成员应对任何其他成员可能提出的、关于就影响本协定运用的任何事项的交涉所进行的磋商给予同情考虑,并提供充分的机会。《争端解决谅解》(DSU)应适用于此类磋商。2. 在一成员请求下,服务贸易理事会或争端解决机构(DSB)可就其通过根据第 1 款进行的磋商未能找到满意解决办法的任何事项与任何一个或多个成员进行磋商。3. 一成员不得根据本条或第 23 条,对另一成员属它们之间达成的与避免双重征税有关的国际协定范围的措施援引第 17 条。在各成员不能就一措施是否属它们之间的此类协定范围达成一致的情况下,应允许两成员中任一成员将该事项提交服务贸易理事会。11(GATS 原注释 11:对于在《WTO 协定》生效之日已存在的避免双重征税协定,此类事项只有在经该协定各参加方同意后方可提交服务贸易理事会)。理事会应将该事项提交仲裁。仲裁人的裁决应为最终的,并对各成员具有约束力。第 23 条规定是:争端解决和执行共分为 3 款:1. 如任何成员认为任何其他成员未能履行本协定项下的义务或具体承诺,则该成员为就该事项达成双方满意的解决办法可援用 DSU。2. 如 DSB 认为情况足够严重有理由采取此类行动,则可授权一个或多个成员依照 DSU 第 22 条对任何其他一个或多个成员中止义务和具体承诺的实施。3. 如任何成员认为其根据另一成员在本协定第三部分下的具体承诺可合法预期获得的任何利益,由于实施与本协定并无抵触的任何措施而丧失或减损,则可援用 DSU。如 DSB 确定该措施使此种利益丧失或减损,则受影响的成员有权依据第 21 条第 2 款要求作出双方满意的调整,其中可包括修改或撤销该措施。如在有关成员之间不能达成协议,则应适用 DSU 第 22 条。

tial trade interest)，它就可以提出参加磋商的请求。只要该请求是有道理的，磋商各当事方应允许该第三方参加磋商。否则，该第三方有权独立提出磋商请求。在 WTO 已经解决的涉及 TRIPS 的案件中，有 9 个案件里因第三方提出有实质利益而出现第三方提出参加磋商的请求的情形。其中，第三方最少的案件是 DS171 专利和测试数据案、DS79 印度药品和农用化学制品专利保护案以及 DS50 印度药品和农用化学制品专利保护案，分别只有一个第三方。而 DS290 欧盟农产品和粮食制品的商标和地理标志保护案、DS174 欧盟农产品和粮食制品的商标和地理标志保护以及 DS114 加拿大药品专利案中，第三方分别为 13 个、12 和 11 个。可见，第三方参加磋商的制度在实践中是被充分利用了的。并且，第三方的地位不影响该第三方再独立投诉的权利。[①] 事实上，在 DS50 案中作为第三方的欧盟，就根据该款规定和 DSU 第 10 条规定又独立提起 DS79 案的投诉，成为独立的争端当事方，尽管印度对它的投诉方地位提出质疑，但是该案还是被专家组受理并获得解决。

2. 专家组

在 WTO 争端解决的程序中，有学者认为，专家组程序乃是最为复杂的阶段。[②] 笔者以为，如果与上诉复审和建议、裁决的执行相比，这样的论断有待商榷。然而，说专家组是 WTO 争端解决的最重要程序，相信是无人能够否认的。首先，当成员方在磋商失败后，就必然要进入专家组程序；其次，专家组程序是上诉程序和执行程序的基础；最后，上诉程序也只是对专家组程序的法律适用和解释问题再行审查，而对事实问题是不能也无权复审的，因此，专家组是 WTO 争端解决的最关键程序。

(1) 专家组的设立

① 设立专家组的请求：如果磋商或斡旋、调解和调停未果，争端一方有权请求设立专家组。如请求方提出设立专家组的请求，则专家组应最迟在此项请求首次作为一项议题被列入争端解决机构议程的会议之后的争端解决机构会议上设立，除非在此次会议上争端解决机构经协商一致决定不成立专家组。如请求方提出请求，争端解决机构应在提出请求后 15 天内为此召开会议，只要提前至少 10 天发出会议通知。[③] 在 WTO 已经解决的涉及 TRIPS 的案件中，争端解决机构并未使用过协商一致不成立专家组的权利，只是多次运用了推迟设立专家组的权利，但所有争端均在一缔约方第二次提出请求设立专家组时成立了专家组。因此，迄今为止，尚未发生争端解决机构一致同意不设立专家组的

---

① 见 DSU 第 10 条第 4 款。
② 蒋德恩：《世界贸易组织中的争端解决》，对外经济贸易大学出版社 1999 年版，第 59 页。
③ 见 DSU 第 6 条第 1 款。

情形。

② 设立专家组的请求的形式

设立专家组的请求应以书面形式提出。请求应指出是否已进行磋商、确认争议的具体措施以及提供一份足以明确说明问题的法律根据的摘要。在投诉方请求设立的专家组不具有标准职权范围的情况下,书面请求中应包括特殊职权范围的拟议案文。

请求设立专家组的形式与起诉书的要求大同小异。包括是否已进行了磋商、争议的具体措施(类似于案由)、说明问题的法律根据(类似于请求立案的根据)、专家组的职权范围,即请求专家组在那些事项上作出建议或裁定(类似于诉讼请求)。

(2) 专家组的职权范围

除非争端各方在专家组设立后 20 天内另有约定,① 专家组的职权范围为:"按照(争端各方引用的适用协定名称)的有关规定,审查(争端方名称)在……文件中提交争端解决机构的事项,并提出调查结果以协助争端解决机构提出建议或作出该协定规定的裁决。"② 专家组应解释争端各方引用的任何适用协定的有关规定;③ 在设立专家组时,争端解决机构可授权其主席在遵守第 1 款规定前提下,与争端各方磋商,制定专家组的职权范围。由此制定的职权范围应散发全体成员。如议定的不是标准的职权范围,则任何成员均可在争端解决机构中提出与此有关的任何问题。

专家组的职权范围是由争端当事方商定的,各方可以商定标准职权范围,如果各方想商定给予专家组标准职权范围以外的职权,则可能面临来自其他 WTO 成员方的质询。这应该是实践中未发生非标准职权范围约定的原因之一。从实践看,8 个经过专家组解决的知识产权争端都是按照标准职权范围解决的。

(3) 专家资格

专家组应由资深政府和/或非政府个人组成,包括曾在专家组任职或曾向专家组陈述案件的人员、曾任一成员代表或 GATT 1947 缔约方代表或任何适用协定或其先前协定的理事会或委员会的代表的人员、秘书处人员、曾讲授或出版国际贸易法或政策著作的人员,以及曾任一成员高级贸易政策官员的人员。过去,总干事任命的专家组成员不一定是律师,可能是 WTO 法律部门的官员,也可能是经济学家,或争端所涉及领域的专家。曾经因案件需要,专家组成员有税务专家的先例。

专家组成员的选择应以保证各成员的独立性、完全不同的背景和丰富的经验为目的进行。

当专家组成员所属国家的政府为争端一方时,有关专家不得在该争端中任职。除非争端各方另有约定。显然,这个规定是为了保证专家组裁决的公正性而要求专家在必要时回避。①

(4) 专家组成员名册

为协助选择专家组成员,秘书处应保存一份具备第8条第1款所规定资格的政府或非政府个人的指导性名单,可从中酌情选出专家组成员。该名单应包括1984年11月30日制定的非政府专家组成员名册,及在任何适用协定项下制定的名册和指导性名单,并保留这些名单和指导性名单在《WTO协定》生效之时的人员的姓名。WTO缔约方可定期提出可供列入指导性名单的政府或非政府个人的姓名,并提供他们在国际贸易和适用协定的部门或主题方面知识的有关信息,待争端解决机构批准后,这些姓名应增加至该名单。对于名单中的每一个人,名单应注明其在适用协定的部门或主题方面的具体阅历或专门知识。目前,中国有三名专家被列入专家组成员指导性名册,他们的姓名和专长分别是:张玉卿,货物贸易和知识产权;曾令良,货物贸易;朱榄叶,服务贸易和知识产权。②

(5) 专家组的组成:专家组应由3名成员组成,除非专家组设立后10天内,争端各方同意专家组由5名成员组成。专家组的组成应迅速通知各缔约方。

(6) 专家组成员提名

秘书处应向争端各方建议专家组成员的提名。争端各方不得反对提名,除非由于无法控制的原因。

(7) 专家组的组成

如在决定设立专家组之日起20天内,未就专家组的成员达成协议,则总干事应在双方中任何一方请求下,经与争端解决机构主席和有关委员会或理事会主席磋商,在与争端各方磋商后,决定专家组的组成,所任命的专家组成员为总干事认为依照争端中所争论的适用协定的任何有特殊或附加规则和程序最适当的成员。争端解决机构主席应在收到此种请求之日起10天内,通知各缔约方专家组的组成。

由于在争端发生后再决定专家组成员往往很困难,所以,从8个专家组解决的知识产权争端看,只有1个案件即DS50美国诉印度药品和农用化学制品

---

① GATT时代没有回避制度规定,因此,某些案件的专家就是某一当事方的专家的情形经常出现,例如1989年通过专家组报告的美国——1930年关税法第337节案中的专家组成员之一就是美国纽约大学教授罗文费尔德。详见WTO官方网站上关于该案的专家组报告。

② 向WTO争端解决机构选送专家,是每一个WTO成员方的重要权利,根据DSU的规定,专家可以是法律专家,也可以是经济学专家,但中国选送专家时却未能选送经济学专家,不能不说是一大遗憾。

专利保护案是当事方自行指定专家组成员,其余 7 个案件都是根据该款的规定由总干事任命专家组成员的。

(8) 缔约方应承诺,通常允许其官员担任专家组成员。

(9) 专家的独立性

专家组成员应以其个人身份任职,既不作为政府代表,也不作为任何组织的代表。各缔约方不得就专家组的事项向他们作出指示或试图影响他们个人。

(10) 发展中国家的特殊制度

当争端发生在发展中国家的缔约方与发达国家的缔约方之间时,如发展中国家缔约方提出请求,专家组应至少有 1 名来自发展中国家的缔约方。

该款显然旨在保护发展中国家,因此,作为发展中国家的中国,可以在将来的可能遇到的涉及知识产权的争端解决程序中酌情运用这一权利。

(11) 专家费

专家组成员的费用,包括旅费和生活津贴,应依照总理事会在预算、财务与行政委员会所提建议基础上通过的标准,从 WTO 预算中开支。

(12) 专家组的职能

DSU 第 11 条明确规定了专家组的职能是协助争端解决机构履行 DSU 和适用协定项下的职责。因此,专家组应对其审议的事项作出客观评估,包括对该案件事实及有关适用协定的适用性和与适用协定有关的一致性的客观评估,并作出可协助争端解决机构提出建议或提出适用协定所规定的裁决的其他调查结果。专家组应定期与争端各方磋商,并给他们充分的机会以形成双方满意的解决办法。

实践中,专家组的专家对于不属于其职权的事项即使认为很重要,也不会利用专家的职权进行解决,例如在 DS79 欧盟诉印度药品和农用化学制品专利保护案中,曾出现不同成员对于同一事实和法律争端可能不受限制地提出连续的投诉,即“一事再理”的问题,会给多边贸易带来严重威胁从而可能产生不一致裁决和司法资源的浪费的问题①,专家组认为,这些问题是严重问题,但是专家组不是解决这类问题的场所,从而严守了该款规定,而未对这一确实非常严重的问题进行解决。

(13) 专家组程序

DSU 第 12 条详细规定了专家组程序:

① 专家应遵循 DSU 附录 3 中的工作程序,除非专家组在与争端各方磋商

---

① 这里的“同一事实和法律争端”指印度的药品和农用化学制品专利保护制度,在 DS50 案中,美国是投诉方,欧盟是第三方,但欧盟又根据 DSU 第 10 条规定单独投诉,即形成 DS79 案,就美国向印度提出投诉的同一事实和法律提出了争端解决的请求。

后另有约定。[1]

② 专家组程序应提供充分的灵活性，以保证高质量的专家组报告，同时不应不适当地延误专家组程序。

③ 在与争端各方磋商后，专家组成员应尽快且只要可能，在专家组组成及职权范围议定后一周内，决定专家组程序的时间表，同时考虑第 4 条第 9 款的规定。

④ 在确定专家组的程序的时间表时，专家组应为争端各方提供充分的时间准备陈述。

⑤ 专家组应设定各方提供书面陈述的明确最后期限，各方应遵守此最后期限。

⑥ 每一方应将其书面陈述交存秘书处，以便立即转交专家组和其他争端方。投诉方应在被投诉方提交的第一份陈述之前提交其第一份陈述，除非专家组在决定第 3 款提及的时间表时，经与争端各方磋商后，决定各方应同时提交第一份陈述。当对交存第一份陈述顺序有安排时，专家组应确定接受被投诉方陈述的确定期限。任何随后的书面陈述应同时提交。

⑦ 如争端各方未能形成双方满意的解决办法，专家组应以书面报告形式向争端解决机构提交调查结果。在此种情况下，专家组报告应列出对事实的调查结果、有关规定的适用性及其所作任何调查结果和建议所包含的基本理由。如争端各方之间已找到问题的解决办法，则专家组报告应只限于对案件的简要描述，并报告已达成的解决办法。

实践中，争端各方可以对专家组的成立提出异议。这三位专家应学识渊博，并能确保作出公正裁决。

专家组的成员都是兼职的，他们都有自己的工作和职责，案件结束后他们又回到自己的岗位上。这就为 WTO 争端解决机构所作出的裁决或建议前后不一致留下了可能性。因此，在专家组制度未改革前，对每一个成案进行深入研究就尤为重要，因为，只有在全面研究的基础上，才能确定哪些是对我国有利的专家组报告并在必要时为我所用。

专家组一旦确定，他们就会决定有关争端的其他具体程序。争端一方向专家组提交书面的有关这一争端的简报，简报旨在说服专家组己方观点正确，被投诉方违反了 WTO 的某些规则。数周后，被投诉方也可向专家组提交备忘录，陈述自己的观点。1—2 周后，专家组召集争端各方举行第一次会议（口头审

---

① DSU 附录 3 中的工作程序规定，专家组自收到第一份书面陈述时起至向各成员方散发最终报告时止为 23—34 周。即最短时间为 23 周，最长时间为 34 周。详见 DSU 附录 3。

议)。争端各方可以充分陈述自己的观点,双方向专家组当面陈述观点,回答对方提问,并且允许第三方陈述意见。会上各方都会得到对方向争端解决机构提交的报告。这次会议与法庭的开庭极为相似,各方均派代表陈述意见。对发达国家或地区来说,他们拥有优秀的人才资源,随时都可以应对专家组的质疑,但对发展中国家及欠发达国家来说,可能就需要聘请本国以外的律师。若争端涉及发展中国家,专家组应考虑有关发展中国家的差别待遇条款。口头审议 2—3 周内,双方有机会向专家组书面提交答辩书。第一次陈述专家组可能会问非常少的问题,仅仅是仔细聆听。专家组向当事各方的提问,可以口头回答,也可以提书面问题,要求会后作出书面回答。提交答辩书后 1—2 周内专家组召开第二次会议,听取各方口头陈述,审议其辩驳意见,第三方不参加会议。他们的问题会提得极为尖锐,试图从争端方的陈述中找到漏洞。因此对专家组的问题作出预测极为重要。回答专家组的问题也极具技巧性,如争端一方代表这样回答:我需要向国内有关部门询问。这样的回答,有可能表明他确实不知道如何回答,也可能表明若如实回答,可能泄露某些情况。陈述完成后,双方等候裁决。专家组和争端各方可以在争端解决程序开始后的任何时候因双方已达成令人满意的协议而中止该程序。专家组在保密的情况下进行讨论。由于专家组来自不同的背景,他们之间也常会出现分歧。专家组可以广泛地实施调查,不仅调查争端各方,也可以就某些专业问题请教其他专家,获得"专家意见(expert opinion)。专家组以专家组报告(Panel Report)的形式作出裁定。正式裁定分为两个部分。第一部分称为"事实陈述"(descriptive part or portion)。包括争端的简要介绍、双方的观点及理由。不包括专家组的法律意见。争端各方须认真仔细阅读这一部分,确保对争端事实的正确陈述,对己方观点的正确陈述。并有权对这一部分某些内容提出异议。数周后公布的第二部分称为"中期报告"(interim report)。包括对事实的法律认定和结论。有时这一部分长达数百页。但重点关注的只有法律认定(legal finding)和结论部分(conclusion),通常十几页、二十几页或上百页不等。这才是专家组对这一争端的观点和结论。报告最后,专家组会提出建议(recommendation)。这一建议不涉及具体指示违背义务方应如何修改国内的法规,它只一般性规定要根据 TRIPS 规定进行修改使之符合 TRIPS 要求。专家组报告将会送达争端当事各方,并送交争端解决机构批准。当事双方接到报告后有两种选择:执行裁定,或在争端解决机构正式通过专家组裁定之前向 WTO 上诉机构提出上诉。①

---

① 司法部法规教育司、国家外国专家局科教文卫司:《WTO 争端解决机制——规则、程序与实践》,法律出版社 2002 年版,第 43—45 页。

3. 上诉复审

上诉机构类似于上诉法院,负责复审争端解决机构专家组所作的裁定。上诉机构共有 7 位成员,由争端解决机构任命,任期 4 年,可以并只能连任一届。成员的来源须具有广泛的地域分布性。

上诉机构组成的部门不称为"专家组"(Panel),而称为"审议小组"(Division),负责受理上诉。审议小组由 3 位成员组成,轮流参加。3 名专家组成"审议小组"后,将会任命另外两位律师为秘书,参加会议,并负责在专家指导下起草上诉裁定草案,草案有时会有多稿,曾经有 45 稿。

上诉仅限于法律问题、法律解释以及专家组是否正确适用法律,不能对事实问题提出上诉。上诉一般在专家组报告被争端解决机构采纳前一天提出。因为上诉方希望尽可能多的时间准备上诉。上诉须以书面形式提出。一般一两页,须包括对专家报告异议的内容,并在可上诉的范围内。10 天内,上诉方须向上诉机构提交书面报告。第三方不可以提出上诉。但对上诉事项有实质利益的第三方,可向上诉机构提出书面陈述,该机构应给予听取其意见的机会①。上诉方会指出,专家组报告中哪些地方有误,而被上诉方则会证明它们是正确的。随后进行口头审议(Oral Hearing)。各方对上诉机构的 3 名成员作 30 分钟的口头陈述,并不能重复书面材料中的内容。若一方超时,另一方也有权获得同样的陈述时间。第三方有 15 分钟的口头陈述时间。上诉机构成员会在接到争端各方提交的书面报告后,准备对其陈述提出问题,争端各方不能看这些问题,只能听,并迅速回答。下一步是"交换意见"(Exchange of views)。审议小组得出初步结论后,与另外 4 位上诉机构成员开会讨论。通常这会持续 3—4 天,但个别案件上诉会持续很长时间。② 上诉机构这一程序是非常必要的,如果无这一过程,另外 4 位在将来成为审议小组成员时,对类似案件会不知如何裁定,也不利于裁定的一致性。

4. 专家组或上诉机构的建议和裁决的执行

上诉机构的观点极富建设性,即使是违背义务方通常也承认他们作出了正确的裁定。上诉机构有权"维持、修改或推翻"上诉通知书中涉及的法律认定和裁决。上诉报告通过后,违背义务方必须"迅速执行"裁定。违背义务方应在裁定作出 30 天内向争端解决机构书面提交其执行该裁定的报告。但违背义务方只会执行根据本国法律作出的裁决,而非直接执行争端解决机构的裁定。专家组发现,一国国内立法通常都有与 WTO 协议不一致的地方,因此,只有要求修

---

① 见 DSU 第 17 条第 4 款。

② 如"荷尔蒙"案,长达 10 天。而且 10 天后没有任何成果。

改国内立法,使其与 WTO 协议一致,才能保证裁决的执行。违背义务方如果不能立即执行,会被要求在一段“合理期限内”执行。“合理期限”通常由违背义务方提出,其他各方无异议,便可通过。如上诉报告通过后 45 天仍未能达成协议,可请求仲裁。仲裁报告应在上诉报告通过后 90 日内发布。上诉机构的判例要求“合理期限”应为“有关成员国法律制度规定的最短期限”①。如果在某些案例中违背义务方态度强硬,拒不执行上诉机构的裁定,胜诉方则可以在获得争端解决机构授权后对其实施“中止关税减让”或“贸易报复”。②

5. 贸易报复

违背义务方若不能在“合理期限”内执行裁定,可以经与投诉方磋商,向其提出补偿,但补偿只能是临时措施,不能代替执行。若违背义务方完全拒绝执行裁决,投诉方在经争端解决机构许可后对其实施临时的报复性措施,通常是:

- 中止给予关税减让;
- 拒绝履行其他 WTO 协议规定的义务;
- 提高某些产品或服务的关税。③

对违背义务方是否执行了裁定也会出现争议。专家组会重新组成,对执行情况进行监督。

综上,WTO 争端解决机制解决争端的主要程序为:

1. 磋商,达成协议;
2. 专家组作出建议和裁定;
3. 上诉机构作出建议和裁定;
4. 在“合理期限”内执行建议和裁决;
5. 贸易报复。(少数)

二、新型知识产权争端解决机制的法律意义

乌拉圭回合上达成的 TRIPS 第一次将知识产权保护问题纳入多边贸易体

---

① “合理期限”常会引发争议,在仲裁时各当事方往往根据己方利益提出各自认为合适的“合理期限”,从 6 个月到 15 个月不等。例如在 DS170 案中,美国提出加拿大的“合理期限”应该为 6 个月,而加拿大则提出因其立法和议会制度,至少应为 14 个月零两天,最后,仲裁员根据过去的相关仲裁报告,结合该案情况,作出“合理期限”为 10 个月的裁决。

② 实践中,在专家组报告或上诉报告通过后,虽然合理执行期限也确定了,但经常发生不在合理执行期限内执行的情况,但极少有动用报复的情形。例如 DS176 和 DS160 案就是典型。详见 http://www.wto.org。

③ 司法部法规教育司、国家外国专家局科教文卫司:《WTO 争端解决机制——规则、程序与实践》,法律出版社 2002 年版,第 43—45 页。

制，使世界贸易形成了货物贸易、服务贸易和知识产权保护三足鼎立的格局。TRIPS 对世界各国知识产权提供了最低保护标准的同时，还在第五部分规定了争端的防止和解决，其中，第 64 条专门就知识产权争端解决作出了规定，从而使知识产权争端解决有了强有力的制度和机制保障，形成了新的争端解决机制，弥补了世界知识产权组织知识产权争端解决不力的尴尬，从而使世界知识产权保护“有法可依”，并促进了国际知识产权保护水平的提高。

（一）知识产权争端的类型

知识产权争端从广义而言是指与知识产权有关的一切法律与事实争议，可以包含作为国际法主体的国家与国际组织之间的争端，也可以包含对国家知识产权管理机关行为不服而引起的争议，还包括狭义的知识产权争端。而狭义的知识产权争端则指平等的民事主体之间发生的与知识产权有关的争端，主要包括权利主体资格、权利的内容、权利的行使、权利的救济等方面的争端。从不同的角度可以对知识产权争端进行不同划分。如按争端的主体划分，可以分为国际法主体之问的争端，私人之间的争端，国际法主体与私人之间的争端；按争端的客体划分，可分为专利、商标、版权、商业秘密、企业名称、原产地名称、反不正当竞争权等争端；按争端的性质可分为契约性争端与非契约性争端，法律争端、事实争端和混合争端，国内争端与涉外争端等。[①] 本书主要论及的是 WTO 成员方之间与贸易有关的知识产权争端，并且是按争端客体划分的知识产权争端类型。

传统知识产权被划分为两大类：第一，版权和邻接权，对版权和邻接权进行保护的主要目的显然是为了促进和鼓励对文学、艺术和科学作品的创造性工作以及对作品的传播。第二，工业产权，包括对显著设计的保护，如商标、地理标志；旨在刺激发明、外观设计和新的技术方案，如专利，工业设计和商业秘密。TRIPS 所调整的是与贸易有关的知识产权，并且是与有形货物贸易有关的知识产权，虽然缔结 TRIPS 的初衷主要是针对冒牌货物和假冒商标的商品，但从十多年的实践来看，TRIPS 实际上已经成为保护 WTO 成员方各种形式的知识产权的尚方宝剑。根据 TRIPS 第二部分的规定，可以将知识产权争端划分为 8 大类型：

1. 与贸易有关的关于版权和邻接权的争端；
2. 与贸易有关的关于商标权的争端；
3. 与贸易有关的关于地理标志的争端；
4. 与贸易有关的关于工业设计的争端；
5. 与贸易有关的关于专利的争端；

---

① 冯汉桥：《WIPO 的国际知识产权争端解决机制评介》，载《社会科学论坛》2005 年第 8 期。

6．与贸易有关的关于集成电路布图设计的争端；

7．与贸易有关的关于未披露信息的争端；

8．关于许可协议中限制竞争行为的争端，诸如排他性返授条件、阻止对许可效力提出质疑的条件和强制性一揽子许可等。[①]

自世界贸易组织成立以来，WTO 争端解决机构已解决的关于知识产权的争端中，目前仅已涉及上述 1、2、3、5、7 类争端。以专利争端为主，其中又以药品和农用化学制品为主，版权及邻接权争端次之，其中以电影和电视节目、录音制品为主，地理标志争端虽然案件不多，但足以令人深思，因为地理标志是 TRIPS 中规定的新型的知识产权，并且是通过争端解决机制获得进一步保护的知识产权。第 7 类关于未披露信息的争端并未有独立争端，而是被包含在专利争端中。因此，实际上，WTO 争端解决机构解决的与贸易有关的知识产权争端主要指 1、2、3、5 类争端。

（二）TRIPS 关于知识产权争端解决的规定

TRIPS 关于知识产权争端解决的规定是在第五部分第 64 条。共有 3 款：(1) 除非本协定中另有具体规定，由 DSU 详述和实施的 GATT 1994 第 22 条和第 23 条的规定适用于本协定项下产生的磋商和争端解决；(2) 自《WTO 协定》生效之日起 5 年内，GATT 1994 第 23 条第 1 款第 2 项和第 3 项不得适用于本协定项下的争端解决；(3) 在第 2 款所指的时限内，知识产权理事会应审查根据本协定提出的、属 GATT 1994 第 23 条第 1 款第 2 项和第 3 项规定类型的投诉的范围和模式，并将其建议提交部长会议供批准；部长级会议关于批准此类建议或延长第 2 款中时限的任何决定只能经协商一致作出，且经批准的建议应对所有成员生效，无需进一步的正式接受程序。[②] 从该条规定可以看出，目前 WTO

---

① 虽然目前主要和重要的知识产权著作中一般只将知识产权的类型分为 7 大类，但并不妨碍笔者将知识产权争端的类型归纳为 8 大类。因为笔者在仔细研读了 TRIPS 后认为，TRIPS 第二部分第 8 节规定的对协议许可中限制竞争行为的控制中已经明确规定了此类争端，即当一成员方具有排他性返授条件、阻止对许可效力提出质疑的条件以及强制性一揽子许可等限制竞争的情形，另一成员方可提出磋商的请求，而对方应给予该成员磋商的机会。

② 1994 年部长级会议规定争端解决规则将在 1999 年 1 月 1 日前进行重新审议。1997 年争端解决机构开始重新审议争端解决规则，审议的期限被延长至 1999 年 7 月 31 日，但 1999 年 7 月 31 日未能就争端解决规则达成新的协议。2001 年 11 月，多哈部长级会议上，WTO 成员方的部长们同意为改进和明确争端解决规则与程序的谅解进行谈判。部长们决定新的谈判应不迟于 2003 年 5 月结束。WTO 争端解决机构就此召开了特别会议进行新的谈判。2003 年 7 月 25 日，争端解决机构的特别会议宣布需要更多的时间完成谈判的任务，总理事会同意延长特别会议的时间表延长至 2004 年 5 月。见 http://www.wto.org Dispute settlement gateway，2005 年 12 月 3 日访问。迄今为止，尚未有资料显示该谈判已经成功。

争端解决机制仅能解决“违法之诉”，即 WTO 成员方，也即 TRIPS 成员方违反 TRIPS，致使其他成员方根据 TRIPS 的利益受到丧失和减损，或 TRIPS 的目的的实施受到阻碍。而对于“非违法之诉”和“情势之诉”，则需根据特别程序进行处理。考虑到知识产权保护的特殊性，第 64 条第 2 款首先规定在《WTO 协定》生效之日起 5 年内，即在 1999 年 12 月 31 日前，提交 WTO 争端解决机构的关于知识产权的争端必须是违反了 TRIPS 的争端，而对于未违反 TRIPS 的措施，不论该措施是否与 TRIPS 的规定相抵触，或存在任何其他情况，即使一个 TRIPS 的缔约方认为，它在 TRIPS 下直接或间接获得的利益因受该措施的影响正在丧失或减损，或 TRIPS 的任何目标的实现正在受到阻碍，也不能依照 DSU 规定向 WTO 争端解决机构提出争端解决的请求。由此可以看出，TRIPS 对涉及知识产权的争端解决的规定是不同于一般 WTO 的争端解决机制的。将涉及 GATT 1994 第 23 条第 1 款第 2 项和第 3 项的知识产权争端直接提交给知识产权理事会审查其范围和模式并提交给部长级会议批准其建议，充分说明了各缔约方对知识产权争端的高度重视，也说明了知识产权争端的敏感性。

（三）TRIPS 规定知识产权争端解决的法律意义

在 TRIPS 生效前，关于知识产权的国际公约有二十多个，它们涉及知识产权保护的各个方面。其中比较重要且中国已经加入的有：《成立世界知识产权组织公约》[①]、《保护工业产权巴黎公约》、《保护文学艺术作品伯尔尼公约》、《商标国际注册马德里协定》、《专利合作条约》、《保护唱片制作者防止唱片被擅自复制公约》、《国际承认用于专利程序的微生物保存布达佩斯条约》、《商标注册用商品与服务国际分类尼斯协定》、《建立工业品外观设计国际分类洛迦协定》、《国际专利分类斯特拉斯堡协定》。中国尚未加入的有：《保护表演者、录音制品制作者和广播组织公约》、《视听作品国际登记条约》、《商标法条约》、《保护奥林匹克会徽内罗毕条约》、《世界知识产权组织版权条约》、《世界知识产权组织表演与录音制品条约》、《商标图形国际分类维也纳协定》、《保护原产地名称和国际注册里斯本协定》、《工业品外观设计国际保存海牙协定》、《发送卫星传输节目信号布鲁塞尔公约》、《制止商品产地虚假或欺骗性标志马德里协定》、《关于集成电路知识产权条约》（以下简称《华盛顿公约》）等，它们共同构成国际知识产权保护体系，简称 WIPO 体系。在范围上，WIPO 体系对知识产权的保护比较宽泛，但由于各公约参加国数目各不相同，多者达一百八十多个，少

① 根据此公约成立的世界知识产权组织目前有 182 个成员方，管辖着 23 个国际知识产权公约、条约或协定。

的只有一二十个。最重要的是,WIPO 体系对知识产权的保护存在一个致命的弱点,即未设立健全的争端解决机制,使得其保护程度和保护水平远未达到发达国家期望的目标。因此,乌拉圭回合时,美国、瑞士等发达国家强烈要求将知识产权保护问题纳入谈判框架并最终形成了 TRIPS。这样,当今对知识产权的国际保护实际上就有两个并行不悖的体系:WIPO 体系和 TRIPS 体系。世界知识产权组织体制下的知识产权争端解决规则与世界贸易组织体制下的知识产权争端解决规则共同构成了国际知识产权争端解决机制的主要内容。但是,前者与后者在很多方面存在着差异和不同。特别是在所涉争端的性质和范围、管辖权限、具体运作程序和约束力等方面差异尤为突出。相比较而言,前者在解决争端方面存在很多缺失,而后者,特别是 TRIPS 在知识产权争端解决方面同之前旧的体制相比发展了一些新的特征,这凸现了其在国际知识产权争端解决中的重要意义。

1. WIPO 体系下的知识产权争端解决机制的缺失

由于政治、经济、历史、文化、法律乃至社会的原因,国际社会对知识产权保护的深度和广度的理解是不可能完全一致的。各成员方对公约、协定或条约的内容和条款的理解也不可能一致,特别是各成员方的政治制度不同,经济发展水平存在巨大差异、法律文化和法律传统各异,因此,对知识产权公约、条约和协定的执行也就必然会发生歧义。而综观 TRIPS 生效前的知识产权国际公约,无论是《建立世界知识产权组织公约》,还是《巴黎公约》、《伯尔尼公约》、《专利合作条约》、《商标国际注册马德里协定》等,都没有明确说明因公约未规定或条约、协定的执行和条款的解释或公约所保护的知识产权受到侵犯时的争端解决办法和机制。实际上,WIPO 体系下,知识产权保护公约、条约或协定的执行是依赖其公信力或成员方的自觉和诚信。世界知识产权组织对知识产权的保护主要通过促进各成员方的合作和具体制度来保护知识产权,对于可能产生的争端,也只能向世界知识产权组织的仲裁和调解中心提出仲裁或调解申请。因此,在 WIPO 体系下,"并未建立起有效的解决争端机制。一旦成员国之间发生侵权纠纷或其他争端,只能通过谈判解决,谈判不成只能向有关国际法院提出诉讼,而对此,成员国还可以申请保留,因而事实上许多侵权纠纷不能得到合理解决"①。虽然,关于知识产权保护的公约、条约或协定的执行争端可以像其他国际公约发生争端时的解决办法一样提交国际法院,但由于各国对国际法院管辖权持谨慎态度,国际法院的判决的执行又没有强有力的机制和制度保障,使

① 任继圣主编,陈洁、赵倩编著:《WTO 与知识产权法律实务》,吉林人民出版社 2001 年版,第 5 页。

得 WIPO 体系下的国际知识产权保护公约的强行力大打折扣。因此，WIPO 体系下争端解决机制存在无法克服的缺陷，体现在：

（1）在“仲裁与调解中心”的争端解决。“仲裁与调解中心”适用的争端性质主要是知识产权国际条约成员国私法主体之间的争端，是法律地位平等主体之间就知识产权许可或转让过程发生的“事实争端”。而对于成员国和另一成员国私法主体之间的知识产权争端能否视为单纯的“事实争端”尚存争议，因为从 WIPO“仲裁与调解中心”的解释来看，尽管该中心强调主要是为私人之间涉及知识产权的国际商事纠纷提供仲裁和调解服务，但又认为：“国家实体可以作为本中心解决争端的当事人，但是，它需要书面同意与其他当事人具有同样的地位。”其实质是将国家放弃豁免权作为其以民事主体身份参与争端解决的条件。[①] 可见，在一国不愿意放弃豁免权时，WIPO“仲裁与调解中心”对于一成员国与另一成员国的私法主体之间知识产权争端就无能为力了。这也可以看做是 WIPO 体系下争端解决机制的管辖权缺失的一方面。

（2）在国际法院司法解决争端。首先是争端解决机制适用范围上的局限。对于知识产权国际条约的成员之间就条约的解释与适用问题发生的争端，WIPO 体制下的一大批条约或公约中仅有 4 个公约规定了争端解决的条款。争端解决条款起源于 1961 年《罗马公约》所采用的关于争端的规定，即当当事方不能用谈判的方式解决争端时，除非当事方一致同意采用其他的解决办法，否则任何一方均有权将该争端提交国际法院。[②]《巴黎公约》和《伯尔尼公约》1967 年文本中增加了相同的规定，但成员国在加入时可以对此规定作出保留。[③] 在以后的相关公约中对此模式有所发展，特别是 1989 年的《华盛顿

---

① 张乃根：《国际贸易的知识产权法》，复旦大学出版社 1999 年版，第 277 页。

② 详见《保护表演者、录音制品制作者与广播组织公约》第 30 条：如两个或数个缔约国对本公约的解释或实施发生争端而又不能通过谈判解决时，此争端应当根据争端各方中任何一方的要求，提交国际法院裁决，除非他们同意采取另外的办法解决。

③ 详见《巴黎公约》第 28 条和《伯尔尼公约》第 33 条。它们分别对其成员国之间就公约的解释和适用问题发生的争端的解决方式进行了规范。即：（1）两个或两个以上本同盟成员国在解释或适用本公约方面发生的争端，经谈判不能解决时，如果有关国家不能就其他解决办法达成协议，则其中任何一方均可按《国际法院规约》的方式通过起诉将争端提交国际法院。将争端提交国际法院的起诉应通知国际局，国际局应将此事告知本同盟其他成员国。（2）任何国家在签署此公约文本或交存其批准书或加入书时，可声明它不受第 1 款规定的约束，在有关国家和本同盟其他成员国间的任何争端方面，不适用第 1 款的规定。（3）任何按第 2 款规定作出声明的国家，可随时通知总干事撤回其声明。

公约》第 14 条[①]。该条对争端的解决作出了较为系统的规定,创立了一种与前述条约不同的争端解决模式,即设立了一种内部解决的程序,它们分别是:争端各方磋商;磋商不成,也可以采取斡旋、调解、调停和仲裁;如果还不能友好解决争端,可以成立专门小组;最后,由专门小组将争端的事实和解决建议报送大会,由大会向争议方作出一致建议。[②] 从形式上看,这是 WIPO 体系下的公约中关于争端解决最系统和最全面的规定,但依然未形成专门的争端解决机构。从 1994 年起,WIPO 建立了较为完善的解决国际私人之间争端的机制。这一机制包括处于其国际局管理下的仲裁与调解机构(WIPO 仲裁与调解中心)和较为完善的程序规则。[③]《巴黎公约》第 28 条和《伯尔尼公约》第 33 条可以分别作为巴黎公约联盟和伯尔尼公约联盟各自成员国之间争端解决的法律依据。除此以外的诸如就《商标法条约》、《专利合作条约》、《世界版权公约》、《WIPO 版权条约》(WCT)、《WIPO 表演与录音制品条约》(WPPT)等 WIPO 体制下的其他知识产权条约发生的争端,WIPO 知识产权争端解决机制则无法解决。其次是 WIPO 体制下知识产权争端的司法解决的"形同虚设"。对于成员国来说,WIPO

---

① 《关于集成电路知识产权条约》第十四条 争议的解决:(一) 协商 1. 关于对本条约的解释或者实施出现的任何问题,一缔约方可以将其提请另一缔约方注意并要求与其协商。2. 接到协商要求的缔约方应迅速提供适当机会进行协商。3. 进行协商的缔约各方应力图在合理期限内互相满意地解决争议。(二) 其他解决方式 如通过第(一)款所述的协商在合理的期间内没有得到互相满意的解决,争议各方可以同意旨在达成友好解决争议的其他办法,比如斡旋、调停、调解和仲裁。(三) 专门小组 1. 如果通过第(一)款所述的协商,争议没有得到满意的解决,或者如果第(二)款所述的方式没有被采用或者在合理的期间内没有得到友好解决,大会根据争议的任何一方的书面请求,应召集专门小组研究该问题。除争议各方另有协议外,专门小组的成员不应从争议的任何一方中产生。这些成员应从大会指定的政府专家名单中挑选。专门小组的职权范围由争议各方协议确定。三个月内没有达成上述协议的,大会应在同争议各方和专门小组成员协商后定出专门小组的职权范围。专门小组应给争议各方和任何其他有关缔约方以充分的机会向小组陈述各自的观点。应争议双方的请求,专门小组应停止其活动。2. 大会应通过关于建立上述专家名单的规则,关于从缔约方政府专家中挑选专门小组成员的办法,以及关于专门小组的活动的组织,包括保证其活动的保密性以及由活动参加人确定任何保密材料的保密性的规则。3. 除非争议各方在专门小组进行前达成协议,否则专门小组应迅速准备书面报告,并将其交给争议各方检查。争议各方应有一段合理的期限向专门小组提出对报告的意见,期限长短由专门小组确定,但各缔约方为了达成对争议的相互满意而同意更长的期限除外。专门小组应考虑这些意见并应迅速向大会递交报告,该报告中应有解决争议的事实和建议并附上争议各方的意见(如有的话)。(四) 大会建议 大会应对专门小组的报告作出迅速考虑。大会根据其对本条约的解释以及专门小组的报告,应向争议各方作出一致的建议。

② 大会是由各成员方代表组成的机构,其职责根据《关于集成电路知识产权条约》第 9 条为:1. 大会处理有关维持和发展本联盟以及应用和执行本条约的事务。2. 大会应就召集外交会议修改本条约作出决定,并就外交会议的筹备对总干事作必要的指示。3. 大会应执行按第 14 条分配给它的职责,并应制定该条所规定程序的细节,包括该项程序的经费的细节。

③ 冯汉桥:《WIPO 的国际知识产权争端解决机制评介》,载《社会科学论坛》2005 年第 8 期,第 45 页。

体制下知识产权争端解决的方法具有自主性。从《巴黎公约》第 28 条和《伯尔尼公约》第 33 条的相关规定看，两公约都赋予成员国对争端解决条款保留的权利，其实质在于赋予成员国对国际法院的司法程序解决争端这种"最后手段"的保留权。根据截止到 2001 年 4 月 15 日的统计，在《巴黎公约》162 个成员国中，有 37 个国家提出了不受该条款约束的声明；在《伯尔尼公约》148 个成员国中，有 21 个成员国行使了保留权。[①] 此外，WIPO 知识产权争端解决机制具有外部性。WIPO 自身没有已经生效的与知识产权争端解决相关的专门法律文件，除"仲裁与调解中心"外无专门的争端解决机构；尽管巴黎公约联盟和伯尔尼公约联盟旗下有争端解决的法律规定，但亦无专门的争端解决机构。因 WIPO 是联合国的专门机构，故其争端解决条款中规定在成员国不行使保留权的前提下，将联合国国际法院作为巴黎公约联盟和伯尔尼公约联盟旗下有关知识产权争端的解决机构。WIPO 知识产权争端解决机制的上述两个特点有尊重争端当事方自主意愿、透明度好、权威性高等优点，但却存在着实践中无法克服的缺陷。成员国完全可以通过行使保留权排除国际法院的管辖权，而且，即使某一案件经过国际法院作出裁决，也有可能因为争端当事国仅仅是《巴黎公约》和《伯尔尼公约》的成员国而不是国际法院的成员国而使裁决对其不发生效力。事实上，迄今为止，尚无因解释或适用《巴黎公约》及《伯尔尼公约》产生争端而将其提交国际法院裁决的案例发生，两公约争端解决条款的约束力还只是理论上的。[②]

（3）如前文论述，在 WIPO 体制下，尽管可以通过国际法院解决知识产权国际争端，但事实上几乎没有利用国际法院解决争端的情况，因此，成员国间的知识产权国际争端主要是通过谈判、斡旋、调解等手段进行的。这种方式虽然灵活、简便，但有两个最大弱点："一是争端双方各执一词、互不相让时，就会久拖不决，国际社会也奈何不得。二是当争端双方政治与经济实力悬殊时，谈判对弱者十分不利，给霸权与强权提供了可乘之机，极易酿成弱肉强食的恶果，很难建立公平合理的国际秩序。"[③]而且，在经贸领域，如果仅依靠争端当事国谈判协商而无法解决问题时，经常会引发贸易战，最后结果往往是两败俱伤。有学者认为，知识产权之所以进入 GATT 体制，最重要的一个理由就是"羡慕 GATT 的争端解决机制，该机制已演化到这样一个高度：为国际条约规范实行相对强

---

① 古祖雪著：《国际知识产权法》，法律出版社 2002 年版，第 256 页。

② 朱广东：《论 WIPO/WTO 知识产权争端解决机制》，载《西华师范大学学报》（哲社版）2003 年第 5 期。

③ 赵维田著：《世贸组织（WTO）的法律制度》，吉林人民出版社 2000 年版，第 435 页。

制执行规定了合理而有效的程序机制”①。这种观点可谓是一语中的。

由此看出,在争端解决机制方面,WIPO 体系是存在明显缺陷的,甚至尚处于缺失状态。缺乏有效的争端解决机制,使 WIPO 管理的一系列条约的执行效果大打折扣。因此,在国际知识产权保护要求不断升温的情况下,WIPO 体系下的争端解决机制是无法满足当前需要的,它需要进一步的补充和发展。一方面,WIPO 保护的知识产权的范围日益扩大,条约参加国数目不断增加;另一方面,争端解决机制的缺失使这些实体条约成为“没有牙齿”的法律。WTO 的争端解决机制特别使 TRIPS 的作用得到了切实的发挥。换句话说,正是 WIPO 体制下缺乏强有力的知识产权国际争端解决机制为 WTO/TRIPS 知识产权国际争端解决机制产生提供了强有力的法律动因。这正是 TRIPS 引入争端解决机制的原因之一。正是将争端解决程序引进 TRIPS 中,从而使 TRIPS 一经生效就得到了普遍的认可和重视。从 TRIPS 协定生效后因对 TRIPS 的执行不力或对 TRIPS 条款和内容的理解不一而产生的争端的顺利解决来看,TRIPS 中的争端解决程序的规定既是非常必要的,也是非常及时的。

2. TRIPS 体系下的争端解决机制及其法律意义

因知识产权而产生的国际知识产权争端解决机制主要被规定在 TRIPS 第 63 条、第 64 条和 WTO 附件 2 的 DSU 中。

TRIPS 第 63 条是关于透明度的规定,共有 4 款:

(1) 各成员所实施的与本协定内容(知识产权的效力、范围、取得、执法及防止滥用)有关的法律、条例以及普遍适用的终审判决和裁决,均应以该国文字颁布;如果实践中无此可能,则应以该国文字使公众能够获得,以使各成员国政府及权利人能够知悉。一方成员政府与任何他方政府之间生效的与本协定内容相关的各种协议也应当予以公布。

(2) 成员国均应将本条第 1 款所指的法律及条例通知“与贸易有关的知识产权理事会”,以便协助该理事会检查本协定的执行情况。该理事会应力求减轻各成员履行这一义务的负担。如果同世界知识产权组织之间关于建立接收上述法律及条例的共同登记机构的协商获得成功,则将有关法律及条例直接通知该理事会的义务可以撤销。该理事会还应当就此考虑被要求提交的来源于《巴黎公约》1967 年文本第 6 条第 3 款、符合本协定义务的通知所必需的措施。

(3) 各成员均应有准备依照另一成员的书面请求提供本条第 1 款中所指的信息。如果某一成员国有理由相信知识产权领域的某一特殊司法判决或

① John H. Jackson, *The World Trading System—Law and Policy of International Economic Relation*, Second Edit, The MIT Press, 1997, p. 311.

行政裁决或双边协议影响了其依照本协定所享有的权利，也可以书面请求获得或者请求对方通知该特殊司法判决、行政裁决或双边协议的足够详细的内容。

(4) 如果披露有关秘密信息将妨碍法律的执行，或违反公共利益，或损害特定的公有或私有企业的合法商业利益，则本条第1—3款均不要求成员披露该秘密信息。

透明度原则是WTO的基本原则，TRIPS规定的透明度原则是GATT 1994透明度原则在知识产权协定中的细化和升华。

TRIPS第64条是一个并入条款，将DSU并入了TRIPS规定的知识产权国际争端解决程序中，因此，除了TRIPS第64条的特别规定外，DSU全面适用于WTO框架下知识产权国际争端的解决。

综上，TRIPS的制定改变了以往的知识产权国际保护体系，对知识产权国际保护具有重要法律意义，主要体现在：

(1) 终结了WIPO体系下没有严格意义上的知识产权争端解决机制的时代，为知识产权国际保护提供了强有力的制度保障机制。虽然WIPO也建立了解决成员国家之间知识产权问题的争端机制，但该机制表现出一定的原始性和不完整性，即相关条约一般没有规定完善的争端解决机构和程序，很多条约甚至没有关于争端解决的规定。由于WIPO的争端解决机制主要依赖国际法院和WIPO的仲裁与调解中心，而又将争端分为国家间的争端和私人争端，没有一个属于WIPO自行管理的有制度性保障的争端解决机制，未能对各成员的知识产权进行充分和有效的保护，因此，美国等发达国家在乌拉圭回合时强烈要求将与贸易有关的知识产权纳入谈判范围，并达成了TRIPS，同时，TRIPS第64条规定，利用强有力的WTO的争端解决机制来解决知识产权争端，这样，一方面利用TRIPS为知识产权保护设置了最低标准，另一方面又通过WTO争端解决机制为知识产权保护提供了强制执行程序，就达到了欧美等国家希望全面保护其知识产权的目的。

(2) 直接将WTO争端解决机制引入知识产权保护领域，既是WTO争端解决机制本身一体化解决争端的需要，也体现了国际知识产权保护的特殊需要。DSU第1条关于范围和适用中已明确规定DSU要适用于TRIPS。[①] 同时，TRIPS的第64条第2款和第3款对涉及GATT 1994第23条第1款(b)项和(c)

---

① 参见DSU第1条范围和适用：本谅解的规则和程序应适用于按照本谅解附录1所列各项协定(本谅解中称“适用协定”)的磋商和争端解决规定所提出的争端。本谅解的规则和程序还应适用于各成员间有关它们在《WTO协定》规定和本谅解规定下的权利和义务的磋商和争端解决，此类磋商和争端解决可单独进行，也可与任何其他适用协定结合进行。

项所规定的争端类型作出了特别规定。这充分显示了 TRIPS 的起草者们已经注意到知识产权争端的特殊性,从而为知识产权争端解决创设了独特的争端解决机制。

(3) 鉴于知识产权争端的特殊性,TRIPS 第 64 条第 3 款规定的特别程序为知识产权保护规则的未来发展留下了极大的空间。从第 64 条第 3 款的规定可以看出,部长级会议对知识产权理事会向其提出的关于争端解决的建议一经协商一致作出批准,就对所有成员生效,无需进一步的正式接受程序。那么,就可能产生这样的法律效果:即使未对 TRIPS 进行修订,关于知识产权保护的国际规则也可能因部长级会议对某一具体“非违法之诉”或“情势之诉”的知识产权争端的投诉范围和模式的建议而改变。这样的规则似乎可以启迪我们,希望提高知识产权国际保护水平(因为 TRIPS 提供的是最低保护标准,所以将来只能提高),不仅可以通过改变现有的知识产权国际协定,包括 TRIPS,还可以通过个案解决,即通过向知识产权理事会提交不在 TRIPS 第 64 条第 1 款范围内的争端以获得其建议,并借部长级会议使其形成国际规则,从而达到目的,这样就避免了修改 TRIPS 的重重困难,增加了完善 TRIPS 的方式和渠道。

(4) 强化了知识产权的国际保护制度。TRIPS 与以往的任何知识产权公约相比,一个明显的特征就是将知识产权的国际保护直接与国际贸易挂钩,并使后者成为影响前者的重要因素。TRIPS 规定,知识产权国际保护的目标和动机是“本着减少国际贸易中的不公平和障碍的愿望,考虑到有必要加强对知识产权充分有效的保护,确保实施知识产权的措施及程序对合法贸易不造成任何障碍”。① 对各个成员国来说,TRIPS 关于知识产权国际保护的规定,已构成了它们在国际贸易方面必须遵守的共同准则。任何一个想参与国际贸易市场并享有优惠的国家,都必须执行 TRIPS 所规定的保护知识产权的义务。

另外,在有关知识产权争端方面,TRIPS 将 GATT 争端解决机制引入知识产权国际保护体系,因此在以后的知识产权争端解决中,贸易报复将成为迫使缔约方遵守自己义务的一种新的手段。TRIPS 规定,有关争端的防止和解决,适用 GATT 第 22 条和第 23 条的规定。根据 GATT 第 22 条、第 23 条规定,缔约方在发生争端时,可以通过协商、仲裁等方式进行解决,充分利用总协定的机制。在一方不履行义务时,缔约方全体可以援用多边贸易报复手段对其进行制裁,强使其履行义务。和以前的知识产权国际公约相比,这种争端解决机制与各缔约方的经济利益联系更紧密了,从而具有了更大的强制性。

(5) 将国际知识产权争端纳入到 DSB 的强制管辖范围,有利于争端的有效

① 参见 TRIPS 前言部分。

和迅速解决。DSB对案件的强制管辖权与WIPO体系下争端解决机制中成员国的自主选择情形形成鲜明对比。其强制管辖权是通过确立“反向一致”原则实现的。DSU第2条规定DSB有权设立专家小组,通过专家小组和上诉机构的报告,而由于WTO争端解决机制采用“反向一致原则”,即除非DSB经协商一致决定不通过报告,报告基本上是自动通过的。这样看来,实际上,DSB、专家小组、上诉机构可以全权审议案件,即享有案件的强制管辖权。这种强制管辖权避免了在WIPO体系下的争端解决管辖权的缺失,不容许自主选择管辖的存在,对于争端的有效、及时解决是有重要意义的。

(6)知识产权国际保护的实施程序更加严密。在以往WIPO体系下的国际知识产权保护的实施程序完全是各国国内法的事情。虽然20世纪70年代,在WIPO主持下,对专利申请的提出、检索和审查的国际合作进行了研究,形成了《专利合作条约》,但那只是在成员国之间协调了申请的一些形式要求。对于知识产权保护的法律实施程序,原有的任何公约都没有涉及。而专利合作条约关于权利授予的实质要求的规定,其目的也只是作为国际标准使用的,并不强制成员国接受,成员国仍可适用本国专利法中的实质要求,但TRIPS的达成,使情况完全发生了变化。它将详细的知识产权法律实施程序,包括行政的、民事的、刑事的以及边境临时程序都纳入了知识产权的国际保护体系。[①] TRIPS规定,缔约方应保证其国内法中规定有效及适当的实施程序,以反对受该条约保护的知识产权的侵权行为,这种反对行为包括有效和及时的补救措施来阻止或防止侵权行为,这种补救措施构成了对进一步侵权的有效遏制。在边境措施上,协议规定,缔约方应制定程序,允许一个权利人在有有效证据怀疑假冒商品或盗版商品有可能进口时,可以书面向主管行政或司法当局提出由海关当局中止此类商品的放行以免其进入流通领域。在刑事审议方面,缔约方至少应对具有商业规模的故意商标假冒和版权盗窃的案件确立刑事诉讼程序和刑罚,其中刑罚包括足以防止侵权的监禁和罚金,及对假冒商品的扣押、没收和销毁。

三、新的知识产权争端解决机制对中国的启示

(一)认清争端解决机制下知识产权国际保护的现实

1. 知识产权争端解决机制与TRIPS在知识产权保护上相辅相成

TRIPS因争端解决机制而更具法律强制力,而争端解决机制也因TRIPS而更高效。就争端解决而言,TRIPS代表了国际知识产权保护的最高水平。作为

---

① 详见TRIPS第三部分。

实体法,TRIPS 的规定无疑是明确而具体的。同 WTO 成立前涉及知识产权的争端相比,WTO 成立后的争端都属于明显的违法之诉,争议与违法之所以“明显”,很大程度上应归功于 TRIPS 的明确。从 GATT/WTO 争端解决机制的发展可以看出,在知识产权的国际保护被纳入多边贸易体制后,知识产权问题就从分散走向了统一,从政府的自觉行为转变为政府的义务行为,相应地,知识产权争端解决机制的作用也就从贸易措施的消极防范过渡到知识产权的积极保护。所以,尽管 TRIPS 因 WTO 争端解决机制而产生,但其一经产生,就以完全不同于以往的知识产权公约的运作方式发挥作用,并且,由于其与其他贸易问题(如关税、非关税壁垒、市场准入等)在关系上的相对独立,争端解决机制在 TRIPS 的运作同其他贸易纠纷相比也就更有效。

TRIPS 的明确和具体,某种程度上使 WTO 知识产权争端解决机制得以有效运作,反过来,该机制的有效运作又使 TRIPS 的目标得到进一步实现。因此,TRIPS 和知识产权争端解决机制实际上是相辅相成,相互促进的。

2. 有效的知识产权争端解决机制将影响多哈回合谈判的后果

因争端解决机制的作用,越来越多的知识产权保护问题将被纳入到多边贸易体制。GATT 时代的 3 个案件和 WTO 成立后的 26 个知识产权案件大多数都在争端解决机制的框架内得到了较好的解决,WTO 知识产权争端解决机制的有效运作,成员方知识产权纠纷在多边基础上的顺利解决,证明了 TRIPS 在多边贸易体制内存在的合理性,也预示着尚未在 TRIPS 中作出规定的知识产权将在 WTO 接下来的谈判中被纳入。二十多个知识产权纠纷的妥善解决显然具有示范效应。

同单边措施(如美国的特别 301 条款)相比,多边体制尽管存在保护的最低标准,尽管存在“交叉报复”的制裁可能性,但该体制同时也可以对种种以“知识产权协定附加保护”(TRIPS-PLUS)①形式对知识产权提供更高保护标准的双边协定、区域协定有关知识产权的规定进行引导和规范,维护多边贸易体制的统一性,从而也使已经被纳入 WTO 争端解决机制的知识产权问题避免重新回到单边或区域的层面上解决。从这个意义上说,在新一轮多哈回合的谈判中,尤其在发展中国家所关注的非物质文化遗产、生物多样性等知识产权的保护问题上,以强有力的争端解决机制为后盾的多边贸易体制对发展中国家应更有吸引力。

---

① 在多边贸易谈判陷入僵局,新一轮回合长期无法达成最后谈判成果时,WTO 的一些成员方普遍热衷于缔结“自由贸易协定”(Free-Trade-Agreement),在这些双边和多边的自由贸易协定中大部分都有关于知识产权的规定,同 TRIPS 相比,这些规定有的在内容上和标准上都超出了 TRIPS 的保护标准,因而被学者称为“知识产权协定附加保护”(TRIPS-PLUS)。

然而,应当注意的是,TRIPS 的实体规则还存在一些不尽合理之处。虽然 TRIPS 的一些规则(如公共健康与强制许可)在制定时因未能反映发展中国家的特殊需要而在后来被修改,但发展中国家却为此付出了巨大的代价。在新一轮谈判过程中,发展中国家显然会更多地关注新规则对其可能产生的影响。另外,知识产权争端解决机制中的一些条款也亟需发展,如非违法之诉的问题。这些问题在目前的知识产权因争端解决机制而获有效保护的国际背景下变得愈加重要。

3. 知识产权保护理念将促进知识产权贸易

从国内角度,保护知识产权既是维护私人财产权的需要,也是科技进步、社会发展的必然要求,二者是统一的。从国际角度,在国家主权和民族意识的影响下,维护外国人私有财产与发展本国经济却存在着冲突。然而,建立在市场经济基础上的"比较优势论"尽管存在诸多缺陷,但却在相当大的程度上为 WTO 所奉行,其结果是知识产权作为发达国家的优势产业被纳入 WTO 并在知识产权保护的规则设置上体现了发达国家的理念。

在 TRIPS 制定前后,发达国家的知识产权在国民经济和国际贸易中所占的比例持续增长。以美国为例,据统计,美国出口额的一半以上来自知识产权产业,经济增长的 40% 来自该产业,并且,该产业解决了 1800 万美国人的就业问题,创造了约 5 万亿美元的价值,约占其 GDP 的一半。由此可见,在发达国家的经济过渡到以知识产权和服务贸易为优势的阶段,知识产权在外国遭到侵犯,无异于有形商品遭遇关税和非关税壁垒,因为二者都有使出口国出口额减少的效果。在知识产权贸易正显现出占国际贸易主导地位趋势的背景下,TRIPS 的缔结仅仅是个开始,将 TRIPS 所体现的知识产权保护理念付诸实施才是发达国家的最终目标,其主要途径便是借助争端解决机制。

(二)正视中国目前存在的问题

中国目前在知识产权立法方面基本上不存在与 TRIPS 不相符的规定,在知识产权保护方面存在的主要问题是执法的问题。由于知识产权同有形财产权相比更易被侵犯,也更容易被更多主体侵犯,因此权利人通过司法途径来维护自身利益存在不确定性,并且司法救济也远远不能达到制止侵权的效果。所以,在知识产权的保护方面,TRIPS 规定成员方政府积极的作为义务,即成员方应通过行政手段制止侵权行为的发生。应当看到,中国的知识产权保护在执法方面确实同 TRIPS 的要求有一定差距,尤其是在打击盗版方面。此外,在市场准入方面,中国也存在一些被其他成员指责的问题,如美国提出的中国限制美国电影、音乐和图书产品进入中国市场的问题。但这些问题是贸易问题,与知识产权的保护无关。

中国在 WTO 包括 TRIPS 所承担的义务基本上与发达国家无异。然而,中国近十多年来经济的快速增长无法改变中国在社会、文化甚至经济方面仍属于发展中国家这一事实。在知识产权领域,尽管中国目前在高科技领域发展迅猛,但在知识产权理念和意识方面,无论是政府、权利持有人还是民众,都未有完全的认识,对于全球化和 WTO,缺乏国际法传统的国人仍需要一段时间去适应。

(三)新型知识产权争端解决机制对中国的启示

从新的知识产权争端解决机制的运作情况看,它的成绩是有目共睹的,尽管它的运作还存在这样或那样的问题,毫无疑问,它必将继续为 WTO 法律制度保驾护航。从 26 个知识产权争端解决的成案看,新的知识产权争端解决机制的运作也是非常成功的,它不仅为发达国家推广它的知识产权理念起到了急先锋的作用,同时也为它的知识产权在各成员方的充分保护起到了不可替代的作用,应该说知识产权争端解决机制的成功运作达到了以美国为首的发达国家在缔结 TRIPS 时所期望达到的目标。此外,虽然从 26 个案件中可以看出,WTO 知识产权争端解决机制主要是为发达国家服务,发展中国家不是受益者,或者,从某种程度上说,发展中国家更多地处于受害者地位,但毋庸讳言,发展中国家也绝非是无利可获,实际上,在 26 个案件中,少数发展中国家,包括印度、巴基斯坦、巴西、阿根廷等充分利用 WTO 知识产权争端解决机制从而使自己免于遭受发达国家可能利用的单边贸易报复措施所可能带来的更大利益损失,从这种意义上说,发展中国家也是 WTO 知识产权争端解决机制的部分受益者。对包括中国在内的发展中国家而言,在无力改变 WTO 争端解决机制主要为发达国家服务的现状的现实情况下,如何进一步要求改变 WTO 争端解决规则朝发展中国家更有利的方向发展,或者朝实质上的更加公平、合理的方向发展则是明智的和务实的选择。为此,笔者以为,从新的知识产权争端解决机制的成功运作的实践中,中国至少可以获得如下启示:

1. 运用 WTO 争端解决机制,保护国家现实利益

(1) 全面理解 WTO 争端解决机制精髓

WTO 知识产权争端解决机制作为一套目前正在运转的比较有效的知识产权国际争端解决机制,具有独特的、优势的制度设计,表现在:灵活的磋商制度、独特的决策机制、严格的专家组和上诉复审程序、合理的执行机制、可行的交叉报复制度等。如果利用得当,不仅不会损害国家利益,反而会进一步保护国家利用,具体到美国与中国的知识产权争端而言,我们不以为,通过 WTO 争端解

决机制解决中美之间的纠纷，会对中国造成更大的不利后果。因此，对 WTO 争端解决机制的特征进行全面研究，理解和掌握 WTO 争端解决机制的精髓，有利于中国对 WTO 知识产权争端解决机制的充分利用并能在中美知识产权争端中采取适当立场和措施，从而最大程度地保护国家利益。

① 灵活的磋商规定

DSU 虽然对磋商规定了相关的时间表，也规定"如在收到磋商请求之日起 60 天内，磋商未能解决争端，则投诉方可请求设立专家组。如磋商各方共同认为磋商已不能解决争端，则投诉方可在 60 天期限内请求设立专家组"，其目的是促进争端的迅速解决，但是，从 DSU 规定的用语可以看出，对磋商规定的时间表属于建议性而不是强制规定，它用的词语是"may"即可以，而不是"shall"即应该或必须，因此，争端当事方可以灵活掌握，实际上，从 26 个知识产权争端成案也可以看出，各成员方充分利用了磋商的灵活性，有些案件从磋商到达成当事方满意的解决办法长达 4 年之久，有些多达 9 次磋商，并且磋商时间跨度也达到 3 年，因此，可以说，灵活的磋商制度是 WTO 争端解决制度的一大特色，在知识产权争端解决的实践中得到了淋漓尽致的发挥。

② 强化的决策机制

由于 DSU 对 DSB 的决策程序采用了"反向协商一致"原则，使专家组的报告和上诉报告获得"自动通过"的效力，从而防止了 GATT 历史上争端解决的专家组报告久拖不决现象的发生，这是 DSU 规定最富有特色的地方，也正是这个规定，使得专家组程序和上诉复审程序具有很大的权威性和威慑力。实际上，"反向协商一致"原则也体现了 WTO 知识产权争端解决机制追求的"快速和效率"原则。

③ 严格的专家组程序

DSU 规定"自专家组成立至报告散发各成员的期限无论如何不应超过 9 个月"[①]，因此，专家组程序一般应该在 9 个月内完成。虽然 8 个专家组审议的案件中有 7 个案件未能在此期限内完成，但专家组都能按照 DSU 规定，向 DSB 说明延期的理由，因此，受到了 DSB 的监督，从而使专家组程序一般都能尽快完成。DSU 中的争端规则与程序的严格的时间表体现了 WTO 知识产权争端解决机制对"快速和效率"原则的重视和践行。DSU 第 3 条第 3 款规定，迅速处理好成员方根据涵盖协议享有的利益受到另一成员方的侵害的局面，对 WTO 有效发挥职能并保持成员方权利与义务的适当平衡，都是必不可少的。与 GATT 1947 的争端解决机制相比，DSU 所规定的争端规则与程序有了一个严格的时间

① 参见 DSU 第 12 条第 9 款。

表,从而避免了原有争端解决机制缺乏时间保障、成员方拖延和阻挠投诉进程的缺陷。DSU 还进一步规定,对于易腐食品这样的紧急情况,争端当事方、专家组与上诉机构应竭尽所能加快解决进程。有些知识产权的案件也宜加快解决进程,例如,发明、外观设计等专利的申请,音乐录音制品的复制,每天都以很大的数量在进行着,如果因成员国措施的不当,导致专利申请不能获得通过,盗版盛行,其对权利人所带来的损失是很大的。因此争端应尽早解决,以减少知识产权所有人受到的损失。DS170[①] 美国诉加拿大专利保护案中,美国以如果不加快争端解决进程,将会导致“不可弥补的损失”为由,要求加拿大尽快向 WTO 争端解决专家提交答辩书,这就是根据知识产权争端的特点,要求专家组考虑并希望加拿大能够同意加快争端解决进程的实例。[②],虽然,该要求遭到了加拿大的否决,但专家组还是根据 DSU 附件 3 规定的工作程序在最短时间内解决了该案。这就是 8 个专家组审议的案件中唯一一个在 DSU 规定的时限内作出专家组报告的原因。可见,在 WTO 争端解决机制中要善于运用规则,以寻求对己方有利的程序和结果。

④ 创新的上诉复审程序

上诉复审程序是 WTO 争端解决机制的新贡献,是该争端解决机制趋向于司法化的显著特征。争端当事方如果不服专家组的最后报告,可以将其上诉的决定通知 DSB,由 DSB 设立的常设上诉机构进行复审,从而在一定程度上防止错案的发生。上诉机构只限于法律审,即审查专家组报告中包括的法律问题,以及专家组所作的法律解释,体现了司法经济的原则,因为,就事实问题的异议,在专家组程序中,当事方有机会在审查专家组的中期报告中提出自己的建议和修改意见。上诉机构得维持、修改或推翻专家组的法律裁决和结论。26 个案件中,虽然只有 3 个案件进入上诉复审程序,但 3 个上诉复审案件都解决了许多特别的问题,并将对以后的知识产权案件形成指导作用。例如 DS50 案上诉复审中,主要解决了 3 个问题,即举证责任问题,专家组的职权范围问题和“合法预期”问题,这 3 个问题都是具有共性的问题,因此,其意义将是深远的。DS170 美国诉加拿大专利保护期案上诉复审中阐明了 TRIPS 第 70 条第 1 款规定的“行为”和“行为创设的权利”的区别。DS176 欧盟诉美国 1998 年《综合拨款法》第 211 节在上诉复审中,再次就国民待遇问题进行了阐明,并裁定企业名称和商标同样应得到保护。

---

① DS 是 Dispute Settlement 的缩写,后面的数字是 WTO 争端解决机制处理的争端的序号,读者可以根据序号在 WTO 官方网站上查询各个争端解决案例的全部资料。

② See file:///F:/wto/WT-DS170-R. htm,2007 年 1 月 2 日访问。

⑤ 合理执行,合法报复

为了保证专家组或者上诉机构的建议或者裁决能够得到切实执行,DSU 规定了合理执行期限和有条件的交叉报复制度。按照 DSU 第 22 条的规定,如果遇到建议或者裁决在合理期限内没有执行的事件,则可以采取补偿和中止减让或者其他义务的临时性措施。但报复不但有程序上的限制,而且有程度上的限制。至于报复的具体方式,相对于 GATT 第 23 条"报复措施应当限制在发生争端的同一部门或者门类范围内"的规定,DSU 进行了强化,将报复措施的范围扩大到了跨部门,这就使得交叉报复成为各成员方维护其权利的有力武器。

(2) 积极运用知识产权争端解决机制

积极利用 WTO 知识产权争端解决机制,既是 WTO 各成员方的权利,某种程度上也是各成员方政府对本国国民承担的义务,即充分保护本国知识产权不受侵犯的义务。因为,许多成员方都已经意识到,WTO 知识产权争端解决机制实际上可以起到防止某些西方国家采取单边知识产权保护措施的效果。例如美国历来"试图通过国内法的'301 条款'机制与国际法上的 WTO 争端解决机制并重的方式,千方百计地迫使其他国家尽快地提高知识产权保护水平"①,并且利用"337 条款"程序,防止侵犯美国知识产权的产品的进口。因此,如果不积极利用 WTO 知识产权争端解决机制,就可能受制于美国的单边争端解决程序。而美国的单边争端解决程序对相关国家造成的经济贸易损失是无法估算的。

中国历来不喜争讼,可以说是典型的息讼国家,自秦汉以至唐宋,民间纠纷不是提交官府解决,而主要是由族中年高德勋者进行劝解和息,自元代以后,这种息讼机制甚至成为解决纠纷的主要补充机制。这就是为什么连西方学者也不得不承认当今解决国际经济贸易纠纷的重要方式之一——仲裁不是来自于西方文明国家,而是萌芽于中国的民间调解的原因。中国不喜诉讼,不仅表现在国内争端解决的实践,更表现在对国际争端的策略上。迄今为止,中国很少或说基本上没有主动的、积极地利用国际争端解决机制,虽然入世后不久,即 2002 年 3 月 26 日,中国也曾经主动就美国钢铁保证措施利用 WTO 争端解决机制,解决了与美国的钢铁保证措施纠纷,即 DS252 美国——对某些进口钢铁产品限定保障措施案②,但严格说,DS252 案不能说是中国主动、积极利用 WTO 争端解决机制的实例,因为,DS252 案可以说是"搭便车"案件,即是在 2002 年 3 月 7 日欧盟向 WTO 提出与美国就美国钢铁保障措施磋商的请求后,并在日本、

---

① 许海峰主编:《涉外知识产权保护法律实务》,机械工业出版社 2005 年版,第 226 页。

② 详见 http://www.wto.org。

韩国之后才提出投诉的,其他的投诉国家还有瑞士、挪威、新西兰和巴西,中国基本上是在和其他投诉方协调一致的情况下取得胜利的,并且该案是由一个专家组裁定的,因此,虽然该案最后以欧盟、中国等 8 个投诉方的胜利宣告结束,但中国从中到底学到了多少利用 WTO 争端解决的经验尚需进一步总结。自入世至今,中国在 WTO 争端解决机制中,共涉及 10 个案件,其中,除 DS252、DS368 是中国主动发起投诉外,另外 8 个案件中,中国都是作为被投诉方,显然,中国目前还处于被动应付 WTO 争端解决机制的局面。从美国 2006 年 11 月准备向 WTO 投诉中国知识产权保护不力而应中国有关方面提出通过两国对话解决纠纷后中止投诉进程的情况看,中国显然是未准备积极应对 WTO 知识产权争端解决机制①。然而,笔者以为,中国不愿主动出击,积极利用 WTO 争端解决情有可原,但若不愿面对现实,不愿或不敢于积极应对 WTO 的知识产权争端解决机制,则未必明智。但要充分利用 WTO 知识产权争端解决机制,必须采取以下措施:

① 利用争端解决机制,弥补国内立法不足

从 DS290 澳大利亚诉欧盟农产品和食品的商标和地理标志保护案以及 DS174 美国诉欧盟农产品和食品的地理标志和商标权保护案可以看出,法国等国家通过争端解决机制,加强了对本国地理标志的保护。中国应加强对争端解决机制作用的再认识。争端解决机制不仅为 WTO 成员方提供争端解决的办法,某种意义上说,还具有一定的弥补国内立法不足的功能。因此,中国应积极利用争端解决机制。

② 要加强对 WTO 知识产权争端解决程序和规则的运用技巧研究

在已经解决的 26 个关于 TRIPS 的案件中,有 13 个案件是通过磋商就已经达成了令双方满意的解决办法。从 DSU 第 4 条规定的磋商程序看,磋商是有严格的时间限制的。特别是从第 4 条第 7 款看,在收到磋商请求后,磋商一般不应超过 60 天,但是,从许多成案中可以看出,各成员方对磋商的运用是很灵活的。如在 DS196 阿根廷专利和测试数据的某些措施案中,美国和阿根廷进行了 9 次近 3 年的磋商而达成了令双方满意的解决办法。有些案件将 WTO 争端解决机构解决争端的所有程序都经历了,才解决了争端。例如,DS50 美国诉印度药品和农用化学制品专利保护案,DS176 欧盟诉美国 1998 年综合拨款法第 211 节案,自磋商开始,然后进入专家组程序,再进入上诉复审程序,最后进入仲裁程序。根据 DSU 规定,一般案件若不上诉,应在 9—12 个月内解决,上诉案件应在不超过 15 个月内解决。而上述 DS176 案件大大超出了一般时间规定。有些

① 事实上,中国还是未能阻挡美国向 WTO 投诉中国的步伐,只是延迟了被投诉的时间而已。

案件虽未进入上诉,但也历经数年才解决,例如 DS114 加拿大药品专利案,1997 年 12 月 19 日开始磋商;2000 年 3 月 17 日专家组报告才得以散发;2000 年 8 月 18 日仲裁报告才得以散发。由此,只要双方愿意,完全可以不受 DSU 规定的时间限制。很显然,对 DSU 规定的争端解决的某些程序各当事方是可以灵活运用的。因此,加强对 WTO 知识产权争端解决程序和规则的运用技巧研究,对维护国家利益,保护知识产权权利人的利益是非常必要的。

③ 加强对 WIPO 体系下的知识产权保护公约、条约和协定的研究

TRIPS 体系与 WIPO 体系是两个既相容又不同的知识产权保护体系。虽然 WIPO 体系下的主要公约已经被 TRIPS 吸收和并入到 TRIPS 中,但依然有许多 WIPO 体系下的知识产权公约、条约或协定未被吸收或被吸收的公约、条约、协定中的某些条款未被 TRIPS 所吸收和并入,所以,就那些未被吸收的知识产权公约、条约或协定发生的纠纷,因未执行那些公约、条约或协定引发的争端或那些公约、条约和协定所保护的知识产权被侵犯的争端,应如何解决,目前仍然有许多不确定的因素。是谈判或提交国际法院,还是援引 TRIPS 下的争端解决机制,目前并不明确,也未有实践。从世界知识产权组织的努力方向看,它似乎拟建立自己的争端解决机构,因此,加强对 WIPO 体系下的知识产权保护公约、条约或协定的研究也是非常必要的。

④ 进一步加强对 WTO 规则,特别是对 TRIPS 规则的研究

从 26 个 WTO 知识产权成案可以看出,对 WTO 规则,特别是 TRIPS 规则的熟悉和把握是至关重要的。如果未对规则进行研究和掌握,一成员方就不可能充分运用规则对其他成员方违反规则的行为、措施或立法提出投诉,直至获得令人满意的方法。而如果不能熟练运用规则,一旦被投诉,被投诉方也不可能从容应对。因此,进一步加强对 WTO 规则,特别是对 TRIPS 规则的研究,对刚加入 WTO 不久的中国而言,具有更重要的现实意义。

⑤ 一旦被投诉,要充分运用 WTO 争端解决规则的灵活性

从争端解决机构解决的 26 个案件可以看出,虽然 DSU 对争端解决规定了严格的时间表和程序,但许多案件实际上既突破了时间的限制,也突破了规则的限制,如 DS176 美国 1998 年综合拨款法第 211 节案,尽管欧盟在 1999 年 7 月 8 日就提出了磋商请求,但在上诉报告通过后,合理执行期限被美国一而再再而三地拖延,最后达成协议的合理执行期限是 2005 年 6 月 30 日,尽管如此,直至 2007 年 3 月 8 日,美国也还没有履行 WTO 争端解决机构的建议即修改它的法律。再如 DS160 美国版权法第 110 节第 5 条案,不仅时间长,从案件磋商至达成令双方满意的临时安排的时间就长达 7 年半之久,而且,几乎使 DSU 规定的争端解决的所有程序和规则都得到了运用。该案历经磋商、专家组、上诉复审、

对合理期限的仲裁、对合理执行期限的一而再、再而三的延长、请求授权报复、对授权报复事项提请仲裁等。而在 DS50 和 DS79 案以及 DS290 和 DS174 案中,则实现了第三方向独立请求方的转换。从 WTO 争端解决机构解决的争端中只有 6 个涉及中国的案件,我们看到中国还需要通过作为第三方参加 WTO 争端解决机制以保护国家利益和积累相关争端解决经验。可以说,中国对涉及知识产权的争端解决的经验几乎为零,尽管有学者将 2004 年美国向 WTO 投诉的 DS309 中国集成电路增值税案视为中国入世以来遇到的第一件与知识产权有关的争端,但因该案的主要问题涉及的是增值税问题,违反的是 GATT 1994 第 1 条和第 3 条、《服务贸易总协定》第 17 条和中国入世议定书的相关规定,所以,严格说来,它不能说是涉及 TRIPS 的案件①。当然如果从美国的动机看,可以说,该案的启动是为了保护美国的知识产权,是美国强化知识产权保护的战略之一。因此,对争端解决机构已经解决的涉及知识产权的案例进行研习,特别是各成员方在争端解决的过程中对规则的灵活运用的技巧和方法的研究是具有现实意义的。同时,美国的方法也是值得中国学习的,不仅以 TRIPS 的最低保护标准作为衡量其他 WTO 成员方的知识产权保护标准,必要时,也可以动用 WTO 其他协定和 WTO 争端解决机制以全方位保护本国的知识产权。

(3) 合理规避知识产权争端解决机制的规定

尽管中国在 TRIPS 中承担的是发达国家的义务,然而,在知识产权保护和执法方面,中国却是名副其实的发展中国家。

WTO 知识产权争端解决机制在发展的过程中不仅向国际社会展现了自己的进步之处,也暴露出存在的缺陷。只有不断地修正其缺陷,它才能更好地发挥其积极作用,同时,完善现有缺陷不仅是各成员方的迫切需要,也是国际经济快速发展的迫切需要。因此,在 WTO 知识产权争端解决机制的缺陷得到完善前,各成员方虽可以规避它的缺陷规定带来的不利后果,但却不可以滥用规避之权,中国也不例外。因为,WTO 体制是建立在各成员方权利义务平衡的基础上的,因此,如果一个成员方试图从规避 WTO 知识产权争端解决机制的缺陷中获益,就可能打破各成员方经过六十多年的努力所建立的权利义务的平衡,因此,是不符合 WTO/GATT 精神的。现有的知识产权争端解决机制至少存在以下缺陷,因此,中国应研究出适当的规避其缺陷的机制,以全面、充分保护国家利益,但必须以不违背 WTO 精神为前提,即不为其他 WTO 成员方制造向 WTO 投诉的理由。

---

① 张静春、杨树:《美国利用知识产权问题压中国》,载《世界知识》2006 年第 9 期。

① 合理利用“非违法之诉”和“情势之诉”的规定[①]

众所周知,现有的知识产权争端解决机制只对“违法之诉”有效,“非违法之诉”和“情势之诉”目前地位模糊,TRIPS 第 64 条第 3 款规定亟需进一步明确,对“非违法之诉”和“情势之诉”的投诉的范围和模式应该迅速解决,否则不利于知识产权争端解决机制的健康发展。尽管该款规定部长级会议可以经协商一致对 5 年期限进行延长,但由于该问题涉及发达国家和发展中国家的重大利益,所以,一直未能达成新的协议。《香港部长级会议宣言》规定,由知产权理事会继续审查“非违法之诉”和“情势之诉”的范围和模式,并决定维持第 64 条规定的现状,要求各成员方在该问题解决前不将“非违法之诉”和“情势之诉”向 WTO 争端解决机制提出。[②] 因此,中国应尽量避免进行明显违反 TRIPS 规定的立法、措施和行为,但对于 TRIPS 未加禁止又可以适当保护国内知识产权的措施、立法应多加研究,从美国担心 WTO 成员方利用“创造性立法活动”以规避 TRIPS 下承诺的义务可以推断出,至少在理论上是存在可以合理规避的可能性的。因此,在 WTO 彻底解决“非违法之诉”和“情势之诉”前如何合理利用该规定,以合理规避相关义务,是值得深入研究的。

② 充分利用 DSU 规定的争端解决程序的漏洞

对知识产权争端解决的裁决或建议的执行久拖不决是个令所有 TRIPS 成员方深感棘手的现实问题。但由于各成员方都是充分利用 DSU 规定的争端解决程序的漏洞,所以,对许多久拖不决的建议或裁定,守法方是无法指责的,这就提出了一个问题,即如何合理利用 DSU 程序规定的漏洞,以充分、全面保护本国知识产权是各成员方特别是中国应该着力研究的问题。26 个知识产权案件中,有些案件从请求磋商之日起算,迄今已经长达 11 年,如 DS160 案。虽然从程序上看,这些案件已经经过 DSB 规定的应有程序,但从结果看,被裁定违反

---

① 多哈会议曾决定要求 WTO 知识产权理事会就“非违法之诉”和“情势之诉”作出建议,以向坎昆部长级会议提交,但 WTO 知识产权理事会直到香港部长级会议也未能提交该建议,使得该问题的前途扑朔迷离。

② 2003 年 5 月,知识产权理事会曾经列出 4 种拟向部长级会议建议的模式:(1) 彻底禁止与 TRIPS 有关的“非违法之诉”的投诉;(2) 允许该类投诉按照 WTO 争端解决机制处理货物和服务贸易的规则投诉;(3) 允许“非违法之诉”投诉但必须遵守特别模式(即处理方式);(4) 延长第 64 条第 2 款规定的期限。但各成员方未能一致同意其中的一种建议,所以,未能向坎昆部长级会议提交建议。此后,2004 年 8 月 1 日总理事会决定将此问题提交香港部长级会议,但香港部长级会议也未能解决此问题。就该问题,美国、瑞士认为应该允许就“非违法之诉”提出投诉以阻止成员方从事“创造性立法活动”从而规避它们的 TRIPS 承诺义务;多数成员方希望延长 5 年期限或使它成为永久性条款,即 WTO 知识产权争端解决机构只解决“违法之诉”,而“非违法之诉”和“情势之诉”永远由知识产权理事会提出相关建议供部长级会议批准,即维持知识产权争端解决机制的特殊性;有些国家建议附加保障条款。详见 http://www.wto.org。

TRIPS 的成员方并未在 DSB 的专家组报告或上诉报告规定的时间内按照 DSB 的建议履行其早应该履行的义务,但由于 DSB 的目的不是给予利益受损的成员方以经济补偿,而只是以纠正违法方的行为、措施为目标,所以,胜诉的投诉方似乎也未能采取什么有效的可靠措施来迫使违法方履行 DSB 的建议。对违法方主要的约束来自于 DSU 第 21 条第 6 款规定:DSB 应监督已通过的建议或裁决的执行。在建议或裁决通过后,任何成员可随时在 DSB 提出有关执行的问题。除非 DSB 另有决定,否则执行建议或裁决的问题在按照第 3 款确定合理期限之日起 6 个月后,应列入 DSB 会议的议程,并应保留在 DSB 的议程上,直到该问题得到解决。在 DSB 每一次会议召开前至少 10 天,有关成员应向 DSB 提交一份关于执行建议或裁决进展的书面情况报告。美国总是按照该款规定,向 DSB 提交它的关于执行建议进展的书面情况报告。这样的裁决执行进展书面情况报告有时候甚至措辞都基本相同,我们看不出来违法方到底能在什么时候完全执行 DSB 的裁决,而即使像欧盟这样经济、政治实力都可以和美国抗衡的组织对美国不执行 WTO 争端解决机构的建议和裁决也束手无策,那么,中国将来在动用 WTO 争端解决机制时,就必须考虑成本和效益,从而慎重决定是否启动该机制,同时,在被 WTO 其他成员方投诉时,也可以沉着应战,不必惧怕。

③ 积极向 DSB 选送专家候选人

向 WTO 的争端解决机构选送专家候选人,是 WTO 成员方的一项非常重要的权利,就中国而言,则具有非常重要的意义。中国加入 WTO 虽然已有近 10 年,但利用 WTO 争端解决机制的经验还非常有限,因此,能够让更多的专家成为 WTO 专家组成员的指导性名单上的专家[①],就使中国专家有更多的机会参与专家组审案,从而为中国将来可能面临的越来越多的争端提供最好的建议和帮助。中国作为大国,应该在 WTO 的上诉机构中占一席之地。因此,中国应积极培养、选送 WTO 专家。

第一,积极选送专家组候选人。

根据 DSU 第 8 条第 1 款规定:专家组应由资深政府和/或非政府个人组成,包括曾在专家组任职或曾向专家组陈述案件的人员、曾任一成员代表或一

---

① 第 4 款规定:为协助选择专家组成员,秘书处应保存一份具备第 1 款所述资格的政府和非政府个人的指导性名单,可从中酌情选出专家组成员。该名单应包括 1984 年 11 月 30 日制定的非政府专家组成员名册(BISD31 册 9 页),及在任何适用协定项下制定的名册和指导性名单,并保留这些名册和指导性名单中在《WTO 协定》生效之时的人员的姓名。成员可定期提出可供列入指导性名单的政府和非政府个人的姓名,并提供他们在国际贸易和适用协定的部门或主题方面知识的有关信息,待 DSB 批准后,这些姓名应增加至该名单。对于名单中的每一个人,名单应注明其在适用协定的部门或主题方面的具体阅历或专门知识。中国政府应积极向 WTO 选送专家组候选人,以使中国有尽量多的专家列入 WTO 的专家指导性名单中。

GATT 1947 缔约方代表或任何适用协定或其先前协定的理事会或委员会的代表的人员、秘书处人员、曾讲授或出版国际贸易法或政策著作的人员，以及曾任一成员高级贸易政策官员的人员。因此，可以担任专家组的人选包括：国际贸易法专家和国际贸易专家，以及相关领域的贸易政策政府官员。目前，中国在 WTO 争端解决机构的专家指导性名单上只有 3 位学者：曾令良教授，朱榄叶教授，张玉卿先生（曾担任原对外贸易经济合作部条法司司长）。且不说数量太少，且迄今为止尚缺乏审案经验。因此，笔者以为，中国应着力培养更多的 WTO 法、国际贸易法、国际贸易政策专家，以不断向 WTO 争端解决机构选送专家。从 DSU 第 8 条第 1 款规定可以看出，专家并不限于法律专家，经济贸易政策专家也是合格的专家人选，实际上，从 GATT 和 WTO 争端解决实践看，也有许多非法律专家包括经济专家，特别是个别案件中还有税务专家参加专家组审案，说明中国是可以选派其他领域的专家参加 WTO 争端解决机构的指示性专家的遴选的。因此，中国应尽快加大力度向 WTO 选派更多的专家候选人，以充分行使这一重要权利。

第二，争取选送上诉专家候选人。

上诉复审是 WTO 争端解决机制的创举。GATT 是没有上诉机制的，因此，使得 GATT 争端解决机制的权威性被大打折扣。WTO 的上诉机构是常设机构，由 7 位上诉专家组成。WTO 争端解决机构解决的所有上诉案件都由这 7 名专家轮流审议，因此，每一位上诉专家都具有非常丰富的审案经验，如果中国能够选派成功，可以间接为中国获得更多的争端解决经验。但是，上诉机构中尚没有中国专家。虽然 2006 年中国曾获得向 WTO 选送上诉专家的机会，但很遗憾还是失去了机会，因此，向 WTO 争端解决机构选派上诉专家应成为中国的国家战略目标。

2．参与 WTO 规则完善，保护国家根本利益

《WTO 协定》及其附件 DSU 等都是在中国加入 WTO 之前在美国、欧盟等发达国家和发展中国家经长期谈判而达成的多边协定，从总体上看，它虽然纷繁复杂，却也不失体系完整、内容全面的特点，然而，从 26 个知识产权争端实践可以看出，WTO 协定体系尚存在规定模糊、前后不协调的问题，甚至存在许多亟待填补的漏洞，因此，中国现在应该思考的是如何在 WTO 协定体系特别是关于 TRIPS 规则、DSU 规则等需要修订、完善的进程中，参与其中，使中国成为规则的制定者而不仅仅是规则的遵守者。

从 26 个成案的解决过程中，不难看出 TRIPS 和 DSU 都存在几个重大的急需解决的问题，中国如何在解决这些问题中发挥作用，将决定将来中国是否能够从规则的完善和修订中直接受益。笔者以为就 TRIPS 和 DSU 规则在知识产

权争端解决机制中暴露出来的问题,至少在以下方面中国可以有所作为:

(1) 建议对 TRIPS 和 DSU 协议进行全面审查

TRIPS 自生效以来,为 WTO 成员方的知识产权保护起到了从实体到程序的双重保障作用是有目共睹的,对切实提高知识产权的国际保护水平起到了不可替代的作用。但是,应该看到 TRIPS 在实践中还是逐步暴露出了不少问题,诸如规定模糊、各条款之间不够协调、条款不合理、对发展中国家特别是最不发达国家利益保护不够等,因此,对 TRIPS 进行全面审查实属必要,中国应该在这方面积极呼吁和倡导,并借此机会提出自己的合理主张和要求,从而发挥一个大国应该发挥的规则制定者和起草者的作用。

从 26 个成案的解决过程中可以看出,TRIPS 的规定的确存在诸如规定模糊、各条款之间关系不够明确、条款不合理和对发展中国家利益保护不够的问题。[①] 例如,TRIPS 第 70 条第 1 款和第 2 款之间的关系、第 8 款和第 9 款的适用问题在 DS170 案即美国诉加拿大专利保护期案和 DS50 即美国诉印度药品和农用化学制品专利保护案中就充分地暴露出来了。因此,专家组不得不花大量的时间和精力去分析和论证第 1 款和第 2 款之间的关系问题以及 TRIPS 第 8 款和 9 款的衔接问题。第 70 条第 1 款规定:"对于在本协定对所涉成员适用之日前发生的行为,本协定不产生义务";第 2 款规定:"除非本协定另有规定外,否则本协定对所涉成员适用之日已存在的、在上述日期在该成员中受到保护、或符合或随后符合根据本协定条款规定的保护标准的所有客体产生义务。"关于第 2 款的序言即"除非本协定另有规定外"是否包含第 1 款的规定,在 DS170 案中是争议的焦点问题之一,可见,如果规定和措辞明确是不会引起争议的。TRIPS 第 8 款和第 9 款之间的衔接问题,也是 DS50 案中美国和印度争议的焦点问题之一,基于上述同样的原因,如果 TRIPS 能够清楚地加以规定,就不会产生歧义。至于某些词语如第 1 款中的"行为"(action)的具体含义,第 2 款中的"客体"(subject)的规定需专家组花大量时间和精力去论证,皆因规定过于模糊。

由于 TRIPS 的规定是直接关系到各成员方利益的实体和程序性规定,所以,对它们进行修订是非常严肃和敏感的问题,因此,即使是一个按协定本身规定早就该审查并加以明确的问题如 TRIPS 第 64 条第 3 款规定的就"非违法之诉"和"情势之诉"经过一而再再而三的拖延到现在都未有明确的方案出来,就是很好的说明,因此,如果能够在对 TRIPS 进行全面审查的进程中参与其中,至

① 本章的阐述主要根据 25 个案件中暴露出来的 TRIPS 条款问题而展开,事实上,TRIPS 可能存在许多模糊、前后衔接有矛盾、不合理的规定,但限于篇幅,本章不拟逐一进行分析和论证。

少能够保障新修订的条款体现中国的要求或主张，从而改变只能遵守过去的不合理的条款的不利地位。TRIPS 生效后因公共健康问题而被修订是其实施以来最重要的修订，可以看出，只要广大发展中国家不断呼吁和合理要求，TRIPS 中的不合理条款和对发展中国家利益照顾不够的问题就可以得到某种程度的解决，因此，中国应继续发挥发展中大国的作用，对 TRIPS 的进一步修订发挥应有的作用。

对实体规则的不明确或模糊规定，在对规则修改前还是可以通过争端解决的专家组中的专家们根据国际法解释条约的一般规则和根据 WTO/GATT 的成案中确立的解释规则去进行解释从而解决相关争端，而 DSU 程序性规则的模糊规定或相关程序的缺失，则可能导致非常严重的后果，例如 DSU 中上诉机构无权发回重审的规定①以及对同一性质的争端可以重复地启动争端解决机制的规定②，则可能导致"错案"的发生以及理论上当一个案件解决后，其他所有 WTO 成员方都可以随后再自行启动争端解决机制，从而造成极大的司法资源浪费和争端解决秩序乃至国际贸易秩序的混乱。例如，假设美国向 WTO 投诉中国知识产权保护不力并获得受理后，只要其他 WTO 成员方认为已成为专家组程序主题的措施即中国知识产权保护措施造成其根据任何适用协定项下获得的利益丧失或减损，则该成员可援引本谅解项下的正常争端解决程序，可以单独再向 WTO 投诉中国，因此，从理论上说，现在 WTO 有 150 个成员方，中国就可能面对其他 148 个国家的重复投诉。根据 DSU 的规定，这绝对不是耸人听闻，而是理论上的可能性。并且，WTO/GATT 的争端解决实践已经初步证明了这点，例如，就美国 337 条款问题，GATT 时代就存在 2 个争端，即加拿大诉美国的汽车弹簧配件案和诉美国 337 条款案；另外还有 DS50 美国诉印度药品和农用化学制品专利保护案以及 DS79 欧盟诉印度药品和农用化学制品专利保护案；DS290 澳大利亚诉欧盟农产品和食品的商标和地理标志保护案以及 DS174 美国诉欧盟农产品和食品的地理标志和商标权保护案等，虽然，在实践中发生的只是两个重复投诉，但并不表示将来永远只是这种情况，实际上，中国入世后投诉美国的钢铁保障措施案就还有另外 7 个投诉方，并且都是根据 DSU 第 10 条规定分别单独投诉的，尽管该案根据 DSU 第 9 条规定，被合并审议，但根据 DSU 规定，特别是 DS79 案的实践，分别投诉，并由不同的专家组裁决同一类型的案件是允许的，事实上也已经发生了。因此，DSU 的这类规定到了该彻底审查的

① DSU 第 17 条第 13 款仅规定上诉机构可维持、修改或撤销专家组的法律调查结果和结论。

② DSU 第 9 条和第 10 条都涉及重复投诉的问题，特别是第 10 条第 4 款，明确规定：如第三方认为已成为专家组程序主题的措施造成其根据任何适用协定项下获得的利益丧失或减损，则该成员可援引本谅解项下的正常争端解决程序。只要可能，此种争端应提交原专家组。

时候了,中国应在这样的审查中发挥应有的作用。

(2) 建议制定更加详细的工作程序规则

专家组和上诉复审程序在争端解决实践中暴露了许多程序问题,但由于相关程序规则不尽完善,所以,许多问题只能由审议案件的专家们行使"自由裁量权",例如,DS170 美国诉加拿大专利保护期案中,美国向专家组提出要求按照 DSU 第 4 条第 9 款"在紧急案件中,包括有关易腐货物的案件,争端各方、专家组及上诉机构应尽一切努力尽最大可能加快解决程序"的规定,要求专家组敦促加拿大尽快提交答辩书,因为美国认为,如果不加快审议程序,美国将因加拿大的不符合 TRIPS 规定的专利法的规定(即未授予美国专利自申请之日起 20 年保护期的规定)而导致不可补救的损失,虽然该请求遭到了加拿大的拒绝,但专家组还是考虑了美国的请求,并相应地加快了审议进程,使该案从专家组成立(1999 年 9 月 22 日)到散发专家组报告(2000 年 5 月 5 日)的时间总共不到 8 个月,大大短于其他 WTO 知识产权争端,因此,没有明确的程序性规则就可能产生随意性和不公性,对此,中国应积极呼吁 WTO 制定更加详细的专家组和上诉复审工作程序规则,以减少 WTO 争端解决程序的随意性,追求更加客观公正的争端解决结果。这既是保护中国自身利益的需要,也是中国作为一个政治大国应尽的国际责任。

(3) 建议知识产权争端解决得更加专门化

鉴于知识产权案件往往涉及非常专业的知识产权问题,因此,可以借鉴各成员方由专业的知识产权法官审议知识产权案件的模式,建议 WTO 的争端解决机构设立专门的、真正的知识产权专家指导性名单,以实现专业人士审议专业案件的理想模式。虽然,有专家学者争辩说,WTO 的专家不必是专门性专家,因为他们在审议案件时可以向真正的专家们咨询,并且,DSU 还有专门的专家小组的附件规定,但由于专家们审议案件时,是否向专家咨询,向什么样的专家咨询,对专家意见如何采纳等问题都无明确的规则规定,因此,很可能导致案件结果不公甚至错误,因此,中国应建议知识产权争端解决得更加专门化,并积极向 WTO 争端解决机构选送既懂外语又懂专业的知识产权专家。

3. 全面履行 WTO 义务,保护国家长久利益

21 世纪的中国经济是知识经济,知识经济是建立在知识和信息的生产、分配和使用基础之上的经济。知识、信息是经济长期增长的首要因素,对经济发展具有决定性的先导作用。知识要成为资源,其前提必须是知识的价值得到承认,并且应该是从法律上予以承认和保护。知识产权法律制度就是承认和保护知识价值的法律制度,其对于发展知识经济的重要意义是不言自明的。可以

说，如果没有知识产权保护制度，就不可能有知识经济。[①] 乌拉圭回合将知识产权纳入谈判进程，并达成了TRIPS，使知识产权保护成为世界贸易的三大支柱之一，其影响和意义都是无比重大和深远的。因知识产权是各国经济发展的重要因素，在某些发达国家甚至已成为主要因素，因此，各国对知识产权无不从法律上加以规定和保护。但由于各国经济、社会、文化发展的差异，各国对知识产权保护的范围、水平是不尽一致的，这也是为什么产生WIPO知识产权保护体系的主要原因。但由于WIPO未能完全满足发达国家和地区如美国、瑞士、欧盟等的要求，在美国等为首的发达国家声称不将知识产权列入乌拉圭回合就退出谈判的压力下，乌拉圭回合不得不将其列入谈判议题，从而产生了TRIPS。知识产权协定不仅为各成员方规定了保护知识产权的最低标准，还具体规定了各成员方应该采取的具体的保护知识产权的措施和程序，特别是它的关于知识产权实施的规定，必须得到各成员方的严格遵守，如果成员方不按照TRIPS规定实施知识产权，将是其他成员方投诉的最好理由，且不实施知识产权案件本身就是典型的"违法之诉"，投诉方获胜的概率几乎是100%，从26个WTO知识产权成案中我们可以很清楚地看出这一点，因此，中国如何全面履行WTO协议，特别是TRIPS，将不仅是保护中国知识产权的需要，更是保护国际知识产权的需要，同时，也是中国发展知识经济的需要。

（1）进一步完善知识产权立法

中国知识产权保护的框架已经基本确立，并且也在中国"入世"前后相继按照TRIPS的规定进行了必要的修改和补充，但仍然存在这样那样的问题，与TRIPS还或多或少存在这样那样的差距，同时也存在制定的法律不能满足中国的知识产权现状，与中国的实践脱节的现象。因此，在立法方面，我们应当进一步完善现有的知识产权立法。

① 审查所有与TRIPS相关的知识产权法律法规

中国相关知识产权保护法律和法规必须尽快与TRIPS一致，否则，在被投诉到WTO争端解决机制后就会处于很被动的地位。从上述争端处理实践看，几乎所有涉案国家都被限期修改其国内相关知识产权法律法规。如果一个国家不愿意修改其相关法律法规，就可能要采取其他补偿措施，如果既不修改法律法规，又不采取其他补偿措施，就可能导致争端解决机构授权的报复。由于报复既可在同部门进行，又可以采取交叉报复，因此，其结果是难以预测的，因此，从成本效益分析，修改相关法律法规是当务之急。

---

① 李顺德：《WTO与知识产权保护》，载孙琬钟主编：《世界贸易组织法研究文集——中国入世专家谈》，当代中国出版社2002年版，第297页。

② 审查可能影响 TRIPS 实施的非知识产权法律法规

中国立法的多层次性和重复性是个现实问题，许多立法从表面上看可能与知识产权无关，但如果从实质上看，就可能影响知识产权的实施，从而成为其他 WTO 成员方投诉中国知识产权保护不力的理由。例如美国的《综合拨款法》从表面上看，似乎与知识产权无关，但一样被欧盟投诉到 WTO 并获得了胜诉，即 DS176 欧盟诉美国 1998 年综合拨款法第 211 节案。《综合拨款法》第 211 节从表面上看是限制与古巴的被没收的商标、商号或商业名称有关的交易和支付行为，但实际上影响了欧盟（主要是法国企业）的知识产权保护，因此，该案创设了 WTO 知识产权争端解决程序中审议的第一个表面上看不属于知识产权的法律违反 TRIPS 规则的"先例"。该案的意义是非常重大的。因此，中国应从中吸取教训，尽快清理其他法律法规中严重违反 TRIPS 规定的条款，以减少被投诉的概率。

（2）进一步规范知识产权执法

根据 TRIPS 规定，各成员并不需要建立特别的执法制度来实施 TRIPS，而只要利用现有执法制度加强知识产权执法。[①]

① 按 TRIPS 要求，承担实施知识产权的义务

根据 TRIPS 第 41 条规定，各成员方应承担以下义务，以确保 TRIPS 得以实施：

第一，采取切实有效的知识产权执法程序和措施，制止任何侵犯知识产权的行为，包括及时的防止侵权的救济，以及阻止进一步侵权的救济。但应避免造成合法贸易的障碍，同时应能够为防止有关程序的滥用提供保障。

第二，知识产权的执法程序应公平合理。它们不得过于繁琐和使当事方花费过高，也不能无保障地拖延或要求有关当事方承担不合理的时限。

第三，就各案的是非作出的判决，最好采取书面形式，并应说明判决的理由。有关判决至少应及时送达诉讼当事各方。对各案是非的判决应仅仅根据证据，应向当事各方就该证据提供陈述机会。

第四，对于行政当局的终局决定或司法裁决，当事人应有机会提交司法复审。但是对刑事案件中的无罪判决，成员无义务提供复审机会。

第五，各成员方并不因为履行知识产权执法义务，而需要建立不同于一般法律的执行的司法制度，同时，也不能因知识产权执法而影响成员执行其一般法律的能力。特别是不能因强化知识产权执法而造成一般法律的执行的财力、人力和物力分配的困难，即知识产权的执法与其他国内法律的执法一样，应处

---

① DSU 第三部分为知识产权的实施，规定了全方位的知识产权的执法要求。

于平等地位，不能因知识产权的特殊性而给予知识产权特殊的执法程序。

综上所述，中国应切实加大知识产权执法力度，从根本上杜绝侵犯其他WTO成员方的知识产权的事件的发生，从而避免成为被投诉方。一旦成为被投诉方，中国就会处于不利地位，因为，面对精通知识产权诉讼制度和程序的欧、美等发达国家，中国显然是没有优势可言，特别是较之一般贸易争端，知识产权争端往往涉及很尖端的科学技术和高标准的测试以及很复杂的法律规范体系。中国目前能够应付这类争端的专业法律人才还非常匮乏，因此，避免成为被投诉方是具有积极意义的。

② 理顺知识产权的司法保护和行政保护的关系

TRIPS 第三部分第 2 节规定了民事和行政程序及救济。第 42 条至第 48 条都是规定民事执法程序的，而对行政程序的规定是在第 49 条。从 TRIPS 规定看，它已经考虑到各成员方知识产权执法制度的不同，特别是考虑到一些国家沿用行政程序而非民事程序来解决知识产权的执法问题，所以，它没有强制性规定一个成员方只能用民事程序，而不能用行政程序来保护知识产权，但它规定，按行政程序保护知识产权时遵循的原则必须与民事程序原则实质上是一致的，即必须是公平和公正的。中国对知识产权保护长期采取民事和行政程序并重，外加最严厉和保护程度最高的刑事保护程序，对知识产权实行了全方位的保护，达到了与中国经济发展水平相一致的高水平保护，但中国的知识产权保护水平离 WTO 其他成员方，特别是美国、欧盟、日本、加拿大等国家（地区）的要求还存在相当大的距离，究其原因，与中国没能够理顺民事保护和行政保护的关系有一定的关系。就中国而言，因历史原因，长期采取行政程序保护知识产权，并且，相当多的专家、学者和官员认为，依赖行政程序保护知识产权快捷有效且成本低，但笔者以为，因行政保护程序缺乏民事程序的公平、公正、透明的法制保障，容易引起 WTO 其他成员方的不满，所以，中国应尽快理顺知识产权的民事和行政程序的关系，切实提高知识产权保护水平。

（3）加快知识产权人才培养

中国知识产权制度虽然已经基本完成了规则建设，主要的立法已经相当完善，执法力度也为世界罕见，但知识产权侵权现象却屡禁不止，究其原因，恐怕与中国民众没有良好的知识产权保护意识有关，包括缺乏保护他人知识产权的积极性和保护自己知识产权的自觉性。在中国，许多人、许多企业在利用他人知识产权时理直气壮；在他人侵犯自己的知识产权时浑然不觉，甚至还沾沾自喜，如许多作者对自己的著作被某知名刊物或网站转载得意洋洋，对自己的版权完全没有保护意识。因此，在这样的知识产权保护环境下，加快知识产权人才培养是当务之急，特别是应加快熟悉和掌握 TRIPS 和 WTO 知识产权争端解

决机制的人才培养,以保障中国全面履行 WTO 义务有坚实的基础:

① 应该加快培养精通 TRIPS 和 WTO 争端解决机制的高级经济、法律和外语的复合型人才。一是为中国将来可能存在的被投诉储备人才,二是要主动出击,审查其他成员方,特别是主要贸易伙伴的知识产权保护法律和法规,为中国与贸易有关的知识产权的保护提供良好的国际环境创造条件。在必要时,可以根据 TRIPS 相关规定和 DSU 规定,向 WTO 争端解决机制投诉违反 TRIPS 义务并给中国知识产权保护带来不利影响或使中国根据 TRIPS 本应享有的利益受到丧失或减损的情形。

② 着力培育精通 WTO 法、特别是精通 WTO 争端解决程序的专家型人才,为向 WTO 专家组、上诉专家的选派奠定基础,要力争使更多的中国专家有机会参与 WTO 争端解决机制的实际运作,特别是知识产权争端解决机制的运作,从而一方面达到使中国从规则的实施者迈向规则制定者和参与者的转变,另一方面可以获得更多知识产权保护最新信息,从而促进国内知识产权保护水平的进一步提高。

(4) 加强全民知识产权保护意识

中国的知识产权制度虽然已经完成了规则建设,主要的立法也已具备,执法力度也为世界罕见,但知识产权保护制度赖以存在的根基——大众的法律文化却严重滞后。[①] 在中国,不仅普通老百姓的知识产权保护意识淡薄,即使一些高级知识产权分子、文艺工作者甚至知名表演家对知识产权的保护意识也不强,或者说尽管有保护意识,也由于中国的知识产权保护现状令其望而却步。著名相声表演艺术家姜昆关于曲艺家对维权的态度的一席话将中国当前大众的知识产权保护意识状况展示得一览无遗:“我有一百段相声,广播里、电视里每天在大量地使用,我应该不愁吃、不愁喝,但实际上这一百段相声基本上没有给我带来好处。”而按他自己的说法,他还是“很注意保护版权”的。对于中国常见的电视台侵犯知识产权的现象,姜昆说:“还有的曲艺家认为,平时自己花钱都愿意上电视做节目,被电视台侵权是对自己的宣传,更别说和电视台打官司了。”[②]有这样想法的人在中国比比皆是。摇滚老将郑钧关于中国知识产权保护的感慨也道出了几乎所有音乐人的无奈心声:“在现在的环境之下,似乎大家觉得侵犯知识产权和艺术家的尊严理所当然,用你的歌好像给你面子。在媒体面前,艺术家就是弱势群体,你有什么办法?它是电视台,我是个歌手,你跟

---

① 赵秉志主编:《中国知识产权的刑事法保护及对欧盟经验的借鉴》,法律出版社 2006 年版,第 7 页。

② 张辉:《曲艺家的无奈:打官司,即使赢了也是“输”》,载《中国版权》2006 年第 2 期。

它打官司，你的资源不如它多，所以没办法，就用吧……”①具有讽刺意味的是他的这段感想是因为在得知他的经典歌曲《灰姑娘》被凤凰卫视一个记录北京“站街女”的纪录片用做尾曲后发出来的，他的感慨很强烈，他说“音乐人在中国已经沦为弱势群体”。听听这些呼声，看看中国知识产权保护现状，我们有理由认为，在中国加强知识产权保护意识将是个异常艰难的任务，也有根据相信，中国的知识产权保护不力问题并非虚构，更不是无端指责，美国向 WTO 投诉中国影响知识产权保护和实施的措施就是明证。中国的知识产权保护任重而道远！

① 郭小寒、丁洁如：《郑钧——一个老摇滚的伤感和愤怒》，载《北京青年周刊》2007 年 3 月 29 日第 13 期。

第三章
知识产权国际保护新体制与国际贸易

随着世界贸易组织框架下的《与贸易有关的知识产权协定》的签署，知识产权国际保护新体制逐渐形成。知识产权和国际贸易的关系日益紧密，跨国公司和国内企业的互动日益频繁，知识和技术密集型产品及其他高科技产品在企业发展中的重要性不断上升，与此同时，也引发了一系列知识产权和国际贸易的相关问题。

一、知识产权国际保护制度对国际贸易的影响

TRIPS 是第一个将贸易机制引入知识产权领域的国际法律文件，确认了知识产权和国际贸易的合法关系，从而为把贸易机制引入知识产权领域提供了法律前提。正如该协定的宗旨中所谈到的：充分有效的知识产权保护，是实现贸易公平与自由化的必要手段。为了维护本国的贸易利益，各国要不断完善本国的知识产权保护制度，使其符合 TRIPS 的标准。可见，知识产权的国际保护新体制是一把双刃剑，在给国际贸易带来巨大机遇的同时，也给相应国家的知识产权保护带来一定的挑战和压力。

（一）知识产权国际保护带动了国际贸易的发展

随着经济的全球化和一体化，许多发展中国家正在从贸易保护转向贸易自由化，关于知识产权国际保护对国际贸易所带来的影响，经济学家也进行了一定的研究。其中，R. Stern 认为，国家之间知识产权保护的不协调产生的效果就像是非关税壁垒，当发达国家向发展中国家出口时，其因为需要采取额外措施以防止当地模仿而面临更大的成本，因此，加强知识产权保护的国际协调，将会在很大程度上降低交易成本。M. J. Ferrantino 对美国在 20 世纪 80 年代早期的正常贸易、企业内部贸易和当地贸易的一系列数据进行了分析，发现知识产权与美国的正常贸易出口只有微弱的相关性，对当地贸易没有任何影响，对企业内部贸易影响很大。Maskus & Puttitanun 利用修正的 Helpman-Krugman 垄断竞

争模型就知识产权保护对国际贸易流动所带来的效应进行评估,发现发展中国家实施高强度的知识产权保护对于中间品进口具有正向效应,“市场竞争效应”、“市场扩张效应”和“成本降低效应”三种效应的共同作用,促使发达国家加大了对发展中国家和地区的中间品出口。Maskus 的调查结果是,发展中国家的知识产权保护加强后,其进口水平会有很大提高,尤其当该国是一个发展中大国时,其装备、机械和食品行业的产品进口会上升。另有证据表明,外国市场专利保护水平的提高对 OECD 国家的公司有市场扩张效应,会导致它们增加对保护水平提高的国家的出口。

根据以上经济学家的分析可以看出,TRIPS 实施的国际知识产权保护制度确实能够带动国际贸易的发展,而且会给发展中国家带来市场规模的扩张效应。[①] 从理论角度而言,加强知识产权保护会对国际贸易带来两个作用相反的影响,一方面受保护产品的需求弹性会因保护加强而降低,另一方面被保护产品的需求会因仿制品受限而扩大,两种效果孰重孰轻,尚需进一步研究。但有一点不可否认的是,发达国家通过 TRIPS 不断推动各国知识产权制度的改革,正是缘于追求贸易扩张的动力。但值得注意的是,TRIPS 的成果并未达到发达国家的要求,其在实践中将继续采取强硬手段,发展中国家在提高 TRIPS 的执行效率的同时,如何适当控制发达国家的大国单边行为,仍是问题的焦点。

(二)知识产权国际保护有利于国际贸易的商品结构调整

自 20 世纪 90 年代以来,随着世界科学技术的飞速发展,世界经济的竞争越来越表现为科学技术的竞争。在国际贸易领域,已由传统的货物贸易向高新技术产品发展,国际贸易的商品结构开始发生变化。科技与经济贸易一体化发展是当今世界经济、科技发展的一个重要趋势,通过提高产品的技术含量和附加值来获取更高的经济效益已成为国际竞争中优势的主要来源,高新技术产品贸易已成为国际贸易的新亮点。20 世纪 80 年代以来,高新技术产品在全球出口中所占比重不断攀升,由 1985 年的 13% 提高到目前的 25%。在部分发达国家,高新技术产品的出口占其外贸出口的比重已经超过 40%。高新技术产品发展对各国经济增长的平均贡献率也由 20 世纪 80 年代初的 15%,增长到目前的 30% 以上。我国加入世贸组织以来,对外贸易中高新技术产品的进出口增长迅猛。2002 年,高新技术产品进出口达 1504 亿美元,占外贸进出口总额的 24.2%;2005 年,高新技术产品进出口达 3700 多亿美元。[②] 而高新技术的核心

① 张红霞:《TRIPs 对发展中国家经济发展的影响分析》,载《亚太经济》2007 年 4 月 25 日。

② 《知识产权:现代国际贸易中的焦点问题》,http://www.ybcom.gov.cn/ebook/id,2006,8,10,1457.aspx,2007 年 7 月 8 日访问。

是以专利、商标、计算机软件、专有技术等为主的知识产权。技术贸易额的显著增加,说明了知识产权已成为国际贸易的主角,知识产权在全球国际贸易中所占地位已非常显著。随着 TRIPS 的实施,知识产权的国际保护制度对国际贸易的商品结构调整起到了很大的作用。

现代知识产权制度是对人类所生产的智力资源进行公平和高效的分配和使用的法律管理制度,它对于高新技术发展的作用是多方面的。首先,可以促进高新技术产业技术创新。高新技术发展的特点就是不断创新,知识产权制度则是推动和保障技术创新的基本制度,与高新技术产业技术创新存在着不可割裂的内在联系:一方面,技术创新产生了对知识产权保护的需求,建立一套完整的知识产权保护制度,可以保证高新技术企业的技术创新成果不外流,并获得利用该创新成果从事生产经营活动的独占权,及时收回投资;另一方面,知识产权保护制度又将推动高新技术企业的技术创新向更高层次发展,因为知识产权制度保护高新技术企业技术创新的成果,使其获得较高的经济效益和社会效益,这将促使人们继续进行技术创新,追加研究开发投资,形成良性循环,达到持续进行技术创新的目的。其次,可以提高高新技术企业的竞争力。当今企业的竞争,归根结底是技术的竞争,而技术的竞争又体现在知识产权保护上。企业的竞争力与其拥有的知识产权,尤其是专利技术又是密切相关的。在国际贸易市场中,占有绝对竞争优势的跨国公司都是在知识产权上拥有绝对优势的企业。

(三)知识产权国际保护优化了国际贸易投资环境

国际贸易投资环境受诸多因素影响,如市场状况、经济增长态势、立法和执法情况、资源优势等,而知识产权保护则是影响现代国际贸易投资的重要因素之一。在当今的国际贸易格局中,由于商品和服务的知识和技术含量越来越高,知识产权保护状况成为国际贸易投资者所必须考虑的法律环境,尤其是涉及技术转让和高新技术产业的投资。关于不同知识产权保护程度对国际贸易投资的影响,经济学家进行了尝试性的研究。Mans-field 通过对美国 1990—1992 年 6 个制造业 100 家主要企业的调查发现,一国弱的知识产权保护会阻碍美国对其进行投资,而知识产权保护较强的国家则能吸引更多的国际贸易和投资的流量,尤其是在化学工业和制药业。Guifang Yang 和 Keith E. Maskus 的调查结果是,在不同产业进行知识产权保护的效果不同,对对外直接投资决策的影响不同。纺织服装业、简单的产品加工、餐饮业等低技术商品和服务的投资较少取决于知识产权保护的力度。与此相反,医药、化工、软件业等知识含量比较高的产业,其产品和技术更容易被模仿和复制,这一行业的企业会更加关心投资国家知识产权保护的强弱和执法能力。Edwin L.-C Lai 的结论是,发展中国家加强知识产权可以看做是鼓励发达国家对发展中国家进行跨国直接投资的激励和一个市场信号。Maskus 就美国流向发展中国家的对外直接投资进行研究发现,加强知识产权保护对其产生了正向效应。OECD 的一项分析报告指出:外国企业总是避免在知识产权保护较弱的国家投资。David M. Gould 和 Willian C. Gruben 两位学者则利用专利保护、贸易制度等方面的跨国数据,对知识产权保护在贸易和增长中的作用作了实证研究,其研究显示,市场竞争程度越充分,知识产权保护促进创新和增长的作用越强。对于那些贸易保护程度较高的国家来说,更强的知识产权保护不会提供创新的激励,企业无论是发展自己的技术还是从国外购买先进的技术都与该企业所在产业享有的保护主义的程度负相关。Brage 和 Willmore 通过对巴西 3000 多家公司的调查发现,在更开放的国家里,强的保护制度更有利于企业采用新的技术。同样通过对来自巴西的 377 个公司的调查,Sherwood 发现,如果有更好的法律保护,80% 的公司将在研发上投入更多。[①] 上述经济学家的研究表明,优异的知识产权保护环境有助于发展对外贸易和投资,有助于扶持高新技术的发展。如果没有知识产权的有效保护,许多贸易活动将被扭曲和阻碍,从而迫使投资活动被转移到知识产权保护环境较优的地方。以专利为例,只有具备了良好的专利保护制度,才能更多地引进国外先进技术,促进国际技术交流。所以,知识产权制度是进行正常的贸易活动的基础性保障制度。随着国际知识产权保护最低标准的广泛引入,TRIPS 要求发展中国家在知识产权保护方面作出重大改革。对发展中国家而言,当前最大的任务是改善知识产权保护制度,使得知识产权成为促进技术创新的有力工具。

(四)知识产权国际保护已成为国际贸易体制的基本规则

1995 年 1 月 1 日世界贸易组织的建立,标志着自第二次世界大战以来国际贸易体制最大的改革。世界贸易组织是处理各国及单独关税区之间贸易规则的唯一国际组织。从世界贸易组织的三项主要职能可以看出多边贸易体制的目的、依据和分歧解决办法。其职能之一是确保贸易规则的透明度和可预见性。多边贸易体制最重要的目的是在不产生负面影响的情况下,使贸易尽可能自由地流动。这一方面意味着消除壁垒,另一方面意味着保证个人、公司和政府了解世界上的贸易规则,并使他们相信政策不会发生突然的变化。职能之二是提供贸易谈判的场所。多边贸易依据的协议都是在各贸易方经过大量讨论

① 张红霞:《TRIPs 对发展中国家经济发展的影响分析》,载《亚太经济》2007 年 4 月 25 日。

和辩论的基础上起草并签署的。职能之三是解决争端。贸易关系经常涉及利益冲突,契约和协议经常需要解释。解决这些分歧的最和谐的办法是通过建立在法律基础上的中立程序,这就是世贸组织争端解决机制的目的所在。

在 WTO 框架下的 TRIPS 的制定和实施,标志着知识产权国际保护新体制的形成。世界贸易组织的争端解决机制为成员之间,特别是为发展中国家冲破发达国家针对知识产权进口,设置种种的不合理障碍提供了较好的解决途径。随着经济的全球化和新的贸易体制的形成,知识产权国际保护已成为国际贸易体制的基本规则。[①] 第一,有助于减少知识产权国际贸易纠纷。TRIPS 首次将货物贸易争端解决机制应用于知识产权领域,为世界贸易组织成员之间就知识产权争端的解决提供了平等适用的一系列具体规则。根据 TRIPS 第 64 条的规定,在 2000 年 1 月 1 日前,世界贸易组织的知识产权纠纷案只涉及一成员对另一成员在承诺的义务范围内的不作为而提出的申诉。对于其他类型的申诉,在此之前,与贸易有关的知识产权理事会可以对原告的范围与做法进行审查,并提交部长级会议审议。TRIPS 使知识产权国际保护在贸易争端解决方面取得了巨大进步。主要表现为:(1) 保留条款的取消,强制性条款的增强。传统的世界知识产权组织所管辖的各公约规定各成员国可以通过国际法院解决争端,但又同时规定各成员国对此有保留的权利,因此该规定形同虚设。而世界贸易组织的争端解决机制要求必须接受这一争端解决机制,否则就被排除在世界贸易组织之外。(2) 表决制度采用"一致反对意见",增强可执行性。这种表决制度虽然也采取"协商一致"的形式,但和"一致通过原则"相比,更易达成某些决议,而不会使一些重大而又急需解决的问题久拖不决。(3) 采取"交叉报复"的贸易制裁措施。该制度允许成员在知识产权方面因产品侵权而受到损害却未得到妥善解决和必要补偿时,可通过中止履行对其他行业产品的关税减让义务进行报复,从而使得国际贸易争端更容易解决,法律约束力更强。[②] 第二,有利于应对发达国家知识产权壁垒。近年来,随着科技的进步,知识产权保护力度的不断增强,凭借科技优势,利用知识产权保护设置贸易壁垒的势头引起世界各国的高度重视。知识产权壁垒是在保护知识产权的名义下,对含有知识产权的商品,如专利产品,贴有合法商标的商品,以及享有著作权的书籍、唱片、计算机软件等实行进口限制;或者凭借拥有的知识产权优势,实行不公平贸易。知识产权壁垒实施手段隐秘,具有很强的报复性和歧视性。最典型的如美国的"特殊 301 条款"。根据此条款,美国贸易代表在每年 4 月 30 日前指认(1) 拒

---

① 吴汉东:《知识产权制度的运作:他国经验分析与探索》,载冯晓青主编:《全球化与知识产权保护》,中国政法大学出版社 2008 年版。

② 古祖雪:《国际知识产权法》,法律出版社 2002 年版,第 40—41 页。

绝对知识产权给予适当及有效保护的国家;或(2)未公平合理地给予依靠知识产权保护的人开放市场的国家。其政策或措施对美国产品造成事实或潜在的严重损害后果的国家,必须被列为重点国家(priority foreign countries)。1994年6月30日,美国贸易代表就以我国"知识产权执法不力、侵权行为失控"为由,宣布将我国列为严重违反其贸易法的"重点国家",并对我国展开为期6个月的"调查",确定是否应予以贸易制裁。但两国最终达成了知识产权协议,避免了一场两败俱伤的贸易战争。随着知识产权国际保护体制的建立,知识产权国际保护规则的实施将有助于国际贸易体制的完善。

(五)发达国家知识产权的滥用可能形成垄断

合理的知识产权制度有利于科技进步和发展对外贸易,这是毋庸置疑的。但是,在经济全球化的今天,知识产权制度的不合理适用,也会给国际贸易带来一些不利的影响,如发达国家知识产权的滥用可能形成垄断。随着美国、日本在一些传统制造领域的优势渐失,知识产权争端已成为他们收复市场的一种主要非贸易手段。在日趋频繁的知识产权争议中,一些跨国公司存在着超出知识产权正当行使界限的滥用现象,它们已不仅仅把知识产权作为一个法律手段运用,而是逐渐将其当作一种市场策略频频使用。跨国公司利用知识产权优势限制对方竞争,涉嫌滥用知识产权的行为可概括为:(1)过高定价。以微软公司的操作系统为例,微软中文版 Windows 98 在我国的售价高达1998元,而在美国仅售109美元。这种定价远远超出在正常竞争条件下可能获得的公平价格。(2)低价倾销。跨国公司利用其市场支配地位,以排挤竞争对手为目的,持续性地以低于成本的价格销售其产品。例如,美国诺顿杀毒软件在我国市场的每套价格是280元。这家公司为了迅速占有市场,采用的促销手段是用户只要用其他公司任何品牌的杀毒软件,另加59元就可换取最新的诺顿软件产品。这种变相的低价倾销行为,对中国国内众多的杀毒软件研制企业产生了重大影响和损害。(3)搭售行为。即将两种或两种以上产品捆绑成一种产品,在违背消费者意愿的情况下进行销售。在中国市场,美国微软同样在其视窗操作系统中捆绑销售互联网浏览器 IE 和媒体播放器。(4)拒绝许可。即知识产权人利用自己对知识产权所拥有的专有权,拒绝授予其竞争对手合理的使用许可,从而排除其他人的竞争,以巩固和加强自己的垄断地位的行为。据国家工商行政管理总局2004年下半年公布的《在华跨国公司限制竞争行为表现与对策》报告称,目前在软件行业,国内操作系统软件市场、支撑软件(包括数据库软件、软件开发工具和介于操作系统及应用软件之间的中间件)产品市场基本由国外软件所垄断,其中微软公司在操作系统软件市场上占据95%的份额。在手机行业,

2002 年跨国公司手机市场份额为 70%，其中摩托罗拉占 26.8%，诺基亚占 16.7%。在零售业，截至 2003 年底，全球 50 家最大的零售企业，已有 40 多家在我国“抢滩”登陆，其中大型超市外资控制面更高达 80% 以上，拥有绝对优势。在饮料业，美国的可口可乐公司利用强大的资本优势，在国内设立 20 多家生产基地，仅用几年的时间就把其品牌完全根植到中国年青一代消费者的脑海中，可口可乐饮料、浓缩液在中国的市场份额已经达到 70%，具有明显性的垄断地位。①

知识产权制度通常被誉为推动经济增长和技术创新的进步动力，其宗旨就是激励创新，保护创新者的权益。但它也是一种垄断，这种垄断有可能激励创新者依靠垄断获取高额利润，从而削弱技术创新的动力。知识产权保护的力度越大，昔日创新者的垄断收益越高，进一步创新的动机趋向也会削弱。以软件业为例，这是当前技术创新最集中的行业，但这个行业在昔日专利保护相对比较薄弱的时候技术创新的速度并不慢，目前决定性的技术创新很多都是那是开发的。然而近年来加强了对软件专利权的保护，软件开发者反而缺乏创意了，因为获得了垄断权的软件企业只需要开发升级换代产品就可以获取丰厚利润。

（六）知识产权保护使国际贸易利益分配两极化趋势更加明显

在加强对知识产权保护以后，发达国家在知识产权方面的绝对垄断优势以及发展中国家对发达国家的高度依赖性，决定了贸易利益的重新配置，两极分化将进一步加剧。第一，知识产权保护使国际贸易不等价交换现象进一步加剧。毋庸置疑，与知识产权高度相关的产品，由于其蕴含的知识、技术含量以及商标信誉，往往能够极大地提升商品的价值，进而提高商品的价格，发展中国家的资源型以及劳动密集型优势产品由于供给过剩、无形要素含量低等特点而价格疲软，剪刀差加剧了不等价交换。由于知识产品的无形和公共品的特性，知识产权可以多次交易，其交易利润要远远高于发展中国家的优势产品。因此，知识产权的特点及发达国家对知识产权的绝对垄断优势使得不等价交换加剧。第二，知识产权保护使发展中国家产品市场总体上处于萎缩。由于发展中国家产品在国际市场上遇到更多的贸易壁垒，产品国际市场占有率降低。而且国内产业结构升级及产品竞争能力下降，也会导致该产品国际市场份额的进一步缩减。第三，知识产权保护与标准结合，成为利益分配的工具。②。国际贸易中

① 《跨国公司在华滥用知识产权应该关注》，http://www.ydsbw.com/news/conment.php? id=494，2006 年 11 月 28 日访问。

② 曲建忠、张红霞：《知识产权保护对国际贸易的影响及中国的对策》，载《国际经贸探索》2005 年第 6 期。

的标准壁垒已经成为遏制发展中国家产品进入市场的有力武器，加强知识产权的国际化保护后，一些发达国家将知识产权保护与技术标准巧妙结合，借助于技术标准的特殊地位，强化相关知识产权保护，借助知识产权的专有性（垄断性）去实现对某些技术标准事实上的垄断，以追求最大的经济利益。如此操作，发达国家及其企业就可以利用技术标准的优势占据知识产权的有利地位，进而掌握市场主动权。加强知识产权的国际化保护后，一些发达国家将知识产权保护与技术标准结合，形成了双重壁垒，成为一种控制产业链、遏制竞争对手的工具，后发国家和后发企业的低成本制造优势逐渐消失，造成两极分化加剧。

二、知识产权国际保护制度影响国际贸易的原因

随着国际竞争的加剧，知识产权已成为各国占领国际市场并获得巨额利润的重要手段，知识产权的国际保护无疑已成为影响国际贸易的一个重要因素。

（一）知识产权的经济属性是其影响国际贸易的原动力

21 世纪是知识经济时代，知识成为创造财富的最大源泉，作为知识产品的具体形式，知识产权也随之成为一种无形财产权，知识产权经济也已逐渐成为一个新的经济学概念。[①] 知识产权实质上是一种具有价值的经济资源，知识产权的价值属性可以从其价值和使用价值两方面来得到证实。第一，知识产权具有价值。马克思的劳动价值理论认为，一切商品的价值都是由人的劳动创造的，是凝结在商品中的人类劳动。当今社会，知识产权已成为一种商品，这是没有争议的。而知识产权的价值就体现在其生产过程本身也是一个耗费劳动和资本的过程。只不过其生产出的产品不是具体形态的实物，而是不具实物形态的智力产品。在投入劳动力方面，知识产品是智力劳动与体力劳动的共同产物。而且这个过程中，所消耗的脑力劳动要远远大于物质产品生产的耗费，知识产权的价值就是建立在这个脑力劳动价值基础上的。在投入资本方面，知识产品的生产同样需要消耗物质资料。这是因为从事知识产品的开发研究本身就需要试验设备、实验场所以及实验物资等。知识产品的生产是有代价的，其只要用来进行交换，就能实现其价值，因此也就具备了价值属性。第二，知识产

① 根据经济学的一般原理，知识产权经济可以定义为：依靠现代知识产权制度和世贸规则，通过创造、占有、使用、运营知识产权资源等方式，对资本、人才、自然及其他有形资源进行市场配置、集约经营、管理创新和创造财富的活动或过程。参见郭民生：《关于知识产权经济的系列思考之一科学发展观与知识产权经济》，http://www.cnipr.com/zsyd/zlyj/t20051101_58134.htm，2007 年 7 月 9 日访问。

权具有使用价值。知识产品在生产过程中形成价值,同时因其又代表了新技术和新知识,而这些新技术和知识能够很大程度上提高劳动生产率,提高资源的利用率和开发新的资源,形成新的产品,因而其也具备了使用价值。知识产权正是这些新技术和知识的表现形式和载体,企业拥有越多的知识产权,就意味着其掌握越多的技术和知识,从而可以节约劳动力,使产品的劳动成本下降,在同样时间内生产更多的产品或降低原材料和资源的耗费,使产品的资本消耗减少,生产成本下降。新产品技术的应用,为企业创造更大的市场与价值,为社会经济的发展提供更多的资源和更大的空间。因此,知识产权也自然具有了使用价值的属性。

知识成果的价值必须通过知识产品的自由交换才能得到实现。因此,知识成果首先需要形成商品,才能进行自由交换。出现剩余和能被用于自由交换是知识成为商品的基本条件。商品的基本属性是具有价值和使用价值。知识虽然具有了价值和使用价值,但知识并不是一开始就成为商品的。劳动产品成为商品的条件是劳动产品有剩余和成为私有,知识产品是一种特殊的劳动产品,同样必须具备这两个条件,才可成为可以用来交换的商品。知识产品剩余随着社会文明发展产生的大量知识成果而得到解决,但知识的无形性与共享性、外部性和难以度量性,使得知识产品交易困难,因此,知识产品私有产权制度的建立和完善,成为知识商品化的另一必要条件。知识产权制度解决了知识产品的度量、所有权问题,通过法律规定的形式,把人类智力劳动的成果以具体的产品形式确定下来,使其成为可自由交换的无形商品。财产在传统的概念中被认为是一种实物产品,是劳动者生产劳动的产物,但随着科学技术的发展,知识经济社会开始形成,智力成果已经被作为一种抽象的、非物质化的财产类型进行保护。而这种非物质化的财产必须通过外在的载体才能表现出来,这个外在的载体就是知识产权。知识与技术产品能够成为财产,是由它们的有用性与稀缺性决定的。知识产品的有用性是通过其使用价值表现的,而稀缺性则表现为知识成果生产的长期性、复杂性与高成本性。正是知识产权的有用性与稀缺性,使之成为具有经济价值的知识财产,也被称为无形财产权。① 知识产权既然具有了价值、商品与财产的属性,自然就进入了经济的范畴,经济属性便成为它的基本属性,从而成为促进经济发展的原动力,对国际贸易也会产生巨大的推动作用。

---

① 以上内容参见王景、朱利:《知识产权经济性质的探讨》,载《昆明理工大学学报》(社会科学版)2004 年第 2 期。

（二）知识产权战略已成为相关国家发展经济贸易的重要战略

21世纪是知识经济时代，国际知识产权保护态势正在发生深刻变化，发达国家不断强化知识产权保护，大幅提升知识产权保护水平，制定并实施知识产权战略，以美国、日本为代表，均在推行以"知识产权立国"的知识产权战略。20世纪70年代，欧亚发达国家和新兴工业国家在经济上崛起，使美国产业界感到了巨大的竞争压力，而这种压力就根源于知识产权保护不力，外国能够轻易模仿，并凭借劳动力和制造业的廉价成本优势实现了经济快速发展。为此，美国总统卡特在1979年提出"要采取独自的政策提高国家的竞争力，振奋企业精神"，并第一次将知识产权战略提升到国家战略的层面。从此，利用长期积累的科技成果，巩固和加强知识产权优势，以保持美国在全球经济中的霸主地位，成为美国企业与政府的统一战略。美国知识产权战略的实施经历了20余年，在这期间，不仅对专利法、版权法、商标法等传统知识产权立法进行不断地修改与完善，而且随着生物、信息及网络技术的发展，一些新兴技术形式不断纳入知识产权的保护范围，例如将网络营销模式等理念列入专利保护范围。在国际贸易方面，美国还通过综合贸易法案的"特殊301条款"，限制竞争对手，保护本国对外贸易。美国的知识产权战略，使美国在20世纪90年代经济保持持续增长的势头，据美国专利商标局统计，十年来，美国的专利申请一直保持快速增长，每年的专利申请增加率接近或超过10%，成为世界第一专利大国。2002年5月美国麻省理工学院主办的《企业技术评论》杂志发表了"经济萧条，企业兴旺"的专题文章，文章把美国企业在后COM时代的生存法则浓缩成一句话："或有专利，或被淘汰（patent or perish）"。①

进入20世纪90年代，日本在高技术领域的竞争力开始落后于欧美，而在传统工业和劳动密集型产品方面，又面临着亚洲其他国家和地区的竞争。在这样的背景下，2002年7月3日，日本政府的知识产权战略会议发表了《知识产权战略大纲》，将"知识产权立国"列为国家战略，同年11月27日，日本国会通过了政府制定的《知识产权基本法》，共有4章33条，2003年3月1日生效。日本开始确立"知识产权立国"的国策。日本的知识产权战略的推行，使企业变得重视知识产权的利用。其表现为，一方面，企业将知识产权作为竞争获利的重要手段，拓宽了知识产权的流通渠道，增强市场竞争力；另一方面企业间建立专利联盟，有效地创造国际标准。如形成了DVD6C联盟，即六家生产DVD的核心

---

① 杨起泉、吕力之：《美国知识产权战略研究及其启示》，载《中国科技论坛》2004年3月第2期。

企业日立、松下、三菱、时代华纳、东芝和 JVC,在 DVD 方面形成技术核心联盟,达到专利支持、标准共定、技术分享,有效保障了其在国际市场的竞争力。

随着中国入世,民族产业的劣势在和跨国企业的竞争中完全暴露出来,尤其是在知识产权领域的争夺更是处于被动地位。一个国家、企业的创新能力和知识产权运用能力,将直接决定其在国际市场的竞争能力。知识产权的创造、管理、实施和保护在国际经济贸易中的地位已得到历史性的提升。据中国工程院院士倪光南介绍,我国科技部在 2005 年提出了中国科技的三大战略,即人才战略、专利战略、标准战略,这三大战略的核心就是知识产权。① 2005 年 6 月,国务院正式决定制定知识产权战略。2005 年 10 月,中共中央十六届五中全会通过了国民经济和社会发展第十一个五年规划的建议,其中明确了将建立创新型国家作为今后的中心问题。我国知识产权战略的启动,标志着中国开始了知识产权立国之路。以自主知识产权为基础,通过在国际范围内实现本土化的研究开发、本土化的生产和销售,是提高企业国际竞争能力的有力保障。温家宝总理指出,世界未来的竞争是知识产权的竞争,我国大力推进知识产权战略必将使我们在对外贸易中逐步扭转知识产权劣势,有效应对发达国家的知识产权壁垒,提升在国际市场的竞争力。

(三) 知识产权在国际贸易中的地位日趋显著

当代国际贸易呈现一个新的特征,就是国际贸易与知识产权的联系日益紧密,知识产权在国际贸易中的地位和作用日益加强,这也是知识产权保护新体制产生的经济动因。知识产权在国际贸易中的地位可概括为:第一,知识产权成为国际贸易的重要组成部分。20 世纪 80 年代以来,高新技术产品在全球出口中所占比重不断攀升,由 1985 年的 13% 提高到目前的 25%。在部分发达国家,高新技术产品的出口占其外贸出口的比重已经超过 40%。高新技术产品发展对各国经济增长的平均贡献率也由 20 世纪 80 年代初的 15%,增长到目前的 30% 以上。我国加入世贸组织以来,对外贸易中高新技术产品的进出口增长迅猛。2002 年,高新技术产品进出口达 1504 亿美元,占外贸进出口总额的 24.2%;2005 年,高新技术产品进出口达 3700 多亿美元。② 而高新技术的核心是以专利、商标、计算机软件、专有技术等为主的知识产权,技术贸易额的显著增加,说明了知识产权已成为国际贸易的主角,知识产权在全球国际贸易中所

---

① 李国华:《知识产权强国:"20 + 1"战略年内浮出》,http://www.hktm.cn/news.asp? id = 878,2007 年 11 月 25 日访问。

② 《知识产权:现代国际贸易中的焦点问题》,http://www.ybcom.gov.cn/ebook/id,2006,8,10,1457.aspx,2007 年 7 月 8 日访问。

占地位已非常显著。第二，知识产权成为国际贸易摩擦的新手段。随着经济的全球化，国内市场更多的对外开放，国际贸易中涉及专利、商标、商业秘密等的知识产权问题增多，因知识产权引起的国际贸易摩擦迅速增加。第三，知识产权成为外国企业遏制国内企业竞争力的手段。目前，发达国家利用其在知识产权方面的优势，尤其是在某些技术领域，采取"抢先申请、跑马圈地"的战略，限制发展中国家进入国际市场。知识产权已成为外国企业遏制发展中国家企业国际竞争力的手段之一。

（四）知识产权法全球化和一体化的潮流涌动

知识产权法全球化指的是以签订知识产权国际保护条约为基础形成一系列知识产权保护的国际标准的知识产权法的趋同化现象和过程。[①] 其突出表现于以多边国际条约的形式确定知识产权保护的最低保护标准，从而实现各国知识产权保护的趋同化。世界贸易组织的与贸易有关的知识产权理事会的成立以及《与贸易有关的知识产权协定》的诞生，极大地推动了知识产权法全球化的发展。知识产权立法的一体化，寓意着知识产权保护的基本原则与标准在全球范围内的普适性。[②] 当代知识产权立法全球化和一体化的潮流有多种表征，如：国际法高于国内法、知识产权保护的高标准化、最低保护标准原则的适用、从实体到程序保护规则的一体化等等。但究其知识产权法全球化和一体化的原因则是知识产权和国际贸易的关联，是知识产权国际保护体制与国际贸易体制结合的产物。在《知识产权协定》诞生之前，知识产权国际保护与国际贸易是由两个不同的国际法律体系分别处理的国际事务。长期以来以世界知识产权组织及其所辖公约为中心的知识产权国际保护制度，致力于知识产权方面的国际交流与合作，知识产权国际保护主要以智力创造领域为其活动空间，与国际贸易并无直接关联。与上述国际组织及国际公约不同，世界贸易组织及其制度框架则将知识产权保护纳入到国际贸易体系之中。这意味着，在世界贸易组织框架内，实现了国际贸易"知识化"与知识产权"国际化"，《与贸易有关的知识产权协定》有别于传统的知识产权公约，其本身即是新国际贸易体制的重要组成部分，并以推进经济全球化与立法一体化为主要目标。第一，协定在总则中确立了期望减少国际贸易中的扭曲与阻力，需要促进对知识产权充分、有效的保护，并保证知识产权执法措施与程度不至于变成合法贸易的障碍的目的。第二，协

---

① 冯晓青：《法律全球化与知识产权保护之思考》，载冯晓青主编：《全球化与知识产权保护》，中国政法大学出版社 2008 年版。

② 吴汉东：《后 TRIPS 时代知识产权的制度变革与中国的应对方略》，载《法商研究》2005 年第 5 期。

定将世界贸易组织中关于货物贸易的原则和机制延伸到知识产权领域。第三,世界贸易组织体制下的争端解决机制不仅直接适用于一般贸易的纷争,而且适用于知识产权纠纷。①

三、国际贸易中的知识产权问题

随着经济全球化的深入,知识产权保护的国际贸易化特征凸显,发达国家与发展中国家在与贸易有关的知识产权保护领域的矛盾与冲突加剧,国际市场及利益分配格局正在发生改变;知识产权贸易成为国际贸易的主要形式,知识产权保护制度也成为多边贸易体制中的主要内容。根据《与贸易有关的知识产权协定》第二部分的规定,国际贸易领域内对知识产权提供的保护对象主要是国际知识产权贸易所涉及的标的以及有形货物国际贸易中涉及的知识产权。根据其重要性,本部分就以下几个方面进行探讨:

(一) 知识产权的平行进口

当今的国际贸易已经由以传统的货物贸易为主的方式转变成为货物贸易、服务贸易、知识产权贸易并重的格局,而且往往在货物贸易的货物上存在知识产权,由于知识产权本身具有的可转让性,很有可能出现这样一种情形:权利人分别在甲乙两国就同一智力成果享有知识产权,现权利人在甲国将其含有该智力成果产品出售给第三人,第三人又将该产品出口至乙国,那么权利人是否可以以乙国的进口人侵犯其知识产权为由而要求其停止侵害并请求损害赔偿?事实上,这种现象就是人们所称的平行进口(Parallel Import),当然这也只是平行进口中的一种。随着国际货物贸易和知识产权贸易的不断增多,理论界和实务界也逐渐开始关注平行进口问题,但对于平行进口是否构成侵权,目前无论是国际还是国内均无统一的定论。

平行进口,是指某一产品受到一国知识产权保护的情况下,进口商未经授权将权利人或经权利人许可在国外制造销售的该产品,或者他人在该产品不受保护的国家生产的产品进口到该国的行为。② 平行进口问题既是一个知识产权问题,也是一个国际贸易问题。平行进口发生的机制十分复杂,它是各种因素的混合体。而其中较为关键的因素就是某知识产权产品在出口国的价格低于进口国同种知识产权产品的价格,即二者之间存在差价,这是平行进口商所极

---

① 吴汉东:《后 TRIPS 时代知识产权的制度变革与中国的应对方略》,载《法商研究》2005 年第 5 期。

② 曹建明、陈治东主编:《国际经济法专论(第五卷)》,法律出版社 2000 版,第 388 页。

力追逐的利润。在知识产权产品平行进口方面,知识产权输出国多持反对态度,如美国等国家。这些国家的知识产权权利人往往针对同一智力成果在不同国家获得各自相对独立的知识产权,然后通过知识产权许可等方式进行相关知识产权贸易,进而通过知识产权的天然垄断属性分割国际市场,进而控制知识产权产品在不同国家的价格,以获取高额垄断利润,而平行进口的发生将会破坏这一垄断体系。与此相反,知识产权输入国则往往主张允许平行进口,这样一方面可以使国内消费者在各种知识产权产品之间有更多与更实惠的选择,另一方面也可以使得本国市场避免因昂贵的知识产权许可使用费用而长期处于劣势地位。

知识产权产品的平行进口为平行进口商带来了巨大的差额利润,因此,他们是平行进口最有力的支持者。然而,进口国的知识产权权利人则会因为平行进口商的介入而被分流部分国内市场。而且,其在进口国内花费大量人力、物力等极力培育的独立商誉、售后服务等可能会被平行进口商无偿利用,即所谓"搭便车"行为。因此,他们极力反对平行进口。而对于存在"平行知识产权"的平行进口,出口国或者知识产权产品的制造国(进口国除外)的知识产权所有人不会积极反对平行进口,因为该知识产权产品的平行进口仅仅调整了授权被许可人与第三人之间利益的分配关系,但这并没有影响他们在世界整体范围内的利益。知识产权权利人对于知识产权产品独占性的适当要求,是知识产权本身的法律属性,它刺激与鼓励了知识产权人的创新精神。但是,这种独占性的要求必须是适当的。否则,它会影响普通民众对于知识产权产品的合理需求。普通消费者对知识产权产品平行进口的态度往往是积极的,因为他们可以在众多平行进口产品中获得更多、更实惠的选择机会。当然,平行进口产品可能存在进口国文字说明书缺失、售后服务难以保障、混淆商品来源等问题,但这与经济实惠的价格相比,消费者无疑仍会选择哪怕稍有瑕疵的平行进口产品。

从上述对平行进口关系中各主体利益平衡关系的分析可以看出,在知识产权产品的平行进口问题方面,原本就无法统一各国、地区对此的评价标准与看法,每个国家均是根据各自的实际情况与利益考量而制定相应的法律与政策。我国也不应例外。因此,我国目前的实际情况,是分析我国法律对于知识产权产品平行进口应该采取何种立法态度的前提和基础。同时,不同种类的知识产权由于其法律属性与功能并不完全相同,这也会在一定程度上导致立法针对不同知识产权产品的平行进口而采取不同的态度。

1. 专利权的平行进口。目前涉及专利权的主要国际公约有《保护工业产权巴黎公约》(《巴黎公约》)以及《与贸易有关的知识产权协定》(TRIPS)。《巴黎公约》中没有平行进口、权利穷竭等相关规定。TRIPS 第 28 条第 1 款关于所授予的权利规定：专利应赋予其所有人下列专有权利：(1) 如果该专利所保护的是产品，则有权制止第三方未经许可的下列行为：制造、使用、提供销售、销售，或为上述目的而进口该产品；(2) 如果该专利保护的是方法，则有权制止第三方未经许可使用该方法的行为以及下列行为：使用、提供销售、销售或为上述目的进口至少是依照该方法而直接获得的产品。该条对专利权人的进口权作了明确规定，专利产品的平行进口本身即意味着平行进口商为该行为时并没有获得进口国专利权权利人的许可，进口商的平行进口行为显然侵犯了进口国专利权人的进口权。因此我们认为专利产品的平行进口问题因 TRIPS 的生效而解决了。

2. 商标权的平行进口。涉及商标权的国际公约主要是《巴黎公约》以及 TRIPS。虽然它们都对商标专用权作了较高水平的保护，但也仅仅是禁止假冒、侵权商标产品的进口，并没有明确界定"真品"的平行进口是否为侵犯商标专用权的行为。其中也没有规定商标权人享有"进口权"。对于知识产权用尽的规定，同样适用于商标权，即将认定商标权用尽的标准交给各个成员国自行决定。欧洲经济区在 1957 年成立以后的很长一段时间内没有统一的成文商标法，其成员国皆以各自商标法律作为评价商标产品平行进口合法与否的标准。直至 1974 年"Centrafarm v. Winthrop"案①，欧共体法院在事实上确立了在共同体成员国内部允许平行进口的原则。1988 年，欧共体终于制定了有关上述原则的成文法令，即《协调成员国商标立法 1988 年 12 月 21 日欧洲共同体理事会第一号指令》。该指令第 7 条规定：(1) 商标所有人本人或经其同意，将带有商标的商品在共同体内投放市场后，商标赋予其所有人的权利不得用来禁止在该商品上使用该商标；(2) 商标所有人有正当理由对抗商品的进一步商业流通，尤其是商品状况在投放市场后遭到改变或损坏时，不适用第 1 款的规定。② 该规定仅仅是解决了欧共体内部成员国之间商标商品平行进口合法与否的问题，而没有涉及欧共体内部成员国与其他非欧共体成员国之间商标商品平行进口的问题。

---

① 案情参见黄晖：《论商标权利用尽及商品平行进口》，载《中华商标》1999 年第 2 期，第 13 页。Winthrop 集团的英国子公司与荷兰子公司都在一种药品上使用 NEGRAM 商标，Centrafarm 公司在英国公司那里低价购得 NEGRAM 药品，并进口到荷兰出售，Winthrop 荷兰公司诉其商标侵权。欧共体法院在审理该案时，提出了商标权的"特别客体"的概念。所谓商标权的特别客体是指"尤其要确保商标权利人能够独占使用商标，首次将商品投放市场，以保护权利人，使其竞争对手不能依靠出售非法附贴其商标的商品，谋取商标的地位和声誉。"根据这一概念，商标所有人行使一成员国赋予他的权利，去制止他或经他同意在另一个成员国将标有相同商标的商品首次投放市场后的进一步流通，就会违背罗马条约中有关商品在共同市场内部自由流通的规定。

② 黄晖：《论商标权利用尽及商品平行进口》，载《中华商标》1999 年第 2 期，第 13 页。

直至1998年的Silhouette v. Hartlauer一案,欧洲法院作出了一个引起轩然大波但同时也是有决定性意义的判决,因为它最终在司法领域表明了欧盟不采取“商标权国际用尽原则”(International Exhaustion)而只采取“商标权区域用尽原则”的法律立场。① “欧洲法院认为,欧盟成员国的法律不能规定世界范围内的权利用尽以取代共同体范围内的权利用尽;这将使在欧盟内协调各国法律的意图受挫。”②而“从2002年的Davidoff案来看,欧盟在此问题上的立场又有所松动。……Davidoff案的判决表明自Silhouette案以来欧盟法在平行进口问题上所坚持的反对商标权的国际用尽,坚持区域用尽的立场有所松动。没有在分销协议中对再销售行为作出明确限制即构成默示同意平行进口,从而丧失利用商标权阻止平行进口的权利,从法律效果上看,等于是从‘后门’(back door)引入了商标权的国际用尽标准”。③

日本在1972年派克笔案之前对商标产品平行进口持反对态度。“在Nsatel Nihon. K. K. v. SanKai Shoten案中,一家瑞士制造商拥有‘雀巢咖啡’商标,其日本子公司从瑞士母公司进口雀巢咖啡,第三者从其他国家也进口真正的雀巢咖啡。东京地方法院认为未经授权将真货进口日本侵犯了国内的商标权并发

---

① 李寿双:《欧盟法中的平行进口与商标权:历史演变与最新发展》,载《电子知识产权》2003年第10期,第43页。Silhouette v. Hartlauer一案案情:原告Silhouette是一家生产高档眼镜的奥地利公司,它使用“Silhouette”商标把产品销往世界各地,在奥地利,这种眼镜是由原告自己供给特定的眼镜商。被告Hartlauer是奥地利一家眼镜销售商,主要以低价来吸引顾客。1995年11月原告把一批镜框卖给一家保加利亚公司,同时通知买方只能在保加利亚及前苏联加盟共和国内销售这些镜框。随后被告购得这批镜框,并于同年12月开始在奥地利销售。原告反对被告在奥地利销售其镜框,认为根据指令,商品只有在由商标权人本人或经其同意而被投放至欧共体市场时其商标权才用尽,故向法院申请禁令禁止被告的销售行为。由于奥地利司法实践中一直采取“商标权国际用尽原则”,所以一审、二审原告均败诉。原告向奥地利最高法院提起上诉。最高法院注意到本案涉及对欧洲理事会法律文件的解释,决定将本案提交给欧洲法院作临时裁定。欧洲法院最终判定支持“商标权区域用尽”,而反对“商标权国际用尽”。

② 〔印度〕甘古力博士著:《权利用尽原则与平行进口》,宋建华译,载国家知识产权局条法司编:《专利法研究》,知识产权出版社2003年版,第401页。

③ 李寿双:《欧盟法中的平行进口与商标权:历史演变与最新发展》,载《电子知识产权》2003年第10期,第44—45页。Davidoff案案情摘要:该案原告在英国有两个注册商标,“Cool Water”和“Davidoff Cool Water”。他在英国申请一个简易判决,诉称被告在未经其授权的情况下从欧共体外部进口了标有其商标的商品到英国,侵犯了其商标权。被告承认其从新加坡平行进口了原告的矿泉水到英国,移动或涂去了产品或产品包装上的数字条码使得产品的来源无从追踪。Laddie法官判决原告败诉,其理由在于:其一,原告在将商品交付给第三人时没有对第三人的分销行为加以限制;其二,被告破坏数字条码虽使得产品的真实来源无从识别,但并没有对产品的状况造成损害,从实用的角度看,这种损害微不足道。但笔者对Laddie法官的第二个理由有不同看法:商标最重要的功能和价值就在于其有识别商品来源的功能,破坏了这一功能,应当被视为实质性的损害。

布禁令禁止该第三者在日本继续销售雀巢咖啡。”①但是,1972 年的派克笔案②使得日本在商标商品平行进口方面的态度有了较大的改变,即开始承认商标商品平行进口的合法性。而且,日本执行反垄断法公平贸易委员会在 1972 年发布的《独家进口经销协议指南》明确规定:平行进口真品不得被日本独家经销商所禁止③,这意味着不适当地阻止平行进口产品将可能构成不公平竞争行为。

新加坡现行商标法对于商标产品的平行进口持赞成态度,这可以从其商标法关于商标权耗尽的有关规定看出。该法第 29 条规定:(1) 尽管有第 27 条之规定,但是由商标注册人自己或经其明示或暗示地许可(包括有条件的或无条件的许可),将商标产品在新加坡国内或国外投放市场后,他人再在涉及这些已经投放市场的产品范围内使用其注册商标的行为,不构成对其注册商标的侵犯;(2) 但是,当被投放市场的商品被改变或者受到损害的情况下,第(1)款的规定不再适用,在这种商品上再使用注册商标将会对注册商标权人的与众不同的特征或者声誉造成损害。④

3. 著作权的平行进口。涉及著作权的主要国际公约包括《保护文学艺术作品伯尔尼公约》(《伯尔尼公约》)、《世界版权公约》、TRIPS 以及《世界知识产权组织版权公约》(以下简称《WIPO 版权公约》)。而对于著作权的平行进口问题,上述国际公约中基本上都没有作出明确的法律规制,也没有提出有效的解决方案。《伯尔尼公约》规定了“国民待遇原则”、“独立性原则”以及“自动保护

---

① 王传丽:《与贸易有关的知识产权问题——析商标权与灰色市场进口》,载《政法论坛》1995 年第 1 期,第 72—73 页。

② 本案参见朱宏涛:《WTO 背景下的知识产权平行进口问题研究》,2005 年上海大学法学硕士学位论文,第 32 页。案情摘要:日本一非代理商自香港进口了派克钢笔并在其国内销售,日本的派克笔代理商即以商标侵权为由向日本海关申请阻止该派克钢笔的进口,并从东京法院获得禁令。该非代理商即向大阪地区法院起诉,认为该代理商无权禁止其平行进口。在本案中,大阪法院认为平行进口与地域性无关,也拒绝接受商标权利用尽理论,而是经过综合分析,认为被平行进口的派克笔是美国正宗派克笔而非赝品,平行进口商没有采取不公平的做法而且有利于商品的自由竞争,消费者也可从中获益。因此支持商标商品的平行进口。

③ 黄雅文、叶雅静:《国际贸易中平行进口问题探析》,载《国际商务研究》2004 年第 5 期,第 40 页。

④ 参见余翔:《新加坡知识产权耗尽及平行进口体制解析》,载《电子知识产权》2002 年第 5 期,第 49 页。原文参见:http://www.bizcn-sg.org.sg/tramark-act.doc,《TRADEMARK ACT》,29. Exhaustion of rights conferred by registered trade mark—(1) Notwithstanding section 27, a registered trade mark is not infringed by the use of the trade mark in relation to goods which have been put on the market, whether in Singapore or outside Singapore, under that trade mark by the proprietor of the registered trade mark or with his express or implied consent (conditional or otherwise).

(2) Subsection (1) does not apply where the condition of the goods has been changed or impaired after they have been put on the market, and the use of the registered trade mark in relation to those goods is detrimental to the distinctive character or repute of the registered trade mark.

原则”，而且在第8条至第14条分别规定了“翻译权”、“复制权”、“表演权”等多项经济权利[①]；《世界版权公约》中也仅列举了几项版权人的经济权利，如“复制权”、“表演权”等[②]。但是它们并没有明确规定“进口权”，也没有涉及平行进口问题。与前两个公约相比，《WIPO版权公约》第6条规定了版权人的“发行权”[③]，但对于首次发行后该发行权是否用尽并没有强制性的规定，也将这一权利交给该公约的成员国依据自身条件进行灵活处理。前文已述，《与贸易有关的知识产权协定》同样将版权纠纷问题留给了各成员国自行解决。而真正对版权平行进口直接作出明确规定的则是1971年10月29日于日内瓦签订的《保护录音制品制作者防止未经许可复制其录音制品公约》，其第2条规定：各缔约国应当保护是其他缔约国国民的录音制品制作者，防止未经录音制品制作者同意而制作复制品和防止此类复制品的进口，只要任何此种制作或进口的目的是为了公开发行；以及防止公开发行此类复制品。[④] 这也是目前在版权领域唯一明确规范平行进口的版权国际公约，但是它由于仅限于录音制品，其在国际上的影响力较为有限。

我国《著作权法》也没有关于版权产品平行进口方面的规定，仅在《实施国际著作权条约的规定》第15条规定了外国著作权人的进口权，即“外国作品的著作权人有权禁止进口其作品的下列复制品：(1) 侵权复制品；(2) 来自对其作品不予保护的国家的复制品。”该规定中的“进口权”存在以下两方面问题：其一，该“进口权”仅适用于外国著作权人，在实际上排斥了我国著作权人对于进口权权能的享有，有超国民待遇之嫌；其二，该“进口权”禁止的仅是侵权复制品或者来自对其作品不予保护的国家的复制品，因此，不能凭借此“进口权”直接阻止灰色市场中版权产品的平行进口。

总之，国际贸易中的平行进口问题是一个值得引起人们注意的问题，它一方面涉及知识产权保护，另一方面则影响着一国的国际贸易战略及经济发展，它体现了贸易自由化与知识产权保护之间的冲突与协调。

（二）知识产权的边境保护

随着国际贸易的迅速发展，侵犯他人知识产权的非法货物的国际贸易数量

---

① 参见郑成思：《知识产权论》，法律出版社2003年版，第483—484页。“国民待遇原则”主要体现在《伯尔尼公约》的第3条、第4条与第5条中；而“独立性原则”与“自动保护原则”则主要体现在该公约的第5条〔2〕款中。

② 国家版权局办公室编：《国际版权和邻接权条约》，中国书籍出版社2000年版，第100页。

③ 郑成思：《知识产权论》，法律出版社2003年版，第506页。

④ 国家版权局办公室编：《国际版权和邻接权条约》，中国书籍出版社2000年版，第155页。

也呈上升趋势。据估计每年全世界假冒货物产值占世界贸易额的 5%—7%,约达 1000 至 1200 亿美元。侵权产品贸易的泛滥,不但严重破坏了消费者和企业的利益,而且严重地影响了国际贸易秩序,成为国际贸易中不正当竞争的重要因素。为遏制国际贸易领域侵权盗版活动的进一步发展,世界各国在加强对知识产权的立法和司法保护的同时,也把知识产权保护的重点转向行政保护,特别是海关的边境保护方面。由于海关是国家进出境的监督管理机关,有能力对进出口货物实施有效的控制,在防止和制止侵权货物进出境方面可以发挥重要作用,各国大都先后颁布了有关禁止侵权货物进出境的法律法规。与此同时 TRIPS 明确赋予海关知识产权边境保护职能,世界海关组织(WCO)也向成员国海关发出《关于有效制止侵犯版权和商标权货物进出境的建议书》,并专门发布了《海关实施与贸易有关的知识产权协定的国内立法样本》。APEC 海关手续分委会也将全面实施《与贸易有关的知识产权协定》,并作为集体行动计划之一。

为使边境知识产权保护法律化,许多国家(地区)专门制定了有关海关知识产权保护的单行规范,形成了具有自己特色的以海关保护为基础的知识产权边境保护制度。以美国海关为例,美国对外贸易中的知识产权保护条款主要集中在《美国法典》(United States Code)第 19 篇即"海关关税"(Title 19-Customs Duties)部分,广义上的美国海关法已成为包括边境知识产权保护在内的美国对外贸易法的总称[①]。海关条法局的知识产权处依据海关条例(Customs Regulation)实施美国海关对知识产权的保护。在我国香港特别行政区,海关是知识产权保护的唯一执法机关,承担调查、起诉、执行等多项职能。在日本,《海关税法》授权海关负责在边境知识产权保护中行使调查和对当事人起诉的权利。

TRIPS 第三部分"知识产权执法"篇,详细规定了包括民事和行政程序、临时措施等在内的各种救济措施。鉴于边境保护在保护知识产权中的重要作用,TRIPS 第四节从 51 条至 60 条,对有关知识产权的边境措施[②]向世界贸易组织成员提出了特别要求。该协定规定了采取边境措施的两种程序:一是依当事人的请求采取边境措施的程序;二是主管当局依职权主动采取边境措施的程序,但 TRIPS 对后者未作强制性规定。此外,TRIPS 还规定了具体的救济措施和不适用边境措施的例外情况。[③]

---

① 张乃根:《国际贸易的知识产权法》,复旦大学出版社 2007 年版,第 184 页。

② TRIPS 原注(12):如果一个成员与另一成员均参加了同一关税同盟,在其与另一成员的边境之间已基本取消了对货物流通的一切控制,则不要求该成员在该边境上适用本节的规定。

③ 丁兰、王天红:《论 TRIPS 的知识产权实施程序》,载《山西财经大学学报》2000 年第 6 期,第 104—105 页。

1. 依当事人请求采取边境措施的程序。TRIPS 要求成员制定一个申请程序①,以便有合法理由怀疑侵权商品的进口可能发生的权利持有人,在提出申请时遵照执行,此外,成员还可以提供相应的程序,对于企图从其地域内出口的侵权商品,由海关当局中止放行。申请必须以书面形式提出,并包括如下两项内容:一是证明依进口国法律对申请人知识产权的侵犯,已经不言而喻地存在的证据;二是关于侵权商品的详细说明,以便海关当局及时识别侵权商品。边境措施必须适用的对象是假冒商标的货物和盗版货物。② 而对其他侵权活动,仅是"可"采取边境措施。主管当局在收到请求采取边境措施的申请后一段合理期限内,应通知申请人是否受理其申请。如果决定受理,主管当局还应通知申请人海关当局采取边境措施的期限。

2. 依职权采取边境措施的程序。《知识产权协定》允许成员授权主管当局,在掌握了有关商品侵犯知识产权初步证据的情况下,可以随时向权利持有人索取任何可能有助于其行使权力的信息,主动对有关商品中止放行,并将中止放行立即通知进口人及权利持有人。如果进口人向主管当局提出反对中止放行的申诉,而申请人在 10 个工作日内未提起诉讼,或经合法授权的当局未决定采取临时措施,延长对该货物的放行中止期,且该货物符合进口的一切其他条件,则该商品应予放行。在一般情况下,主管当局应对其因行动失误而给进口人造成的损失,负赔偿责任;只有在其系善意采取措施的情况下,才可以免除其过失责任。

对边境措施,被告有权请求司法当局进行复审。对已被确认属于侵犯知识产权的商品,主管当局有权在不进行任何补偿的情况下,责令将其排除出商业渠道直至将其销毁:对于假冒商标的商品,除个别场合外,主管当局不得允许该侵权商品按原封不动的状态重新出口,或以不同的海关程序处理该商品。此外,TRIPS 允许成员对旅客个人行李中携带的、或在小件托运中运送的、非商业性用途的少量侵权商品,不用边境措施。

为了贯彻 TRIPS 关于边境保护的规定,TRIPS 的签字成员纷纷修订或制定法律。如日本在签订 TRIPS 后,就对其《海关税法》作了修改,在涉及商标、版权

---

① TRIPS 原注(13):对权利持有人本人或经其许可投放另一国家市场而进口的货物,或对转运中的货物,均无义务,适用这一程序。

② TRIPS 原注(14):就本协议而言:(a)"假冒商标货物"是指下列任何货物(包括包装),未经许可而载有与在这种货物有效注册的商标相同的商标,或者载有与这样的商标的主要部分不能区别的商标,因而依照进口国的法律,该商标侵犯了有关商标所有人的权利;(b)"版权盗版货物是指未经权利持有人同意或在生产国未经权利持有人正当许可的人的同意而制作的复制本的任何货物,它们是直接或间接依照某一物品所制成,而按服进口国的法律该复制品的制作本来是会构成对版权或有关权利的侵犯的。

及与版权有关权利的保护中建立了“进口暂扣申请制度”。权利人可向海关申请暂扣进口的侵犯其权利的货物,但当海关决定扣留货物时,权利人需提交一定数额的担保金(权利人与金融机构签有委托合同的可免交),否则,海关将停止对有关涉嫌货物的认定,并允许货物进口。此外,日本的《海关税法》第 21 第 4 款至第 7 款对侵犯知识产权嫌疑货物的处理在程序上也作了更明确的规定。

(三) 地理标志的国际保护

根据 TRIPS 第 22 条的定义:“地理标记指识别货物原产于一个成员方境内,或境内的区域或地方的标记,而该货物的一定质量、声誉或其他特性被认定为是该原产地所具有的。”根据我国《商标法》第 16 条规定:地理标志,是指标示某商品来源于某地区,该商品的特定质量、信誉或者其他特征,主要由该地区的自然因素或者人文因素所决定的标志。地理标志是当今国际贸易领域中一个重要的市场营销工具,是表明商品的来源、质量和生产者的重要标记。在一宗瑞士高等法院的判决中,法官 Laddie 称:“知名的地理标志尤其是那些有很高价值的标志,其暗含的声誉已超过产品的来源地,因而产生商业上的吸引力,所以应对此予以保护。”①

国际上保护地理标志最早的是《巴黎公约》,它将地理标志的上位概念——“产地标记或原产地名称”作为保护的对象。其中第 1 条第 2 款写道:“工业产权的保护对象是专利、实用新型、工业外观设计、商标、服务商标、商号、产地标记或原产地名称以及制止不正当竞争。”《巴黎公约》对地理标志的保护救济措施是在进口时扣押产品,或至少是禁止进口,或是国内扣押,而没有其他民事救济措施。

《制止商品产地虚假或欺骗性标记马德里协定》(《马德里协定》)是第一个在禁止虚假或欺骗性产地标记方面作出特别规定的国际协定。“虚假”与“欺骗性”之间的差别在于,欺骗性产地标记可以是货物来源地的真实名称。相反,虚假标志则无论如何也不可能是货物来源地的真实名称。《马德里协定》并没有比《巴黎公约》的保护范围大很多。但是,它提供的保护从虚假产地标记延伸到了欺骗性产地标记。《马德里协定》并不保护“通用”名称。它只有一条特别条款,根据该条款,各国法院判定何种产地标记因其通用发生而不属于该协定的范畴。根据《马德里协定》,可将地理标志作为集体商标、证明商标或质量保证标志加以保护。这意味着也可采用商标的国际注册体系来对地理标志进行

---

① Chocosuisse Union des Fabricants Suisses de Chocolat v. Cadbury Ltd. 转引自黄桂林:《地理标志的国际保护及中国现状》,人民法院出版社 2005 年版,第 7 页。

国际保护，此体系包括1891的《商标国际注册马德里协定》和1989年《商标国际注册马德里协定有关议定书》。但这仅适用于通过商标证明书制度进行保护的国家。

《保护原产地名称及其国际注册里斯本协定》（以下简称《里斯本协定》）的保护范围大大超过了《巴黎公约》和《马德里协定》。它给原产地名称下的定义是："……一个国家、地区或地方的地理名称，用于指示一项产品来源于该地，其质量或特征完全或主要取决于地理环境，包括自然和人为因素。"《里斯本协定》为原产地名称下了一个恰当的定义，并将保护措施所针对的对象扩展为："……任何假冒和仿冒，即使标明的系产品真实来源或者使用翻译形式或附加'类'、'式'、'仿'字样或类似的名称。"《里斯本协定》第6条规定，一旦某原产地名称在一个签约国内受到保护，只要其在原产国受到国内保护，就不能被视为通用名称。这样规定还有其他效果，即如果被保护的名称在通知前已被第三方使用（如作为商标），则接受保护国家的主管部门有权给予第三方不超过两年的期限以结束此类使用。只要在原产国内作为原产地名称受到保护，则无须续展，该名称的国际注册在此期间均受保护。

《与贸易有关的知识产权协定》不仅规定了地理标志的含义，而且规定了具体的保护措施。各世贸成员在谈判TRIPS时，地理标志是最困难的领域之一。与其他部分的谈判不同的是，其他条款的主要矛盾在于发达国家集团与发展中国家集团之间的冲突，而地理标志谈判更多的矛盾主要是欧洲和北美、澳大利亚的冲突，即所谓旧世界（the old world）与新世界的（the new world）之间的利益冲突。[①] TRIPS对地理标志的保护主要体现为以下几个方面：第一，禁止以任何方式将地理标志作为商品名称、商品表达使用。成员应提供法律措施以使利害关系人阻止下列行为：在商品的称谓或表达上，明示或暗示有关商品来源于并非真正来源地、并足以使公众对该商品来源误认的；以《巴黎公约》1967年文本第10条第2款的规定，则将构成不正当竞争。第二，禁止对包含有未能表明商品真实原产地的地理标志的商标注册或使其注册失效。TRIPS第22条第3款规定，如果某商标包含有或组合有商品的地理标志，而该商品并非来源于该标志所标示的地域，于是在该商标中使在该标志来表示商品在该成员地域内即具有误导公众不去认明真正来源的性质，则如果立法允许，该成员应以职权驳回或撤销该商标的注册，或使其注册失效。我国《商标法》第16条规定与此基本一致，但已经善意取得注册的继续有效。第三，禁止字面上真实但实际上却能产生误导效果的地理标志的使用和注册。TRIPS第22条第4款规定，即使某地

① 孔祥俊：《WTO知识产权协定及其国内适用》，法律出版社2002年版，第194页。

理标志,是逐字真实指明商品来源地域,但仍产生误导效果,使公众以为该商品来源于另一地域,亦适用本条以上 3 款。为什么使用了明明是表示商品来源的地理标志,也会误导公众呢?郑成思教授对此作出了解释:如果英国剑桥的陶瓷商品在新西兰消费者中较有名气,这时一家美国波士顿的厂商就把自己的陶瓷商品也拿到新西兰销售,商品包装上表明“坎布里奇”陶瓷。“坎布里奇”实实在在是波士顿地区的一个地方,英文却正是剑桥的意思。这种标示法,显然会使得用惯了英国陶瓷的新西兰消费者,误认为该商品不是来自美国的坎布里奇,而是来自英国剑桥。郑成思教授的举例,清楚地讲明了此种难以理解的情况。由此可见,此款是对地理标志的特别保护,显示了 TRIPS 对地理标志保护的周全。此外,TRIPS 还规定了对葡萄酒与白酒地理标志的补充保护及地理标志保护的例外。

(四)契约性许可中的限制竞争行为

知识产权要实现自身的价值,必须得与厂房、机器、劳动力、原材料等许多其他的生产要素相结合。[①] 因此,知识产权所有人往往通过知识产权转让的方式,许可他人甚至很多人使用自己的知识产权,以获取一定的收益。这里所谓的许可(License)是指知识产权权利人允许他人实施其知识产权的活动。这种许可活动是通过双方签订许可协议来进行的,故又称契约性许可。契约性许可通常是一种商业交易,知识产权的转让一般是通过订立许可证协议的方式进行的。由于许可证协议的客体是无形财产权,而且被许可方只能在一定时期和一定地域内使用被转让的技术,在实际许可交易中,许可方为保护自身的利益,常常凭借拥有知识产权独占权的垄断优势,对被许可方的竞争作出种种限制。在一般情况下,这些限制往往是合法合理的。但这种限制竞争行为如果超过了法律允许的范围,就会构成对知识产权的滥用。以专利为例,专利权人行使其独占权的范围仅限于禁止其未许可的他人实施其专利权(包括制造权、使用权、销售权和进口权),当专利权人与他人订立了专利许可协议后,专利权人就应该按协议规定允许被许可人实施其专利,他无权在专利许可协议中设置任何不合理的限制性条款来限制对方的正当竞争。限制性条款主要有:排除质疑条款、单方独家回授条款、一揽子许可、指定技术来源、指定进货或销售渠道、货物搭售、不竞争条款、产量质量或价格限制、客户和地域限制、期满后的使用限制、自动延期条件、按无关产品计算许可使用费等。

然而当前在世界范围内,无论是在国际商品贸易还是国际技术转让中,上

---

① 王晓晔:《知识产权滥用行为的反垄断法规制》,载《法学》2004 年第 4 期。

述限制商业行为和条款却普遍发生,其原因主要有:第一,独占性原因。知识产权权利人享有法律上的独占权。“知识产权的专有性,也称垄断性或独占性。知识产权所有人对其智力成果享有占有、使用、收益、处分的权利。”①以专利权为例,从专利制度的实质看,它要求发明人将其发明公开,作为对价,国家允许发明人在一定期间内对其发明创造享有独占权,即对发明有权实施合法的垄断,这种独占权是一种绝对的垄断权,它不允许他人在专利有效期内有自由使用专利权的权利,这虽然也是一种限制竞争行为,但这种限制竞争行为是专利法赋予的合法权利。如果专利权人试图将这种限制竞争的权利扩大到法律授权范围以外,则是违法的。因而这种制度很容易被权利人所利用,权利人可以凭借其享有的独占权和垄断地位,将一些不合理的限制竞争行为强加给被许可方。第二,保持竞争优势需要的原因。知识产权垄断权可以鼓励企业或个人通过发展新技术而促进竞争,提供更新更好更便宜的产品,在市场竞争中保持优势地位。而权利人将知识产权使用权提供给被许可方使用,也可能同时造就一个潜在的竞争者,这对知识产权权利人是一个很大的威胁。为了保护自身利益,权利人在契约性许可中自然会采取一些限制竞争行为,以阻止被许可方与之竞争。第三,知识产权交易的特殊性。知识产权交易中,因为权利人往往在科学技术上具有明显的优势,被许可人通常无法从市场的其他主体处获得替代品,所以不得不迁就权利人所提出的各种要求。尤其是经济、技术较落后的发展中国家企业在从发达国家引进技术时,大多处于劣势地位,更容易出现上述现象。在这种情况下,发达国家的技术输出方往往乘机向发展中国家的企业施加种种不合理的限制竞争条款。

因为这种不合理的限制竞争行为会妨碍正常的市场竞争机制,对国际贸易和国际技术转让产生不利影响,世界各国普遍都认为应当规制不合理的限制竞争行为。目前大多数发达国家在反不正当竞争法或反垄断法等立法中对这种行为加以限制或制止。发展中国家由于在技术引进过程中发达国家常强加于它们的限制性条款和条件,因此也纷纷通过立法规定禁止这种对发展中国家经济、技术发展不利的限制性商业行为。

1993 年国际社会在发达国家的推动下,在关贸总协定乌拉圭回合谈判中制定并通过了《与贸易有关的知识产权协定》,以更有效和充分地对知识产权进行保护。该协定对知识产权领域内的限制竞争作了较为详细的规定。其第一部分的第 7 条和第 8 条是关于目标和原则的规定,其中第 8 条第 2 款规定:“可采取适当措施防止权利持有人滥用知识产权,防止经常实施的不合理限制贸易的

---

① 戚昌文、朱雪忠:《简明知识产权法教程》,华中理工大学出版社 1996 年版,第 3 页。

行为、或对国际技术转让有消极影响的行为,只要该措施与本协议的规定一致。"[①]TRIPS 第二部分"关于知识产权效力、范围和使用的标准"中专门设立了一节,即第八节——"对许可协议中限制竞争行为的控制"。该节只包含了一条规定,即第 40 条,可以说是典型的反垄断条款。[②] 具体表现为以下特点:

1. 从 TRIPS 第二部分第八节标题以及第 40 条本身的措辞来看,TRIPS 所针对的仅仅是对竞争产生限制作用的知识产权滥用行为,它与反垄断法的联系更为直接和紧密。而对于诸如研发合同、合作协议或联营协议等中的知识产权条款,考虑到其在费用分摊、分散风险、减少"搭便车"以及避免重复研究等方面的优点,则不列入该条所要解决的问题,以避免对是否会违反反垄断法产生不必要的顾虑,因此该第 40 条的适用范围没有被不合理地扩大。

2. 在当今世界各国的反垄断立法和司法实践中,"本身违法"(perse rules)和"合理原则"(rule of reason)两大规则已经作为首要的指导性规则得到了广泛的运用。所谓"本身违法",是指某些类型的协议或某些市场行为,其本身即具有很明显的垄断性质,且非常可能损害竞争,法律对此也有明文的禁止性规定;则该种协议或行为一经指控,即可判定为非法,而没有必要花费时间和费用对其合理与否以及对市场竞争后果的大小进行专门的调查和举证。而"合理原则"是指某些类型的协议或某些市场行为,虽然其含有一定的限制竞争因素,但是需要对该协议或行为的总体竞争后果进行调查,以此来判断是否构成垄断以及是否需要进行法律制裁。TRIPS 第 40 条第 2 款允许各成员在立法中规定在"特定情况"下可构成对知识产权的滥用并对相关市场中的竞争产生不利影响的许可活动或条件。"特定情况"这一措辞的使用,表明 TRIPS 对知识产权滥用的垄断性质采取了综合考察、评估的态度,可以说是遵照了反垄断法中的"合理原则",而不是把某些滥用行为直接作为"本身违法"来处理。

3. TRIPS 第 40 条第 4 款规定,如果一成员打算就另一成员的国民或居民违反前者相关法律法规的限制竞争行为进行制裁时,应当根据该另一成员的请求与之磋商。该款涉及的是在发生相关争议时,各国有必要采取的合作和解决方式。这样的规定在实际实施过程中,有可能产生正反两个方面的效应。第 40 条第 4 款的规定,一方面考虑到了在知识产权领域开展反垄断国际合作的现实需要,通过磋商这一形式,并继而以 WTO 的争端解决机制作为保障,具有一定的可操作性。同时,其不依赖于反垄断法领域现有合作模式的做法,也为在

---

① 张伟君:《TRIPS 协定对我国知识产权许可反垄断立法的意义》,载《世界贸易组织动态与研究:上海对外贸易学院学报》2003 年第 6 期。

② 张传:《论知识产权滥用在反垄断法领域的规制——兼评我国的相关立法问题》,载《政治与法律》2004 年第 5 期。

WTO 范围内就知识产权滥用的反垄断法合作提供了积极的现实可能性。另一方面,如果运用不当,也容易带来他国进行干预的可能性,大大增加处理有关案件的困难程度,这是需要引起注意的。

知识产权作为一种合法的垄断,是近现代社会为推动科技进步,经济繁荣和社会进步而作出的一项重要的制度设计,它一般是作为反垄断法的适用除外而存在的。但是,承认知识产权的垄断特征不等于说可以不对知识产权的行使加以约束。由于知识产权是一种民事权利,知识产权滥用只是民事权利滥用的一种情形,所以民法上的"禁止权利滥用原则"当然可以约束知识产权人的行为。但是该原则的运用毕竟只是对知识产权滥用行为进行总体上的抽象规制,仍然需要具体的制度规范来进行具体的规制。这一任务当然落到了竞争法的肩上。知识产权滥用导致了技术市场上各个主体(包括社会公众)之间的利益失衡,而这些利益也正是反垄断法所关注的,所以,对知识产权滥用的限制成为知识产权法与反垄断法所关注的,故对知识产权滥用的限制成为知识产权法与反不正当竞争法的连接点。从本质上来说,这种连接是以经济利益为中心的。在我国,不仅仅要靠垄断法来规制限制竞争行为,还应当利用目前所有的各种法律法规,建立起有效管制体系,预防和惩治知识产权契约性许可中的限制竞争行为。

上述讨论的平行进口、边境保护、地理标志、契约性许可中的限制竞争行为等问题是现代国际贸易中需要注意的几个重要的知识产权热点问题。正如上文中提及的,平行进口影响着国际贸易战略及经济发展,体现了贸易自由化与知识产权保护之间的冲突与协调;边境保护则是遏制国际贸易领域的知识产权侵权活动的重要措施;地理标志可以成为我国在国际知识产权贸易中的"长项";而如何协调好知识产权和契约性许可中的限制竞争行为则是保障市场正常交易秩序,不因知识产权所有人依法取得的垄断地位而妨碍、限制或者歪曲市场的有效竞争的重要一环。

四、中国应对知识产权与贸易关联的对策

随着经济全球化的出现和新的贸易体制的形成,知识产权保护已成为现代国际贸易体制的基本规则。"知识产权国际化、国际贸易知识化",使得知识产权和国际贸易二者已相互交融、相互关联。中国正处于这种新的国际背景和时代条件下,加强知识产权保护对中国而言别无选择,因为近年来中国经济发展

的 70% 来自于对外贸易。[①] 如何应对知识产权与贸易关联的态势,从而促进中国的经济发展?笔者提出以下对策:

(一)制定和实施我国的知识产权发展战略

为了能将国家的十一五规划中关于发展我国核心技术的规划贯彻落实,我国应该借鉴日本和美国的知识产权战略,制定和实施中国的知识产权发展战略。

20 世纪的 80 年代,日本产品以物美价廉而充斥全球,并使日本的国际竞争力在 1992 年位居世界首位。但物美价廉已不再适合今天的日本企业了,随着日本劳动力成本的提高和亚洲新兴国家及地区的竞争,日本的竞争力开始下降,2002 年降至第 30 位。日本在反省后认为,原因应该是没有阻止其他企业进入自己的市场,导致了双方拼成本的争斗,从而降低了自己的市场份额。考虑到日本劳动力成本之高,物美价廉的方法不能维持长久,日本企业认为今后的方向是走阻止同行竞争的道路,用专利及知识产权在市场上构筑防线。于是日本在 2002 年后提出了“知识产权立国”的口号。美国是从 20 世纪的 80 年代开始实行知识产权发展战略的,对内主要包括两个方面:一是产业结构的调整;二是相应的知识产权改革,制定法律,重新界定知识产权的权利归属和利益分配,包括知识产权的实施者和推动者及管理者的权益。在对外方面,谋求美国知识产权权利人在全球利益的最大化,推动《与贸易有关的知识产权协定》的签署。这两个国家在实施知识产权发展战略后,也成为了知识产权国际化最大的赢家。2004 年,WIPO 受理 PCT 申请共计 113917 件(WIPO 预测数据),按 PCT 申请的来源国统计,美国名列国家申请量首位,达 33818 件,占全部申请量的 26.1%;日本为 16642 件,位居国家申请量第二。[②] 由此可以看出,在实施知识产权发展战略之后,国民的创新欲望被激发起来了,再加上国家制度的保护,对整个国家的技术积累起到了很大的作用。中华民族作为一个优秀的民族,本身就不缺乏创新,如果国家能够制定一系列鼓励以及保护创新的制度,那么实现我国的腾飞也就是指日可待的事情了。

中国于 2004 年、2005 年分别成立了“国家保护知识产权工作组”和“国家知识产权战略制定工作领导小组”。以此为契机,中国知识产权制度建设迈入了战略主动的新阶段。2006 年 1 月,胡锦涛总书记在全国科学技术大会上提出

---

① 吴汉东:《知识产权制度运作:他国经验分析与探索》,载冯晓青主编:《全球化与知识产权保护》,中国政法大学出版社 2008 年版。

② 参见《2004 年世界重大知识产权事件回顾》,源于 http://www.gdsjpt.com/new-7.htm,2007 年 12 月 3 日浏览。

了建设创新型国家的战略目标。同年5月,胡锦涛总书记在中央政治局集体学习时强调:"加强我国知识产权制度建设,大力提高知识产权创造、管理、保护、运用能力,是增强我国自主创新能力、建设创新型国家的迫切需要。"这一论断表明,中国已经站在战略全局的高度,重新审视知识产权制度的功用和地位。基于当今国际科技、经济的发展趋势和创新型国家的发展经验,中国将通过制定和实施国家知识产权战略,有效利用知识产权制度,以此作为缩小与发达国家的差距、实现跨越式发展的政策抉择。

2008年6月5日,国务院发布《国家知识产权战略纲要》,该《纲要》指出,改革开放以来,我国经济社会持续快速发展,科学技术和文化创作取得长足进步,创新能力不断提升,知识在经济社会发展中的作用越来越突出。我国正站在新的历史起点上,大力开发和利用知识资源,对于转变经济发展方式,缓解资源环境约束,提升国家核心竞争力,满足人民群众日益增长的物质文化生活需要,具有重大战略意义。知识产权制度是开发和利用知识资源的基本制度。知识产权制度通过合理确定人们对于知识及其他信息的权利,调整人们在创造、运用知识和信息过程中产生的利益关系,激励创新,推动经济发展和社会进步。实施国家知识产权战略,大力提升知识产权创造、运用、保护和管理能力,有利于增强我国自主创新能力,建设创新型国家;有利于完善社会主义市场经济体制,规范市场秩序和建立诚信社会;有利于增强我国企业市场竞争力和提高国家核心竞争力;有利于扩大对外开放,实现互利共赢。必须把知识产权战略作为国家重要战略,切实加强知识产权工作。

对于我国知识产权战略纲要的实施,本书认为应该包含以下几点:第一,可考虑条件成熟时制定知识产权法典;第二,设立知识产权法院;第三,建立知识产权预警制度;第四,引导企业利用知识产权制度参与国际竞争。

(二)强化国内知识产权保护力度

随着TRIPS被纳入WTO规则体系,知识产权保护所涉及的产品种类将越来越广,知识产权的保护期也将越来越长,知识产权保护从低度化向高强度化过渡是一个必然的趋势。低度化的知识产权保护的首要弊端就是阻碍了外国技术的流入,技术输出方因为面临丧失市场竞争优势的风险,会选择不向该国转让技术或通过其他方式来平衡这种可能的损失,如抬高转让价格、甚至附加政治条件等。而一个高度健全的知识产权保护制度,不仅可以作为刺激FDI流入的市场信号,而且还能在一定程度上带动贸易规模的扩大、促进技术交流的顺利发展、保护本国企业的创新。基于此,经济学家们经过分析研究认为,发展中国家强化国内知识产权保护力度是一个必然选择。①

中国加入世界贸易组织后,有了更多的发展机遇,但由于知识产权国际化趋势的不断加强,也不得不面对更大的挑战。TRIPS 扩大了知识产权的保护范围,强化了保护机制,确立了国民待遇原则、最低保护原则和最惠国待遇原则等基本原则,加强了对成员方的监督,比以前任何一个国际知识产权保护协议规定的标准都高、采取的措施都严。这对于知识产权保护历史非常短暂,保护意识比较薄弱,保护制度尚不健全,特别是经济和社会发展相对落后,现代化程度还较低的中国来说,无疑是一种严峻的挑战。当前国际上不断扩张的知识产权保护水平超越了中国的发展阶段,反映了发达国家的利益。许多学者认为,过宽的知识产权保护压抑了竞争,就连美国经济学教授里查·曼都说:乌拉圭回合中形成的 TRIPS 至少在扩大专利保护领域、统一 20 年的发明专利保护期、确认"进口权"、在确认侵权时承认"方法延伸到直接生产产品"原则等 4 个方面完全按照发达国家的意愿作出了规定。发展中国家要想参与市场并享有优惠,就不得不接受它们在修订巴黎公约时所不愿接受的专利保护标准。

我国需要更多的时间提高知识产权的保护水平,然而在发达国家主导的经济全球化和知识产权国际化潮流越来越强的背景下,面对西方成熟的知识产权制度、完善的知识产权理论、强大的综合实力,我们却没有更多的磋商和选择余地。尽管面对的是不断扩张的超越中国发展阶段的国际知识产权保护制度,有时出于总体和长远的考虑,我们也不得不接受。不加强保护不利于激发国内知识创新,不利于吸引国外先进技术,而强化保护将增加我们技术引进的成本,加剧贫富、地区、行业间的不平衡,加大我国现代化发展的代价。既要强化保护又不能过度保护,我们面临着两难选择。伴随着我国经济的进一步发展,对外开放的全面展开,特别是加入世贸组织数年以来,在知识产权方面所面临的挑战与困境将更加严峻,我们要积极应对挑战,研究对策。

1. 国内立法上的适应。知识产权保护水平的高低,关涉到国家利益,因而国内立法应当以维护国家利益为原则。知识产权问题上所体现的国家利益,即使在发达国家也是必须斟酌的。美国在联邦版权法颁布一百多年后,才宣布在有限的条件下对仅仅 4 个国家的作品给予版权保护,直到 1989 年才加入《伯尔尼公约》。因为在此之前,保护外国的版权对美国并没有太多的利益。我国主要是知识产权的输入国,因此在扩大知识产权的保护范围,提高知识产权保护水平上,更要保持谨慎的态度。"条约必须信守"是一项国际准则,因而在国内立法上,首先要遵循我国所加入的国际条约的最低保护要求,在此基础上,应当

① 张红霞:《TRIPs 对发展中国家经济发展的影响分析》,载《亚太经济》2007 年 4 月 25 日。

设计有利于我们的知识产权制度。首先,对于高于知识产权国际条约的立法保护应当保持谨慎。2001 年底修订的《计算机软件保护条例》规定了个人用户使用盗版软件的法律责任①,有学者认为这一规定超出了 TRIPS 确立的最低保护要求。而对于我国这样一个发展中国家,高水平保护无异于作茧自缚。其次,对于现行国际条约未予规范的,根据情况斟酌立法。比如对于基因的专利保护,商业方法的专利保护,应当进行调查研究,如果对本国产业不利,则应拒绝保护。而对于传统知识、遗传资源等于我有利的,应当尽快立法加以保护。此外,还应充分利用国际条约给予发展中国家的有利规定。

2. 健全司法和执法程序的保护。司法和执法途径是知识产权保护中最直接、最有效的保护途径,是知识产权执法中最为关键的环节。我国目前也形成了比较完善的司法保护机制,但是,随着全球化的日益剧烈,我国还应进一步加强司法保护,这不但是 TRIPS 等国际条约和国内法的规定,也是我国知识产权保护现状所迫切的要求。概括起来说,当前应做好如下工作:第一,加强司法解释工作和司法队伍建设。入世后,各级法院知识产权案件的受理和审结的压力逐渐增大,案情也趋于复杂。我国司法机关适用 TRIPS 等世贸组织条约规定的原则,采用非直接适用方式,即司法机关不直接适用 TRIPS 的规定处理案件,而适用国内法处理纠纷;国内法应当体现对世贸组织有关条约规定的承诺。在国内法律规定不完善的情况下,司法机关应按照 TRIPS 等国际条约规定的精神,特别是按照世贸组织协议的要求,加强民事、刑事执法措施法律适用方面的司法解释,要重视司法解释在解决适用 TRIPS 中的难题和对立法不足之补充的重要作用。在国家相关法律法规基础上,加大了司法解释工作力度,目前已先后发布了二十多个知识产权司法解释性文件,使知识产权诉讼制度进一步完善,审判运作机制进一步科学化、制度化、规范化,形成了与知识产权法律法规相配套的比较完善的知识产权司法解释体系。同时,应注重健全知识产权审判组织,建立专责知识产权审判庭。此外,各级法院应高度重视知识产权法官培训工作。加快知识产权法官的职业化建设步伐。优先从精通法律、熟悉国际公约和条约、外语基础较好、具有理工专业背景的人员中培养、选拔知识产权法官,同时有计划地面向社会招调一批具有丰富审判经验的高素质人员,充实知识产权审判队伍,适应快速增长的知识产权纠纷案件的审判需要。第二,提高执法水平加强执法力度。国家知识产权行政主管部门肩负着依据法律,查处侵权违法案件和实施行政管理的重要使命,全国工商、专利、版权、海关、

---

① 最高人民法院《关于审理著作权民事纠纷案件适用法律若干问题的解释》(2002)第 21 条:“计算机软件用户未经许可或者超过许可范围商业使用计算机软件的,依据著作权法第四十七条第(一)项、《计算机软件保护条例》第二十四条第(一)项的规定承担民事责任。”

公安、文化市场管理的行政执法队伍在法律实施方面应发挥不可替代的作用。提高知识产权保护的能力和执法效能,建立专门的知识产权保护机构,全方位的知识产权保护监控体系。采取多种新型手段和措施,对侵权案件的信息资料加以收集、整理,充分发挥风险分析优势,加大查验力度,提高布控成效。

(三)完善我国对外贸易立法

我国的对外贸易法律制度是指国家对货物进出口、技术进出口和国际服务贸易进行管理和控制的一系列法律、法规和其他具有法律效力的规范性文件的总称。我国于 2001 年加入世界贸易组织,这意味着我国可以和 WTO 组织成员自由贸易,而不会再受到一些发达国家利用关税减让的条件大打政治牌,这对于我国这样一个贸易大国来说,无疑是从枷锁当中挣脱了出来。但同时应该看到,由于知识产权国际化的加快,我国在加入 WTO 的同时不得不接受由发达国家主导的 TRIPS,这是我国继打破关税壁垒之后,又要面对的新型的贸易壁垒。为了兑现入世的承诺,我国从 2001 年开始陆续对国内一些法律进行修改,2004 年 4 月 6 日,第十届全国人民代表大会常务委员会通过了修订后的《中华人民共和国对外贸易法》(以下简称《外贸法》),使得我国的外贸法更加符合 WTO 的规则。在修改之前,我国的《外贸法》对知识产权也有规定,但"比较分散、比较少、比较原则,而且主要是为了保护权利人的权利,而不是限制权利人滥用权利"①。而修订后的《外贸法》,特意增加了第五章"与对外贸易有关的知识产权保护"。这是我国为了适应知识产权国际化潮流所作出的明智之举,也为我国的知识产权保护,以及防止国外知识产权的滥用提供了强有力的法律武器。目前,对外贸易法需要完善的问题主要有:(1) 制定和外贸法配套的行政法规,保障外贸法的实施。2004 年《外贸法》的修订吸收了发达国家的立法经验,我国也勾勒出了保护我国贸易的非关税壁垒,比如通过知识产权的保护、消费者安全的保护,以及我国国家标准的制定。但由于我国在这方面的经验还不多,在制定法律的时候原则性较强,没有配套的实施办法,这也要求我国尽快根据《外贸法》制定出相应的行政法规,以保障《外贸法》的实施,真正将《外贸法》变成保护我国贸易的武器。(2) 加强对新型贸易壁垒的研究,发展我国相关的保护措施。面对知识产权国际化带来的一些新型的贸易壁垒,我国显然还研究得不够。在对外贸易的过程中往往只是注重如何避开这些壁垒,以及适应这些壁垒,而忽视了我国对这些手段的运用。比如将专利技术融合到技术标准当中,

① 程明霞:《外贸法重修能否消解中国专利之痛》,载《经济观察报》2004 年第 2 期。

以及将专利技术融入环境保护当中等等。这些标准的制定以及推广既可以加大国外商品进入我国市场的难度,又可以使我国的专利权人坐收渔利。所以,我国在这些新型的贸易壁垒方面需要投入更高的热情,寻求在充分保护国内市场的同时,也遵守国际准则,避免引起贸易伙伴的不满和报复。(3) 通过立法推动,保护我国产业结构升级。我国在发展的过程中也意识到了我国目前经济增长方式存在的弊端,仅仅依靠劳动力的优势取得的发展是低水平的发展,如果无法形成自己的核心竞争力的话,在国际市场上就无法取得较强的竞争优势。在这种情况下,我国十一五规划用了整个第三篇来分析和解决这个问题,并且提出了总体的规划。这也说明了国家越来越重视我国发展中的核心技术问题,对我国核心技术的发展必定会带来强劲的动力。这同样也给我们提出了要求,在国内要大力保护知识产权,而在对外贸易中,又要积极运用知识产权等手段保护我国的产业发展,为我国技术升级赢得时间。

关于知识产权国际化对我国对外贸易立法的影响,应该不仅仅局限于研究其对贸易法以及国务院相关行政法规的影响,而应该考虑所有的和我国对外贸易有关的法律、法规以及制度等一系列的规则。所有的这些应该以《外贸法》为统领,共同组成一个旨在消除国外对我国实施不公平贸易,并保护我国对外贸易的系统。

(四) 制定应对国外知识产权壁垒的策略

随着知识产权纷纷被许多发达国家及其跨国公司以不同方式用做保护本国市场的屏障和侵占他国市场的贸易大棒,知识产权壁垒作为一种日益重要的非关税贸易壁垒,已经成为我国企业对外贸易发展的主要障碍之一。所谓知识产权壁垒是指某一技术已被授予专利或其他形式的知识产权法律保护,未经授权使用该技术将会侵犯别人的知识产权。[①] 发达国家知识产权壁垒的主要表现形式有:(1) 由专利权和标识性权利构成的技术性贸易壁垒。发达国家利用强大的技术优势制定了一系列技术标准。尤其是在高新技术领域的技术成果几乎都被专利技术覆盖。发展中国家为发展高新技术产业,往往要不可避免地向权利人支付高额的使用费,这极大地限制了高技术产品的自由流通。由标识性权利形成的技术性贸易壁垒,主要是指国际标准化组织和一些工商业团体经常把一些标识注册成证明商标。一些国家或地区往往把是否带有证明商标作为商品进口的必备条件。事实上,一些企业在许可他人使用专利技术的同时,也

---

① 丁伟:《中国 IC 产业知识产权战略定位与策略选择》,http://www.csip.org.cn/createnew/art/07/0101/1141004296183159.shtml,2008 年 2 月 8 日浏览。

往往把商标一同许可,所以被许可企业商品是否带有许可商标也成为是否侵犯他人专利权的一个衡量标准,这有利于海关在进出口过程中查扣侵权商品。有时,某些专利技术虽已过了有效期,成为公知技术,但商品上的商标权可以不断延续。要使用这些技术代表的标识,也必须得到许可,否则也会侵犯他人的知识产权。因此,证明商标也成为一种技术性贸易壁垒。(2)知识产权保护边境措施及临时措施的滥用。临时措施和进口边境措施是TRIPS必须要求的,但是如果权利人恶意申请临时措施或海关扣押或海关手续过于繁杂,都会使进口人付出高额的成本,甚至遭受重大损失。(3)对平行进口的严格限制。国际化的自由贸易衍生出的平行进口行为会与与地域性独立的知识产权产生矛盾,TRIPS在此问题上保持中立。许多国家的法律在规定平行进口时,无论认为侵权还是合法,多附有灵活条件。因此,平行进口很容易为发达国家的利益和个人的意志所左右。(4)特别立法措施。特别立法措施是指发达国家通过特别立法,在高技术产业贸易中设置一些障碍。这是通过立法的方式设置的特殊的知识产权壁垒。如美国《1988年综合贸易与竞争法》中的"特殊301条款",其核心就是确定知识产权保护方面有问题的国家和采取有效的贸易报复措施,目的是以双边谈判和贸易制裁的方式迫使其他国家保护美国的知识产权。①

针对上述发达国家的知识产权壁垒,我国政府和企业应采取相应对策。第一,建立知识产权壁垒预警机制。通过有关国家和地区知识产权壁垒的法律及技术标准的动态数据库的建立,完善相应的信息咨询服务网络,同时,政府应积极主动地收集和掌握国外对华贸易政策的发展趋势、正在实施或拟订中的与贸易相关的知识产权壁垒措施,建立和完善知识产权壁垒通报和快速反应机制,使我们在获知贸易伙伴的贸易政策和措施的变化后,能迅速有效评估该变化对我有关产业和对外贸易产生的影响,并分析其是否符合多边贸易规则,同时通知国内产业,适时采取调整和适应措施。第二,构建知识产权壁垒的管理体系。在突破知识产权壁垒的过程中,政府的管理职能主要体现在两个方面:应对来自别国的知识产权壁垒和设置我国自己的知识产权壁垒。因此我国政府要构建一个知识产权壁垒的管理体系,扮演企业的服务者和市场监督者、协调者的角色,发布国外知识产权壁垒的最新动态,接受国内企业的咨询,改变目前信息资源匮乏的局面。同时,在借鉴发达国家经验的基础上,根据WTO的有关规则,制定我国的技术标准和相应的知识产权战略。第三,加强企业之间的战略协作和联动机制。面对专利标准化、标准垄断化的趋势,我国各行业的企业应

① 曹世华:《国际贸易中的知识产权壁垒及其战略应对》,http://class.wtojob.com/class91_7648.shtml,2007年12月28日浏览。

当结成标准联盟,共同确立产业标准,以分散标准化的风险。在遭遇国外知识产权诉讼时,可由行业协会牵头联合应诉、联手抗争,以降低每个企业的应诉成本。第四,企业制定国际化经营策略和市场多元化战略。在跨越知识产权壁垒的过程中,出口企业应制定国际化经营策略,适时调整产品的出口经营策略是一种有效的办法。第五,企业知识产权战略的制定和实施。企业要根据自身的特点和国际贸易环境的变化制定和实施企业自己的知识产权战略,注重开发企业自主知识产权。从长远来看,增加科技投入。建立大企业主导下的研究与开发体系,尽快形成独立的、自主的技术创新能力,使自己获得更多的知识产权,这样才能从根本上规避和跨越发达国家构筑的知识产权壁垒。① 国内企业在开发新技术和产品之前以及在开发过程中,应对相关技术领域的知识产权态势作透彻的分析,准确把握该技术领域中的知识产权壁垒及自由操作领域。对于知识产权壁垒覆盖领域,企业应尽快制定规避设计、获得技术许可或限制产品生产销售地区等实施方案。对于自由操作的技术领域,企业应积极开发新技术或产品,并尽快获取对新技术的知识产权保护。

(五)积极面对海外知识产权贸易诉讼

随着我国企业在海外取得专利数量的增加,中国企业将会遭遇越来越多的海外专利侵权诉讼,在这种情况下,我国企业也应该敢于拿起法律武器捍卫自身的权益,勇于提起海外专利索赔诉讼。可选择的救济手段也很多,最为重要的手段就是在侵权企业所在的法院提起专利侵权诉讼。例如,在案件涉及侵权产品进口,我国企业具有有效的美国专利,同时在美国国内拥有工厂、企业、专利许可以及正在建造的工厂等国内产业的条件下,还可以根据美国"337 条"款,向美国国际贸易委员会进行申诉,发起"337 调查",以阻止侵权产品的进口。

首先,如果我国企业专利产品的生命周期比较短,则应当考虑提起"337 调查",以期尽早取得裁决结果和救济。如果侵权产品来自不同国家或地区,案件涉及众多的生产和出口企业,也应选择发起"337 调查"。因为"337 调查"采取对物管辖权,只要能够证明存在涉案进口产品,美国国际贸易委员会就有管辖权对涉案公司展开"337 调查"。这样,申诉方就可以在美国国际贸易委员会一个场所对世界各地的被控公司同时展开调查。其次,如果申诉方并非是寻求将侵权产品排除出美国市场,而是希望取得损害赔偿,则应当选择在美国联邦地

---

① 曹世华:《国际贸易中的知识产权壁垒及其战略应对》,http://info.feno.cn/2007/110103/c000041270.shtml,2008 年 2 月 9 日访问。

方法院提起诉讼。因为“337 调查”的救济手段只有出具排除令和禁指令两种。虽然也有对违反禁止令行为的罚金处罚,但是该项处罚的所得是归联邦政府而不是赔偿给申诉方。同时,我国企业还可以采用双管齐下的策略,但要注意的是美国联邦地方法院的裁决具有判例效力,对于“337 调查”是有约束力的。所以,我国企业在面对外国企业的专利侵权时,应积极慎重地选择诉讼手段。

我们也应该积极应对海外知识产权控告。在被外国厂商起诉时,我国企业应就是否应诉进行利弊分析。不仅要考虑到应诉成本,还要考虑到不应诉带来的实际损失和潜在损失。比如,对于“337 调查”案,不应诉的做法就意味着败诉,意味着企业将长期失去在美国的出口市场。所以,我国企业要积极认真地应诉。同时,诉讼是一种争端,应尽可能争取主动,打击对方,不应诉将是损失最大的一种做法。因为这样,美国厂商用不着真正和我们打官司就已经取得了胜利,使得生产该类产品的中国企业都将与美国市场无缘。更为严重的是,这样会让美国公司以为中国企业怕和他们打官司,从而变本加厉地起诉中国企业。所以,一旦遭到起诉,我国企业可委托在商标和专利权方面有特长的律师事务所,积极搜集证据,参与诉讼,积极抗辩,可以申请对方专利无效或不可执行等,给对方施加压力。例如,在劲量电池案中,我国电池企业的积极应诉为我国企业应诉美国“337 条款”指控积累了一定的经验。就专利权的“337 条款”调查而言,我国企业可以有数种应诉技巧:第一,可以辩称自己的产品没有侵犯对方的专利权。专利权的保护范围记载在权利要求书中,可以有一项或多项技术要素,只有权利要求书中的所有技术要素都落入相关的产品时,才可以判定侵权,否则就不构成侵权。第二,我国企业可以辩称对方的专利权无效。在美国,专利权由专利局授予,而从法律上讲,专利局是一个行政机构,授予专利权是一种行政行为,由专利局所授予的专利权仅仅是一项推定有效的权利,至于一项专利权是否真的有效,则要由法院来最终定。第三,即使对方的专利权确实有效,即使权利要求书中的所有技术要素都见于相关的产品中,中国企业还可以与对方谈判专利使用费的问题,在支付尽可能少的专利使用费的前提下,让自己的产品进入美国市场。从应诉费用负担上看,众多企业联合负担值得借鉴。

(六) 充分发挥行业组织的作用

1. 重视组建行业标准联盟。我国企业组建标准联盟可采用两种方式:一是积极加入国外大公司发起的标准联盟,尤其是技术和标准共同开发的联盟。这不仅可保证我国企业自己开发的技术与随后产生的国际标准相容,而且也有利于我国企业借鉴学习国外的先进技术和成熟的商业运作模式。二是国内行业中几家领导企业共同组建标准联盟，一方面分散标准化的风险，以避免一旦在产业标准竞争中失败，而导致自己的技术与随后产生的技术标准不相容；另一方面多家企业联合开发技术标准，组成一个标准联盟围绕核心技术进行联合投资、合作开发，充分利用我国丰富的市场资源，积累大规模的“安装基地”，从而提高“标准化”成功的可能性。国内企业可以互相优惠使用对方专利技术，但对外一致，收取统一的许可费用。这不仅有利于改善我国企业的竞争结构，也有利于阻止国外大公司进入我国市场。

2. 调整行业协会的作用。面对国外日益频繁的“337调查”，仅依靠一家或几家企业是难以承受的，需要全行业、产业甚至政府共同应对。如果政府协调组织企业积极应诉，行业协会、商会等中介及时收集信息和咨询，作为诉讼主体的企业积极应对，几方各司其职、形成合力，才能让中国的企业尤其是中小企业更多、更好地面对国际化竞争。在应诉美国碱锰电池调查案过程中，中国电池工业协会探索了一条“企业为主、协会牵头、商会配合、政府支持、选好律师”的应诉工作模式，充分发挥了企业为主体，行业协会的组织协调作用，动员和组织全行业的力量联合应诉，为中国如何积极应对国外各类非关税贸易壁垒提供了宝贵的经验。

我国企业的行业协会目前主要是政府的附属，没有得到企业的认同，凝聚力不强，缺乏经费，作用发挥受到遏制。入世后，政府对企业的保护淡化了，这就需要行业协会尽快转变为一种具备协调功能、谈判功能和行业约束功能的经济共同体，为企业迅速采集信息，随时关注目标市场所在国的法律法规和技术标准的变化，并以此为导向组织企业的开发生产。同时行业协会在应对“337条款”调查时也应发挥积极作用：一是与政府有关部门一道，及时收集有关“337条款”调查案件的进展情况、案情分析等信息，并反馈给国内相关企业。二是在遭到国外企业起诉时，行业协会应充分发挥其协调与整合的作用，解决个体理性与集体理性之间的矛盾，降低企业应诉的机会成本。

综上所述，面对知识产权国际化所带来的机遇和挑战，我国企业需要作出战略上的调整，加强对企业知识产权的保护。虽然从短期来看，加强知识产权保护将会提高我国企业的生产成本，但是从长远的角度思考，实施知识产权保护将会改善我国对外贸易环境、提高我国产品的竞争力，相信中国在未来的对外贸易中将会赢得更多的主动性，实现贸易强国的伟大目标。

第四章
《知识产权协定》的实施

WTO 于 1995 年 1 月 1 日正式成立，作为其一揽子协议之一的《知识产权协定》也于当日生效。但《知识产权协定》对所有缔约方包括发达国家都给了实施该协议的过渡期，以便其履行协议的规定，具体的生效时间依据各缔约方的发展水平分为以下四种：

1. 发达国家

发达国家的过渡期为 1 年，即从 1996 年 1 月 1 日起适用《知识产权协定》的规定（第 65 条第 1 款）。

2. 发展中国家

发展中国家的过渡期为 5 年，即从 2000 年 1 月 1 日起应当满足《知识产权协定》的要求。对于在适用《知识产权协定》之前在其地域范围内不受保护的技术领域的产品专利，如药品和农业化学产品，还可以再给予 5 年（至 2005 年 1 月 1 日）的过渡期（第 65 条第 2 款）。

3. 经济转型国家

经济转型国家的过渡期为 5 年，即正在从中央计划经济向市场自由企业经济转变，并正在进行知识产权制度的体制改革而面临制定和实施知识产权法律和规章的特殊问题的国家成员，可以延缓至 2000 年 1 月 1 日再实施《知识产权协定》（第 65 条第 3 款）。

4. 最不发达国家

属于联合国所列的最不发达国家名单上的国家，过渡期为 11 年（至 2006 年 1 月 1 日），而且还可以向 TRIPS 理事会提出正当的延长过渡期申请（第 66 条第 1 款）。根据《多哈部长宣言》，最不发达国家在医药产品方面履行《知识产权协定》有关义务的过渡期可以延长至 2016 年。

此外，对于上述四类国家中的任何一类缔约方，无论其是否享有过渡期，自 1996 年 1 月 1 日起均应履行《知识产权协定》有关国民待遇和最惠国待遇的规定（第 65 条第 2 款）。

由上可见，目前《知识产权协定》基本上已经在所有的发达国家、发展中国家、经济转型国家以及部分最不发达国家实施。

一、《知识产权协定》在发展中国家[①]的实施

（一）发展中国家的修法行动

在具体实施要求上，《知识产权协定》把已有的知识产权国际公约分为三类，第一类是要求全体成员必须遵守和执行的国际公约，包括《保护工业产权巴黎公约》、《保护文学艺术作品伯尔尼公约》、《保护表演者、录音制品制作者和广播组织公约》以及《集成电路知识产权公约》。第二类是要求全体成员按对等原则执行的国际公约，这类公约共有十余个，主要是《巴黎公约》的子公约。第三类是不要求全体成员遵守并执行的国际公约，主要有《世界版权公约》、《录音制品公约》等。在实体内容上，《知识产权协定》也是分为三类：一是基本原则，这是全体成员必须遵守的；二是最低要求，这也是全体成员必须达到的；三是一般要求，这是各成员可以根据各自的具体情况进行选择适用的。

由于发展中国家的知识产权保护状况与《知识产权协定》规定的最低保护标准有较大差距，为此，从 1993 年《知识产权协定》通过之日起，发展中国家便展开了修法行动，纷纷调整、修改、废止与知识产权保护有关的法律法规，尤其是专利法与商标法，以使其完全符合《知识产权协定》的要求。[②] 最不发达国家于 2004 年 12 月在汉城举行会议，发表了《最不发达国家汉城知识产权部长宣言》，该宣言表示，各国将创造、保护、管理和利用知识产权，通过促进技术转让、增加就业机会和创造财富对经济发展作出贡献；该宣言确认，改善机构和政策框架，推动最不发达国家知识产权制度和机构的现代化与发展极其重要，势在必行。[③]

发展中国家知识产权法律制度修正的内容主要有以下六个方面：

第一，扩大知识产权的保护范围。

《知识产权协定》所界定的知识产权类型极其广泛，包括著作权与相关权、工业品外观设计权、商标权、地理标志权、专利权、集成电路布图设计权、未公开信息权，而各个类型的保护范围也是在所有知识产权国际保护公约中最为宽泛的。这其中有许多原本在发展中国家并不受保护，如根据 1988 年世界知识产

---

① 该部分讨论的发展中国家包括经济转型国家和最不发达国家在内。

② 修法之后，发展中国家的知识产权保护已经符合《知识产权协定》的要求。但是，根据美国贸易代表处 2003 年度特别 301 报告，印度、阿根廷、巴哈马、巴西、印尼、黎巴嫩、菲律宾、波兰和中国台湾地区仍位列在“重点观察名单”之中，其理由是对美国知识产权保护不充分。

③ 文言：《最不发达国家发表汉城宣言》，载《中国知识产权报》2004 年 12 月 11 日第 3 版。

权组织为乌拉圭回合知识产权协定的谈判小组所作的调查,在《巴黎公约》的98 个成员中,49 个将药品排除在专利保护之外,44 个不保护医疗方法,45 个不保护动物新品种,44 个不保护植物新品种,42 个不保护植物新品种生物学培养方法,35 个不保护食品,32 个不保护计算机程序,22 个不保护化学产品。[①] 为履行《知识产权协定》项下的义务,各个发展中国家或颁布新的法律(如墨西哥、特立尼达和多巴哥、韩国等),或对原有的知识产权法律作出一定的修改(如中国、印度、巴西、古巴、阿根廷等),扩大知识产权的保护范围,以覆盖全部或大部分知识产权。[②]

第二,强化著作权与相关权的保护。

在著作权与相关权方面,发展中国家尚有差距,而《知识产权协定》又有要求的是:(1) 计算机程序,无论是源代码还是目标代码,应作为《伯尔尼公约》1971 年文本所指的文字作品加以保护;(2) 数据或其他材料的汇编,无论机器可读还是其他形式,只要在选择或编排上具有独创性而构成智力创作,就应成为著作权的保护对象;(3) 对于计算机程序和电影作品,应授予权利人许可或禁止将其作品原件或复制件向公众进行商业性出租的权利。

发展中国家著作权法的修订行动基本上是围绕上述问题展开的。例如,洪都拉斯 1993 年著作权法规定给予计算机程序和数据库作品以法律保护,授予计算机程序和电影作品出租权;哥斯达黎加 1994 年著作权法给予计算机程序以著作权保护;墨西哥 1996 年著作权法将计算机程序作为文字作品给予著作权保护并赋予出租权,对于具有原创性的数据库作为编辑作品给予著作权保护,而不具原创性的数据库则给予 5 年的保护;中国 2001 年著作权法赋予了计算机软件和电影作品权利人以出租权,对于具有独创性的数据库作为汇编作品给予著作权保护。

在巴西,文学、艺术和科学作品受 1998 年实行的第 9610 号联邦法保护,著作权的一般保护期限为 70 年,自作者死亡之日起的次年 1 月 1 日起算。计算机软件作品的保护由第 9609/1998 号法律作出规定。该法律将计算机软件定义为由自然语言或编码语言组成的一系列指令的表达式,该表达式被存储在某种物体支撑物中,必要时通过操作软件来处理数据、控制装置、工具和其他外围设备。通过利用数字或模拟技术,为自动机械处理数据,使其按着特定的方式和目的运转。计算机软件的保护期限是 50 年,自其出版的次年 1 月 1 日起算,未

---

① 转引自徐明华、包海波等著:《知识产权强国之路——国际知识产权战略研究》,知识产权出版社 2003 年版,第 186 页。

② Car. M. Correa: Intellectual Property Rights, the WTO and Developing Countries, Zed Books Ltd, p. 107.

出版的从创作之日起计算。注册登记不是计算机软件受法律保护的必备条件，居住在外国的外国人（只要软件的原产国授予著作权）与居住在巴西的外国人和巴西人享有同等的权利。①

尼泊尔于2003年9月加入了世界贸易组织，按规定尼泊尔应当建立符合《知识产权协定》要求的知识产权法律制度。2002年8月，尼泊尔对1965年著作权法作了全面修改。较之原著作权法，新法内容新颖、结构合理、范围更广、执法条款比较详细。新法授予作者三种精神权利，即继承权、作品完整权和作品修改权，但上述精神权利和经济权利一样受到时间的限制，并且可以依据作者的遗嘱和遗书转让给其指定的任何自然人或法人，让他们在作者去世后行使其精神权。作者的经济权利包括对视听作品、体现声音的作品、计算机程序、数据库或乐谱形式的音乐作品的转让权或出租权。在适用范围上，受保护的作品包括计算机程序。新法还第一次将表演者权、录音制品制作者权和广播组织权纳入到著作权法中。

尼泊尔新著作权法的一大变革是完善了法律救济措施。按照原著作权法，版权侵权案件很难被提起诉讼，有关当局也可能拒绝受理。例如，尼泊尔音乐有限公司曾经就版权侵权向尼泊尔国家图书馆注册处提起诉讼。虽然被告被警察当场抓获，但注册处以无权惩罚罪犯为由拒绝采取行动。原告向最高法院提出授予书面命令的请求被驳回。新法明确规定了有关侵权的民事赔偿和刑事惩罚措施，民事赔偿包括禁令和从被告处获得赔偿款。②

第三，给予药品和农用化学产品专利权保护，增加了专利权人的权利。

《知识产权协定》第27条规定，除两种例外，所有技术领域内的一切发明，不论是产品还是方法，只要具有新颖性、创造性和工业实用性，即可申请获得专利。这两种例外是：第一，成员可将某些发明排除在可获得专利的范围之外，在其地域范围内制止这种发明的商业性开发，以此保护公共秩序或道德（包括保护人类、动物和植物的生命和健康或避免严重的环境损害）。但不得仅仅以该国法律禁止利用某发明为理由将该发明排除在可获专利的范围之外。第二，成员还可将下列发明排除在可获专利的范围之外：人类或动物疾病的诊断、治疗和手术的方法；除了微生物之外的植物、动物，以及生产植物或动物的生物方法，但成员应以适当的方式对植物新品种提供法律保护。协定还规定撤销专利或宣布专利无效的任何决定，均应提供机会给予司法审查。而绝大部分发展中国家从保护人民健康、维护公共利益的目的出发，将药品、化学物质、食品、动植

---

① 参阅《巴西的知识产权制度》，http://www.kjxm.org.cn，2004年7月6日访问。

② 参阅〔尼泊尔〕普斯敦·普拉丹著：《简评尼泊尔的新版权法》，郑向荣译，载《版权公报》2004年第1期。

物品种排斥在专利的保护范围之外,或者不承认它们的专利,或者只对产品的特定制造方法进行保护。美国在发展中国家实施知识产权,重点在于药品与农业化学产品专利。美国起诉发展中国家(印度、巴基斯坦、阿根廷、巴西)的知识产权协定争端,均在于此,尤其是诉印度专利法违反知识产权协定案,以印度败诉终结,并且,美国专利药品由此大量进入世界人口第二大国的印度市场。[①]

为符合《知识产权协定》的要求,洪都拉斯于 1993 年、阿根廷于 1995 年、古巴于 1995 年、巴西于 1996 年、印度于 2003 年颁布了新专利法。上述国家新专利法最重要的修正便是给予药品和农用化学产品以专利权保护,其次是增加了许诺销售权。中国在 1992 年的第一次专利法修正案中,为了履行《中美知识产权谅解备忘录》中所作的承诺,就规定了对药品和化学物质、食品的专利权保护,2000 年的专利法修正案则按《知识产权协定》的要求增加了许诺销售权、规定实用新型和外观设计的复审和无效由法院终审、完善了强制许可的条件。

第四,加强商标权与工业品外观设计的保护。

在商标权方面,依照《知识产权协定》的要求,修正后的发展中国家商标法首先是扩大了可注册的范围,规定任何能够将某一企业的商品或服务区别于其他企业的商品或服务的标记或标记的组合,即可作为商标,并能够作为商标注册。即使有的标记原本不能区分商品或服务,各缔约方亦可依据其经过使用而获得的识别性来确定其是否可以注册。缔约方可以将注册商标限定为视觉可感知的商标。其次,明确对驰名商标的特殊保护,包括使用在商品与服务上的驰名商标;确定驰名商标的认定标准;在保护措施上,对驰名商标的特殊保护从相同或类似商品或服务扩大到不相类似的商品或服务,只要该商标的使用暗示这些货物或服务与已注册的驰名商标所有人之间存在着联系,且此类使用有可能损害该注册商标所有人的利益。如墨西哥 1994 年工业产权法、巴西 1996 年工业产权法、特立尼达和多巴哥 1996 年商标法、印度 1999 年商标法、中国 2001 年商标法均作了上述修改。《中美洲工业产权保护协定》也于 1994 年作了类似修正。

工业品外观设计方面,未达到《知识产权协定》保护标准的国家和地区对国内工业品外观设计法作出相应修改,对由作者独立创作并具有新颖性或独创性的工业品外观设计提供保护(包括纺织品),规定工业品外观设计的所有人享有制造带有或含有作为受保护的外观设计的复制品或实质上构成复制品的设计的物品、销售上述物品以及进口上述物品的权利。

---

① 张乃根:《论知识产权协定义务》,载《浙江社会科学》2002 年第 5 期。

第五,保护地理标志、集成电路布图设计和植物新品种。

《知识产权协定》要求各成员应保护葡萄酒和白酒的地理标志,并明确界定了地理标志的概念,即地理标志是指能够确定一种商品来源于一成员领域或该领域内的一个地区或地方,而该商品的特定品质、声誉或其他特征实质上又有赖于其地理来源的一种标志。协定要求成员为有关利益方提供法律手段以制止下列行为:第一,以任何方式在商品的名称或描述中使用地理标志,以至于明示或暗示出该商品来源于某个并非其真实来源地的地理区域,在该商品的地理来源方面对公众产生误导。第二,构成《巴黎公约》第 10 条之 2 所规定的不正当竞争行为的任何使用。虽然商品确系来源于地理标志在文字上所指示的领域、地区或地方,但错误地使公众以为该商品来源于另一个领域的,亦在应禁止之列。

除了上述规定之外,即使在使用某个地理标志时标示出了有关商品的真实产地标志,或者以翻译的方式或以附加"类"、"式"、"风格"诸如此类的描述,均在应禁止之列。对于由地理标志构成或包含有地理标志的葡萄酒或白酒的商标,亦应按前述有关规定处理。

发展中国家相继修改相关的知识产权法来保护地理标志。如安第斯组织于 1993 年、《中美洲工业产权保护协定》于 1994 年分别开始保护地理标志,巴西 1996 年工业产权法、特立尼达和多巴哥 1996 年商标法均对地理标志提供保护。我国 2001 年修订的《商标法》增加了对地理标志的保护,认为地理标志属于一个地方的公有财产,该地所有相关的自然人、法人或其他组织都可以在商品上标明产地。地理标志可以作为证明商标或集体商标注册,以地理标志作为证明商标注册的,其商品符合使用该地理标志条件的自然人、法人或者其他组织可以要求使用该证明商标,控制该证明商标的组织应当允许。以地理标志作为集体商标注册的,其商品符合使用该地理标志条件的自然人、法人或者其他组织,可以要求参加以该地理标志作为集体商标注册的团体、协会或者其他组织,该团体、协会或者其他组织应当依据其章程接纳为会员;不要求参加以该地理标志作为集体商标注册的团体、协会或者其他组织的,也可以正当使用该地理标志,该团体、协会或者其他组织无权禁止。相反地,商标中有商品的地理标志,而该商品并非来源于该标志所标示的地区,误导公众的,不予注册并禁止使用;但是,已经善意取得注册的继续有效。

集成电路布图设计方面,《知识产权协定》要求各成员同意按照《集成电路知识产权条约》第 2 条至第 7 条(第 6 条第 3 款除外)、第 12 条和第 16 条第 3 款的规定进行保护,并将未经权利人授权而实施的下列行为视为非法:进口、销售或以其他方式为商业目的而分发受保护的布图设计、含有受保护的布图设计的集成电路以及使用了持续含有非法复制的布图设计的此种集成电路的物品。

大多数发展中国家原本都不保护集成电路布图设计,特立尼达和多巴哥是少数的几个已经很好地执行《知识产权协定》有关保护集成电路布图设计规定的发展中国家之一。[①] 基于《知识产权协定》的要求,各发展中国家不得不制定法律保护集成电路布图设计。

《知识产权协定》虽然允许成员国可以将动植物品种排除于专利客体之外,但又规定成员国应以专利制度或有效的专门制度或以任何组合制度,给植物新品种以保护,并且规定在"建立世界贸易组织协定"生效的四年之后进行检查。考虑到植物新品种与一般的产品发明不同,它是有生命之物,具有自身生长繁殖的特性,并非普通的技术解决方案,大多数发展中国家结合本国情况,在专利法中都明确规定对植物品种不授予专利权,而是采用专门法来保护植物新品种。

第六,完善行政执法与法律救济措施。

在知识产权执法方面,《知识产权协定》提出了较高且详细的要求,就实施知识产权的程序提出了四个方面的总体要求,对行政和民事程序及救济、临时措施、有关边境措施的特别要求以及刑事程序作了具体的规定。

发展中国家的新知识产权法均完善了行政执法与法律救济措施,包括:(1) 保证知识产权执法程序的公平与公正;(2) 明确知识产权管理机关处理纠纷的执法地位,加大执法力度,将行政执法与司法保护和救济有效地结合起来;(3) 发布或修改有关知识产权边境保护的规定,在知识产权边境保护方面已基本上有法可依,主要依据是为了防止假冒商品和盗版物品的进口,《知识产权协定》第三部分第四节对成员应采取的边境措施提出的特别要求,包括海关当局中止放行、申请、保证金或与之相当的担保、中止放行、中止放行的期限、对进口人及商品所有人的赔偿、检查权及获得信息权、依职权的行为、救济、可忽略不计的进口;(4) 规定诉前临时措施,即知识产权人或者利害关系人有证据证明他人正在实施或者即将实施侵犯其知识产权的行为,如不及时制止,将会使其合法权益受到难以弥补的损害的,可以在起诉前向司法机关申请采取责令停止有关行为和财产保全的措施;(5) 采取诉前证据保全措施,即在知识产权人向司法机关起诉前存在证据可能灭失或者以后难以取得的情况下,依当事人的申请,司法机关有权在开庭前采取证据保全措施;(6) 科学规范侵权损害赔偿的计算方法,规定侵权行为人应当向权利人赔偿因其违法行为给对方造成的损

---

① Car. M. Correa: Intellectual Property Rights, the WTO and Developing Countries, Zed Books Ltd, p. 118.

失,包括适当的律师费;(7) 赋予当事人司法复审权,即对行政当局作出的终局决定,当事人可以向司法机关起诉。

(二)《知识产权协定》在发展中国家的实施过程——以印度为例

针对本国的技术与经济发展状况,印度适时地对本国知识产权法进行了调整。1970年之前,印度的专利制度没有真正地对印度的发明活动和对发明的进一步开发利用起到激励作用。经过重新设计的1970年专利法有了较大的进步,但鉴于本国R&D投资水平低、贫穷人口数量多、药品价格昂贵的情况,该专利法只保护药品的生产方法和工艺,保护期为7年,对药品本身不给予专利保护,成功地促进了印度通用药品业的发展。[①] 随着国内制药业的崛起,也为了履行《知识产权协定》的成员义务,印度的知识产权法律制度有了很大变化,首先就是表现在给予药品和农用化学产品以专利保护,并禁止印度国内企业仿制专利药品。不过,印度的知识产权法在与《知识产权协定》的协调过程中,其遭遇可谓是一波三折。

1. 美国、欧盟诉印度对药品、农用化学产品的专利保护案

1996年7月2日,美国根据DSU第4条、《知识产权协定》第64条,要求与印度磋商,争端事由是美国认为印度没有按照《知识产权协定》第27、65、70条的规定对医药和农用化学产品给予专利保护。由于磋商未成,1996年11月7日,美国要求设立专家组。1996年11月20日,争端解决机构(简称DSB)设立了一个专家组。

1997年4月28日,欧盟也对印度没有建立起对药品、农用化学产品的专利保护提出指控,认为印度违反《知识产权协定》第70条第8、9款。由于双方磋商未果,欧盟请求成立专家组。10月16日,DSB决定成立专家组。美国作为第三方参与。

上述两个案件均涉及印度专利法与《知识产权协定》协调的问题。[②] 印度1970年专利法规定对药品、农用化学产品不授予专利,在2005年1月1日《知识产权协定》正式实施之前也并不违反《知识产权协定》的规定,但《知识产权协定》对此另有要求。

《知识产权协定》第70条第8款规定:"如截至《建立世界贸易组织协定》

---

① 徐明华、包海波等著:《知识产权强国之路——国际知识产权战略研究》,知识产权出版社2003年版,第186页。

② 发展中国家的知识产权法与实施《知识产权协定》的协调过程中,美国也曾经对巴基斯坦提起与印度相似的投诉,最后双方同意协商解决。美国还分别就国家汽车工业项目的商标规定对印度尼西亚、就专利法中的"当地实施"对巴西提出申诉。

生效之日,某成员仍未按照其在第 27 条下的义务对药品和农用化学产品给予专利保护,则该成员应:(a) 无论第六部分如何规定,自协定生效之日起提供据以提出此类发明的专利申请的方法;……"结合该款第(b)、(c)项的规定,此款规定的含义可以解释为:对目前不受专利保护的药品和农用化学产品,成员方有义务建立一项制度保护其新颖性和优先权,以便在过渡期结束时审查这些申请是否能够授予专利。

《知识产权协定》第 70 条第 9 款规定:"如依照第 8 款(a)项,该产品在某成员中属专利申请的客体,则尽管有第六部分的规定,仍应给予专有销售权,期限或者在该成员中获得销售许可后 5 年,或者到该产品专利在该成员中被授予或被拒绝时为止,以时间短者为准,只要在《建立世界贸易组织协定》生效之后,已在另一成员中提出专利申请、该产品已获得专利以及已在另一成员中获得销售许可。"依此,享受过渡期规定的成员应当建立起授予药品和农用化学产品专有销售权的法律制度,而不能以无人提起申请为由不建立这样一种法律制度,否则就是没有履行《知识产权协定》规定的义务。

为了使印度的专利法符合《知识产权协定》的要求,以履行其成员方义务,印度总统曾经于 1994 年 12 月 31 日颁布了专利修正法令,规定了申请与受理药品与农用化学产品专利的方式,并规定凡属这类申请主题的产品,均被授予独占性市场权。该法令于 1995 年 1 月 1 日生效。但是,根据印度宪法,总统的这一权利在国会复会后的六个星期到期,因此,随着 1995 年春国会的复会,专利修正条例在 1995 年 3 月 26 日失效。此后,印度只是通过行政指令的方式维持对食品、药品的专利保护。在这期间,共有 125 项这类专利申请。

印度议会在复会后,讨论了前述专利修正法案,但在 1996 年 5 月 10 日下议院解散之前,却未能通过该法案。在总统的专利修正法令失效之后,印度议会仍在讨论新的专利修正法案时,印度行政当局决定,由印度专利局继续接受药品与农用化学品专利的申请,并单独存放,以便在印度专利法修改后,使这类可授予专利的主题生效。然而,印度方面既没有在当时公布这一行政决定,或通知 WTO 的 TRIPS 理事会,也没有在争端发生后,将该行政决定的具体日期提供给 WTO 的专家组,由此引发上述争端。

经过审议,专家组认定印度没有建立一种在医药品和农用化学品的发明专利的申请方面对新颖性和优先权足以进行保护的制度,违反了《知识产权协定》第 70 条第 8 款(a)、第 63 条第 1 款和第 2 款;印度没有建立一种授予独占性市场权的制度,违反了《知识产权协定》第 70 条第 9 款。1997 年 10 月 14 日,印度提起上诉。上诉机构稍作修改,维持专家组报告对《知识产权协定》第 70 条第 8 款和第 70 条第 9 款的调查结果,但是认为对《知识产权协定》第 63 条第 1 款的裁定不在专家组职权范围内。1998 年 1 月 16 日,DSB 通过经过修改的专家组报告和上诉机构报告。在 1998 年 4 月 22 日的 DSB 会议上,争端双方宣布他们已经同意实施期为 15 个月,即在 1999 年 4 月 16 日之前,印度必须修改其有关专利制度,以符合《知识产权协定》。

2. 印度专利法的修正

印度政府于 2003 年对 1970 年的《专利法》作了修订,从而达到了印度在《知识产权协定》下承担义务所需的要求。其主要内容包括:

(1) 药品和农用化学产品是专利法的保护对象。

(2) 发明专利的保护期限延长至 20 年。

(3) 规定"所谓发明而其实是传统知识"不能被授予专利。

(4) 缩短了专利申请的审查时间。对于一般专利申请,第一次审查意见发出的时间仅为 3—6 个月。

(5) 专利侵权诉讼中,举证责任倒置,即由被告负举证责任。

3. 印度商标法的修正

印度于 1999 年对 1958 年旧的《贸易及商业标记法》进行了修订,并于 2003 年 9 月 15 日开始生效。修订的主要内容有:

(1) 受理服务商标的注册申请,保护服务商标。

(2) 扩大了商标的内涵与外延,除了传统的文字与图形等构成要素,商标还可以由商品的外形、包装以及颜色组合构成。

(3) 按照《商标注册用商品与服务项目分类表尼斯协定》的最新分类,42 类中所有的商品和服务都可以在印度进行注册。

(4) 承认驰名商标的概念,给予驰名商标特殊保护。

(5) 缩短商标注册的申请与审查时间,一般情况下,商标注册申请人可以在 10—14 个月内获得注册商标。

(6) 把商标续展和注册的期限从 7 年延长到 10 年。

(7) 扩大商标侵权行为的界定范围,将把注册商标用做商号或者商号名称的一部分,并把使用与注册商标相同或近似的标记都视为侵权。

(8) 规定了对于假冒商标的刑事处罚。

(9) 承认未登记的被许可人商标使用权。

(10) 如果申请人支付正常申请费标准 5 倍的费用,商标申请即可得到加速审查。[①]

---

① 参阅《印度知识产权法的最新发展》,http://www.kjxm.org.cn。

(三)《知识产权协定》对发展中国家的影响

在讨论《知识产权协定》的实施对发展中国家的影响这一问题之前,我们有必要简单地回顾一下《知识产权协定》的产生过程。我们知道,发达国家与发展中国家之间在技术水平、经济发展以及知识产权的拥有量上差距较大,因而在知识产权国际保护问题上所持立场和既定目标也截然不同。在 1986 年开始的乌拉圭回合谈判中,首先是发达国家尤其是美国强烈要求将知识产权列入关贸总协定多边谈判的议题,因为它们在传统出口产品(如医药、化工、食品等)和新出口产品(如计算机软件、通讯设备、生物技术等)拥有占绝对优势的知识产权,这些技术成果由于发展中国家对知识产权的弱保护而使权利人的经济利益严重受损。发达国家希望在关贸总协定内建立一套新的知识产权保护体系,利用关贸总协定关于争议解决机制中的报复手段,以维护自己的知识产权利益。

在整个谈判过程中,各方争议很大,形成了发达国家与发展中国家两大阵营:发达国家认为所有的知识产权都对公众和社会有益,对技术创新与知识创新有利,能够促进科技的进步与经济的发展;当前假冒商品贸易十分严重,有必要加大知识产权的保护力度。以印度、巴西、埃及、阿根廷、前南联盟为代表的发展中国家则认为,保护知识产权是世界知识产权组织的任务,在关贸总协定框架下强化对知识产权的保护只会对发达国家有利,在发展中国家对鼓励创新所起的作用很小,因为发展中国家的创新能力较低且拥有极少的自主知识产权,过分强调知识产权保护,不仅有碍于民族工业和经济的发展,而且限制了发展中国家通过模仿来选择技术,损害了本地消费者即公众的利益,所以知识产权越少越好。

尽管在谈判过程中,发展中国家为争取利益已经尽了最大的努力,但是,知识产权的规则是政治经济的产物。发展中国家只能处于相对较弱的位置,整个谈判过程中,在发达国家和发展中国家之间存在着根本的不对称性,这种不对称性是由经济实力所决定的。从《知识产权协定》的内容来看,其保护范围广泛,除了传统知识产权,还涉及未公开信息权与集成电路布图设计权等领域;其保护水平高,在多方面超过了《巴黎公约》和《伯尔尼公约》对知识产权的保护,并且强化了知识产权执法程序和保护措施,把履行协议保护知识产权与贸易制裁紧密地结合在一起。可以说,《知识产权协定》代表了发达国家的意志,最大限度地保护了发达国家的利益,却不顾发展中国家的利益,无视发展中国家的国情,对于发展中国家来说,加强知识产权保护只是一个浮夸的目标①。面对这样一个高水平的协议,发达国家可能是如虎添翼,有利于保护创新与鼓励创新,促进经济的增长,可对于大多数发展中国家来说,却没有回旋的余地。由于这些国家技术经济水平低下,尚未形成本国的技术创新和文化创新体系,一旦对外国权利人开放保护,本国的经济和技术发展将很可能被外国垄断集团所控制,民族工业和公众消费者的利益很有可能招致难以承受的巨大损失。② 发展中国家接受《知识产权协定》并不是因为知识产权保护在发展中国家的考虑因素中列于优先地位,而是它们相信发达国家承诺的包括开放农业、纺织品市场、减少关税的一揽子协议会给它们带来利益。但现在很多发展中国家感到,发达国家的上述承诺并没有实现,它们却不得不承担接受《知识产权协定》所带来的负担。③

从《知识产权协定》产生的背景可知,《知识产权协定》的实施给发展中国家带来的将是巨大的挑战。

一方面,许多人认为,《知识产权协定》的实施有助于发展中国家提高知识产权的保护水平,从而产生四个方面的好处:(1) 由于跨国公司觉得它们的知识产权在发展中国家是安全的,其结果将会是增加投资(1996 年联合国贸易与发展大会也是这样认为);(2) 在安全的法律背景下,技术转让与许可将增多,并最终促进商业秘密与专有知识的转让以及当地经济的发展;(3) 知识产权保护将提高国内创新水平;(4) 在 WTO 争端解决机制下,在双边贸易中的侵害行为将减少。④

另一方面,《知识产权协定》对发展中国家的消极影响也有四个方面:(1) 协定是发展中国家向发达国家妥协的结果,整体上代表了发达国家的利益,对发展中国家不利;(2) 跨国公司的投资仅从其自身的利益出发,这不利于发展中国家产业结构的调整;(3) 技术转让导致使用费的支出增多,产品的成本提高,从而增加消费者的负担;(4) 对药品和农用化学产品授予专利权将使社会福利丧失,尤其是药品专利的保护是严重地损害了公众的生命健康权。

---

① W. Lesser:《The Effects of Trips-mandated Intellectual Property Rights on Economic Activities in Developing Countries》,http://www.wipo.int.

② 袁泳:《知识产权法与技术、文化创新》,载《北京大学学报(哲学社会科学版)》1997 年第 5 期。

③ 英国知识产权委员会报告:《知识产权与发展政策的整合》,国家知识产权局条法司编译,第 3 页。

④ Duncan Matthews:《Globalising Intellectual Property Rights》,Rout ledge 11 New Fetter Lane, 2002,p.108.

那么,《知识产权协定》在发展中国家的实施将产生什么样的影响,究竟是利大于弊、还是弊大于利呢?我们认为,应当辩证地看待这一问题,具体问题具体分析。可以说,《知识产权协定》的实施对某些发展中国家的某些方面是利大于弊,对某些国家的某些方面则是弊大于利。以下就从上述提到的国外投资、鼓励创新、技术转让以及公共健康方面对发展中国家的影响分而述之。

1.《知识产权协定》的实施与国外投资

许多人认为,知识产权保护与外国投资有着密切的联系,强化知识产权保护必将吸引外国国民前来申请专利,进而直接投资。发展中国家实施《知识产权协定》,提高知识产权保护水平,将促使跨国公司的直接投资。以韩国为例,加强对外国国民的知识产权保护对促进外国直接投资增长有着显著的效应。外国国民发明专利和实用新型的申请量每增加 1 项,可带来 28.6 万美元的外国直接投资。① 诺贝尔经济学奖获得者,美国著名经济学家劳伦斯·克莱恩(Lawrence Robert Klein)也认为,中国加入 WTO,有利有弊,但总的来看,利大于弊。中国加入 WTO 最大的好处是很多的外来资本将涌入中国,这将为中国新经济的发展提供充足的资金,使中国经济实现"蛙跳"式的发展。②

或许《知识产权协定》的实施可以为中国、韩国引进外来投资。但是,对大多数发展中国家而言,现实是残酷的。世界银行调查报告显示了发展中国家私人资本流入的几个特点:

第一,发展中国家的外国投资略增,但流向极不平衡。世界银行的年度报告《2004 年全球发展金融》指出,2003 年,发展中国家私人资本净流入从 2002 年的 1550 亿美元增至 2000 亿美元,但是,大部分增加的资金都集中流入少数几个相对较富的国家,中国、墨西哥、马来西亚和巴西占了流向发展中国家投资的 55%,而向贫困国家提供的官方发展援助只是略有增加。知识产权保护是鼓励创新与发展的关键因素几乎没有证据。③

第二,发展中国家的资本流入总体上增长,但富国向穷国的净资源转移仍是负值。同时,2003 年,官方发展援助净额仅增加了 60 亿美元,总额只有 580 亿美元,而且增加额中的一半是债务减免及援助机构的管理成本,而不是流向

---

① 徐明华、包海波等著:《知识产权强国之路——国际知识产权战略研究》,知识产权出版社 2003 年版,第 173 页。

② 新华社海口 9 月 17 日电(记者周正平):《中国加入 WTO 将吸引更多的外来投资》,http://www.qingdaochina.com。

③ Duncan Matthews:《Globalising Intellectual Property Rights》, Routledge 11 New Fetter Lane, 2002, L.109.

发展中国家的新增资源。增加额中另有10亿美元是对阿富汗和巴基斯坦的新增资金援助。

发展中国家的资金流入①

	1997	1998	1999	2000	2001	2002	2003
外国直接投资	171	176	182	162	175	147	135
私人净流入额	286	206	194	171	151	155	200
官方净流入额	38	61	42	23	55	35	28
工人汇款	66	63	68	68	77	88	93

第三,某些地区外国投资减少。据统计,流向拉丁美洲及加勒比地区的外国直接投资从1999年的1,050亿美元降至2001年的800亿美元,2002年的初步数据没有显示任何扭转的迹象。2001年不同国家的地区外国直接投资流量流百分比为:墨西哥35%(1995—2000年的平均值为18%);巴西32%(以前为35%);中美洲及加勒比6%(没有变化);智利6%(以前为8%);阿根廷4%(以前为17%)。②

由上可见,加入WTO,实施《知识产权协定》,强化知识产权保护,并不一定能够促进跨国公司的投资,至少对一部分发展中国家来说增加外国投资还是一个梦想。"最近来自国际公共机构和团体有关投资的报告几乎全都没有将知识产权作为决定外来投资的重要因素,其中包括世界银行2002年关于全球发展财政的报告和Zedillo关于融资发展的报告。同样,世界银行近期有关改善印度投资环境的一份草案也只字未提知识产权制度的作用。"③在世界银行发布的《2005年世界发展报告》中指出,改善投资环境是加速增长和减少贫困的关键,但是,报告中提到的投资环境不包括知识产权保护。④ 其实影响投资者决策的因素很多,对于知识产权因素,在某些国家(如技术比较先进、国民比较富裕的国家)的某些领域(如医药)可能会起到决定性作用,但不适用于所有的国家或领域,各个发展中国家应当依照本国国情制定适当的知识产权制度,照搬他国的模式往往会带来不良或负面的效果。

---

① 《私人资本向少数发展中国家回流而流向最贫困国家的援助资金仅略有上升》,http://www.worldbank.org.cn。

② 《拉丁美洲及加勒比的外国投资在减少》,http://www.ecdc.net.cn。

③ 英国知识产权委员会报告:《知识产权与发展政策的整合》,国家知识产权局条法司编译,第33页。

④ 报告主要提出了政府改善投资环境必须应对的四项深层的挑战:遏制腐败和其他形式的寻租行为;建立政府政策的公信力;为改进政策培育公众支持;确保政策回应适合本国情况。从别国不加批判地引进各种模式往往会带来不良或负面的结果。

2.《知识产权协定》的实施与激励创新

毋庸置疑,知识产权制度是激励知识创新与技术创新的必要机制,建立知识产权法律制度的目的在于依照法律规定授予智力创造者以专有性权利,并给予相应的法律保护,从而鼓励发明与创新,推动高新技术产业化,促进科学技术的进步与经济的发展。知识创新与技术创新是知识经济的核心,仅有知识创新成果还不足以发展经济,占有市场份额,只有将其进行法律保护后,才能成为自己独特的发展优势。知识产权法规定智力创造者在法定期限内对智力成果的独占权利,这就从法律上确认了智力成果的产权归属,明确了人们与创新成果的法律关系,肯定了知识产权人的社会地位,并保护其经济利益。知识产权的确定,意味着知识产权人不仅能收回从事智力创造的投资,还能得到丰厚的回报,从而极大地调动人们的创造积极性与进行 R&D 的投资热情,继续新一轮的知识创新。事实证明,但凡知识产权大国,必定是技术强国。

经济史和经济长波理论都说明技术、生产、组织和市场等方面的创新活动是改变世界经济贸易格局的决定性力量,最新的贸易理论与增长理论也证明“创新”是全球经济增长的主要驱动力,创新的过程依赖于一套完善的激励创新机制。[①] 经济增长竞争力指数(GCI),是建立在三个可变因素的广泛范围之上,这些可变因素也可以从中、长期推动经济增长,包括:技术、公共制度和宏观经济环境。这些推动力在经济发展各阶段都起了关键作用。就技术而言,这种推动力影响经济增长的方式因各国已经取得的经济繁荣水平而不同。在经济发展的早期阶段,一个国家促使其经济走上更深发展道路的能力主要取决于国外的技术转让。经济经历过快速增长的典型国家都是对国外发展的技术进行成功引进和改造的国家。这一过程被命名为“技术传播”。然而,在经济发展的更高阶段,对一个国家来说越来越重要的就是自己进行技术创新,以维持经济高速增长。[②]

近些年来,发展中国家尤其是中国、印度等国,在经济建设、科学技术方面取得了飞速的发展,知识产权保护实现了从零水平到与国际接轨的飞跃。知识经济是以知识创新与技术创新为核心的时代,知识产权保护与技术进步、经济发展、国际贸易密切相关,历史经验表明,有效的知识产权保护与适度的权利限制有利于促进知识的创新与传播,进而推动经济的发展与科技的进步。因此,加强知识产权保护是大势所趋,与此同时,发展中国家更重要的任务是要有更

---

① 朱春生:《知识产权协定与南北贸易协调机制》,载《世界经济文汇》1997 年第 4 期。

② 〔德〕彼得·K. 康纳利斯(Peter K. Cornelius)、〔美〕迈克·E. 波特(Michael E. Porter)、〔瑞士〕克劳斯·施瓦布(Klaus Schwab):《世界经济论坛 2002—2003 年全球竞争力报告》,机械工业出版社 2003 年版,第 13 页。

多的创新成果产生。世界银行于2003年1月16日在日本东京发布的东亚前景研究主要报告《创新的亚洲:增长的前景》中指出:东亚前进的唯一方式是东亚正在实现工业化的经济体超越开发的“模仿”阶段而进入“创新”阶段,提升产品的价值链,并向服务业领域扩展,这就要求有意识地以创新作为主要的增长来源。

《知识产权协定》的实施的确对发展中国家(地区)起到了鼓励创新的作用,中国内地、中国台湾、印度、马来西亚、新加坡和巴西都是典型的例子。我国的研发状况被世界知名知识产权专家约瑟夫·施特劳斯称为“最有说服力的统计数据”:研发人员从1986年的78.1万人增长到2002年的103.5万人;从中国的研发投入来看,1995年占了GDP的0.6%,2002年占了GDP的1.23%,已经超过了意大利(1.1%),2003年中国的研发投入达到690亿美元。① 而在此前,发展中国家在研发上的投入较少。例如,1994年,中国、印度、拉丁美洲用于开发产品的费用总和大约占全世界研究开发费用的9%,撒哈拉沙漠以南的非洲仅占0.5%,发展中国家除了中国和印度仅占4%。据世界银行统计,中低收入的发展中国家大约占世界GDP的21%,但是产品研发(R&D)上的花费不到世界的10%。OECD国家在R&D上的花费比印度的全部收入还要多。② 世界知识产权组织发表报告指出,2005年中国的专利申请数量与上年相比增加了33%,已成为世界第三大新产品和发明专利申请国。世界知识产权组织副总干事弗朗西斯·格里强调,近10年来中国的专利申请数量已经增长了8倍,这一趋势在未来几年内还将继续。依照该组织掌握的最新资料,2005年中国有超过17万项专利申请,与上一年相比在全球专利申请排名中上升了一个位置,跃升为继日本和美国之后的世界第三大专利申请国。格里强调,这些数字“表明了专利登记申请出现了全球性增长,而且日益国际化”,来自第三世界国家的专利申请数量呈显著增长态势,特别是亚洲国家。

随着《知识产权协定》实施时间的临近,印度制药业将不能够再生产仿制药品,印度多数制药公司改变战略,开始对研究开发作重大投资。例如Sun Pharma公司于2003年已经拨款7.5亿卢比,2004年拟增加200名科研人员从事研究开发以实现在2005年得到1个创新药物(化合物)、2项新型释药技术制剂进行人体试验的目标。Lupin公司在Pune建立了一个综合性的研究开发园区,并已向印度药品管理部门提交了一份新药申请。印度的Dr Reddy's Laboratories

---

① 〔德〕约瑟夫·施特劳斯:《经济全球化背景下知识产权的新作用》,载《中国知识产权报》2005年2月18日第3版。

② 转引自英国知识产权委员会报告:《知识产权与发展政策的整合》,国家知识产权局条法司编译,第6页。

于20世纪90年代就已构想新药的研发计划并付诸实施,现在它拥有8个新化合物,处于不同的研究阶段。在印度,多数化合物开发成本远远低于西方国家制药企业。Ranbaxy采用风险管理和成本效益的模式,预期可以用1.2—1.8亿美元的代价开发一个新药,而西方国家经常引用的一个数据是5—8亿美元。①

因此,在发展中国家实施《知识产权协定》,建立完善的知识产权法律制度,明确智力成果的产权归属,将会使越来越多的国内外风险投资者和研究者敢于投入到研发活动中来,产生更多的智力创新成果。虽然目前发展中国家在医药、化学工业、计算机、生物技术等行业的技术整体水平还比较低,对药品、化学物质、计算机软件和生物技术等研究成果给予知识产权保护,提高知识产权保护水平,在当前还有不利的一面。但是,从长远和全局看,有利于振兴工业,推进技术进步,在吸收国外先进技术的基础上走创新的发展道路,调动科技人员发明创造的积极性,吸引外商投资和转让新技术,从根本上提高发展中国家的工业技术水平,刺激经济的增长,从而促使发展中国家走向富裕之路。

3.《知识产权协定》的实施与技术引进

如前所述,许多人认为《知识产权协定》的实施有助于发展中国家引进国外的先进技术。在理论上,高水平的知识产权保护将促使发达国家向发展中国家的技术转让有三个原因:(1)专利的公开为发展中国家激励创新提供了有关信息;(2)有效的专利保护将促进发达国家的专利权人在发展中国家的专利转让与投资活动;(3)发展中国家强有力的知识产权保护可以激励发达国家公司投资于新产品的研究,如治疗热带疾病的药品。②

促进技术转让方面,《知识产权协定》有明确的规定,其第7条规定知识产权保护应当有利于"技术的转让与传播",第8条也承认需要采取措施来防止对知识产权的滥用,包括"对国际技术转让有不利影响"的做法。其第40条涉及防止在许可合同中采取限制竞争的做法,第66条第2款要求发达国家向其企业和研究机构提供动力,以促进向最不发达国家的技术转让。

知识产权制度对技术引进的作用,韩国的发展经验可以佐证。在20世纪70年代中期以前,韩国的知识产权制度初步建成,当时的技术力量比较落后,对国外先进技术的引进也很少。从70年代中期到80年代的10年时间里,意识到此前的政策对技术创新的消极作用,韩国开始注重与国际知识产权制度的接轨,为技术引进和创新提供知识产权制度保障,从而激发了外国专利权人在韩国实施专利的兴趣,来自外国的知识产权在韩国逐渐占据了主导地位。这些从

---

① 许光煜:《印度制药工业应对药品专利实施状况》,载《上海医药》2004年第4期。

② Duncan Matthews:《Globalising Intellectual Property Rights》, Rout ledge 11 New Fetter Lane, 2002, L. 110.

国外引进的先进技术为韩国日后的创新活动以及经济的增长起到了不可磨灭的作用。从20世纪90年代中期以来,韩国开始严格执行知识产权法律,实施以自由贸易为宗旨的《知识产权协定》,并积极参与国际知识产权制度的发展和协调工作。调查显示,同期外国国民知识产权申请、技术进口和外国直接投资同时出现大幅增长趋势。外国国民的发明专利和实用新型申请量每增加一项,虽然带来技术进口费用172美元的增长,但同时对GDP的贡献达到250亿韩元,是国内申请经济贡献的近5倍。[1] 可见,加强知识产权保护,促进经济发展的作用要远远地大于技术进口成本的负担。

在印度,尽管像诺华、辉瑞及礼来这样的制药巨头委托印度公司生产化合物已有多年历史,但所有的研发工作——药物设计以及临床前测试——一直都是在别处进行的。2005年,印度Rabo金融公司(一家投资银行)的生命科学与生物技术主管Gupta宣称,在过去一年(2004年)里,这3家公司都公开表示会着眼于印度市场进行研发工作。作为印度1995年签署的世界贸易组织协议的一部分,从2005年起,印度将尊重产品的专利权。"这是一个巨大的机会。"[2]另外一个令人瞩目的数据是,仅仅在计算机和通信领域,到2003年为止,外国公司在中国建立的研发实验室就超过了200个。[3] 在其知识产权得到有效保护的前提下,跨国公司可以大大地节约研发成本,据报告,研发一个新产品,在发展中国家的花费只占到在西方国家的1/4甚至更少。所以跨国公司愿意在发展中国家大量建立实验室,开展研发活动,从而实现知识与技术向发展中国家的转移。

但是,在考量《知识产权协定》对发展中国家技术引进的积极影响时,也不能忽视其负面影响。

首先,发展中国家在引进技术的同时也增加了使用费的支出。发展中国家与发达国家在技术发展水平上存在着明显的差距,发达国家拥有90%以上的知识产权,而发展中国家基本上是纯技术进口国,《知识产权协定》仅仅加强了对技术提供者的全球保护,没有建立起有效的国际机制来确保技术转让在合理的竞争中进行。发展中国家作为整体是技术的净进口国,大多数技术由发达国家提供,发达国家在世界范围内拥有压倒多数的知识产权。根据世界银行统计,

① 参阅徐明华、包海波等著:《知识产权强国之路——国际知识产权战略研究》,知识产权出版社2003年版,第170—173页。

② 《制药公司的研发与临床实验向印度转移》,刘斌发布,来源于《科学美国人》中文版,中国生物技术信息网2004年11月10日。

③ 〔德〕约瑟夫·施特劳斯:《经济全球化背景下知识产权的新作用》,载《中国知识产权报》2005年2月18日第3版。

技术转让过程中,多数发达国家是《知识产权协定》的受益者(美国受益估计为每年 190 亿美元)。在 1991 年至 2001 年间,美国在知识产权提成费方面的净顺差从 140 亿美元增加至 220 亿美元,而在 1999 年,发展中国家在知识产权提成费方面的逆差为 75 亿美元。而且有证据证明《知识产权协定》第 66 条第 2 款已经失效,发达国家显然没有采取额外的措施鼓励自己的企业和机构进行技术转让。而且就该条款只适用于最不发达的国家这一规定来看,它也过于有限制性了,因为这些国家对技术的吸收能力极差。因此我们认为该条款并不是解决整个发展中国家技术转让问题的最适当方式。此外,历史上用来促进技术转让的一些知识产权制度的条款,如强制许可,在《知识产权协定》中已被很大程度地冲淡。①

其次,技术和知识的转移主要集中在少数几个技术比较先进的发展中国家,如中国、印度、南非、巴西和墨西哥。各个发展中国家的社会、经济结构与技术水平并不相同,能够吸引国外先进技术在本国实施的国家屈指可数,有许多发展中国家尤其是最不发达国家不仅缺乏创新能力,而且缺乏吸收国外先进技术的能力,强化知识产权保护还将延缓先进技术在这些国家的扩散速度。

4.《知识产权协定》的实施与公众健康

《知识产权协定》规定各缔约方应当给药品以专利权保护,并且保护期限不得少于 20 年。跨国制药公司和发达国家推动《知识产权协定》保护药品专利权,辩称是他们付出巨额投资和承担高风险的合理回报,同时有利于鼓励创新。从鼓励发明创造、激励技术创新出发,给予药品以专利保护很有必要,将会使越来越多的投资者和研究者投资医药产业,有更多的药品产生,从而有利于人类疾病的预防、诊断与治疗,为绝症患者带来福音。但是,不容忽视的一个事实是,世界卫生组织调查结果显示,绝大多数的药品专利掌握在发达国家制药公司手中,发达国家的药品销售占全球总销售量的近 90%,全球 1400 万死者中的 90% 是发展中国家的居民。以艾滋病为例,全世界有 6000 多万人感染艾滋病毒,其中 95% 以上在发展中国家,70% 在撒哈拉以南非洲地区,使得该地区的预期寿命从 1980 年的 48 岁降低到 2002 年的 46 岁。南非的艾滋病情况非常严重,2000 年有 25 万人死于艾滋病,全国每 10 个人中就有 1 个人感染艾滋病病毒。所以,《知识产权协定》的实施将对发展中国家的公众健康产生极为不利的影响。

第一,药品专利的授予严重地损害了贫穷患者获得急需的廉价救命药品的

① 参阅英国知识产权委员会报告:《知识产权与发展政策的整合》,国家知识产权局条法司编译,第 45—47、35 页。

权利。药品定价一旦包含了专利权这样一种无形财产权,必然要抬高药品的价格,从而增加消费者的负担。国际比较表明,专利药品的仿制品的价格在没有专利保护的市场中要廉价得多,美国和英国的部分药品价格同印度和巴西相比较,前者治疗艾滋病的抗反转录病毒三价合成药的价格是 1 万美元,而印度只需 200—350 美元,两者相差 4000%。在印度市场中,由于没有专利保护,市场价格居全世界最低。一旦将药品专利制度引入,将会在发展中国家产生药品价格上扬的影响,分析模型预示,如果采取专利保护,药品价格可能会上涨 25%—50%。[①] 如果没有《知识产权协定》的约束,发展中国家为了其民众的利益,还可以通过帮助普通药品生产商进入市场进行竞争来限制专利制度带来的不利影响。

第二,《知识产权协定》中的强制许可制度未能发挥应有的作用。一方面,协定规定的强制许可制度过于原则和模糊,在适用过程中容易发生歧义,从而引发争端。例如巴西于 1996 年修改了工业产权法,规定专利权人负有"当地实施专利"的义务,即专利权人负有自己或者许可他人在巴西实施其专利的义务,自专利授权之日起满 3 年,如果专利权人无正当理由没有履行上述义务的,巴西政府有权把该专利的市场独占权收回,并给予实施该专利的强制许可。此外,还可以平行进口的方式,向价格最低的来源地进口药品。为此,美国依《知识产权协定》对巴西提出申诉。直到 2002 年 6 月 25 日,遭到非政府国际组织和舆论的强烈批评的美国才撤回申诉。另一方面,《知识产权协定》规定的强制许可只能是国内许可,条件过于苛刻,对不具药品生产能力的国家来说,获得廉价药品无异于望梅止渴。依协定的规定,基于强制许可生产的药品只能在国内销售,而不能销往国外,这样不具药品生产能力的国家既不能通过强制许可从其他国家进口药品,也不能从其他发展中国家低价进口强制许可生产的药品。例如在南非,跨国制药公司销售的抗艾滋病药品价格居高不下,普通病人根本无法负担购买预防和治疗艾滋病药物的费用,而印度、巴西等国能够提供廉价的抗艾滋病药物。因此,南非政府希望制定法律,使政府能够从印度、巴西等国进口廉价的、不受专利保护的抗艾滋病药物。1997 年南非修改了法律,允许当地制药公司强制许可生产仿制艾滋病药品,并从国外进口仿制艾滋病药品。这是《知识产权协定》生效以来第一个启用强制许可条款的国家,但是,南非马上遭到 39 个跨国制药公司的共同起诉,指控其侵权。直到 2001 年 4 月,迫于舆论压力的跨国制药公司才撤回了其在南非的诉讼,并大幅度降低了这些药品在非洲的售价。

为此,《知识产权协定》生效后,发展中国家一方面修改国内知识产权法,提

---

① 阿文德·萨勃拉曼尼亚:《医药、专利与知识产权》,载《国外社会科学文摘》2001 年第 9 期。

高知识产权保护水平,履行其成员方义务。另一方面,努力维护自身的权益,进行多方呼吁,要求修改《知识产权协定》、重视发展中国家的特殊利益。2001 年 11 月 9 日至 14 日,世界贸易组织第四次部长级会议在多哈召开,就《知识产权协定》作了进一步讨论,并最终通过了《多哈部长宣言》、《知识产权协定与公共健康宣言》、《关于与实施有关的问题和关注的决定》,涉及四个议题:知识产权与公共健康、地理标志的保护、传统知识的保护以及《知识产权协定》与《生物多样性公约》的关系。这些议题都与发展中国家的利益密切相关,意味着知识产权国际保护有了新的发展。

在举世瞩目的《知识产权协定与公共健康宣言》中,承认了使许多发展中国家和最不发达国家遭受痛苦的公共健康问题,尤其是艾滋病、肺结核、痢疾和其他流行病引起的公共健康的严重性;承认《知识产权协定》必须是解决这些问题的更广泛的国家和国际行动的一部分;承认知识产权保护对于药品的开发是重要的,也承认由药品价格影响所产生的忧虑;承认那些在药物生产领域生产能力不足或没有生产能力的世界贸易组织成员依《知识产权协定》在有效利用强制许可方面可能面临的困难,并责成 TRIPS 理事会寻求该问题的解决办法,在 2002 年底之前向总理事会报告;将最不发达国家在医药产品方面履行《知识产权协定》有关义务的过渡期延长至 2016 年。

其后,经过近两年的艰苦谈判,世贸组织 TRIPS 理事会于 2003 年 8 月 30 日通过《关于知识产权协定和公共健康的多哈宣言第六段的执行决议》,决议承认确实存在可放弃执行《知识产权协定》关于医药产品的第 31 条(f)和(h)[①]中确立的义务的特殊情况,承认发展中成员和最不发达成员因艾滋病、痢疾、肺结核及其他流行性疾病而发生公共健康危机时,可通过强制许可自己生产有关专利药品,无生产能力的国家也可以从其他发展中国家获得由此生产的药品,但条件是不能滥用权利,例如不能转手将药品出口到发达国家。

2005 年 12 月 6 日,世界贸易组织通过了把实施专利药品强制许可制度文件以永久修正形式纳入《与贸易有关的知识产权协定》的决定,以帮助发展中成员和最不发达成员解决公共健康问题。

多哈宣言及上述决议可以确保发展中国家为公众健康目的而制定有效的政策及采取相关措施,并降低发展中国家被发达国家和制药公司投诉或控告的机会。

---

① 《知识产权协定》第 31 条规定:"如果成员的法律允许未经权利持有人许可而就专利的内容进行其他使用,包括政府使用或政府授权的第三方使用,则应遵守下列规定:……(f) 任何这类使用的授权,均应主要为供应授权之成员域内市场之需;……(h) 在顾及有关授权使用的经济价值的前提下,上述各种场合均应支付权利持有人使用费;……"

二、《知识产权协定》在发达国家的实施

我们知道,《知识产权协定》是以美国为首的发达国家意志的体现,是部分发达国家国内知识产权法律制度国际化的表现。与发展中国家相比,《知识产权协定》在发达国家的实施时间比较早,发达国家实施协定义务的任务也比较轻,不需要像发展中国家那样大范围地修改国内法。自 1996 年 1 月 1 日《知识产权协定》在发达国家生效以来,发达国家也对其国内法作了修订,以使其符合 TRIPS 的要求。例如美国,其版权法在传统上强调对经济利益的保护,对作者和表演者的精神权利不予保护,但在 1988 年加入《伯尔尼公约》后,为了与《伯尔尼公约》保护作者精神权利的要求相符,在 1990 年颁布了《视觉艺术家权利法》,对视觉艺术品的作者和表演者的精神权利提供保护。美国原专利法规定的专利保护期为授权之日起 17 年,但《知识产权协定》要求给予专利 20 年的保护期,为此美国在 1994 年通过了《乌拉圭回合协议法》,将其专利保护期改为申请日起 20 年。这一规定适用于 1995 年 6 月 8 日以后提出的专利申请,1995 年 6 月 8 日以前提出的申请或者仍然有效的专利,其保护期限或者是自授权之日起的 17 年,或者是申请日起 20 年,二者取其长者。

在《知识产权协定》的实施过程中,发达国家最大的特点便是积极地通过协定中的监督和争端解决机制来维护本国利益并督促其他国家履行协定的义务。从 1996 年《知识产权协定》生效开始,美国、欧盟等发达国家(地区)便不断地利用协定中的争端解决机制向其他成员提起诉讼,迫使其修改国内法以遵守协定的规定。截止到 2007 年 6 月,有关知识产权协定的争端共发生 26 起,只有 1 起是由发展中国家提起(WT/DS22,巴西诉美国专利法违反知识产权协定),其余 25 起均由发达国家提起,其中美国提起了 18 起。其具体策略表现在发达国家之间的合作与对抗两个方面:

第一,发达国家之间的合作。

在实施《知识产权协定》方面,美国、欧盟等各个发达国家(地区)之间有对抗也有合作。在合作方面,对于其他国家实施协定不力的情况,往往同时采取措施,共同施加压力。[①] 例如,针对日本的与录音制品有关的措施问题,美国于 1996 年 2 月向日本提出磋商请求(WT/DS28),欧盟于同年 5 月向日本提出磋商请求(WT/DS42);针对印度未对药品和农用化学制品提供专利保护并且缺少一

---

① 彭涛:《知识产权协定在发达国家的实施》,载吴汉东主编:《知识产权国际保护制度研究》,知识产权出版社 2007 年版。

个允许对药品和农用化学制品提出专利申请和提供专有销售权的正式制度,美国和欧盟分别在 1996 年 7 月和 1997 年 4 月向印度提出磋商请求①;在 WT/DS290 案和 WT/DS174 案中,在美国就欧盟未在欧盟内提供农产品和食品的商标和地理标志保护提出磋商请求之后,澳大利亚又向 DSB 提出了正常争端解决程序。

在某些情况下,美国公司经由欧盟的伙伴游说欧盟,提起争端解决,迂回地维护自己的利益。1997 年的加拿大医药制品专利案就是这样的一个例子。《加拿大专利法》第 55 条(2)和(3)规定了专利权的两个例外:一是法定审查例外,即允许在药品专利届满前,未获得专利的制药公司为申请销售许可,可以试验使用他人的药品专利;二是储备例外,即在他人药品专利期届满前 6 个月,未获得专利许可的制药公司,可以制造专利药品并储存待届满后销售。美国公司对此很不满,但是美国 1984 年的《药品价格竞争和专利保护期补偿法》认可所谓的博拉例外,即其他制药公司对专利药品进行测试,不构成侵权。这样,美国公司虽然对加拿大的博拉例外不满,但是请求美国贸易代表支持其主张存在法律上的冲突,不可能获得支持。但是,美国又是受加拿大便宜药品冲击最大的国家,美国制药企业希望消除博拉例外,维护自己的竞争优势。于是,美国企业劝说其欧盟伙伴,说服欧盟提起争端解决申请。欧盟的商业伙伴成功说服欧盟,对加拿大提起了争端解决申请(WT/DS114)。专家组裁定储备例外违反《知识产权协定》,美国制药公司的利益因此得到维护。②

第二,发达国家之间的对抗。

《知识产权协定》不仅是发展中国家向发达国家妥协的结果,也是各个发达国家之间在追求利益最大化中相互妥协的结果,由此决定了协定在发达国家的实施并非一帆风顺。在《知识产权协定》的实施过程中,美国、欧盟、日本等发达国家(地区)之间基于各自的利益频频地相互提起诉讼,要求对方修改国内法以符合《知识产权协定》的规定。在 26 起有关《知识产权协定》的争端中,其中 18 起发生在发达国家或地区之间。这说明即便在知识产权保护水平相对较高的发达国家或地区,有效地实施《知识产权协定》,也并非轻而易举。发达国家的国内法也有与《知识产权协定》不相符合的,以知识产权保护"世界警察"自居的美国也频频被诉违反《知识产权协定》,包括版权(欧共体诉美国版权法第 110 节第 5 款违反《知识产权协定》)、商标(欧共体诉美国综合拨款法第 221 节违反《知识产权协定》)、专利(巴西诉美国专利法违反《知识产权协定》)和知识

---

① WT/DS50,美国诉印度药品和农用化学制品专利保护案;WT/DS79,欧盟诉印度药品和农用化学制品专利保护案。

② 参阅彭涛:《知识产权协定在发达国家的实施》,载吴汉东主编:《知识产权国际保护制度研究》,知识产权出版社 2007 年版。

产权实施程序(欧共体诉美国1930年关税法第337节违反《知识产权协定》)。[①]

在对抗方面,美国和欧盟为维护本方利益集团的利益,向对方提出磋商或争端解决,标志着在知识产权谈判过程中形成的欧盟—美国的紧密同盟关系出现了裂痕,这种分裂是利益冲突的必然结果。1997年5月,美国分别就瑞典和丹麦未能实施保护证据和制止侵权的临时措施,提出与瑞典和丹麦进行磋商。[②] 1998年11月,瑞典议会修改其知识产权法,授权法院在有理由怀疑存在或即将发生知识产权侵权行为的情况下,发布搜查令,保存侵权证据。2001年6月,美国和丹麦达成和解。

1998年4月,美国就希腊电视台播放未经版权人许可的电影和电视节目提出与希腊磋商,同时还就同一问题向欧盟提出磋商。[③] 希腊于1998年10月颁布了法律第2644/98号,其中的第17条为版权人受到的电视台侵权行为提供额外的保障,授权行政机关关闭侵犯知识产权的电视台。依据该法律,希腊关闭了4家侵犯美国知识产权的电视台,并对电视台的侵权行为提出刑事指控,使侵权行为有显著的改善。2001年美国与希腊、欧盟之间达成协议,解决了纠纷。1998年1月,美国就爱尔兰影响版权及邻接权的授予措施问题向欧盟提出磋商请求,最后协商解决。[④]

1999年6月,美国就欧盟未能在欧盟内提供农产品和食品的商标和地理标志提出磋商请求,又在2003年4月就该问题提出附加磋商请求。磋商未果,美国提出了设立专家组的请求,专家组同意美国的观点,认为欧盟的地理标志条例未向其他成员方的权利持有人和产品提供国民待遇。2005年5月,欧盟表示其执行裁决的意向。

随后,欧盟开始反击美国。[⑤] 1999年1月,欧盟就美国版权法第110节第5款规定的"家庭例外"和"商业例外"违反《知识产权协定》提出磋商(WT/DS160)。美国版权法第110节第5款规定,在一定条件下版权人的专有权可受到限制,包括两种情况:一是"家庭例外",即通过私人家庭中通常使用的接受装置,接受并播放作品的情形;二是"商业例外",即一定条件下在公共场所(包括零售场所和餐饮场所)播放非戏剧音乐作品的情形。上述对作品的使用不构成

---

① 张乃根:《论知识产权协定义务》,载《浙江社会科学》2002年第5期。

② WT/DS86,美国诉瑞典影响知识产权实施措施案;WT/DS83,美国诉丹麦影响知识产权实施措施案。

③ WT/DS124,美国诉欧盟电影和电视节目知识产权实施案;WT/DS125,美国诉希腊实施电影和电视节目知识产权实施案。

④ WT/DS82,美国诉爱尔兰影响授予版权和邻接权措施案。

⑤ 参阅彭涛:《知识产权协定在发达国家的实施》,载吴汉东主编:《知识产权国际保护制度研究》,知识产权出版社2007年版。

对权利人专有权的侵犯，播放者无需向权利人缴纳版权使用费。欧盟认为该例外规定使欧盟的众多的版权权利人不能收取版权使用费，给他们造成经济上的损失，违反了《知识产权协定》第 9.1 条和《伯尔尼公约》第 11(1)(ii)和第 11 条之二(1)(iii)的规定。磋商未果，欧盟要求成立专家组；专家组作出裁决，认为美国版权法第 110 条(5)规定的“家庭例外”与《知识产权协定》第 13 条对版权专有权的例外规定一致，但“商业例外”违反了协定的规定，建议美国对法律进行修改，美国表示修改法律程序复杂，不能在规定的时间内完成，但愿意以赔偿解决。经仲裁，美国以赔偿 100 万美元解决了这次争端。

1999 年 7 月，欧盟就美国的《1998 年综合拨款法》第 211 节商标所有权交易限制违反《知识产权协定》提出磋商(WT/DS176)，在磋商未果的情况下，要求成立专家组，专家组裁决美国没有违反《知识产权协定》，但上诉机构推翻了专家组的结论。2000 年 1 月，欧盟就美国《关税法》337 条款和美国联邦规则中关于国际贸易委员会的做法和程序规则提出磋商(WT/DS186)。其后，加拿大和日本认为它们在该案中具有实质贸易利益，也分别申请加入磋商请求。

在发达国家之间，还发生了美国诉加拿大专利保护期案(WT/DS170)、加拿大诉欧盟药品和农用化学制品的专利保护案(WT/DS153)、美国诉葡萄牙工业产权法下的专利保护期限案(WT/DS37)。在 WT/DS170 案中，美国指出，根据加拿大的专利法，1989 年 10 月 1 日以前申请的专利，其保护期为自获得专利之日起 17 年，这违反了《知识产权协定》自申请日起至少 20 年专利保护期的要求。经专家组审理与上诉机构复审，美国的主张得到支持，加拿大不得不修改国内有关法律。

美国和欧盟之间的竞争与合作，总体上说，是在维护其自身利益。在利益冲突时竞争，在利益一致时合作，共同推动知识产权保护水平的提高，迫使其他国家，尤其是发展中国家和不发达国家要付出更高的代价。高水平知识产权保护，不仅影响国际的知识利益分配，也影响发达国家国内利益的分配，从而在发达国家内部引起新的矛盾。①

三、《知识产权协定》在中国的实施

(一) 法律的修订

我国于 2001 年 12 月 11 日成为世界贸易组织的缔约方，包括《知识产权协

① 彭涛：《知识产权协定在发达国家的实施》，载吴汉东主编：《知识产权国际保护制度研究》，知识产权出版社 2007 年版。

定》在内的一揽子协议也于同日在我国生效。与《知识产权协定》相比,我国的知识产权法律制度还有很大差距,所以,在入世前后,为了与《知识产权协定》相一致,也是为了履行《中国加入世界贸易组织议定书》的义务,中国政府对知识产权保护相关法律法规和司法解释进行了全面修改,在立法精神、权利内容、保护标准、法律救济手段等方面更加突出促进科技进步与创新的同时,做到了与《知识产权协定》以及其他知识产权保护国际规则相一致。

1. 专利法的修订

我国于2000年8月25日对《专利法》进行了第二次修改,并于2001年6月15日由国务院公布了新的《专利法实施细则》。与《知识产权协定》相关的修改内容包括以下五个方面:

(1) 增加了许诺销售权,规定专利权人享有自己或者授权他人以做广告、在商店货架或者展销会陈列等方式作出销售专利产品的意思表示的权利;

(2) 增加了诉前临时禁令的颁发,规定人民法院可以依权利人的申请在诉讼前发布禁止令和采取财产保全措施;

(3) 取消了对实用新型专利与外观设计专利"行政终局决定"的规定,赋予当事人司法复审权;

(4) 改进了强制许可制度;

(5) 规定为生产经营目的使用或者销售不知道是侵犯专利产品的行为是侵权行为,但是,能够证明其产品合法来源的,不承担赔偿责任。

2. 著作权法的修订

为了促进经济、科技和文化的繁荣,并适应我国加入世界贸易组织的进程,我国于2001年10月27日对《著作权法》进行了修订,2002年8月14日通过了新的《著作权法实施条例》。与《知识产权协定》相关的修订内容有:

(1) 给予外国人国民待遇,同时提高本国人所受到的著作权保护待遇,达到内外平衡,协调发展;

(2) 扩大著作权保护范围,将实用美术作品、杂技艺术作品等纳入保护范围,将"电影、电视、录像作品"扩大解释为"电影作品和以类似摄制电影的方法创作的作品";

(3) 增加著作权的权利内容,规定了电影和以类似摄制电影的方法创作的作品、计算机软件著作权人的出租权,信息网络传播权以及放映权;

(4) 完善有关著作权限制的规定,对合理使用中的个人复制、表演、播放、公务使用、翻译等行为给予一定的限制;

(5) 强化对著作权人的救济措施,加大对侵权行为的惩处力度,规定了最高50万元的侵犯著作权的法定赔偿额,采取过错责任与"过错推定原则"相结合的归责原则；

（6）增加规定诉前临时禁令的颁发，规定人民法院可以依权利人的申请在诉讼前发布禁止令和采取财产保全措施。

3. 商标法的修订

为了适应我国加入世界贸易组织的进程，进一步加强对商标专用权的保护，我国于 2001 年 10 月 27 日通过《关于修改商标法的决定》，2002 年 8 月 3 日通过新的《商标法实施条例》。与《知识产权协定》有关的修订内容主要涉及以下 11 个方面：

（1）增加商标法保护的对象和范围，明确规定注册保护集体商标、证明商标和地理标志；

（2）扩大商标构成要素范围，规定任何能够将自然人、法人或其他组织的商品、服务与他人的商品、服务区别开的可视性标记，包括文字、图形、字母、数字、三维标记和颜色组合，以及上述要素的组合，均可以作为商标申请注册；

（3）明确驰名商标的特殊法律保护措施以及驰名商标的确认标准；

（4）完善了商标构成要素的消极条件，禁止以官方标记、检验印记作为商标使用、注册；

（5）增加规定商标注册申请中的优先权原则，包括《巴黎公约》要求的国际优先权，以及在中国政府主办或承认的国际展览会展出的商品上首次使用的优先权；

（6）强化诚实信用原则，禁止恶意抢先注册他人商标，禁止未经授权的代理人或代表人以自己的名义将被代理人或被代表人的商标进行注册，禁止侵害他人现有的在先权利，禁止以不正当手段抢先注册他人已经使用并有一定影响的商标，禁止在相同或类似商品上申请注册与他人未在中国注册的驰名商标相同或近似的商标，禁止在不相同或不相类似的商品上申请注册与他人在中国注册的驰名商标相同或近似的商标；

（7）规定行政裁决必须经过司法审查，赋予当事人司法复审权；

（8）明确销售侵权责任，规定销售侵犯注册商标专用权商品的，无论是明知或不知情，均为侵权。但是，销售不知道是侵犯商标专用权的商品，能证明商品合法来源的，不承担赔偿责任；

（9）确认“反向假冒”为侵权行为，规定“未经商标注册人同意，更换其注册商标并将该更换商标的商品又投入市场的”侵犯商标权；

（10）明确侵权赔偿额的计算方法，并规定了法定赔偿数额为 50 万元以下；

（11）增加规定诉前临时措施，人民法院可以在正式诉讼前，根据权利人的请求，颁布临时禁令并实施财产保全和证据保全。

（二）法律的执行

《中国入世工作组报告书》第304段规定，中国行政管理机关将建议司法机关减低提起有关侵犯知识产权刑事诉讼的数额标准，以有力对付盗版与假冒商标行为。美国贸易代表也早就特别指出，中国知识产权刑事执法门槛过高，对中国知识产权刑事立法进行修改是加强美国知识产权保护力度的前提。为此，2004年12月，最高人民法院、最高人民检察院联合出台司法解释，对刑法中规定的七种侵犯知识产权罪的定罪量刑标准作了具体规定，加大了打击知识产权犯罪的力度，大幅降低知识产权犯罪刑事制裁门槛，规定假冒注册商标罪、销售假冒注册商标商品罪、非法制造销售注册商标标识罪和侵犯著作权罪的起刑标准为非法经营数额在5万元以上，或者非法所得数额3万元以上。该司法解释有效地遏制了侵犯知识产权的犯罪行为，维护了知识产权权利人的合法权益。

2007年4月5日，根据我国近年来保护知识产权形势的发展，以及司法实践中出现的新情况、新问题，最高人民法院、最高人民检察院在总结知识产权刑事司法保护实践经验的基础上，再次联合出台新的办理侵犯知识产权刑事案件司法解释，对2004年出台的司法解释进行了补充和完善，进一步加大知识产权的刑事司法保护力度：

（1）明显降低了侵犯著作权罪的数量门槛，规定“以营利为目的，未经著作权人许可，复制发行其文字作品、音乐、电影、电视、录像作品、计算机软件及其他作品，复制品数量合计在500张（份）以上的，属于刑法第217条规定的‘有其他严重情节’；复制品数量在2500张（份）以上的，属于刑法第217条规定的‘有其他特别严重情节’。”该规定较之2004年出台的司法解释，构成犯罪的数额要求降低了一半。

（2）加大罚金刑适用力度，规定“对于侵犯知识产权犯罪的，人民法院应当综合考虑犯罪的违法所得、非法经营数额、给权利人造成的损失、社会危害性等情节，依法判处罚金。罚金数额一般在违法所得的1倍以上5倍以下，或者按照非法经营数额的50%以上1倍以下确定”。

（3）保障被害人自诉权利，规定“被害人有证据证明的侵犯知识产权刑事案件，直接向人民法院起诉的，人民法院应当依法受理；严重危害社会秩序和国家利益的侵犯知识产权刑事案件，由人民检察院依法提起公诉”。

（4）四种情形一般不适用缓刑，规定“有下列情形之一的，一般不适用缓刑：因侵犯知识产权被刑事处罚或者行政处罚后，再次侵犯知识产权构成犯罪的；不具有悔罪表现的；拒不交出违法所得的；其他不宜适用缓刑的情形”。

此外，我国于2001年3月28日颁布了《集成电路布图设计实施条例》，以履行《知识产权协定》第二部分第6节规定义务;2001年12月20日重新颁布了《计算机软件保护条例》,进一步强化计算机软件的保护;2003年11月26日颁布了《知识产权海关保护条例》,为知识产权持有人提供完全符合《知识产权协定》第51条至60条规定的边境保护措施;1993年9月2日通过了《反不正当竞争法》,依据《知识产权协定》第39条第3款规定,保护未公开信息以防不正当的商业利用;1997年3月20日,国务院发布了《植物新品种保护条例》,规定对符合条件的植物新品种授予植物新品种权,由完成育种的单位和个人对其授权品种享有独占的权利。

(三)中国对知识产权国际纠纷的应对——以中美知识产权WTO争端案(WT/DS363)为例

尽管近20年我国知识产权保护立法已经取得了举世瞩目的成绩,尤其在近几年中采取了许多切实有效的措施来保护知识产权,但美方仍对目前的结果不满。自2001年12月中国入世开始,美国特别关注中国"入世"后的知识产权保护问题,几乎每年都会对中国的知识产权保护问题提出质疑。在2006年的WTO与贸易有关的知识产权理事会对中国的年度审议会议上,中国的知识产权保护问题成为欧盟、美国和日本最为不满的焦点问题。由于美国政界形成了知识产权—贸易逆差—失业的思维,美国一直将中国对知识产权保护不力作为美国贸易逆差的借口和理由。美国早在2005年就声称其准备向WTO争端解决机构提出与中国就中国知识产权保护不力问题进行磋商。此后,美国一再声明如果中国不依照《知识产权协定》以及中国入世议定书和中国工作组报告中的规定,承诺全面履行其保护知识产权的义务,将直接向WTO争端解决机制提请动用该机制,以促使中国尽早全面履行TRIPS的义务和切实提高中国知识产权保护水平。此后,美国一而再地通过各种方式和渠道表示,美国将就中国对知识产权保护不力的状况向WTO投诉。① 2006年11月美国已经通知中国其将向WTO投诉中国的知识产权执法问题,但后因中国要求进行进一步的双边谈判,并获得美国产业界支持,美国才同意推迟投诉。2007年1月28日,美国商务部副部长雷文凯表示,2007年,美国可能将就中国盗版和假冒等侵犯知识产权的行为向世贸组织提起诉讼。

2007年4月,美国政府以中国对知识产权保护不力为由,向世贸组织提起两项诉讼,分别指责中国打击盗版不力和限制美国电影、音乐和图书产品进入本国市场。在打击盗版问题上,美国承认中国采取了切实有效的行动来保护知

---

① 张桂红:《中国应对美国启动IPR争端解决机制的对策》,载《上海财经大学学报》2007年第4期。

识产权、打击盗版，但力度不够。美国指责中国对知识产权侵权的刑事处罚力度太轻，门槛太高，认为中国在打击盗版上漫不经心的态度纵容了对美国产品的盗版，美国企业每年因此遭受的损失高达数十亿美元，希望中国加大对盗版行为的打击力度。美国还希望解决使中国的假冒和盗版活动进入“安全港”、避免刑事处罚的结构问题，同时寻求改善中国边境的执法程序，使版权拥有者具备更多的手段，以防止中国进行未经授权拷贝的生产。在市场准入问题上，美国指责中国限制美国电影、音乐和图书产品进入本国市场，目前中国享有进口权的仅仅限于中图公司、外文书店等为数不多的几家公司，美方公司也希望能拥有进口权。

美国认为，专家小组的调查应解决以下三方面问题：

1. 中国关于盗版和假冒产品的数量限制必须能够提起有关版权盗版和商标假冒的刑事诉讼。中国应放宽这个限制。因为这些限制并未有效地避免大规模盗版和侵权行为的发生。

2. 解决中国海关查获的侵权产品的规定。这些规定允许在取消假冒商标或其他侵权标识后进入市场流通，而世贸组织规定这些产品应被逐出市场。

3. 要求有关中国版权法为即将进入市场、等待中国审查机构批准的作品的版权提供保护。中国版权法没有为版权所有人提供在审查机构批准前就侵权行为（包括未经授权翻译作品的非法和侵权复制）提起诉讼的权利。版权保护的直接有效性对进入市场的新产品至关重要。①

美国贸易代表办公室发言人肖恩·斯派塞表示，尽管中方在过去几年中也采取了许多切实措施来保护知识产权，但美方仍对目前的结果表示不满，因此要求世贸组织进行仲裁。美国驻华大使馆知识产权办公室参赞柯恒表示，美国对中国政府近几年在知识产权保护方面的努力是给予肯定的，但中国在这一领域仍存在一些大的问题，例如对于网络下载等没有严格的制约，因此双方需要更多的交流和改进。②

6月5—6日，中美双方在日内瓦就“中国—影响部分出版物和视听娱乐产品贸易权和分销服务措施”进行了磋商。会议期间，中美双方继续就“中国—与知识产权保护和实施有关的措施”进行了磋商。在此次谈判中，针对美方所指控的措施，中方认为有关措施完全符合《知识产权协定》的要求，中国在履行《知识产权协定》义务方面无可指责。中方反对任何世贸组织成员试图通过争

---

① 赵秋艳编译：《美国要求世贸组织就中国知识产权保护问题成立专家小组》，http://www.cacs.gov.cn/DefaultWebApp/showNews.jsp? newsId = 401210000013。

② 张硕编辑：《世贸组织开始就中美知识产权争端进行讨论》，http://www.cacs.gov.cn/DefaultWebApp/showNews.jsp? newsId = 401210000013。

端解决机制额外增加发展中成员《知识产权协定》之外的义务。但在 8 月,美国政府已经要求世界贸易组织设立专家组,裁决其提出的中国保护知识产权不力的指控。9 月 25 日,世贸组织争端解决机构基于美国的第二次申请就“中国—影响知识产权保护和执行的措施”案(DS362)成立专家小组,以调查中国的知识产权保护问题,如影像制品和软件产品的知识产权保护问题。10 月 8 日,澳大利亚表示将作为利害关系第三方参与中美知识产权争端,表示作为利害关系第三方参与该案的还有墨西哥、日本和欧盟。4 月 25 日,加拿大也曾宣布准备作为第三方加入美国向世贸组织诉中国知识产权案,并指责中国对侵犯知识产权的行为未予以严惩。加拿大贸易部长艾民信表示,加拿大已决定作为第三方就中国知识产权问题向世贸组织争端解决机构提起诉讼,从而可以对中国在知识产权保护方面存在的问题有更多的了解。

我国对此作出了积极的回应。在 4 月 24 日的“2007 年中国保护知识产权高层论坛”上,国务院副总理吴仪严厉指责美国将中国知识产权问题诉诸 WTO 争端解决机制,明确表示中国政府对此表示强烈不满,但决定按照 WTO 相关规则积极应诉,奉陪到底。中国国家知识产权局局长田力普表示,中国政府为打击盗版、加强知识产权保护付出了巨大努力,美国向 WTO 提出针对中国知识产权问题的起诉“没有道理,应该撤诉”。[①] 9 月 27 日,中国商务部发言人王新培在例行新闻发布会上说,自 4 月 10 日中美知识产权 WTO 争端案出现以来,中方已多次阐明了相关原则立场。在此案磋商阶段,中方也表现出了极大的诚意。中方一直认为,经过近三十年的努力,特别是通过加入 WTO,中国现行知识产权立法已完全符合 WTO 规则的要求。王新培重申,中国重视和保护知识产权的立场是一贯的。中国在保护知识产权方面所作的努力和采取的措施不仅仅是因应国际潮流,同时也是中国经济自身发展的需要。按照建设创新型国家的战略部署,中国将进一步加大知识产权保护力度。作为发展中国家,中国愿同世界上其他国家一道,为促进知识产权保护作出自己应有的努力。[②] 针对美国提出的知识产权争端,我国采取了积极的应对举措:一方面,由最高人民法院、最高人民检察院在 2007 年再次联合出台新的办理侵犯知识产权刑事案件司法解释,加大知识产权刑事司法保护力度;商务部发布《2007 年中国保护知识产权行动计划》,计划开展“反盗版天天行动”,在全国开展打击盗版 DVD 压缩碟的专项整治行动,加强音像市场专项整治。另一方面,按照 WTO 的知识产权争端解决机制积极应诉,维护本国的合法权益。目前此案还在处理之中。

---

① 崔静:《国家知识产权局局长:美国应撤销在 WTO 针对中国知识产权问题的起诉》,新华网。

② 张毅、周英峰:《我对美再次要求 WTO 设知识产权争端专家组表示遗憾》,新华网。

第五章
WIPO 与 TRIPS 的博弈:互联网条约的制定、形成与发展

整个 20 世纪,大量技术进步为经济繁荣创造了史无前例的机会,同时对法律变革提出了一系列挑战。自 20 世纪 80 年代以来,国际知识产权法便开始不断追赶因特网技术发展的步伐,以适应新形势的需要。1996 年 12 月,世界知识产权组织召集 160 个成员代表团开会,签署了新的协议,缔结了《世界知识产权组织版权条约》(以下简称《版权条约》)和《世界知识产权组织表演和录音制品条约》(以下简称《表演和录音制品条约》)。会议通过的两个条约含有适用于各种环境包括信息技术的广泛条款,同时含有旨在防止未经授权查询和使用因特网络或其他数字网络上的创作成果(如书籍、文章、音乐、歌曲、电影、图像等)的系列规定,因而这两项条约常被称为"互联网条约"。互联网条约是电子商务等相关领域知识产权保护不断演化过程中的转折点。尽管互联网条约还可能存在这样那样的问题,但是它们迈出了在信息高速公路上有效保护知识产权的重要第一步。另一方面,在世界贸易组织框架下,1994 年通过的《知识产权协定》也对新技术形势下的知识产权保护作出了不少突破性的规定。具有不同利益取向的发达国家与发展中国家把世界上保护知识产权的两大组织世界贸易组织和世界知识产权组织当做博弈的舞台,展开了激烈的讨价还价。由于两大组织的不同运作规则,发达国家与发展中国家的角力许多时候也表现为两大组织之间的角力。互联网条约的制定、形成及未来发展都是或将是各种力量博弈的结果,这其中发达国家与发展中国家的博弈始终是矛盾的焦点,并反映到世界贸易组织和世界知识产权组织的角力中去。

一、信息时代的来临与发达国家的努力联合促生了互联网条约

数字技术给版权保护带来一些具有挑战性的问题。一些发达国家最早对这类问题作出回应。1988 年公布的欧洲委员会保护版权与技术挑战绿皮书对

许多问题进行了调查①。20 世纪 80 年代,美国在世界知识产权组织的代表尝试说服国际社会用版权来保护计算机程序②。1991 年欧洲共同体建议其成员用版权来保护计算机程序。

1989 年,伯尔尼联盟代表会议及其大会采纳了世界知识产权组织的一项计划,召集专家组会议讨论伯尔尼公约存在的问题,看看是否有必要开始着手拟定一份修改草案。几乎就在同时,发达国家将这些问题引入了世界知识产权组织这样重要的知识产权国际组织。1988 年 4 月,世界知识产权组织反假冒和盗版专家委员会开会,考虑为成员制定国内法提供一份模范草案条款,具体由世界知识产权组织国际局准备并拿出一些建议草案供进一步讨论。1989 年,世界知识产权组织组成了一个专家委员会,研讨拟订一份针对《伯尔尼公约》的可行议定案,以在现有《伯尔尼公约》背景下,澄清现存法律中的一些问题,或制定新的国际性标准,但是由于传统知识产权原则是以国家边界为基础的,有人对这一议定案适用到何种程度存有怀疑,认为互联网使很多原则过时了。尽管有这些争议,世界知识产权组织知识产权领域立法示范条款专家委员会在 1989 年 2 月至 3 月间举行了首次会议,建议文学艺术作品的保护标准以《伯尔尼公约》为基础,并组成了 7 个专家委员会分别进行的相关版权事项的讨论。这一过程即是所谓的伯尔尼动议,它被看做是使《伯尔尼公约》现代化的机制,同时避免对公约进行完全的修改。其初衷是在《伯尔尼公约》中明确,计算机程序和数据库是版权保护的客体,使公约中与在数字及电子环境下受保护的作品使用之规定得以更新。起初,美国寻求在伯尔尼动议中更新对录音制品的保护。欧盟和其他许多国家强烈抵制伯尔尼动议中包括录音制品保护,因为在它们的法律制度下,录音制品不是版权保护客体,也不是《伯尔尼公约》的客体,多数国家把它称作邻接权或相关权。主要的邻接权公约是《罗马公约》。美国不是《罗马公约》的成员,它坚持主张一个范围更窄的录音制品公约,即《反对未经授权制作录音制品、保护录音制品制作者权利公约》(《日内瓦录音制品公约》)(日内瓦,1971)。最后,欧盟的观点占了上风,因为大多数伯尔尼公约的成员国不用版权保护录音制品,这些国家不愿意改变它们保护声音录制品的理论基础,也不同意在伯尔尼公约体系内通过选择性解释将声音制品解释为版权客体。

世界知识产权组织 1990—1991 两年计划中规定,成立专家委员会来检讨

---

① See Commission of the European Communities: Green Paper on Copyright and the Challenge of Technology ("1988 Green Paper").

② Pamela Samuelson: THE U. S. DIGITAL AGENDA AT THE WORLD INTELLECTUAL PROPERTY ORGANIZATION, http://people. ischool. berkeley. edu/ ~ pam/courses/cyberlaw97/docs/wipo.pdf.

是否有必要制定新的条约来完善伯尔尼公约。专家委员会之后分别在 1991 年 11 月和 1992 年 2 月举行了两次会议。两次会议都以包含一些议题的工作文件为基础，这些议题包括版权客体，某些特别的权利，最低标准的适用，给予国民待遇的义务，声音录制品制作者的权利保护等。1992 年专家会议决定建立两个专家组，第一专家组继续进行前述工作，另一个专家组则准备关于表演者和录音制品制作者的权利保护问题。伯尔尼版权保护专家组接着又在 1993 年 6 月—1996 年 5 月间举行了 5 次会议。伯尔尼公约草案专家组负责检讨以下十个议题：(1) 计算机程序，(2) 数据库，(3) 出租权，(4) 音乐作品的声音录制品的非自愿许可，(5) 首次广播和卫星传输的非自愿许可，(6) 销售发行权，包括进口权，(7) 电影作品的保护期限，(8) 卫星广播传输到公众，(9) 实施权，(10) 国民待遇。表演者和唱片制作者权利保护组则在 1993 年 6 月—1996 年 5 月间举行了 6 次会议。两组会议的最后三次会议是一起联合召开的。但是表演和录音制品条约并不涉及视听作品。

直到 1994 年 12 月之前的专家组会议都是以世界知识产权组织国际局准备的备忘录为基础的。遵照专家组的决定，世界知识产权组织的总干事邀请政府成员和欧洲委员会在 1995 年 9 月和 1996 年 2 月的会议上递交建议稿，供会议讨论。国际局同时收到来自阿根廷、澳大利亚、巴西、加拿大、欧共体及其成员、日本、中国、韩国、南非、苏丹、美国、乌拉圭等国家或国际组织的书面建议。由于意见分歧，关于计算机软件保护的讨论被推迟，并认为讨论计算机制作的作品及人工智能系统的时机还不成熟，但同意讨论数据库的保护问题。有意见认为，对成员间的争端没有有效的解决机制是世界知识产权组织所管理公约的一个缺陷。

在 1994 年 12 月的专家组会议上，欧洲委员会向专家组通报了欧共体数据库保护指令建议稿的内容。1995 年的会议上，欧共体及其成员向专家组会议递交了一篇"欧共体数据库保护指令对数据库的特殊保护"的论文，专家组会议接受了数据库保护有必要进一步讨论的观点。①

1996 年 5 月的专家组会议上，美国呈交了数据库特殊保护的建议。专家组的一些人认为，美国这份建议稿和欧共体稿可以一起递交 1996 年 12 月外交会议讨论，另一部分代表则认为是否上会讨论需要进行进一步的研究。在欧共体 1996 年通过了数据库指令，采用专门保护形式保护数据库之后，欧洲和美国都

---

① 资料来源：世界知识产权组织文件，"BASIC PROPOSAL FOR THE SUBSTANTIVE PROVISIONS OF THE TREATY FOR THE PROTECTION OF THE RIGHTS OF PERFORMERS AND PRODUCERS OF PHONOGRAMS TO BE CONSIDERED BY THE DIPLOMATIC CONFERENCE", http://www.wipo.int/documents/en/diplconf/6dc_a01.htm。

开始另外一项推动旨在创设一种适当的国际权利的建议。

1996 年 2 月的专家会议建议 12 月举行外交会议,世界知识产权组织全体会议及伯尔尼联盟全体会议。在此之前的 5 月,举行了三个会议的预备会议。专家组主席向预备会议提交了三个草案,会议讨论三个条约草案,即:(1) 关于涉及保护文学艺术作品的一些问题的条约,讨论在《伯尔尼公约》下扩大文学艺术作品保护的范围问题;(2) 保护表演者与录音制品制作者条约,该建议以罗马公约为模式,尝试将表演者与录音制品制作者提升到与作者同等的保护水平;(3) 与数据库保护有关的条约。同时附有说明,目的在于:(1) 简要解释建议稿的内容和理由,并为理解、解释一些特别条款提供指导;(2) 解释条款背后的理由;(3) 列出建议稿的参考资料,及一些评论的参考依据。在 1996 年 9 月,信息高速公路峰会在新加坡举行,世界知识产权组织在外交会议开始举行多轮磋商讨论三份建议。

尽管大多数观察家都同意,处理数字和电子知识产权传输的确需要某种国际一致,但是,对世界知识产权组织建议的反映还是分歧很大。确实,就这个话题展开的许多争论已经强烈分化,每一种意见都在外交会议上尽力发挥自己的影响。

1996 年 12 月的版权与邻接权外交会议最后终于如期在瑞士日内瓦举行。经过三个星期的激烈讨论,1996 年 12 月 20 日最后通过了前两个条约,并易名为:世界知识产权组织版权条约,世界知识产权组织表演和录音制品条约。数据库条约由于分歧较大,未予讨论。《版权条约》共计 25 条,实质性条款 14 条,程序性条款 11 条,《表演和录音制品条约》共计 33 条,实质性条款 23 条,程序性条款 10 条。表演和录音制品条约草案实体条款共分 4 章:第一章是一般条款,第二、第三章分别规定录音制品表演者和制作者的权利,第四章是共同条约。该建议草案基本以专家委员会做出的建议稿为基础,同时兼顾讨论中提出的一些意见。在一些地方,还提供了多种选项。

通过回顾两个条约的产生历程,不难看出,这两个条约都是为了应对数字技术对版权保护、邻接权保护的挑战,尤其是应对网络的兴起,因此又被称为因特网(互联网)条约。而发达国家则在这一进程中扮演了主要角色,起到了主导的作用。

二、发达国家与发展中国家就互联网条约条款的争执与博弈

自 20 世纪 70 年代以来,在世界知识产权组织和总干事鲍胥格博士的帮助下,许多发展中国家不仅制定或修订了版权法,而且积极参加版权保护的国际

活动。在外交大会递交三个草案之前,共收到27份议案,16份来自发展中国家,会议期间70份修订案,42份是发展中国家提交的。最后提交的三个条约草案尽管在某些方面也考虑了多数发展中国家的要求,但更多地反映了美国、欧洲和其他发达国家的要求。两份条约的内容一些部分有争议,一些部分则争议不多。基本无争议的新内容包括,增加了版权保护范围的总则性规定,把计算机程序及有独创性的数据库作为受保护的客体,以及延长摄影作品、表演者权及唱片保护期限①。那些争议内容,由于发展中国家的努力,经过激烈的辩论和认真的谈判,对草案进行了一些修改,有些条款被删去。以版权条约草案为例,条约前言、第4条计算机程序,第5条数据汇编,第11条关于技术措施的义务,第14条权利实施,第17条成员资格,第20条条约生效,都根据发展中国家的意见作了修改。比如草案第7条关于复制权的定义和范围。草案第6条,修改删去了对某些非资源许可的取消,比如,广播组织的非自愿许可被草案取消,修改后,广播组织的非自愿许可被保留。再如,草案第3条关于出版的概念与地点被删除,该条规定扩大了出版的范围,也会给确定作品首次出版地带来麻烦②。

下面是发达国家与发展中国家就条约内容发生的一些具体争议。

(一)目的和宗旨

在前序中语及条约目的及宗旨时,在协商期间增加了两个条款,强调版权对创造性努力的激励作用,承认在信息自由流动中实现作者与社会公众利益平衡的必要性。

在最初准备阶段,《版权条约》是设想作为《伯尔尼公约》的议定书的,以更新1971文本《伯尔尼公约》。《表演和录音制品条约》是作为《罗马公约》的议定书的,以更新1971文本《罗马公约》。当它们出现在外交会议上的时候,却不是作为《伯尔尼公约》和《罗马公约》的附件。它的目标是主要以《伯尔尼公约》和《罗马公约》为基础来补充和更新国际制度,这超出了《版权条约》和《表演和录音制品条约》作为特殊协议的地位。实际上,《版权条约》及《表演和录音制品条约》的确是知识产权保护的最新国际条约,但的确依赖于《伯尔尼公约》和《罗马公约》,通过增加它们的适用来明确其调整范围。

---

① 郑成思:《两个新的版权条约初探》,载《知识产权文丛》第一卷,中国政法大学出版社1999年版。

② 沈仁干:《世界知识产权组织推出两个新条约》,载《知识产权研究》第三卷,中国方正出版社1997年版。

(二) 条约的保护范围

关于数据库的保护问题。最初的三份提案包括数据库保护草案,该草案是以欧盟提出的建议草案为基础的。在 1996 年之前,世界上只有欧盟有专门的数据库保护法规,因此在外交会议上对该草案反对声音较大,最终甚至未提交正式外交会议出现讨论。但是,各方妥协的结果是《版权条约》第 5 条数据库条款的形成。条约规定,对于构成智力创造的数据库应当给予版权保护,例如那些内容挑选及编排花费了智力投入的作品。内容的编辑或数据是版权保护客体,但版权保护不延及内容本身(除非内容是智力的独立作品,这种情形它享有单独的版权)。该条基本上与《知识产权协定》的规定相同,将数据库作为版权的客体之一予以保护,而没有给予专门保护。

关于计算机程序保护问题。条约明确计算机程序以《伯尔尼公约》第 2 条中的文字作品受保护,不论它的表达代码或表现形式。

《表演和录音制品条约》依然将视听作品排除在外,《版权条约》中的邻接权不延及广播组织以及通过有线或无线方式传播的节目,这些内容的保护目前正在世界知识产权组织中进行谈判与磋商。

另外,条约没有将视听作品及广播组织的权利纳入,而是留待以后进一步磋商。据了解,相关的条约草案已经拟出。

(三) 关于权利实施问题

在协商《版权条约》过程中发生的一个最重要的变化之一是有关实施条款。在表决前曾提出两个方案,第一个是引用《知识产权协定》第 41—61 条,把它作为《版权条约》的附件,条约的一部分。第二个则是要求签约国把上述内容纳入到其国内法。发达国家倾向于在条约中规定实施措施及相关程序,而发展中国家则倾向于留给成员国自己以国内法作规定。由于发展中国家的坚持,同时发达国家认为《知识产权协定》中已有实施措施与程序的规定供适用,并非一定需要在《版权条约》中进行规定,因而最后两种方案都未被采纳,草案第 14 条仅仅要求国内当局采纳那些必要措施来确保《版权条约》的适用、处罚和阻止侵权,这构成了对《知识产权协定》实施指导原则的巧妙拒绝。有鉴于此,即使世界知识产权组织官员也承认,因为各国责任标准的差异,实施版权立法必定会面临大量的技术问题。结果,为了《知识产权协定》的实施指导原则能够运用,世界贸易组织必须把《版权条约》与《知识产权协定》的实体条款融合起来。

（四）关于临时复制与复制

复制权是外交会议中最引起争议的议题。网络服务商、电话公司、电信公司反对间接或临时复制权，认为这极大加重了它们的潜在侵权责任，不符合数字世界的现时需要。如果临时复制得以规定，则版权所有者可以控制每一次接触、浏览和使用受保护的数字化作品，迫使一些中间机构对用户的侵权行为负严格责任。

欧洲代表和美国代表都支持将临时复制也纳入调整范围的这些意见，但美欧都没有向世界知识产权组织明确提出这一建议。欧洲认为，《伯尔尼公约》第9条(1)款可以涵盖临时复制。但是对短暂复制是否构成《伯尔尼公约》第9条(1)款中的复制存在意见分歧[①]，而专家委员会决定的条款内容如下：该条规定："(1)《伯尔尼公约》第9条(1)款中授予文学和艺术作品作者以授权复制其作品的专有权，应包括以任何方式或形式直接和间接地对其作品进行无论永久性或临时性的复制。(2) 在符合《伯尔尼公约》第9条(1)款规定的前提下，如果临时复制的目的纯粹为使作品能被感觉到，或该复制属短期或一时的行为，只要此种复制系在经作者许可或法律允许使用该作品的过程中所为，则对于此种情况下复制权的限制应属缔约方立法的范围。"委员会预见到，现在或将来，一些相关的使用完全是以临时复制为基础的：首先，通过阐明两种处于优势的暂时复制的受限制形势，专家委员会草案第7条(2)暗示地附加例外的适应性。其次，美国白皮书已经采取的立场是：中介机构，比如在线服务提供者过去是，也应当是对使用者侵权行为负严格责任，既包括直接责任(在自己的系统复制或发送)，也包括间接责任。美国白皮书主张计算机内存中的临时复制权[②]。

美国代表期待在美国之外，也能按照美国白皮书的标准同样处理中介机构。

在外交会议的第二周结束的时候，专家委员会公布了重新改正过的第7条(2)项，加进了这样的提示性语言，该款所列的这些例外不应该歧视《伯尔尼公约》第9条(2)款的适用范围，它澄清道：第7条(2)款不应当预先排除成员国对临时复制作附加例外性规定，只要这些例外不与作品正常的开发利用相冲突，或不构成不合理的歧视作者的合法利益。

---

① Draft Copyright Treaty, Geneva, December 2 to 20, 1996，资料来源：http://www.wipo.int/documents/en/diplconf/distrib/89dc.htm。

② BRUCE A. LEHMAN and RONALD H. BROWN: Intellectual Property and the National Information Infrastructure: The Report of the Working Group on Intellectual Property Rights, July 1994。资料来源：http://variations2.indiana.edu/pdf/dml-copyright-duration-summary.pdf。

尽管作了不断的修改，条约草案中的复制定义仍太过宽泛，遭到发展中国家的普遍反对，代表们还是不能就临时复制达成一致，最后，在最终投票之前，专家委员会将草案第 7 条删除，即不明确规定复制的定义及范围。

（五）关于发行权

条约确认了发行权。《版权条约》第 6 条，《表演和录音制品条约》第 8 条、第 12 条规定了发行权内容。《伯尔尼公约》除电影作品外，未规定其他文学艺术作品的发行权，《罗马公约》也未规定表演者和唱片制作者的发行权。授予作者、表演者和产品制作者发行权受到广泛支持。《版权条约》第 6 条规定：(1) 文学和艺术作品的作者应享有授权通过销售或其他所有权转让形式向公众提供其作品原件和复制品的专有权。(2) 对于在作品的原件或复制品经作者授权被首次销售或其他所有权转让之后适用本条第(1)款中权利的用尽所依据的条件（如有此种条件），本条约的任何内容均不得影响缔约各方确定该条件的自由。

条约规定的发行概念不变，并且发行与出租相互独立。只有通过有形载体固定作品并将其复制件投入流通领域，方构成公约中的发行。

会议没能就发行权穷竭达成一致。世界知识产权组织最初的建议草案提供了两个方案供选择：(1) 国家或地区穷竭，美国赞成此方案。(2) 全球或国际范围穷竭，澳大利亚、加拿大、中国等大多数国家支持此方案。妥协的结果是，各国自行决定发行权是否一次穷竭，是否承认进口权。

（六）出租权

《版权条约》第 7 条，《表演和录音制品条约》第 9 条、第 13 条规定了出租权。之前，《伯尔尼公约》和《罗马公约》中不存在该权利。《知识产权协定》第一次创造了这一权利，但在两种情形下限制适用：第一，在出租权已经导致复制品传播范围太广，已经实质损害复制权的独享的情况下，不适用出租权。第二，若计算机程序本身不是出租权的实质客体，不适用出租权。这两种例外被《版权条约》保留。《版权条约》与《表演和录音制品条约》基本沿用了《知识产权协定》中的规定，但与世界知识产权组织原先的建议案区别很大，建议草案中出租权覆盖了所有的文学艺术作品，除了那些若享有出租权就会引起复制权受到限制的情形，同时增加规定了法定许可制度作为出租权的例外。

条约中的"复制品"及"原件和复制品"的含义，受该两条中发行权和出租权的约束，专指可作为有形物品投放流通的固定的复制品。根据《伯尔尼公约》第 3 条(3)款，电子传送可以被视作一种出版形式，只要公众能够方便地得到和复制作品。相反,各代表团未能就该条的必要性达成一致,而是选择留待以后作进一步讨论。这一决定否决了专家委员会的意见,即已公开出版的作品和来源国的定义是作品保护的中心环节并且术语统一解释非常重要。

条约也不要求缔约方对依照该缔约方法律未授予其对录音制品权利的作者规定商业性出租的专有权。这一义务应被理解为与《知识产权协定》第 14 条第(4)款相一致。

(七) 传输权

网络极大改变了作品传播的方式,《版权条约》及《表演和录音制品条约》因此增加了网络传输权,《版权条约》第 8 条,《表演和录音制品条约》第 10 条、第 14 条规定了传输权的内容,即文学和艺术作品的作者及录音制品制作者应享有专有权,通过授权将其作品或录音制品以有线或无线方式向公众传播,包括将其作品或录音制品向公众提供,使公众中的成员在其个人选定的地点和时间可获得这些作品。传输权同时适用于数字技术及模拟技术。不过,仅仅为促成或进行传播提供实物设施不致构成本条约或《伯尔尼公约》意义下的传播。并且,第 8 条中的任何内容均不得理解为阻止缔约方适用第 11 条之二第(2)款。

接受传输的个人选择被认为排除广播,而欧美国家版权法广播传送则早已被认为是向公众的传输而受到调整。传输权也不能损害先前已有的公共表演权、广播权、发行权等。传输权仅仅只向公众的传播,通过电子信箱个别传输他人作品等具有私人性质的行为,不属于传输权调整的范围。

用数字传输权取代发行权对欧美都具有重要的实际效果。欧洲学者表示数字传送即是向公众的传输。他们认为数字传送与广播传送之间有强烈的相似性,广播传送则早已被作为向公众的传输而受到调整[①]。但是也有一些人赞成采用数字传送提法,因为数字传送允许使用者对作品的偶然私下传输行为(比如,朋友之间的交换)。

美国和欧洲都提出了保护传输权的建议。美国建议稿采用数字传送的提法,呼吁数字传送应理解为将复制件向公众发行。欧洲在世界知识产权组织的代表团同意应当就作者控制作品的数字传送达成一致,然而欧共体用不同的方式来实现目,他们的草案条约文稿将数字传送称为控制受保护作品向公众传播的权利。

---

① See Memorandum Prepared by the Chairman of the Committees of Experts, Geneva, December 2 to 20, 1996。资料来源:http://www.copyright.gov/wipo/wipo5.html。

专家委员会采纳了欧共体的提法。根据专家委员会原先的建议,传输不牵涉任何权利的穷竭,因为穷竭原则只适用有形复制的发行。发生传输接受者能够制作有形复制品的时候,国内法应当判定这一行为侵权。

在首次联合国教科文组织信息—道德专门会上,来自 45 个国家的政策制定者、学者、职业工作者强调,富裕国家和贫穷国家之间的鸿沟迅速扩大,教科文组织的目标是发展一套网络空间价值观念,促进信息的自由流通,抵制任何对网络传输权的过分保护。

上述规定并非表示完全解决了表演者和录音制品制作者在数字时代应享有的广播和向公众传播的权利保护问题。各代表团未能就关于需在若干情况下规定专有权的几个方面或关于需在没有保留可能情况下规定权利的不同提案达成协商一致,因此将此议题留待以后解决。

(八) 表演者的精神权利

之前的邻接权国际条约都未正面肯定精神权利,《表演和录音制品条约》中得到了确认。《表演和录音制品条约》第 5 条规定:表演者的精神权利(1) 不依赖于表演者的经济权利,甚至在这些权利转让之后,表演者仍应对于其现场有声表演或以唱片录制的表演有权要求承认其系表演的表演者,除非使用表演的方式决定可省略不提其系表演者;并有权反对任何对其表演进行将有损其名声的歪曲、篡改或其他修改。(2) 根据本条第(1)款授予表演者的权利在其死后应继续保留,至少到其经济权利期满为止,并应可由被要求提供保护的缔约方立法所授权的个人或机构行使。但批准或加入本条约时其立法尚未规定在表演者死后保护上款所述之全部权利的国家,则可规定其中部分权利在表演者死后不再保留。(3) 为保障本条所授予的权利而采取的补救办法应由被要求提供保护的缔约方立法规定。

各代表团就此项权利未发生太多争议,这是一项重要突破。

(九) 技术措施的保护问题

在两个条约签订之前,欧共体、美国、澳大利亚等国已经提出应当对版权人的保密措施等技术措施给予保护的主张,他们的主张反映到了建议草案中,版权条约草案较为详细地规定了技术措施保护的条件、侵权的类型、对权利人的救济方式等内容。发展中国家对此有较大异议,赞成草案该条规定的很少,一些国家甚至根本拒绝出现技术措施保护条款,一些国家建议使用“唯一的目的”或者“唯一可能目的”标准,一些国家提出给出明确陈述,将合理使用和公共事务不列为规避行为。欧洲建议规定要求成员国采取充分和有效的法律措施来调整用于规避目的的设施或服务。因此正式条约中删去了那些具体的规定，由各成员国自己以国内立法的方式规定对技术措施的保护方式。

（十）限制和例外规定

限制和例外规定的重要性不言而喻。发达国家一般主张少规定限制和例外，发展中国家一般主张可以保留多一点限制和例外。《版权条约》第 10 条、《表演和录音制品条约》第 16 条都规定了限制与例外的内容。草案第 12 条肯定了三步检测法，其内容为：(1) 缔约各方在某些不与作品的正常利用相抵触，或不无理地损害作者合法利益的特殊情况下，可在其国内立法中对依本条约授予文学和艺术作品作者的权利规定限制或例外。(2) 缔约各方在适用《伯尔尼公约》时，应将对该公约所规定权利的任何限制或例外限于某些不与作品的正常利用相抵触，或不无理地损害作者合法利益的特殊情况。

委员会建议稿总的调子是警醒约束限制和例外条款的重要性。数字环境作为委员会的特别关注原由被单独列出。采纳委员会草案第 12 条将极大提升这种对国内例外挑战的潜在可能性。令人有些意外的是，以色列建议放宽国家创设例外的权力，该建议引起了骚动。欧洲则支持将草案中的"或"改为"和"即可。欧共体的改动虽然仅一字之差，但较之草案缩小了例外及限制的范围。依照原来草案，适用限制与例外的条件是不与作品的正常利用相抵触，或者不无理地损害作者合法利益，而欧洲建议条文适用限制与例外的条件是不与作品的正常利用相抵触，并且不无理地损害作者合法利益。这样，修改后的条款得到了多数国家的同意。这些例外和限制包括之前已被《伯尔尼公约》认可的，以及数字网络环境下可推知的新情形。不言而喻，第 10 条的规定允许缔约各方将其国内法中依《伯尔尼公约》被认为可接受的限制与例外继续适用并适当地延伸到数字环境中。同样，这些规定应被理解为允许缔约方制定对数字网络环境适宜的新的例外与限制。第 10 条第(2)款既不缩小也不扩大由《伯尔尼公约》所允许的限制与例外的可适用性范围。

三、世界知识产权组织与世界贸易组织：在争夺互联网知识产权保护主导权上激烈博弈

世界知识产权组织与世界贸易组织是国际社会处理知识产权保护的两大组织。世界知识产权组织是一个管理知识产权国际条约的专门机构，在联合国秘书长及秘书处的领导下工作，负责在世界范围内提升知识产权保护，并负责管理主要的知识产权国际条约。世界贸易组织则通过《知识产权协定》介入知

识产权国际保护。由于世界知识产权组织与世界贸易组织运行机制上存在重大区别,发展中国家与发达国家在知识产权保护标准和保护水平等方面的争议,除了在世界贸易组织与世界知识产权组织内直接表现为发达国家与发展中国家之间的角力外,还表现为世界知识产权组织与世界贸易组织之间的角力和竞争。总的来说,世界知识产权组织更能反映发展中国家的意志,采纳和实施发展中国家的主张。

世界知识产权组织与世界贸易组织的运行机制有很大不同。加入世界贸易组织,就必须接受它所有的现有规则,而加入世界知识产权组织的条件则很宽松,只要是世界知识产权组织管理的任一公约的成员或是联合国的成员或应大会邀请,都可以成为成员国。这样,世界知识产权组织开会讨论新条约时,参与投票的成员甚至可以不是任何一项知识产权国际条约的签字国。在表决机制上,世界知识产权组织采用的是针对不同事项比例大小有所差异的多数决。因此,在世界知识产权组织中,发展中国家凭借数量的多数,在条件具备的时候可以取得或处于相对有利地位。世界贸易组织则不同,世界贸易组织成立是经过大量妥协取得全体一致的产物,后来的加入者必须完全同意先前形成的所有世界贸易组织协议,并要得到全体成员的认可才能加入。世界贸易组织的这种协商一致机制与现在欧盟的机制非常类似,想进来玩游戏的,就必须遵守所有规则,没有选择的余地,除非你不进来参与。尽管世界贸易组织的规则看起来颇为苛刻,但是它的成员自成立以来已急剧增长,由关贸总协定签订时的 23 个增加到 2007 年底的近 150 个。世界贸易组织的体制,形式上给每个成员国提供了参与制定规则的平等机会,强调保护少数,实际上真正能影响政策制定的只能是发达国家,尤其是经济大国。而且,一旦通过类似世界贸易组织这样的组织及其机制不能实现自己的目的,发达国家就会转而通过双边、多边协议或国内法等其他形式来实现自己的目的。美国在这方面表现最为明显,也最为赤裸裸,如果通过世界贸易组织协议或双边、多边协议都不能达到目的,美国还经常祭起自己的国内法,比如特别 301 条款、奥姆尼巴斯贸易与竞争法案等,单方面对其他国家实施贸易报复制裁,甚至威胁退出世界贸易组织①。

两相比较,世界贸易组织的运行欠缺一定的灵活性,因而在规则制定方面可能相对迟缓,而世界知识产权组织则在规则创新方面占据一定的优势。如果要加入世界贸易组织,申请者必须接受苛刻的条件,很像一个受气的媳妇,谁也别想指望有哪个已经加入的成员对新加入者大发慈悲,会放过这最佳的提条件

---

① 2005 年 5 月,美国众议院就一份退出 WTO 提案进行了表决,最后虽然否决了该提案,但无疑提示世人,美国为了维护自己的利益,是可以退出世界贸易组织的。

的机会。而一旦加入之后,就很像多年的媳妇熬成婆了,制定新规则时每个成员都会为了自己的利益不断讨价还价,因此世界贸易组织总的说来不利于创新,但是它的优点是执行力比较强。为了克服个别协商的弊端,避免旷日持久的谈判,世界贸易组织采取了一揽子协议的办法,一些成员为了获得加入世界贸易组织的利益,不得不在某些方面作出一些让步。简言之,发达国家与发展中国家站在各自的立场,各自充分利用世界贸易组织与世界知识产权组织的机制来实现自己的最大利益。

美国从20世纪80年代起开始试图劝说国际社会用版权保护计算机程序,在美国的压力下,日本对计算机程序给予了版权保护。1986年,美国和其他国家开始推动知识产权保护进入GATT作为乌拉圭回合谈判的一部分。美国对世界知识产权组织知识产权公约下的弱保护水平感到不满意,坚持认为为了消除知识产权盗版,需要更强的知识产权保护和建立起争端解决程序。发展中国家则顽强抵制提高知识产权保护水平的努力。美国和其他一些发达国家希望通过创设一种以贸易为基础的制裁制度来处罚违规者。美国,欧共体和瑞典各自支持建立知识产权协议委员会方案,咨询专家组方案,和有部分世界知识产权组织代表组成、按照世界贸易组织全体会议的争端解决机制运作方案。相反,发展中国家则赞成一种更具流动性、协商性的磋商机制①。美国认为,世界贸易组织可能适合对付与贸易有关的盗版,而世界知识产权组织更适合于作为就任何知识产权事务的争议进行讨论的论坛。从西方的观点看,将知识产权保护纳入贸易制裁制度意味着在世界贸易组织和世界知识产权组织之间建立起一种象征性的机构联系。尽管这一设想得到了多数发达国家的支持,批评者依然指出了其中的一些问题和困难。有论者争辩道,知识产权咨询委员会因为缺少知识产权方面专家的介入,比如世界知识产权组织秘书处专家的介入,不可避免地会受到某种程度的损害。即便如此,发展中国家因为对世界知识产权组织作为一个争端解决论坛是否能够更好地服务于它们的利益有分歧,还是延迟了协商。发展中世界在世界知识产权组织内已经建立了强大的声音,反对更高的知识产权保护标准。如果世界知识产权组织仿效GATT及世界贸易组织发起建立独立于世界贸易组织的争端解决程序,这样明显可以加强发展中国家的地位。

发达国家通过世界贸易组织一揽子协议,迫使发展中国家接受较高的知识产权保护水平,在谈判中,采取先通过双边协议的方式,一步一步逼使发展中国

① See Susan A. Mort: "The WTO, WIPO & the Internet: Confounding the Borders of Copyright and Neighboring Rights", MORT. TYP 9/29/2006 4:47 PM.

家作出让步，并最终进入世界贸易组织规则体系。发达国家又或者通过某些方面的让步，来换取关键利益的获得。由于发展中国家在经济实力处于弱势，可使用的谈判筹码肯定不如发达国家多，在谈判中难以处于上风。如果发达国家认为通过世界贸易组织谈判短期不能取得效果，它也会转而寻求在世界知识产权组织中来实现自己的意图，双线出击。美国、欧盟都组织了庞大的代表团参加互联网条约的谈判与协商，出席世界知识产权组织外交会议。它们提出了一系列的提案，有完整的谈判计划和目标定位。比如，美国精心计划了世界知识产权组织数字议程，同时在世界贸易组织谈判中也极力推动对数字技术的知识产权保护，把数字议程当做是一场未来争夺战。美国世界知识产权组织数字议程列出了 7 个具体的目标，美国在世界知识产权组织的数字议程代表团围绕这些目标展开工作。美国代表团对自己工作成效的评估是：没能取得大面积的成功，但还是有相当的成效[①]。发达国家善于利用发展中国家内部的矛盾与分歧，采取分化和各个击破的办法，使世界知识产权组织通过对他们有利的议案。两份互联网条约不仅基本承袭了《知识产权协定》的内容，而且针对网络时代的情况，有相当的发展，一些内容超出了《知识产权协定》的标准和水平，因此，发达国家可以说基本上达到了自己的目的。发展中国家在世界贸易组织和世界知识产权组织也在不断加强自己的声音。比如世界贸易组织谈判的《多哈宣言》就很大程度上体现了发展中国家的意志，但是要真正把宣言变为规则，还有很长的路要走。在世界知识产权组织，前面我们已经介绍过发展中国家对每个具体条款的争辩与较量，并拒绝接纳《知识产权协定》的争端解决机制。

《知识产权协定》建立起一种标志性的安排，世界贸易组织通过援引方式将世界知识产权组织管理的国际公约融进了《知识产权协定》，使这些协议可以适用世界贸易组织的争端解决程序。这一努力的目的是，通过提供有效的、强制性的争端解决机制来加强国际知识产权保护。《知识产权协定》采纳了主要世界知识产权组织管理的 4 个公约，并适用于所有的世界贸易组织成员，还创造了覆盖实施和争议解决的新的办法。《知识产权协定》只新创设了小部分权利，如商业秘密权。《知识产权协定》中的这些最低保护标准直接来自于以前的那些知识产权国际公约，这一特征与其他世界贸易组织协议形成鲜明对比，比如阻碍贸易的技术壁垒协议（“技术壁垒协议”）。尽管这些协议试图用一般指导原则来协调国内措施，《知识产权协定》事实上建立了一组特殊权利，作为成员国不能越过的底线。例如，《知识产权协定》要求所有世界贸易组织成员遵守《伯

---

① Pamela Samuelson：THE U. S. DIGITAL AGENDA AT THE WORLD INTELLECTUAL PROPERTY ORGANIZATION, http://people. ischool. berkeley. edu/ ~ pam/courses/cyberlaw97/docs/wipo. pdf.

尔尼公约》的第 1 条—第 21 条,而不管成员是不是《伯尔尼公约》的成员。因为世界贸易组织的这一规定,实际上扩大了世界知识产权组织公约的适用范围,比如,伯尔尼成员实际上翻倍了。另外,《知识产权协定》强化了国民待遇及最惠国待遇原则等基本原则。最惠国待遇原则是世界知识产权组织中没有的原则,这一原则有利于消除歧视。毫无疑问,知识产权纳入世界贸易组织最重要而且争执激烈的方面是实施和争端解决。根据《知识产权协定》,成员必须提供国内程序和救济,以便权利拥有人能够有效实施他们的权利。知识产权实施具有双重目的:促进公平、衡平的实施;阻滞未来侵权行为。《知识产权协定》因此要求每个成员增加透明度,将直接影响实施的法律通知知识产权协议理事会。因为以前国际知识产权法对实施标准涉及较少,这些规定对保证权利人充分享有实质性权利有重要作用。《知识产权协定》中的实施与争端解决条款加强了知识产权国际公约以前较缺乏的执行力度。

自世界贸易组织成立起,《知识产权协定》就一直引起无数争议。在世界贸易组织的谈判中,《知识产权协定》作为世界贸易组织协议的一部分“搭售”给了发展中国家。《知识产权协定》在知识产权保护的标准与水平方面迈进了一大步,它通过对有关知识产权国际条约的援引及认可方式,极大地增加了这些国际条约的适用的国家和地区范围,提高了知识产权领域保护的水平,尤其引人注目的是,《知识产权协定》通过运用世界贸易组织的争端解决机制,大大加强了知识产权的实施和保护力度。世界知识产权组织的两份互联网条约采纳了《知识产权协定》中的许多内容,一些条款是完全照搬。

就自身而言,世界知识产权组织在创制知识产权实体法律方面有意保持领导地位。比如,极能体现互联网时代特色的网络传输权、对技术措施的保护等都是由两个互联网条约率先作出规定的。互联网条约还有许多其他方面的创新。互联网条约的签订给世界贸易组织和世界知识产权组织进行新形式的合作带来了挑战。那些各自独立建立知识产权保护标准的国际公约,在世界知识产权组织的帮助下已经进行了协调。对应地,通过将世界知识产权组织的实质性法律纳入到世界贸易组织的贸易体制形成的《知识产权协定》实际上已经形成了世界贸易组织与世界知识产权组织之间的联姻渠道。另外,世界知识产权组织特别着重对知识产权保护相关议题的主导来掌握话语权,这些议题不仅在世界知识产权组织被认真讨论,而且被不断引入到世界贸易组织谈判中。TRIPS 某种意义上可以看做是知识产权组织一系列条约的集聚,那些正在世界知识产权组织谈判的新条约,迟早也会进入世界贸易组织协议中。发展中国家以世界知识产权组织的知识产权条约作为国际社会的“公议”来进行世界贸易组织知识产权谈判,无疑增加了自己的说服力和筹码。

在超过三十年里,世界知识产权组织虽然是被赋予检查知识产权国际公约的唯一权威机构,但是发达国家指责世界知识产权组织未能改进公约中的关键缺陷,尤其是执行力缺乏。为回应这些关注,两大组织在 1995 年签订了一份合作协议,试图聚合它们的努力。协议共 5 条。这一协议的主要内容包括:为两组织成员的发展中成员提供与知识产权协议有关的法律技术服务和技术合作进行充分合作,相互支持;世界知识产权组织国际局和世界贸易组织秘书处应保持日常性接触,交换非保密的信息;为两组织成员获取法律资讯和其他信息提供免费服务等。应当说,这些合作内容都是浅层次的,没有涉及实质性合作。

为了与世界贸易组织建立相互支持的关系,世界知识产权组织建立了直接非正式专门工作组(对所有世界知识产权组织成员开放),它的主要任务是:(1) 在世界知识产权组织秘书长与 GATT/世界贸易组织对等机构的对话中提供意见,给予协助;(2) 讨论在世界知识产权组织和世界贸易组织之间可能开展的合作;(3) 考虑建立非正式的专门磋商组,就所有可能进行的合作进行磋商。

世界贸易组织与世界知识产权组织自从 1995 年缔结合作协定以来进行了一些合作,向其成员通报了知识产权法律情况,为履行知识产权协议执行了《巴黎公约》第 6 条之三的规定,并向其发展中国家成员国提供了法律—技术援助和技术合作。比如,在 2000—2005 年的 5 年期间,世界知识产权组织共向 111 个发展中国家和地区组织提供了立法指导,协助它们拟订新的知识产权法律和拟订现有法律的修正案,使其符合《知识产权协定》以及由世界知识产权组织管理的其他条约①。世界知识产权组织经常派代表出席世界贸易组织总理事会和知识产权理事会的所有会议,并自 1998 年起在贸易与环境委员会中获得了观察员身份。世界贸易组织的官员也经常以观察员身份参加世界知识产权组织的会议。

总之,发达国家与发展中国家以世界贸易组织和世界知识产权组织为平台,展开了既角力又合作的错综复杂的博弈。

四、互联网条约的影响、意义及各国对条约的回应

(一)互联网条约的影响及意义

互联网条约是国际范围内对因特网技术发展的有力回应。从互联网条约

① See WIPO《Annual Report 2005》,资料来源:http://www.wipo.int/export/sites/www/freepublications/en/general/441/wipo_pub_441_2005.pdf。

的制定过程可知,在充分评估以往知识产权国际条约的得失基础上,条约总结了最新发展的经验,集合了各方面、各个国家的意见,体现了国际社会最新的立法成果。条约对信息时代与因特网的反应是及时的,适应了技术发展的客观需要,为互联网时代的知识产权保护提供了基本的制度框架。从两个条约的内容看,都超出了许多国家的国内立法水平。与以往知识产权条约以已有立法为参照不同,条约对许多国家来说都是新颖的,超前于其国内立法的。即使与那些发达国家的相关立法相比,条约也毫不逊色。国际条约已经进入了实体化或曰一体化时代,各国的国内立法选择越来越受限于国际条约。条约虽然还有不少条款供成员去选择,但实体规定着实不少。这种国际一体化、立法实体化的趋势是值得高度重视和研究的。

互联网条约是互联时代或信息时代的基本规则,它的长远意义也许需要更多的时间才会显露出来。条约对于促进和保障因特网的良性发展,发挥网络传播作品的潜能,满足社会公众使用作品的要求,促进信息技术、因特网技术创新及电子商务的进步,都具有基础性保障作用。

互联网对世界知识产权立法活动产生了广泛而深远的影响。首先,世界知识产权组织的运行机制决定了它比世界贸易组织更具有灵活性和行动力,可以更及时地对变化了的形势作出回应。同时,借助世界贸易组织的推力,扩大了知识产权组织的影响力。其次,条约的实体规定直接影响了成员的国内立法,对促进变革各国法律制度有着深刻的影响。对于那些未加入条约的国家,互联网条约也产生着巨大的示范效应。

条约也可能有某些负面的实际效果,比如,对与互联网相关的各方利益没有充分平衡,对社会公众的使用权保障不够,尤其对发展中国家的现状和利益考虑不够。立法的步伐有些偏快,几乎与网络技术发展同步,这是前所未有的,以至于不少成员国的大部分国民对条约中的一些概念恐怕也颇感陌生,这势必使得条约存在一些不成熟的地方。发展中国家已经对此作出了一些反弹。

《版权条约》作为一份新条约,它超出了《知识产权协定》和《伯尔尼公约》,有效地更新了 1971 年版本的《伯尔尼公约》,通过提供与《伯尔尼公约》的强烈联系,和通过引用方式融合《伯尔尼公约》条款,合法地将《伯尔尼公约》用以约束了非伯尔尼联盟成员,但这些国家却不是《伯尔尼公约》的成员,不享有《伯尔尼公约》的投票表决权。

即便是发达国家,对互联网条约也并非一致叫好。《版权条约》一开始在美国国内遭到了强烈反对。英国知识产权委员会警告发展中国家,在加入《版权条约》前应当经过慎重考虑。

有的人还将批评的矛头对准了世界知识产权组织本身,认为秘书处提供的技术援助已经被批评为有利于知识产权拥有者，理由是：秘书处在所有的世界知识产权组织的谈判中都是利益相关方，因为第一它是服务提供者，第二，它90%的资金来自权利人交的费用，而这些权利人大部分来自发达国家。有人指责秘书处失于通知发展中国家在执行 TRIPS 时注意那些具有弹性的条款。例如，一份 MSF 的报告指出：世界知识产权组织失于通知柬埔寨条约中的一些弹性（如根据《知识产权协定》和《多哈宣言》，在 2016 年前可以不保护药品专利）。根据世界知识产权组织网站，它的工作中心是传送技术援助，这些技术援助实质提升了知识产权保护和实施水平。

但是，发达国家和发展中国家之间并没有爆发激烈的争吵，令评论者感到很是奇怪。根据美国代表团团长，专利商标局局长布鲁思·莱赫曼的看法，对两个条约的"热情不限于知识产权生产者，比如美国、欧盟、印度、南非和日本"。实际上，到 1997 年 12 月 22 日，有 35 个代表团共签署了两个互联网条约，其中很多是发展中世界成员。到 2002 年，《版权条约》与《表演和录音制品条约》的批准成员国都达到了规定数量，两份条约均已生效。也许，对条约进行全面评价为时尚早，各方对条约的作用和意义需要一段时间来理解消化。

（二）各国对条约的回应

根据世界知识产权组织的统计，截至 2007 年底，加入《版权条约》的共有 64 个国家，加入《表演和录音制品条约》的共有 62 个国家，其中签署国绝大部分是发展中国家，发达国家有日本、美国，澳大利亚等国。欧盟及加拿大等发达国家，巴西、印度等发展中大国都尚未加入。中国在 2007 年 6 月加入。最先加入批准《版权条约》的国家包括美国、日本两个发达国家，其他都是发展中国家，其中亚洲 4 个国家，南美 5 个国家，中北美 9 个国家，欧洲 12 个国家，非洲 3 个国家。最早加入《表演和录音制品条约》的国家包括亚洲几个国家，南美 4 个国家，中北美 8 个国家，欧洲 13 个国家，非洲 4 个国家。

为了实施两份条约，许多签署国都在本国采取了立法或修法活动。世界知识产权组织 2003 年出台了一份《版权条约》及《表演和录音制品条约》实施调查报告①，该报告详细披露了签署了两份互联网条约的 39 个成员国修改国内法来适应两个条约的具体情况。根据该项调查作出的主要统计内容如下：

（1）有 35 个成员明确立法保护计算机程序，有作为文字作品保护的，也有作为独立类别保护的。用到的立法术语包括计算机程序或计算机软件两类，计

---

① "SURVEY ON IMPLEMENTATION PROVISIONS OF THE WCT AND THE WPPT"，由世界知识产权组织秘书处制作，版权与相关权执行委员会 2003 年 7 月第 9 次会议公布。

算机程序或计算机软件有时还包括应用与操作系统,有时也指特殊表达形式。

(2) 成员立法中有 21 部法律明确保护数据库,有 27 部法律把数据库视为文字作品,38 部法律含有数据库保护的条款。

(3) 成员立法中有 28 部法律明确规定作品可为公众获得的权利。19 部法律规定了公众传输权。16 部法律规定了公开表演权,其中有 10 部规定,公开表演权与广播权独立,3 部规定为交互传送权,3 部规定为互联网传送权,1 部规定为使可传送。

(4) 成员立法中有 22 部法律规定了规避技术保护措施问题。但是对这类规避行为是适用民事责任还是刑事责任,则存在较大差别。

(5) 成员立法中有 22 部法律包含权利信息管理权。权利管理信息被明确定义或提及的,有 22 部法律。16 部法律规定,不仅改变或去除权利管理信息被禁止,也禁止被改变作品的进一步销售。

(6) 成员立法中出现的例外和限制包括:个人和私下使用;图书馆和档案馆使用;广播者制作短暂复本;制作文选或某些数据库;进行其他合法行为时对计算机程序的附带使用;政府使用;法院或议事程序中使用;科学研究;报道公共事务和时事中使用;计算机反向解构使用;短暂复制;第二级(次)传送;为测试设备的复制行为;合理使用和交易;公开展览;残疾人使用;为宗教和精神目的的使用;等等。

(7) 有 35 个国家规定了表演者权;30 个国家规定了表演者的精神权利;成员立法中有 30 部法律规定了公众传输权。32 部法律规定了经济权利,包括以下内容:固定或录音;广播权;公众传输权;复制权。6 部指直接和间接复制,25 国法律规定发行权;复制品进口,录音制品所有权转移;销售或使之能获得复制品;26 部法律规定了出租权;22 部规定了固定之表演的可获得权。

(8) 关于 ISPs 的责任,7 个国家与《版权条约》的议定书第 8 条完全一致。日本和美国在这一问题上有扩大范围的保护,都含有 ISPs 可以通过通知和拿下程序来避免责任的条款。日本法还规定,ISPs 有查明与侵权者身份有关信息的权利,但是所查得的这类信息不应滥用。

我们再进一步看看一些代表性国家的具体回应。

1. 日本

日本《著作权法》最新修改在 2002 年 6 月 19 日。2001 年 12 月 30 日公布特定远程通信服务提供者损失责任之限制及要求披露信息发送者身份之权利法。主要内容有:计算机程序作为一类独立作品,但不包括计算机程序语言,规则,算法。通过挑选或系统建设信息形成的数据库构成智力创作的,作为独立作品类别保护;通过挑选或安排内容形成的汇编构成智力创作的,作为独立作品类别保护;电影作品发行权,以电影作品形式复制的作品的发行权;出租权(除电影作品之外,但是,当作品制作成电影时,该作品的制作电影复制品有出租权);公共传输权,日本采用了公共传送权(rights of public transmission)提法,内涵与传输权相差不大,但是更加细化。日本《著作权法》列举了三类传送,即公共传送、交互传送和可传送,传输权一般针对公共传送,但也包括交互传送情形下的可传送作品;当用途合法时(用作私人复制时除外),允许人们规避数码版权管理技术;保护表演者的精神权利,并作了较详细规定,精神权利包括署名权,保持完整权;经济权利内容包括录音录像权利,广播和有线传播权,可传送权,为广播目的的固定;表演者复制权包括录音录像制品的制作,也享有出租权、发行权,复制权、出租权、发行权都适用于可视录制品,但是制作者的这些权利则限于录音制品;日本规定广播组织等的第二次商业使用应当取得表演者或制作者的许可,并支付费用,这与《表演和录音制品条约》规定的一次付费的法定许可有较大不同。

2. 印度尼西亚

亚洲发展中大国印度尼西亚只加入了《版权条约》(调查时),实施的具体法律是经过修改的 2002 年 19 号版权法案。其中许多规定都比较粗糙,或者没有规定,并且没有实施条款。

3. 欧盟

欧盟尚未批准两个条约,但是欧盟最早对信息时代作出了快速回应,两个条约中的内容已经在欧盟的立法当中得到反映。版权立法方面,欧盟在 1991 年 5 月发布计算机程序指令,1991 年 7 月公布卫星及有线指令。1994 年公布“出租权指令”,1996 年 3 月公布“数据库指令”。2001 年信息社会版权指令被认为启动了第二代版权保护立法进程,信息社会指令被看做是制定欧盟统一版权法的重要一步。

虽然欧盟尚未批准互联网条约,但是欧盟及其大部分成员都已经签署了两个公约。从信息社会版权指令可以得出结论,欧盟的保护水平和标准已超出互联网条约,比如,权利主体,就包括不在公约内的以卫星及有线传送节目的广播组织;复制的外延明显更大,复制包括直接复制和间接复制,暂时复制及永久复制,包括整体复制,也包括局部复制,复制权还适用广播组织;公共传输权(使可获得权)也适用于广播组织;发行权,除了第一次销售或所有权转移是由权利拥有人做出或取得了他的同意,在欧盟范围内不适用权利穷竭;关于例外和限制,与条约相比,将例外和限制具体化了,规定了比较多的例外和限制,某种程度上也构成对例外和限制进行管制约束;比如技术保护措施,互联网条约的规定比较笼统,欧盟指令与美国千年数字版权法的规定比较接近,对技术保护措施提出了明确且较高的保护水平,规避行为范围很广,内容包括:成员应立法禁止制造,进口,发行,销售,出租,为销售或出租的广告,为商业目的拥有设施、产品或元件,或提供:(1) 为规避目的进行促销,广告,开拓市场;(2) 除了规避仅有非常有限的商业用途;(3) 设计、生产、修改、使用的目的就是为了规避技术措施的服务。条约对如何落实没有措施,指令则作出了一些规定,比如第8条就是规定制裁和救济的条款。①

4. 美国

美国在1998年制定千年数字版权法(DMCA),2000年开始实施。美国版权立法除了成文法外,判例也是一个渊源。DMCA的主要内容包括:关于复制权。短暂复制也在复制权保护范围,但规定了一些例外。关于传输权,没有规定传输权,但已由其他美国法律规定。关于技术措施保护,禁止某些规避行为,包括自己实施的行为,及帮助他人实施的行为;禁止生产、进口或向公众提供规避产品、装置、元件或服务,以及相关交易,同时规定为下列几种用途具体设定版权免责法规:(1) 加密术研究;(2) 反向工程;(3) 安全测试。在权利管理信息保护方面,引入了刑事责任;规定了在线版权侵权责任及其限制;科学研究享有广泛的版权免责权(任何"试验与研究"活动都应免除版权责任)。

5. 中国

2007年6月9日,中国批准互联网条约,这两份条约对我国生效。为了实施互联网条约,在著作权法未及修改前,国务院于2006年7月1日起颁布实施《信息网络传播权保护条例》(以下简称《条例》)。制定《条例》时坚持了以下几条原则:一是与互联网条约的规定相一致,不低于其最低要求。二是有利于创新,发挥网络传播作品的潜能;有利于满足人民群众使用作品的要求,保持权利人、网络服务提供者、作品使用者的利益平衡。三是对网络环境下的著作权保护有些认识不透的新问题,或不作规定,或作简略规定。

具体内容主要有以下一些:

关于复制权。《条例》对临时复制未作规定。

关于技术保护措施。规定了对技术措施的保护以及可以例外的情形。

关于限制和例外。《条例》的一个显著特点是限制和例外规定比较详尽,主要内容有:一是合理使用。二是法定许可,包括发展教育设定的法定许可及为扶助贫困设定的法定许可。

关于责任限制。《条例》规定了网络服务提供者的责任限制,规定了四种免

---

① Guy. Tritton:Intellectual Property in Europe, second edition 2002, published by Sweet & Maxwell.

除赔偿责任的情形，以及通知/删除程序。

总之，发达国家进一步加强了知识产权保护，并试图将高标准的知识产权保护在全世界范围内推广，但是，发达国家的这些努力遭到了来自发展中国家的抵制和对抗。这不仅体现在落实《版权条约》及《表演和录音制品条约》上，而且更体现在对版权保护发展趋势的主导上。在世界贸易组织的新一轮知识产权谈判中，公共健康问题被提出来作为重要的谈判议程，而在世界知识产权组织中，发展中国家提出的发展议程是引人关注的重要进展。2004 年，由巴西、阿根廷发起的发展议程在世界知识产权组织得到认可，发达国家与发展中国家的博弈进入了一个新阶段。

五、发展议程：世界知识产权组织主导知识产权保护趋势的新努力

1996 年以后，国际社会知识产权立法的步伐并没有停止。世界贸易组织多哈回合谈判中，知识产权依然是重要议题之一。由世界知识产权组织启动的知识产权国际立法则包括广播组织，视听作品的保护，以及权利实施机制，专利实体法的谈判等。实体专利法条约草案、广播组织权利保护草案已经拟出。但是，就知识产权保护发展的方向，发展中国家和发达国家发生了许多重大分歧。其中，知识产权保护与发展的关系是一个关注的焦点。

在联合国，关于发展战略的争论已经持续数十年。早在 1995 年，联合国秘书长加利就正式地向联合国大会递交发展议程文件，向参加联合国特别代表会议的领导人，包括世界贸易组织、国际货币基金组织及世界银行，分发了发展议程草案，但草案遭到了强烈反对。美国和欧洲认为世界贸易组织没有必要与联合国签订双方关系协议。在建立全球贸易体制的过程当中，针对知识产权保护有大量争论。工业化国家认为，国际知识产权制度将帮助贫穷国家发展，而发展中国家及消费者权利主张者则认为，这一制度将实质上妨碍发展中国家及消费者利益。近年来，世界贸易组织和世界知识产权组织两大组织的知识产权政策受到来自发展中国家越来越大的压力。在世界贸易组织，发展中国家力主讨论专利制度中的公共健康保护例外。2001 年世界贸易组织部长级会议在多哈举行，通过了廓清《知识产权协定》保护范围的《多哈宣言》。该宣言明确宣示，在公共健康出现危机时，发展中国家被允许实施强制许可，以获得廉价的专利药品。

在世界知识产权组织内，巴西、阿根廷在 2004 年 8 月 26 日递交了“关于创立世界知识产权组织发展议程的建议”。巴、阿建议得到了玻利维亚、古巴、厄

瓜多尔、伊朗、肯尼亚、委内瑞拉等 13 国的合署赞同,并得到其他发展中国家和最不发达国家的广泛支持。2004 年 9 月,世界知识产权组织全体大会采纳了巴西和阿根廷的建议,创立了发展议程。2005 年 4 月、6 月和 7 月,世界知识产权组织举行了三次政府间国际会议讨论发展议题。在 2005 年世界知识产权组织全体会议上,成员国统一建立一个临时委员会加快世界知识产权组织发展议程。2006 年世界知识产权组织全体会议决定由临时委员会继续研讨这一议题,并向 2007 年全体会议报告工作。2006 年 2 月临时委员会第一次会议研讨与世界知识产权组织发展议程相关的 4 份建议。2007 年,经过许多争论,世界知识产权组织成员国最后同意建立世界知识产权组织发展议程,并向 2007 年全体会议递交发展议题报告。2007 年 10 月,世界知识产权组织大会同意创设新的发展与知识产权委员会,取代之前的临时委员会。委员会在以后每年开两次会,每次会期 5 天。世界知识产权组织还决定由它组织有其他国际组织参加的国际研讨会,讨论知识产权与发展问题,这些组织包括联合国贸易与发展会议、世界卫生组织、联合国工业发展组织及世界贸易组织等。①

发展议程的主要内容:

第一,确认发展是国际社会的核心价值和共同目标。发展议程的核心概念就是把发展维度融入世界知识产权组织的活动中(知识产权标准制定,技术转移与技术合作),将发展维度纳入关于知识产权保护的政策制定。

第二,知识产权应当成为促进知识创新和技术转移及传播的工具。考虑到发达国家与发展中国家和最不发达国家之间巨大的技术鸿沟,必须保证保护知识产权的成本不超过收益。这已经得到英国知识产权委员会的承认,它促请世界知识产权组织更加重视知识产权制度适合发展中国家个性环境的需要。该委员会 2002 年度报告明确表明:世界知识产权组织应在发展中国家促进知识产权保护的进程中将发展的目标融进去。为了促进这一目标,应当考虑修改世界知识产权组织公约的可能性。

第三,发展维度也需要充分融进世界知识产权组织的标准制定活动中去。世界知识产权组织的主要功能之一是知识产权国际条约的协商,这将显著提升目前的国际知识产权保护水平。当发展中国家和最不发达国家已在世界贸易组织协商及争议中寻求保证发展维度的同时,在世界知识产权组织也正在发生同样的事情。在目前的世界知识产权组织谈判中,应当放宽公共利益弹性,允许所有成员政策存有保留空间。对发展中国家和最不发达国家递交的建议应当予以恰当考虑,尤其是关于"目标和原则"条款,即反映《知识产权协定》第

---

① 参见世界知识产权组织网站(http://www.wipo.int/)新闻。

7、8 条内容的条款，应当纳入实体专利法条约和其他世界知识产权组织正在讨论的条约。制定新条约时也应当包括技术转移及反竞争控制条款，以确保知识产权保护支持技术向发展中国家和不发达国家转移。

第四，同样地，知识产权实施应当广泛考虑社会利益，关注发展。国家在自己的法律制度和习惯做法框架内的权利应当受到保护。世界知识产权组织不能过于从权利持有人的角度或提高知识产权保护的角度来实施公约。它也必须考虑权利所有人的义务和那些限制合法竞争滥用权利的情况。

第五，技术援助数量要扩大，质量要改善。它也必须与联合国运行活动的要求充分保持一致。例如，中立，不偏私和应请求而为。

第六，为实施国际义务建立起的体制应当保持行政管理的可持续性，而且不能超过国家资源的负荷能力。

第七，在制定涉及宽泛的知识产权公共政策时，包括所有的标准制定活动，应当确保在国内及国际层面上展开广泛的讨论，而且应当保证各方面的利益相关者都能参加讨论。

发达国家认为，世界知识产权组织不是讨论发展问题的合适论坛，世界知识产权组织应当仅仅关注创造合理的知识产权制度，并认为其他许多联合国机构都在发展问题方面取得了进展，例如联合国贸发组织。工业化国家还认为，世界知识产权组织已经通过与特殊国家或地区的合作计划来处理发展事务，譬如世界知识产权组织在 2004—2005 年间，有一个 5 亿美元的财政安排，其中 85% 来自专利注册和版权制度。但是，乌拉圭代表 Guillermo Valles 指出，发展焦点不能仅限于技术援助或合作。发展议程显然应当考虑对知识产权使用者，对大部分消费者，及对一般公共政策任何可能的负面影响，而不能仅仅考虑知识产权所有者的利益。来自印度的代表说：秘书处，欧洲，美国及日本总是在世界各地说，"你穷，是因为你没有强的知识产权保护。专利和版权实施太弱"，发达国家不喜欢世界知识产权组织中有发展议题。

为对抗这项发展议程，美国具体提出了世界知识产权组织伙伴计划。[①] 该计划认为世界知识产权组织已经并将继续通过在世界范围内提升知识产权来促进发展，较好地履行了它的功能，没有改革的必要。主张世界知识产权组织应当集中关注促进知识产权的问题，把发展问题留给联合国其他机构去处理。美国合作伙伴计划有两个特点，一是建立世界知识产权组织伙伴关系数据库，二是筹建世界知识产权组织伙伴关系办公室。

---

① Sangeeta Shashikant: US draft paper counters Development Agenda in WIPO, Geneva, 23 March 2005, http://www.twnside.org.sg/title2/twninfo196.htm.

与公共健康等问题不同,发展议程具有更大的伸缩性、进攻性、广泛性,世界知识产权组织通过设立该议程,在与《知识产权协定》争夺知识产权发展方向方面,处于较为主导的地位。发展中国家在世界知识产权组织中数量的绝对多数有力地保障了知识产权的未来进展将促进,而不是妨碍发展中国家的发展。但是,发展议程本身必须与具体的立法磋商相结合,才能发挥积极作用。如何将发展目标融入具体政策制定、具体法律规定,是发展中国家需要进一步探索的关键。

第三编

发展论：当代知识产权国际保护制度的缺陷与完善

第一章
导论:知识产权国际保护的困境与出路

知识产权制度从国内法个别保护到国际法统一保护,是经济全球化、国家间博弈、政府间协调等因素共同作用的结果。知识产权国际保护制度的形成,能够产生有力的协调机制以减少摩擦和冲突、产生有效的规范机制以降低立法和执法成本、产生有益的统合机制以统一各国保护标准和消除地区立法差异。但是,知识产权国际保护制度的形成是发达国家幕后推动的结果。知识产权保护的一体化与国际化的结果就是 WTO 作为知识产权国际立法机构的优先地位、《知识产权协定》作为知识产权国际立法文件的核心地位以及西方发达国家作为知识产权国际保护参与主体的主导地位。随之而来的便是知识产权保护的宽范围与高标准,以及国际机构、组织要求变革知识产权国际保护制度的呼声与实践。从世界贸易组织两次部长级会谈的破裂到世界知识产权组织关于《实体专利法条约》的多次谈判的停滞,知识产权国际保护陷入了前所未有的困境。有学者明确指出:"知识产权国际保护制度已经处于十字路口"。①

一、知识产权国际保护面临的困境

知识产权国际保护制度兴起于 19 世纪 80 年代,随后发展成为以多边国际公约为基本形式、以政府间国际组织为协调机构的相对统一的国际法律制度。其中的国际公约,以《巴黎公约》、《伯尔尼公约》和《知识产权协定》为代表;其中的国际组织,以世界贸易组织(WTO)和世界知识产权组织(WIPO)为代表。

《知识产权协定》的缔结完全符合了美国等发达国家的利益,以至于数年之后一位曾经在埃斯特角城谈判的一位发展中国家的官员说道,"发展中国家质疑关贸总协定处理知识产权问题的能力问题被(发达国家)处理得相当

---

① Peter K. Yu, Currents and Crosscurrents in the International Intellectual Property Rrgime, 38 Loy. L. A. L. Rev. 323, Fall 2004.

精明”①,更有学者认为这是一种欺骗②。

《知识产权协定》的实施对发展中国家影响极大,随着它们对知识产权理解的加深和经济实力的增强,广大的发展中国家已经在国际知识产权舞台上成为一支不可忽视的力量。2001 年世界贸易组织第四次部长级会议在多哈召开,在广大发展中国家的争取之下最终通过了《多哈部长宣言》和《TRIPS 与公共健康宣言》,该宣言承认使许多发展中国家和最不发达国家遭受痛苦的公共健康问题,允许发展中成员和最不发达成员因艾滋病、痢疾、肺结核及其他流行性疾病而发生公共健康危机时,可通过强制许可自己生产有关专利药品。该宣言意义重大,有学者认为《TRIPS 与公共健康宣言》向人们发出了发展中国家将致力于反对由美、欧等发达国家制定的知识产权标准、保护本国利益的信号。③ 此后,发展中国家与非政府组织、联合国部门等团体一道,在世界贸易组织之外进行了轰轰烈烈的国际造法运动,他们将火力对准《知识产权协定》及其设定的知识产权保护高标准。在传统知识与遗传资源保护、公共健康问题、知识产权保护与人权冲突等方面已经取得一定的进展,并以“宣言”、“决议”等软法的形式出现。特别是 1992 年的《生物多样性公约》与 1995 年的《保护和促进文化表现形式多样性公约》(以下简称《文化多样性公约》)的缔结,更被认为是发展中国家参与国际知识产权保护标准制定的大事。但是,正当发展中国家稍微松口气,并为自己取得的些微成果欢呼雀跃时,危机已经悄悄临近。在世界知识产权组织体制下,由发达国家幕后推动的《实体专利法条约》正在酝酿之中。正如 Susan K. Sell 教授所言,如果《实体专利法条约》获得通过,则发展中国家为维护本国利益而取得的所有进展将付诸东流。④ 发展中国家又不得不集中精力应付《实体专利法条约》及其可能对本国经济产生的影响。到现在为止,发展中国家与发达国家在关于《实体专利法条约》的问题上已经进行了十多次谈判和磋商,但几乎没有任何的进展。⑤ 在遗传资源的保护问题上,发展中国家致力于《生物多样性公约》与《知识产权协定》的对话,希望运用《生物多样性公约》确立的“国家主权”、“标识来源”规则修改《知识产权协定》。但以美国为代表的发达

① 〔澳〕彼得·达沃豪斯、约翰·布雷斯威特:《信息封建主义》,刘雪涛译,知识产权出版社 2005 年版,第 137 页。

② 曹新明:《知识产权国际化所面临的挑战》,载吴汉东主编:《知识产权国际保护制度研究》,知识产权出版社 2007 年版,第 37 页。

③ Frederick Abbott, The Doha Declaration on the TRIPS Agreement and Public Health: Lighting a Dark Corner at the WTO, 5 J. Int'l Econ. L. 469 (2002).

④ Susan K. Sell, The Quest For Global Governance in Intellectual Property And Public Health: Structural, Discursive, And Institutional Dimensio, 77 Temp. L. Rev. 363, Summer 2004.

⑤ 具体参见何越峰:《“实体专利法条约”谈判历程及趋向评析》,载国家知识产权局条法司编:《专利法研究(2005)》,知识产权出版社 2006 年版,第 382 页。

国家又转移了阵地,重新启用双边主义策略,与发展中国家签订双边协定,企图将它们各个击破。截至2001年,国际上已经有23个针对生命遗传物质的双边协定,它们全部超过了《知识产权协定》的保护标准,或是要求对生物技术进行高标准保护,或是要求相对方用专利法保护植物、动物等发明。[①] 发达国家双边协定的成功也就意味着发展中国家阵营的缩小和谈判力量的下降。有学者认为在此情况下发展中国家必须有所行动,否则必会被发达国家一个个地"收拾掉"(pick off)[②]。

在这里,笔者又不得不重提 Peter K. Yu 教授的那句话:知识产权国际保护制度已经处于十字路口。或者说,知识产权国际保护已经陷入了困境。

(一)知识产权国际保护困境产生的原因:利益失衡

2003年,联合国开发计划署(UNDP)发表了一份题为"让全球贸易为人类服务"的报告,指出知识产权保护符合发达国家的利益,但对广大发展中国家而言却并不适用,并建议发展中国家与发达国家应就修改《知识产权协定》展开对话。[③]

《知识产权协定》大大提升了知识产权的保护标准,对发达国家的计算机软件、电影产业、电子产品等领域给予了特殊照顾。和以往的知识产权国际保护公约相比,《知识产权协定》新增加了计算机软件、电影作品、录音制品的出租权,并将驰名商标的保护范围扩大至服务商标,在专利权方面授予权利人以进口权;在保护期限上,规定作品的著作权保护期限至少为50年,专利权的保护期限不少于20年。同时,《知识产权协定》还规定有强大的执法程序和保护措施,如临时措施、边境措施等。

在技术转让和信息获取方面,虽然《知识产权协定》第7条规定知识产权保护应当有利于"技术的转让与传播",第66条要求发达国家向其企业和研究机构提供动力,以促进向最不发达国家的技术转让,但是《知识产权协定》没有建立起有效的国际机制来确保技术的合理转移。当发展中国家为了维护公共安全和公共利益的需要而需求某项技术时,不能适用强制许可、合理使用等手段有效地获取信息。

---

① GRAIN, "Trips-Plus" Through the Back Door: How Bilateral Treaties Impose Much Stronger Rules for IPRs on Life than the WTO, GRAIN Publications, July 2001, http://www.grain.org/briefings/?id=6,2008年1月13日访问。

② See Peter Drahos, Bilateralism in Intellectual Property, http://www.oxfam.org.uk/what_we_do/issues/trade/downloads/biltateralism_ip.rtf,2008年1月13日访问。

③ 吴汉东主编:《知识产权国际保护制度研究》,知识产权出版社2007年版,第106页。

在传统知识和遗传资源保护方面，《知识产权协定》缺乏对传统知识等的关怀，对生物多样性和遗传资源的保护更是只字未提。现今发达国家与发展中国家分别处于生物资源的两极，全世界80%的生物资源都在发展中国家。同时社区和群体为保持、繁衍生物资源做了大量的工作，而很多发达国家的科研机构或公司通过生物勘探手段进行生物海盗行为，从社区中盗取遗传信息并申请专利，却没有声明社区的贡献，而且如果社区成员要使用此专利仍要向专利权人支付费用。Keith Aoki 对发达国家的这种行为有更加深刻的认识，他指出资源作为“原材料”从第三世界国家源源不断地运往发达国家，经过实验室的加工成为了发达国家拥有的具有高利润回报的知识产权，这是一种“新殖民主义”（Neocolonialism）。① “殖民主义”揭示了现阶段以《知识产权协定》为代表的知识产权保护的高标准已经导致发达国家和发展中国家之间巨大的利益失衡。

（二）对知识产权国际保护困境的认识：一个立场问题

知识产权国际保护已经陷入了困境，但对此困境以及其解决方案，人们有不同的认识，悲观者有之、乐观者有之，彷徨者亦有之。笔者认为，知识产权的国际保护问题是知识产权制度中变动最迅速、矛盾最尖锐之地，我们必须要有正确的认识和明确的立场。

1. 对国际保护困境本身的认识：必然还是偶然？

对当前知识产权国际保护所面临的问题，学者们积极关注，纷纷发表自己的看法。总的来说大致有以下几种主张。首先是“历史必然性”主张。如有学者指出，从历史上来看知识产权是从一次次谈判、冲突、妥协中发展出来的，在此历史进程中失败者必然要对成功者进行对抗。② 其次是“新兴市场”的观点。如有学者认为，现在一些新的市场正在悄然兴起（主要为发展中国家的市场），这些市场很不成熟，并采取与西方市场不同的标准，因此为知识产权的国际保护制造了很大的麻烦。③ 再次是“现状维持”的观点。如有学者认为近几年来出现了五股反对知识产权国际保护现状的思潮，它们是“在国内法中对国际条约适用的保留趋势”、“发展中国家和最不发达国家对知识产权国际保护的多元化要求”、“发达国家推动的双边主义”、“国际保护规则中非国家立法的出现”

---

① Keith Aoki, Neocolonialism, Anticommons Property, and Biopiracy in the (Not-So-Brave) New World Order of International Intellectual Property Protection, 6 Ind J Global Legal Stud 11, 52 (1998).

② Susan K. Sell, Intellectual Property and Public Policy in Historical Perspective: Contestation and Settlement, 38 Loy. L. A. L. Rev. 267 (2004).

③ Greg Creer, The International Threat To Intellectual Property Rights Through Emerging Markets, 22 Wis. Int'l L. J. 213, Winter 2004.

(主要指域名保护)、“权利放弃主义的兴起”(如开源软件)。这些潮流正在挑战甚至阻挠知识产权国际保护的和谐进程。①

综观上述几种观点,笔者认为他们都没有指出当今知识产权国际冲突的实质。他们把国际保护困境的原因或归于“历史”、或归于“市场”、或归于“技术”,但这些都不是问题的所在。现在的知识产权国际保护规则是在发达国家为主导地位的情况下制定的;现在的《知识产权协定》等高标准的知识产权国际公约的实施,是以假定各个国家的产品生产能力、技术创新能力、产业承受能力相等为前提,但实际情况并非如此。质言之,由于发达国家掌握知识产权国际保护规则的制定权,导致了南北双方在利益分配上的严重失衡,以及对发展中国家的不公平待遇,是知识产权国际保护困境产生的根本原因。广大发展中国家对这种不合理的知识产权保护制度的抵制导致了目前这种困境的产生。但毕竟合作能产生利益,抵制只能导致孤立。如果在保护发达国家技术优势的同时,发展中国家的利益能够得到兼顾,则此国际保护困境可以被化解和超越。

2. 对知识产权国际保护的认识:手段还是目的?

无论是发达国家还是发展中国家,知识产权的国际保护都只是手段而已。美国在知识产权国际保护进程中,单边主义和双边主义策略的运用为我们提供了一定的线索。

首先是美国的单边主义策略。在19世纪美国的文化产业并不发达,所以美国拒绝加入《伯尔尼公约》,反而利用联合国教科文组织,创立符合自己需要的《世界版权条约》体系。后来随着发展中国家与教科文组织的交好,联合国教科文组织日益成为发展中国家将版权、教育和人权联系的地方,美国又于1984年从该组织中退出。另外为了更好地保护对外贸易优势,美国抛弃了倾向于发展中国家立场的“无牙的”(没有争端解决机制)世界知识产权组织,转向了“有牙的”世界贸易组织。在《知识产权协定》的谈判阶段,为了增加谈判的筹码,美国再一次运用单边主义策略,1988年美国里根总统签署了《综合贸易与竞争法案》,极大地提高了超级301条款的适用范围。

其次是美国的双边主义策略。在《知识产权协定》签订前夕,美国通过启动301条款,对发展中国家恐吓、威胁,削弱发展中国家阵营。《知识产权协定》通过之后,设定的保护高标准和宽范围受到发展中国家的反对,美国主导的知识产权国际保护规则产生合法性危机,并在多边体制框架内受到抨击,美国转而

---

① Peter K. Yu, Currents and Crosscurrents in The International Intellectual Property Rrgime, 38 Loy. L. A. L. Rev. 323, Fall 2004.

运用双边主义策略维护、提高知识产权保护标准,以达到其预设的“Trips-Plus”目标。①

从美国的知识产权运用经验,我们可以看出知识产权成为一种策略和工具。对一个国家而言,是否保护知识产权、对哪些知识赋予知识产权以及如何保护知识产权,是该国根据现实发展状况和未来发展需要所作出的制度选择和安排。知识产权制度已成为一国走向现代化的必然政策选择。② 从世界范围来看,越来越多的国家建立起全方位的以知识产权为导向的公共政策体系以有效提升本国的核心竞争力。进入21世纪,日本提出知识产权立国的理念,成立知识产权战略本部,专门协调国际、国内知识产权保护,同时通过知识产权基本法和知识产权战略大纲。在韩国,由国务调整室牵头的“知识产权保护政策协议会”于2004年成立,负责协调所有的知识产权国家政策,致力于推进国家知识产权制度的现代化和经济、科技、文化的快速发展。

在《知识产权协定》的谈判阶段,发达国家已经主动运用知识产权工具来保护自己的对外贸易和国家利益,而发展中国家保护知识产权则是被动接受,以换取对发达国家的市场准入。《知识产权协定》通过后,对于知识产权策略,发展中国家应该从以前的被动接转变为主动运用。

3. 对知识产权多边游戏的认识:退出还是继续?

现今知识产权国际保护的困境又引发了我们的另一种思考,现在的发展中国家并不享有知识产权国际保护规则的制定权,为什么仍要遵守这种游戏规则呢?在现在的知识产权国际保护的多边框架内,发展中国家多多少少会感到无助。达沃豪斯与布雷斯威特指出:“实际上,发展中国家被迫面临这样的选择:参加双边谈判还是多边谈判。发展中国家在双边谈判上没有什么优势,而参加多边谈判则还没有准备好。”③

退出知识产权多边游戏的观点在发展中国家有很大的市场,但此并非理性的选择。道理很简单,《知识产权协定》的一个最大的特点是把知识产权国际保护体制与国际贸易体制挂钩,如果退出知识产权多边游戏,必会被国际市场所抛弃。德国的施特劳斯教授认为,知识产权的多边规则可以为发展中国家带来收益,《知识产权协定》是全球化的基石,任何分裂都将妨碍参与各方的利益。当然,如果认为《知识产权协定》的实施不会产生问题,或不会被某些国家所操

① 有关“Trips-Plus”的文章,参见 http://www.grain.org/。

② 吴汉东:《中国应建立以知识产权为导向的公共政策体系略》,载《中国发展观察》2007年第5期。

③ 〔澳〕彼得·达沃豪斯、约翰·布雷斯威特:《信息封建主义》,刘雪涛译,知识产权出版社2005年版,第140页。

纵,则这种想法是幼稚的和不现实的,而解决此问题的办法是在游戏各参与方的利益之间找到微妙的平衡。①

虽然知识产权多边游戏并不好玩,但是我们已经别无选择。我们可以从《知识产权协定》的谈判历程中找到我们需要的经验和教训。正如吴汉东教授所言:"对于中国而言,自进入世界贸易组织后,在《知识产权协定》的框架下过多强调知识产权的弱保护已无多少意义,关键在于我们如何利用国际协调机制对抗发达国家超越协定标准、超出我国国情的知识产权强保护要求,争得国际规则制定的话语权。"②

中国于2004年、2005年分别成立了"国家保护知识产权工作组"和"国家知识产权战略制定工作领导小组"。以此为契机,中国知识产权制度建设迈入了战略主动的新阶段。

2008年4月9日,国务院总理温家宝主持召开国务院常务会议,审议并原则通过了《国家知识产权战略纲要》。同年6月,国务院发布《国家知识产权战略纲要》,在其序言中提出:"发达国家以创新为主要动力推动经济发展,充分利用知识产权制度维护其竞争优势;发展中国家积极采取适应国情的知识产权政策措施,促进自身发展。"可见,中国已经站在战略全局的高度,重新审视知识产权制度的功用和地位。参与、完善知识产权国际保护制度将成为我国实施国家知识产权战略的一项重要内容。

二、知识产权国际保护的出路

立场已经非常的明确,即便当今的知识产权国际保护的多边游戏规则是由发达国家制定的,我们仍应参与。但是参与游戏并不等于默默地遵守,发展中国家可以灵活运用业已形成的规则、加强研究游戏规则中的弹性条款,争取国际规则的制定权。其实,在知识产权国际保护的多边框架内,发展中国家并非

---

① Joseph Straus, Bargaining Around the TRIPS Agreement: The Case for Ongoing Public-Private Initiatives to Facilitate Worldwide Intellectual Property Transactions (A comment on the paper presented by Professors David Lange, Duke University, and J. H. Reichman, Vanderbilt University), 9 Duke J. Comp. & Int'l L. 91, Fall 1998. 郑成思教授也赞同此主张,参见郑成思:《全球化与知识产权》,载吴汉东主编:《知识产权年刊(创刊号)》,北京大学出版社2005年版,第320页。

② 吴汉东:《后TRIPS时代知识产权的制度变革与中国的应对方略》,载《法商研究》2005年第5期。

无所作为,它们已经为争取规则制定权作过多次尝试①,但结果并不理想。其原因有两个方面。

首先,现在的知识产权国际保护规则是“单向度”的,是为维护知识产权大国的利益服务的,其实体制度中缺乏公平、正义的价值理念,不仅没有考虑到发展中国家的利益诉求,更与国际上业已存在的“主权”、“人权”标准相冲突。

其次,发展中国家并不熟悉知识产权国际保护的多边规则,没有应付发达国家的一套整体有效的策略,也不能在知识产权谈判中共同进退,以致它们在知识产权多边谈判中摇摆不定,在双边协议中进退失据,而面对发达国家的单边主义策略则只能处处碰壁。发达国家的经济实力强大,增强了在多边谈判中的回旋余地,同时其所运用的“论坛转移策略”、“单边、双边、多边相结合策略”和“分化策略”非常有效。②

对于前者,发展中国家应争取规则制定权。发展中国家应努力把公平、正义的理念渗入知识产权规则之中,争取知识产权国际保护实体制度上的改变,用国际上通行的主权和人权标准增添对本国发展的有利因素。

对于后者,发展中国家应争取谈判话语权。发展中国家要熟悉知识产权国际多边游戏规则,争取知识产权国际保护程序制度上的改变,此需要一定的策略和技巧。为此,美国乔治·华盛顿大学 Susan K. Sell 教授就曾指出:“在知识产权国际保护中,‘弱方’应该学会适应多层次(multi-level)、多论域(multi-forum)的游戏规则”。③ 所以,为了平衡南北双方的利益,知识产权国际保护制度应该从实体制度和程序制度上进行变革。

---

① 20 世纪 60、70 年代,发展中国家基于发展和教育的需要,通力合作争取到了对《伯尔尼公约》的修正,最终形成了“斯德哥尔摩协定”,但由于发达国家的阻挠,该协定并没有生效,发展中国家徒劳无功。70 年代,发展中国家致力于对《巴黎公约》中的“强制许可”条款进行修正,但最终失败,此谈判在 80 年代也陷于停滞。See Peter Drahos, Developing Countries and International Intellectual Property Standard-setting, http://www.iprcommission.org/papers/pdfs/study_papers/sp8_drahos_st udy.pdf, 2008 年 1 月 13 日访问。

② “论坛转移策略”又称为“机制转移策略”,指由于知识产权国际条约的多头管理,一个国家为了在国际知识产权游戏中趋利避害往往会在多个条约及其管理机构之间不断地转换,以期望主导国际知识产权规则制定权。此策略是美国等发达国家应对发展中国家知识产权行动的主要手段。See Laurence R. Helfer, Regime Shifting: The TRIPs Agreement and New Dynamics of International Intellectual Property Lawmaking, 29 Yale J. Int'l L. 1, Winter 2004.“分化策略”是发达国家分化发展中国家阵营的主要策略。在《知识产权协定》谈判阶段,发展中国家阵营的牵头羊印度和巴西就曾因此策略而互相猜忌。参见〔澳〕彼得·达沃豪斯、约翰·布雷斯威特:《信息封建主义》,刘雪涛译,知识产权出版社 2005 年版,第 158、159 页。

③ Susan K. Sell, The Quest For Global Governance in Intellectual Property And Public Health: Structural, Discursive, And Institutional Dimensio, 77 Temp. L. Rev. 363, Summer 2004.

(一) 从实体规范上看,知识产权国际保护应弥补其制度缺失

自 1994 年世界贸易组织取代关贸总协定以来,知识产权国际保护制度进入了后 TRIPS 的崭新时代。由于各方面的原因,使得现在的知识产权国际保护制度或多或少偏离了人们期望的轨道。首先在利益维护方面,知识产权国际保护制度对发展中国家的利益考量不充分。虽然《知识产权协定》给发展中国家和最不发达国家提供了遵守该协定的过渡期,但其在全球范围内建立了一个高标准的知识产权保护体系,发展中国家缺乏利用先进技术的能力,处于不利地位。其次在制度理念上,知识产权国际保护制度偏重于宣扬知识产品的经济属性,对其知识和文化属性重视不足。《知识产权协定》是一个与贸易有关的协定,它重视知识产品的商品和经济属性,忽视其知识和文化属性,对作者精神权利的维护、传统知识的保护、文化多样性的弘扬重视不够。最后在价值关怀上,知识产权国际保护制度对人们的生存权、发展权关注不够。《知识产权协定》没有反映人权保护的需要,在信息获取、公共健康等基本人权方面关怀不够。所以知识产权国际保护应在以下方面弥补其缺失。

1. 传统知识的保护

按照世界知识产权组织的规定,传统知识从广义的角度来界定,包括传统的或基于传统的文学、艺术和科学作品,表演,发明,科学发现,外观设计,商标、商号及标记,未公开的信息,以及其他一切来自于产业、科学、文学艺术领域里的智力活动,传统的或在传统基础上的革新和创造。在现在的知识产权保护体系中,传统知识的价值没有得到应有的尊重和补偿,特别是当因对传统知识的开发利用而产生商业利益时,现行知识产权法只保护了利用者的利益,而传统知识的真正创造者没有得到合理的回报。因此,有必要对传统知识进行知识产权保护,为其提供一种机制,使其获得某种尊重,这样将有助于传统知识的保存、使用,更能对其创造者产生激励作用,促进传统知识的可持续发展。有学者指出:“传统知识的保存不仅是自我身份权的关键构成部分及土著和居住人持续生存下去的条件,而且是人类文化遗产的核心要素。”①对传统知识提供知识产权保护是一种“源头保护”,对此应该提升到人类遗产和可持续发展的高度加以认识。

学者们对传统知识的知识产权保护模式有不同的意见,大致有两种方式:一是用现行知识产权制度保护传统知识。现有知识产权形式下的保护方式包

---

① Carlos M Correa:《传统知识与知识产权——与传统知识有关的问题和意见》,国家知识产权局条法司译,http://www.biodiv-ip.gov.cn,2008 年 1 月 13 日访问。

括：采用著作权及邻接权对以民间文学艺术表达为主的传统知识进行保护，采用专利权对开发利用传统知识的产品和方法进行，采用外观设计权对属于民间文学艺术范围的手工艺产品进行保护，采用反不正当竞争制度对其他未公开的传统知识进行保护。二是采用专门制度保护传统知识，即采用所谓的“社区权”和“社区知识权”制度对传统知识给予专门保护。该制度看到了传统知识与现行知识产权的保护客体在性质上的不同，受到了大多数学者和立法例的支持。2004 年召开的“世界知识产权组织知识产权与传统知识、遗传资源、民间文艺政府间委员会”（WIPO-IGC）第六次会议上，提出了对传统知识的法律保护模式，主要包括排他权制度、反不正当竞争制度等多项制度[①]，为传统知识的保护提供了更加宽广的视野。

2. 遗传资源的保护

专利法对生物技术的保护，产生了发达国家的生物技术公司对发展中国家遗传资源的掠夺以及不公平、不尊重性的使用。[②] 对基因遗传资源进行保护成为人们的迫切需要。

1992 年 6 月 5 日在里约热内卢联合国环境与发展大会上开放签署了《生物多样性公约》，它以“保护生物多样性，持续利用其组成部分以及公平合理分享由利用遗传资源所产生的惠益”为基本宗旨。其中规定“遗传资源的取得须经提供这种资源的缔约国事先知情同意”，各国可“采取立法、行政或政策性措施”保护本国资源，确立了资源国的知情同意权、立法权和管理权。[③] 同时为履行《生物多样性公约》关于遗传资源获取与惠益分享的规定，公约秘书处已主持召开 3 次政府间会议，商讨一项旨在制定遗传资源获取与惠益分享国际准则的计划，并在德国波恩达成《关于获取遗传资源并公正和公平分享通过其利用所产生的惠益的波恩准则》。《波恩准则》致力于为缔约方和利益相关者提供一个透明的框架以促进遗传资源的获取。《波恩准则》还对“知情同意机制”和“利益共享机制”有明确、具体的规定。

以实际需要为驱动、以《生物多样性公约》为依托，很多发展中国家制定了保护生物多样性和遗传资源的专门法律。如巴西于 2001 年 8 月出台了《关于

---

① WIPO-IGC，WIPO/GRTKF/IC/6/4.

② 2001 年，《瞭望》周刊曾发表文章，对哈佛大学公共卫生学院等机构在我国安徽农村进行的有关哮喘病、高血压、肥胖症、糖尿病、骨质疏松等多种疾病的基因调查行为提出质疑：这些项目是否让实验参与者充分了解研究目的及参与研究的利弊情况，收集他们的血样或基因样本，是否尊重了参与者的知情同意权；对这些涉及数以万计的人体基因样本的使用是否会造成我国基因遗传资源的流失。http://www.sipo.gov.cn/sipo/xwdt/mtjj/2005/200503/t20050325_72240.htm，2008 年 1 月 13 日访问。

③ 参见《生物多样性公约》第 15 条。

基因资源和传统知识获取的暂行措施》，承认国家在遗传资源上的主权及社区、个人在其开发利用遗传资源上的权利，并详细规定了知情同意和利益分享机制。[①] 2002 年，印度颁布了《生物多样性法案》，制定了颇具特色的“国家知情同意”、“生物多样性基金”等机制。[②]

东盟在其《东盟国家在生物和基因遗传资源获取上的框架协定》中指出：“鉴于生物和基因遗传资源还没受到国际上条约的有效规制，现在为了维护东盟国家的利益，以防止生物海盗行为的需要非常紧迫”。[③] 现在的知识产权国际保护制度应该接纳生物多样性和基因遗传资源的保护，并使它们在世界贸易组织框架下的《知识产权协定》内部获得承认。

3. 公共健康权的保护

《知识产权协定》为占有绝大多数药品专利的发达国家制药公司提供了合法的垄断权。虽然《知识产权协定》第 8 条亦规定各成员在其国内法律及条例的制定或修订中“可采取必要措施，以保护公众健康与发展”，但此规定对维护人类的公共健康作用不大。

在非洲和拉丁美洲，疟疾、结核病和艾滋病等致命性传染病正在可怕地蔓延，造成这些地区发生公共健康危机，而当地人民无法获得有效的廉价治疗药品。为了协调公共健康权利与《知识产权协定》的冲突，世界贸易组织第四次部长级会议于 2001 年 11 月通过了《多哈宣言》，明确了世界贸易组织成员国可采取强制许可的方式生产药品以维护公共健康。但是，《多哈宣言》并没有授予贫穷国家进口廉价仿制药品以维护公共健康的权利。因为根据《知识产权协定》第 31 条(f)款的规定，实施强制许可所生产的仿制药品主要供应国内市场，这对于像印度、中国等具备生产能力的发展中大国而言，可以实施强制许可，但是对于不具备生产治疗传染病药物能力的国家而言，《多哈宣言》无任何现实意义。如何在世界贸易组织框架下解决药品生产能力不足的成员方应付公共健康危机的问题，一直是人们争论的焦点。2003 年 8 月 30 日世界贸易组织总理事会终于通过了《关于实施多哈宣言第 6 条的理事会决议》。根据该决议，缺乏药品生产能力或生产能力不足的国家，可以进口其他成员方通过强制许可而生产的廉价药品。这一规定有利于贫穷国家在必要时更容易进口用廉价仿制药

---

① Brazil, Provisional measure on access to genetic resources and traditional knowledge, http://www.grain.org/brl/? docid = 850&lawid = 1768, 2008 年 1 月 13 日访问。

② India, The Biological Diversity Bill, http://www.grain.org/brl/? docid = 322&lawid = 1378, 2008 年 1 月 13 日访问。

③ ASEAN, ASEAN Framework Agreement on Access to Biological and Genetic Resources, http://www.grain.org/brl/? docid = 785&lawid = 1261, 2008 年 1 月 13 日访问。

品,从而为发展中国家维护公共健康提供了法律依据。

(二)从程序选择上看,知识产权国际保护应疏通其言论渠道

《国家知识产权战略纲要》为我国在国际知识产权保护中的角色作了合理的定位,指出我国应“积极参与国际知识产权秩序的构建,有效参与国际组织有关议程”。为此,我们应该争取国际知识产权谈判的话语权,把那些符合发展中国家知识产权保护趋势、体现我国知识产权保护优势的主题(主要有传统知识、遗传资源、人权和公共健康、文化多样性等),通过国际立法文件的形式固定下来。其中一个很重要的方法就是对知识产权国际保护言论渠道的疏通。

1. 把“发展议题”融入世界知识产权组织

1967年《巴黎公约》和《伯尔尼公约》的缔约国在斯德哥尔摩签订了《成立世界知识产权组织公约》,该公约于1970年正式生效,世界知识产权组织正式成立,并于1974年成为联合国的特别机构。在联合国内,第三世界国家力量强大,世界知识产权组织一度为发展中国家争取知识产权利益提供国际舞台。据Paul Salmon教授介绍,从1967年《巴黎公约》的修订和1971年《伯尔尼公约》的修订起到现在,二十几年来在世界知识产权组织体制下知识产权的保护标准没有实质性的提高。[①] 美国等发达国家对此颇感不快,决定把知识产权论坛转向世界贸易组织。随着世界知识产权组织的失宠,其秘书处清楚地认识到美国对于维持该组织的地位和权力的重要性,这些年,它尽最大努力向有利于美国利益的方向推动。尽管受到其成员国中发展中国家的诸多限制,世界知识产权组织秘书处还是尽其所能制定美国需要的知识产权标准。[②] 1996年,在美国的推动和世界知识产权组织的管理下,《世界知识产权组织版权条约》和《世界知识产权组织表演与录音制品条约》正式缔结。此两个条约保护水平非常高,美国1994年的“蓝皮书”(《知识产权与国家信息基础设施》)与1995年的“白皮书”成为它们的实质内容。随后,美国又在世界知识产权组织内部推行《实体专利法条约》,企图建立全球专利系统。

发展中国家越来越认识到改组世界知识产权组织的必要性。2004年,由阿根廷和巴西在世界知识产权组织大会上提出“制定世界知识产权组织发展议程”(Establishing a “Development Agenda” for the World Intellectual Property Organization)的动议,得到了另外12个发展中国家的支持。在2005年的世界知识

---

① Paul Salmon, Cooperation Between The World Intellectual Property Organization (WIPO) and The World Trade Organization (WTO), 17 St. John's J. Legal Comment. 429, Spring 2003.

② 〔澳〕彼得·达沃豪斯、约翰·布雷斯威特:《信息封建主义》,刘雪涛译,知识产权出版社2005年版,第129、130页。

产权组织大会上,成员国同意建立"世界知识产权组织发展议程建议临时委员会",2007 年该委员会举行了两次会议,确定了一份 45 项提案的建议名单,拟于 2007 年 9 月提交世界知识产权组织成员国大会讨论。日内瓦时间 2007 年 9 月 28 日,世界知识产权组织第 43 届成员国大会通过了"世界知识产权组织发展议程"。[①] 该议程呼吁颁布一套国际指导方针来保护遗传资源和传统知识。英国利兹大学国际治理研究中心联合主任 Graham Dutfield 认为,"这项决定令人满意,世界知识产权组织的成员国接受了我们不能按照老路走下去的观念,而且它们意识到该组织的导向需要转向一个更实用、更符合穷国利益的议程"[②]。不过此"议程"的真正实施还需要发展中国家的不懈努力。

2. 把"协调因素"渗入世界贸易组织

1994 年 4 月 15 日,在摩洛哥马拉喀什召开的关税和贸易总协定(GATT)部长会议,通过了《建立世界贸易组织的协定》,该协定为世界贸易组织规定了清晰的组织机构。其中多个机构可以审议与贸易有关的知识产权政策。

部长级会议(Ministerial Conference)是世界贸易组织的最高权力机构。部长级会议全权"履行 WTO 的职能,并为此采取必要的行动",并"有权对多边贸易协定下的所有事项作出决定"。因此,部长级会议成为审议《知识产权协定》及其与发展、人权等议题的重要论坛。世界贸易组织第四次部长级会议成功地把公共健康与生物多样性的知识产权保护问题纳入到此次会议的议题之内,并于 2001 年 11 月通过了《TRIPS 与公共健康多哈宣言》(以下简称《多哈宣言》),对《知识产权协定》进行了修正。

贸易政策审议机构(Trade Policy Review Body)是世贸组织成员对各成员的贸易政策及其对多边贸易体制的影响定期进行全面审议的机制。该机制通过提高各成员贸易政策和做法的透明度,使多边贸易体制更加平稳地运行。此审查机制能够全面地鉴定和评估各成员单独的贸易政策和实践及其对多边贸易体制产生的影响。各成员方接受贸易政策审议机构审议的频率,取决于该成员在世界贸易中的份额。世界上最大的 4 个贸易成员方(美国,日本,欧盟和加拿大)每两年接受一次审议。美国的双边主义贸易政策,特别是其"301 贸易条款"严重地影响了多边框架下的贸易体制的稳定运行,成为了该机构历次审议

---

① "世界知识产权组织发展议程"包括 45 项提案,涵盖了很多方面的内容,包括:技术援助与能力建设;标准设置、灵活性、公共政策和公共知识;技术转让;信息与通信技术和知识获取等。See Establishing a "Development Agenda" for the World Intellectual Property Organization (Argentina and Brazil, Sep-2004), http://www.grain.org/rights_files/WIPO-Development-Agenda-ARG-BRA-Aug2004.doc, 2008 年 1 月 13 日访问。

② http://www.hbstd.gov.cn/html/2007_11_29_7_57_14_734.htm,2008 年 1 月 13 日访问。

的重点。[①] 虽然其审议结果在目前情况下尚不具有强制力,但可对受审议成员产生一定的压力,促使其尽快地对不符合多边贸易体制的政策进行必要的修订。另外根据《建立世界贸易组织协定》第 10 条的规定,任何成员可以通过向部长级会议提交修改方案的方式发动对此机制的修改。对于贸易政策审议机制协议的修改只要部长级会议投票过半数即为通过,对全体成员生效。发展中国家应通力合作,利用此机制使贸易政策审议机构与世贸组织争端解决机制、知识产权理事会挂钩,加强对发达国家知识双边协议的审议。

另外,世贸组织贸易与发展委员会,负责与发展中国家特别是最不发达国家有关的事务,加强它与知识产权理事会、贸易政策审议机构、贸易与环境委员会等机构的合作,把人权、发展、环境等问题与知识产权保护联系起来,有利于维护南北利益的平衡。

3. 把"部门合作"引入世界知识产权管理体制

首先是世界知识产权组织与世界贸易组织的合作。关于世界知识产权组织与世界贸易组织的关系学者们讨论较多,有人赞成前者向后者交出世界知识产权管理权,有人提倡二者平起平坐。[②] 笔者认为加强它们之间的合作,并争取把世界知识产权组织的目标任务引入世界贸易组织知识产权理事会,能够实现世界知识产权管理的和谐。1995 年 12 月 22 日,两个国际组织的总干事在日内瓦签署《世界知识产权组织与世界贸易组织间的协定》,议定双方在资源利用、对发展中国家的技术援助、信息交流等方面进行合作。1998 年,双方又签订协议,规定世界知识产权组织帮助世界贸易组织内的发展中国家履行《知识产权协定》下的义务。但是,至今双方还没有建立其一个长期、有效、深入的合作机制。广大发展中国家可以共同合作,致力于实现两组织在"决议共同签署"、"决议共同承认"和"资源共同利用"等方面的合作。

其次是世界贸易组织与其他组织的合作。早在 1947 年的《关贸总协定》的谈判中,就公共健康、人权等社会经济问题能否被包括在《关贸总协定》的主管范围之内,曾有广泛的争论。[③] 但最终《关贸总协定》及后来的世界贸易组织的

---

① 如在 2001 年,美国的"301 条款"、"先发明制"等受到了贸易政策审议机构的审查。参见世界贸易组织文件:PRESS/TPRB/173(19 September 2001),http://www.wtocenter.org.tw/SmartKMS/fileviewer? id = 15233,2008 年 1 月 11 日访问。

② Pamela Samuelson, Challenges for the World Intellectual Property Organization and the Trade-related Aspects of Intellectual Property Rights Council in Regulating Intellectual Property Rights in the Information Age, 21 Eur. Intell. Prop. Rev. 578 (1999); William T. Fryer, Global IP Devlopment: A Recommendation to Increease WIPO and WTO Cooperation, 9 U. Balt. Intell. Prop. L. J. 171, Spring, 2001.

③ Debra P. Steger, Afterword, The Boundaries of the WTO: The "Trade and..." Conundrum—A Commentary, 96 Am. J. Int'l L. 135, 145 (2002).

权限范围限定在贸易自由方面。现在仍然有学者主张在世界贸易组织框架内融入“人权保护”的内容，但并不被接受。[①] 2000 年联合国人权保护促进小组委员会发表了《知识产权与人权》的决议，审查了知识产权对人权的影响，指出：“《知识产权协定》中的知识产权制度与国际人权法之间存在明显的冲突”。[②]而世贸组织在此问题上却没有处理知识产权与人权冲突的职能和能力。所以加强世界贸易组织与联合国发展计划委员会、联合国人权促进保护小组委员会、世界卫生组织等机构的合作是当务之急。另外，世界贸易组织下设有“与贸易有关的知识产权理事会”，主要是通过召开例行会议和特别会议的方式进行工作。其主要议题有：《知识产权协定》与公众健康；动植物及其生产方法、植物多样性保护问题；《知识产权协定》与《生物多样性公约》（CBD）；《知识产权协定》下对传统知识和民俗的保护；发达成员对发展中成员技术转让的实施情况及技术合作和能力建设等。如果能够加强“与贸易有关的知识产权理事会”同世界卫生组织[③]、世界粮农组织、《生物多样性公约》缔约方大会（COP）及“世界知识产权组织知识产权与传统知识、遗传资源、民间文艺政府间委员会”（WIPO-IGC）[④]等组织之间的合作与交流，则必能协调各协定间的冲突，平衡南北双方的利益。

再次是其他组织间的合作。世界知识产权组织是一个资源丰富的组织，它不仅有强大的知识产权专家队伍（WIPO 的职员超过 1000 人），还有可靠的资金来源。世界知识产权组织管理着《专利合作条约》、《商标国际注册马德里协定》、《保护原产地名称及其国际注册协定》等国际条约，其 85% 的资金来源都来自于专利、商标的国际注册费用，且数目可观。[⑤] 发展中国家应积极开发利用

---

① David W. Leebron, Linkages, 96 AJIL 5 (2002); Steve Charnovitz, Triangulating the World Trade Organization, 96 AJIL 28, 28 (2002).; John H. Jackson, Afterword, The Linkage Problem—Comments on Five Texts, 96 Am. J. Int'l L. 118, 125 (2002).

② Audrey Chapman, The Human Rights Implications of Intellectual Property Protection, 5 J. Int'l Econ. L. 861, 867 (2002).

③ 1996 年世界卫生组织开始对《知识产权协定》进行评审。1998 年，世界卫生组织发布“关于《知识产权协定》对公共健康之影响指南”，确认执行《知识产权协定》与世界卫生组织组织的目标及政策之间存有差距。参见刘笋：《后 TRIPS 时代的国际贸易体制与知识产权国际保护制度》，载吴汉东主编：《知识产权国际保护制度研究》，知识产权出版社 2007 年版，第 70 页。

④ 《生物多样性公约》与《知识产权协定》间存在有明显的冲突。发展中国家主张在 WTO 框架内通过修改《知识产权协定》来协调二者的冲突，而发达国家则主张将此问题交由 WIPO-IGC 处理。似乎加强世界贸易组织知识产权理事会与 WIPO-IGC 的合作，并寻求二者间在政策上最大程度上的一致，是一个不错的选择。

⑤ Peter Drahos, Developing Countries and International Intellectual Property Standard-setting, http://www.iprcommission.org/papers/pdfs/study_papers/sp8_drahos_st udy.pdf, 2008 年 1 月 13 日访问。

世界知识产权的资源,同其合作或使其与其他组织合作,在制定有利于发展中国家的知识产权标准时,发挥其资源优势。另外,非政府组织在国际知识产权舞台上非常活跃,很多非政府组织反对知识产权的高保护标准,对南北利益的差距表示关注,对发展中国家的处境表示同情。其中很多非政府组织在世界贸易组织和世界知识产权组织中都有其观察员身份。如果国际社会能够允许更多的非政府组织加入到知识产权国际保护规则的制定进程中来,则其决策会更加的民主化和透明化。

第二章 知识产权国际保护与人权问题

随着知识产权国际保护的深入,由发达国家主导的知识产权保护标准基本上实现了全球化的目标。在日益深化与高度扩张的知识产权国际保护进程中,知识产权对人权产生了冲击。特别是在履行 TRIPS 的过程中,其导致经济、社会和文化权利之间出现了实际的或潜在的冲突。上述情况近年来日益为人们所关注,国际社会也对之展开了全球治理行动。本章分析在知识产权国际保护进程中知识产权与人权冲突的集中表现、冲突产生的原因,并对冲突解决的原则与进路提出相应的思考。

一、TRIPS 与人权的冲突

(一) TRIPS 与人权冲突的一般表现

TRIPS 1994 年作为世贸组织的一部分得以通过,它要求采用相对"高的""最低标准"来保护知识产权。这种标准覆盖了所有 WTO 成员,包括许多发展中国家和欠发达国家。同先前的知识产权国际条约不同的是,TRIPS 有强制力,不遵守 TRIPS 意味着难以通过 WTO 强硬的争端解决机制。在该机制之下,由 WTO 专家小组和上诉机构运用规则进行裁决,并有贸易制裁威胁作后盾。概言之,TRIPS 通过赋予世贸组织实施贸易制裁措施的权力使得知识产权保护得以强化。TRIPS 通过设定最低保护标准的方式要求世贸组织成员国通过制定国内法律对知识产权提供强而有力的保护。

联合国人权机构在 2000 年便将其注意力转向 TRIPS,是年恰逢协定所给予发展中国家的过渡期届满(最不发达国家另有 5 年期限)。当年 8 月,联合国人权促进保护小组委员会(Sub-Commission on the Promotion and Protection of Human Rights)通过了一项关于"知识产权与人权"的决议。① 该决议对 TRIPS 采

---

① Intellectual property right and human rights, Sub-commission on Human Rights resolution 2000/7, E/CN.4/SUB.2/2000/7.

取了批判性态度，《决议》在序言中指出："实施 TRIPS 同实现经济、社会和文化权利之间存在着实际的或潜在的冲突。尤其是：对向发展中国家的技术转移的妨碍；对享有植物多样性权利中食品权所产生的后果，以及对遗传改良生物授予专利所产生的影响；'生物盗版'（bio-piracy）以及减少社区（特别是原住民社区）对其自有的遗传和自然资源以及文化遗产的控制；对获得专利药物以及享有健康权的限制。"并指出："由于 TRIPS 的实施并未充分地反映所有人权的基本性质和不可分割性，包括人人享有科学进步及其所带来的利益的权利、健康权、食品权和自决权，因此 TRIPS 所体现的知识产权制度一方，与作为另一方的国际人权法律之间存在明显的冲突。"[①]决议要求 WTO 全面考虑其成员根据国际人权公约所承担的义务，同时强调应对土著居民的传统知识和文化价值给予充分的保护，关注对土著居民遗产的保护。这项决议确定，享有产生于科学、文学或美术作品的精神利益和物质利益的保护权是为了保护作者创作。这种保护权是一种人权，但应从属于公共利益。

决议的上述内容明确提出了知识产权与人权冲突的一般表现。此外，决议还提醒各国政府，在制定经济政策和经济协议时，人权义务的位置应超过一切经济政策和经济协议。同时，它也提出了许多建议，其中之一是指出世界贸易组织特别是该组织的《与贸易相关的知识产权协定》委员会，在评估《与贸易有关的知识产权协定》期间，应全面考虑国际人权条约中现行规定的义务。决议还要求各国政府，在修订国家和地方立法时，保护知识产权的社会作用应符合国际人权义务。

（二）与人权冲突的具体表现：TRIPS 的文本分析

根据 TRIPS"前言"，TRIPS 也"承认保护知识产权的诸国内制度中被强调的保护公共利益的目的，包括发展目的与技术目的"；也"承认最不发达国家成员在其域内的法律及条例的实施上享有最高灵活性的特殊需要，以使之能建立起健全可行的技术基础"。[②] 据此，TRIPS 应当承认各国关于知识产权保护范围的政策目标可以根据其各自的发展水平而有所不同。TRIPS 第 7 条指出，"知识产权的保护与权利行使，目的应在于促进技术的革新、技术的转让与技术的传播，以有利于社会及经济福利的方式去促进技术知识的生产者与技术知识使用者互利，并促进权利与义务的平衡"。这是 TRIPS 关于知识产权保护目标的规定，也是各国缔结 TRIPS 的总目的。"就是说：知识保护本身，并不是目的。

---

① 《"知识产权与人权"决议》第 2 条。

② TRIPS 前言。

目的是促进技术进步与技术贸易,进而发展各国的经济"。[①] 协定第8条更是明确提出WTO成员可在其国内立法中"采取必要措施以保护公众的健康和营养,以促进对其社会经济与技术发展至关重要的部门的公众利益。"但注意:所采取的措施必须与TRIPS的规定相一致。

以上条款都显示了在TRIPS中存在的一种利益紧张关系,一方面,要保护知识产权所有人的经济利益,这是TRIPS所承认的"私权"所生之"私利";另一方面,又不能不顾及公众健康与经济发展,这是各国国家利益和公众利益之所在。尤其是TRIPS第7条与第8条,"第7条是讲知识产权作为一种'专有'的权利,如何与公众利益平衡的问题"。"第8条第1款暗示允许成员为公共利益及社会发展而采取措施(包括立法等)对知识产权进行一些限制;所限制的程度,又要以不妨碍本协议对知识产权的保护规定为限。"[②]

这种利益上的紧张关系在TRIPS有关专利保护的特定条文中表现得尤为具体。TRIPS第27条、28条、第30条和31条均是这方面的条款。第28条一般性地规定专利所有人所具有的排他性权利。第27条则允许成员国政府"排除某些发明于专利性之外",以"保护公共秩序或公共道德,包括保护人类、动物或植物的生命与健康,或为避免对环境的严重破坏"。更进一步,第30条规定了"专利权的例外",允许对专利权进行限制。这种"例外"的规定只能是有限的,而且要符合三个条件:(1)并未与专利的正常利用不合理地冲突;(2)并未不合理地损害专利所有人的合法利益;(3)顾及第三方的合法利益。

TRIPS第31条规定了成员国"未经权利持有人允许的其他使用"的最低门槛和限制条件。[③] 这是对第28条所规定的专利专有权的进一步保护。第31条实际上是规定了专利的强制使用问题。"对于强制使用,与其说是协议规定了权利限制,不如说是规定了对权利限制的限制。因为,第31条的12项,基本都是要求成员在实行强制许可制度时应符合一定的条件。"[④]值得注意的是,强制许可本是各国专利法中对专利权的一种重要限制措施,但TRIPS对这项限制措施给予多达12项限制,完全是美国贸易谈判代表一手促进的结果。因为美国国内法中并没有强制许可制度,"美国贸易代表在与其他国家进行知识产权谈判时,一般都会要求对方取消强制许可制度;在无法取消时,则会要求对方限制其强制许可制度。所以,知识产权协定对强制许可的限制规定得如此详细,是

① 郑成思著:《WTO知识产权协定逐条讲解》,中国方正出版社2001年版,第42页。
② 同上书,第43页。
③ TRIPS第31条b、c、g。
④ 郑成思著:《WTO知识产权协定逐条讲解》,中国方正出版社2001年版,第116页。

与美国的国内立法及美国在国际谈判中其谈判代表的影响分不开的”。① 不同利益的紧张关系也体现在TRIPS的版权规定上。TRIPS版权保护基本上是维护发达国家的文学艺术创作者的版权利益。版权保护对于传统知识和原住民文化的文学艺术表达尚属空白。TRIPS结合了《保护文学艺术作品伯尔尼公约》第1至21条的规定作为其版权保护的基础。《伯尔尼公约》的条文应当被认为对包含传统知识和原住民文化的作品提供了某种保护。② 然而,TRIPS并不承认《伯尔尼公约》第6条第2款所规定的权利与义务,而该条确认了作者的精神权利。对作者精神权利的拒绝也是因为美国的反对。③ 这种对作者精神权利的拒绝,部分地解释了为什么某些原住民艺术家难以保护他们的创作免受他们不希望看到的修改和使用。更何况,除第9条之外的TRIPS版权保护条款的重点在于计算机程序和数据库、电影作品、录音作品和广播电视。④ 这些条款显然对发达国家的版权所有人更为关切,而对文学艺术创作者寻求保护传统知识和原住民文化权利则价值不大。

TRIPS下的知识产权保护依靠WTO具有的争端解决机制而显得十分有力。DSU有三个原则:一体化(integrated system,争端解决规则适用于WTO的所有争端)、强制性(compulsory,如果某一争端涉及WTO的实体协议,则该争端必须经WTO争端解决程序处理)和约束力(binding,争端解决机构作出的决定,当事各方必须执行)。⑤ 在WTO制度中,发生争端时一国政府可以根据WTO法律要求检查一个国家国内政策或法规的“合法性”,即是否符合WTO法律要求。如果不符合WTO法律要求,其结果会导致一项对付该项国内法效力的禁令出台。如果投诉方胜诉,它可以对来自被诉方的货物征收惩罚性关税,采取包括

① 郑成思著:《WTO知识产权协定逐条讲解》,中国方正出版社2001年版,第116页。

② 《伯尔尼公约》第2条第1款。

③ 郑成思教授指出:英美法系的主要国家美国,至今在其最主要的联邦版权法中,仍没有保护精神权利的内容。此外也还有一大批英联邦国家尚未保护精神权利。美国虽然在20世纪90年代初的《艺术品保护法》中首次以联邦法的形式部分承认了作者的精神权利,但保护期却仅仅到作者死亡之时为止。这显然不符合上面引述的《伯尔尼公约》第6条之2的第2款。因此,主要由于美国坚持而放入原关贸总协定中的知识产权协定,将保护精神权利的要求排除在外,也就不足为怪了。前引郑成思著:《WTO知识产权协定逐条讲解》,第46页。

④ 参见TRIPS第10—14条。

⑤ 参见〔美〕查尔斯·克里斯托弗·帕林:《WTO争端解决机制的形成、特征和基本原则》,载司法部法规教育司等编:《WTO争端解决机制规则、程序与实践》,法律出版社2002年版,第35页。

交叉报复[①]在内的制裁措施。正如有的西方专家指出的，有效地解决争端也是WTO的真正意义所在。WTO不同于联合国，只要有国家违反了WTO的法规，必定会受到惩罚。[②] 国际上有学者批评WTO争端解决系统缺乏透明度，几乎不考虑来自贸易领域之外的意见。[③] 美国人权学者奥德丽·R.查普曼就指出：世界贸易组织负责制定标准，特别是其制定程序处于封闭状态，而且不重视民主程序或人权准则，这引起了许多非政府组织、人权提倡者和环保组织的特别关注。《与贸易有关的知识产权协定》不仅为知识产权的国家保护确定了最低标准，而且通过综合争端解决制度加强了强制措施。不履行其知识产权义务的国家可能面临贸易制裁。有人形容世界贸易组织的权力是“知识产权保护领域内前所未有的”。[④]

因此，实现国际人权条约下的人权义务和实现TRIPS下的知识产权保护义务两方面具有不平衡性，这促成联合国促进与保护人权委员会作出了《知识产权与人权》的决议(sub-commission on human Rights resolution 2000/7)。

二、知识产权与人权冲突产生的原因

(一) 利益冲突：知识产权与人权的冲突产生的根本原因

法律上的权利是指法律所允许的权利人为了满足自己的利益而采取的、由

---

① 交叉报复是WTO中的新规定，为GATT中所无。根据WTO的有关规定，交叉报复有两种形式：交叉部门报复(cross-sector retaliation)和交叉协议报复(cross-agreement retaliation)。所谓交叉部门报复，是指申诉方如果认为中止与同类部门有关的减让或其他义务不切实际或无效果时，可以要求中止同一协议下其他部门的减让和其他义务。其中，协议分别是指货物贸易协议(包括多边货物贸易协议和有限多边货物贸易协议)、服务贸易总协定、与贸易有关的知识产权协定。交叉协议报复是指“如果申诉方认为中止同一协议下基础部门的减让或其他义务不切实际或无效果，且情形又非常严重时，可寻求中止另一适用协议下的减让或其他义务”。交叉协议报复跨度更大，即如果一方的措施违反货物贸易协议，结果却招致了服务贸易协议或与贸易有关的知识产权协定下的报复措施。许多国家在乌拉圭回合谈判中反对在争端解决机制中列入交叉报复，但由于美国的坚持要求，它还是被正式写入DSU中。参见司法部法规教育司等编：《WTO争端解决机制规则、程序与实践》，法律出版社2002年版，第350—351页。

② 参见〔法〕雷蒙·克罗梅纳克：《WTO的宗旨、基本原则与实践》，载司法部法规教育司等编：《WTO争端解决机制规则、程序与实践》，法律出版社2002年版，第28页。

③ See Gabrielle Marceau, WTO Dispute Settlement and Human Rights, EUR. J. INT'L L. 17—18.

④ “Approaching Intellectual Property as a Human Right: Obligations Related to Article 15 (1)(c)”, Discussion paper submitted by Dr. Audrey R. Chapman, Implementation of the International Covenant on Economic, Social and Cultural Rights, E/C.12/2000/12, 3 October 2000.

其他人的法律义务所保证的法律手段。[①] 权利冲突的背后是不同利益之间的冲突,“人们努力所争取的一切,都同他们的利益有关”[②]。知识产权与人权冲突的背后,是知识产品生产者和消费者之间的利益冲突、知识产权所有人(主要是跨国公司)与社会公众之间的利益冲突,也是发达国家与发展中国家之间的利益冲突。“存在于一国境内的生产商和消费者之间的紧张关系,也同样在世界范围内存在于国家之间。大部分国家是知识产权的净进口国,当然,所有的发展中国家都属于这一类。对进口知识产权的国家而言,诱惑不在于承认外国人的知识产权,而在于允许其国民能够自由使用外国人研发活动的成果。对知识产权出口国而言,目的是延长知识产权的保护期限和范围,从与知识产权有关的货物贸易中获得最大收益。”[③]这种利益冲突随着全球化进程和知识产权国际保护的加强而日趋加深。

在当今全球化的世界,知识意味着经济利润,也意味着政治权力,知识产权问题已经成为国际政治中利益和权力合并角逐的焦点。知识经济时代,全球市场上围绕着知识利润的竞争展开了一场 Drahos 所称的“知识游戏”,而“少数美国公司是知识游戏的主角,他们攫取了确定美国贸易议程的方法,并与欧洲和日本的跨国公司合作,起草了知识产权的原则,这些原则成为 TRIPS 的蓝图。然后通过贸易强权压制发展中国家的反抗。”[④]美国人权学者奥德丽·R. 查普曼通过引述一份研究报告对国际知识产权法的形成作了描述:“知识产权法是通过封闭的、秘密的国际谈判制定的,完全受产业控制,作为既成事实交到国家立法机构,不作民主审议。由于知识产权法定特征具有技术性和神秘性,这就有助于利益集团避免公众的详细研究,扩展对应用发展的控制,比如电子信息、生物技术或药物。工业国政府以在全球市场上使国家竞争最大化为名,提高利益集团扩大对知识产权的兴趣。”[⑤]

TRIPS 要求所有的国家,无论是发达国家还是发展中国家[⑥],都要采用知识产权保护的同一水平。为了吸引外国投资和技术转让,尽管许多发展中国家决定加入《与贸易有关的知识产权协定》,但这些发展中国家十分清楚,实施有力

---

① 孙国华、朱景文主编:《法理学》,中国人民大学出版社 1999 年版,第 368 页。

② 《马克思恩格斯全集》第 1 卷,第 82 页。

③ 〔澳〕彼得·达沃豪斯、约翰·布雷斯韦特著:《信息封建主义》,刘雪涛译,知识产权出版社 2005 年版,第 14 页。

④ 同上书,第 12 页。

⑤ 〔美〕奥德丽·R. 查普曼:《将知识产权视为人权:与第 15 条第 1 款第 3 项有关的义务》,载国家版权局与联合国教科文组织合作出版:《版权公报》中文版,2001 年第 3 期。

⑥ 世贸组织没有“发达”国家和“发展中”国家的定义。成员国宣布自己是“发达”国家还是“发展中”国家,但其他成员国对一个成员国利用旨在帮助发展中国家条款的决定能够表示异议。

的知识产权法有损于它们的经济利益，因为保护知识产权一般会增加开发成本。世界银行在一份出版物中指出：严格遵守 TRIPS 给发展中国家带来了巨额的花费。它们不仅需要建立它们中的许多国家以前没有的工业产权登记机构，它们还必须遵守协议中大量的执行义务（TRIPS 第 41—61 条），这包括边境措施（TRIPS 第 51—60 条）和对盗版和假冒行为的刑事制裁（TRIPS 第 61 条）。当然，这些国家是知识产权的纯进口国这个事实加大了它们遵守协议的高额成本。然后，在硬通货条件下，遵守 TRIPS 引起了发展中国家的外汇流出。①

在 TRIPS 之前，以《保护工业产权巴黎公约》和《保护文学艺术作品伯尔尼公约》为核心、以世界知识产权组织为框架的知识产权国际保护体系已经形成。但随着全球化的进程加快，知识经济时代的到来，发达国家的多数知识产权产品出口商对已有的公约越来越不满意。例如《巴黎公约》没有规定专利的最低保护期限，《伯尔尼公约》并没有美国所希望的对计算机软件的版权保护；对商业秘密的保护没有专门的国际条约；已有公约几乎同贸易不发生关系，因此对假冒商品的处理不够有力，等等。最重要的，现有的联合国体系内世界知识产权组织框架内并没有一个有效的争端解决机制来处理与知识产权有关的问题。世界知识产权组织几乎是一个没有任何强制力的机构。于是在关贸总协定（GATT）的谈判过程中，发达国家开始考虑将知识产权保护问题纳入。因为美国早通过《1983 年加勒比海盆地经济复兴法》、《1984 年贸易关税法》等国内立法将贸易问题与知识产权挂钩，所以对美国的谈判代表来说，关贸总协定（GATT）谈判为他们输出美国法律提供了良好机遇。

事实上，TRIPS 是发展中国家和发达国家在谈判桌上达致的利益平衡结果。TRIPS 能够最终签署，其根本原因一方面是发展中国家为了吸引外国投资和得到技术转让而不得不作出让步，另一方面是发达国家的成功施压：

（1）TRIPS 作为乌拉圭回合一揽子协议的组成部分必须一并签署，而乌拉圭回合一揽子协议也包括了发展中国家所希望得到的一些东西，例如纺织品协议，服务贸易协议等，因而接受知识产权协定是一种必要的交换，发展中国家希望履行 TRIPS 的成本能够通过国际贸易中的收益来弥补。

（2）TRIPS 对发展中国家和欠发达国家（LDCs）②可以有一个较长的遵守 TRIPS 的时间范围（分别为 TRIPS 第 65 条和 66 条）。并且要求发达国家应鼓励

---

① J. Michael Finger：《贫困人口的知识：帮助贫困人口从知识中获得收入》（《Poor People's Knowledge: Helping Poor People to Earn from Their Knowledge》），世界银行出版物编号：3205，出版日期：2004 年 1 月 29 日，第 146 页。

② 世贸组织承认的欠发达国家是联合国曾经指定的那些国家。如今在联合国名单上有 49 个欠发达国家，其中的 30 个已成为世贸组织成员。

本国境内的企业和机构对欠发达国家的技术转让(66 条第 2 款)。发展中国家被说服相信有力的知识产权保护将导致外国投资的增加。但正如世界银行的专家所指出的:不幸的是,外国直接投资(FDI)的数据表明这种被夸大的利益还没有实现。

(3) TRIPS 协议的谈判过程存在严重的信息不对称问题。在 TRIPS 谈判过程中,发展中国家通常不是美国和欧洲双边谈判的当事方,因此无法像那两个谈判方一样获得同样的信息。[①] 而且,所有的谈判方对 TRIPS 给信息市场可能造成的后果一无所知——对扩大知识产权全世界需真正付出的代价和它们对市场准入壁垒的影响根本一点都不清楚。在某种意义上,"TRIPS 不是一种谈判,而更多的是一种'过程的集中(convergence of processes)'。"[②]

(4) 来自发展中国家的谈判者面对美国的单边威胁,担心美国国会将因为没有《知识产权协定》而不批准一揽子协议,也迫使他们最终屈服。对于美国对谈判的影响,郑成思教授有一段评论:

"就连美国教授理查曼都直言不讳地承认:乌拉圭回合中形成的 TRIPS 至少在四个方面完全依照发达国家的意愿作出了规定,即:(1) 扩大了专利保护领域(主要指对药品、化工品的保护);(2) 统一了 20 年的发明专利保护期;(3) 确认了'进口权';(4) 在确认侵权时,承认了'方法延伸到直接生产的产品'原则。他认为:发展中国家要想参与世界贸易市场并享有优惠,就不得不接受它们在修订巴黎公约时所不愿接受的专利保护标准。至于发达国家间尚未统一认识的一些领域在 TRIPS 中则一般都回避了。例如:美国坚持为动物新品种授予专利权而欧共体国家反对;美国坚持为计算机程序(在不与硬件结合的情况下)授予专利权而欧共体国家、日本等持保留态度等等。这些领域,TRIPS 中均未提及。"[③]

(二) 权利冲突(1):全球化条件下人权成长 vs. 知识产权扩张

法国著名法学家米海伊尔·戴尔玛斯·马蒂指出:"只要我们触及世界化这一问题,便会发现不要把人权与经济法分割开来的必要性。确实,虽说人权是我们的指针,但经济已经成为世界化的真正动力。""如果我们想要避免霸权主义的世界化,就应当学会将经济与人权紧密结合起来,以创设一种真正多元

① Peter Drahos, Braithwait: Information Feudalism, published by The New Press, 2003, pp. 108, 109.

② 同上。

③ 郑成思:《世界贸易组织与贸易有关的知识产权》,中国人民大学出版社 1996 年版,第 13 页。

主义的共同法。”“然而，综观在市场与人权的双重影响下出现的各种分裂情况，丝毫也不能让我们乐观起来。”[①]知识产权与人权的冲突就是这种人权与经济的分裂状况的一个明显的表现。

知识产权法律已经基本完成了全球化，正在成为一种——如果还不能断言“完全成为”——普遍的“世界法”。人权的普遍化自第二次世界大战以来已经发展为世界潮流。成为正如马蒂所说：一方面是经济的全球化（多表现为霸权型的划一趋势），另一方面是人权的普遍化，经济和人权这两个主要的世界法进程之间存在矛盾。[②]

从1948年联合国大会通过《世界人权宣言》、1966年通过人权两公约直到当代一系列人权文献的产生，人权的发展过程就是一个人权全球化的过程，这种过程主要是完成两大目标：一是建立人权的全球普遍标准，二是努力建立有法律约束力的国际人权文书执行机制。而知识产权也差不多是沿着相同的全球化路径，只是其全球化的历史更为漫长，从1883年《巴黎公约》、1886年《伯尔尼公约》等一系列知识产权国际公约再到《世界贸易组织与贸易有关的知识产权协定》，追求的目标也无非有二：一是通过不断扩大的保护范围和不断提高的保护水平建立起全球普遍的保护标准，二是通过将知识产权与贸易挂钩在世界贸易组织框架内建立起强有力的法律执行机制。但人权与知识产权两种法律全球化的效果并不一样，知识产权凭借以美国为首发达国家的经济强势达到了目标；而人权的目标则远未实现。下面我们从人权的成长与知识产权的扩展两方来分析这两种权利如何相互逼近乃至发生冲突的情形。

1. 人权的发展：从国内到国际，从公民和政治权利到经济、社会、文化权利

首先，人权的发展经历了一个由国内法到国际法的过程。“当代人权制度是几个世纪的反思和实施的产物”，其理论源自17世纪英国、法国和美国的思想。[③] 人权的观念孕育于自然法理论，洛克、卢梭等启蒙思想家的人权思想在反神权和反封建专制、特权的斗争中起到了巨大的历史作用，他们的思想和学说直接体现在《美国独立宣言》、《法国人权与公民权宣言》等历史文献中。

第二次世界大战以前，人权基本上属于各国国内法律调整对象，有关人权的国际法仅仅及于对国际劳工和少数人宗教自由的保护等有限的领域，根本谈不上世界范围的人权保护。鉴于第二次世界大战中法西斯主义大规模侵犯人

---

① 〔法〕米海伊尔·戴尔玛斯·马蒂著：《世界法的三个挑战》，罗结珍等译，法律出版社2001年版，第4—6页。

② 同上书，第1页。

③ 参见〔挪威〕A. 艾德：《作为人权的经济、社会和文化权利》，载〔挪威〕A. 艾德等著：《经济、社会和文化的权利》，黄列译，中国社会科学出版社2003年版，第12页。

权的惨痛历史,联合国大会于1948年12月10日通过了《世界人权宣言》,开始制定全球性的人权标准,人权的全球化由此迈开步伐。据有的西方人权学者分析,联合国的成立,使国际法在人权问题上有三个大的突破:第一,从过去零散的、有限范围的保护变成了全面的、全球范围的保护。《联合国宪章》关于联合国宗旨中包括这样的规定:"不分种族、性别、语言或宗教,增进并激励对于全体人类之人权及基本自由的尊重。"第二,有关国际组织都将上述目标列入它们的宗旨,并试图建立各国普遍适用的人权保护制度。第三,建立人权事务委员会并赋予联大和经社理事会在人权方面的具体权力。[①]

为了将《世界人权宣言》中的承诺转变为具有约束力的法律责任,联合国人权委员会决定起草人权公约,但由于受战后两大阵营对立的影响,委员会在起草一个公约还是两个公约的问题上出现了分歧。尽管联合国大会于1950年通过了一项决议,强调所有人权的相互依存性,呼吁人权委员会通过一个单一的公约[②],但是最终还是将《世界人权宣言》所载明的权利划分为两个独立的公约,一个是关于公民权利和政治权利的《公民权利和政治权利国际公约》,一个是关于经济、社会和文化权利的《经济、社会和文化权利国际公约》。[③]《世界人权宣言》同《公民权利和政治权利国际公约》、《经济、社会和文化权利国际公约》一道被称为"国际人权宪章"。

《世界人权宣言》通过统一文书的形式几乎包含了当代人类所承认的人的权利和自由的所有方面。作为一个联合国大会的行为(《世界人权宣言》1948年9月10日被一致通过),《世界人权宣言》在性质上是希望性的或劝告性的文件。正如有的学者所指出的:"该宣言是以不具备法律效力的联合国大会决议形式通过的,然而,该宣言至少将一些法律义务加于各成员国似乎已成为共识。"[④]虽然《世界人权宣言》不能在法律上限制联合国成员国,但它已经逐渐被确认具有国际惯例法律的地位。它被认为是唯一的、最具权威的人权规范渊源。该《宣言》成为联合国及区域性组织在人权领域进一步进行国际立法的基础,如《欧洲人权公约》等国际人权条约就在其序言中引用该宣言。《世界人权宣言》所具有的法律效力远远大于联合国大会通过的一般决议甚至其他宣言。《世界人权宣言》创设了一套自我包容、完整而全面的权利系统,将社会、经济和文化权利与公民权利和政治权利置于同等重要的地位。这一充分自洽的权利

---

① 参见中国人权网站:《西方国家人权学说》,2006年2月1日访问。

② 联合国大会1950年12月4日第421(V)号决议。

③ 联合国大会1952年1月5日第543(VI)号决议。

④ 国际人权法教程项目组编写:《国际人权法教程》,中国政法大学出版社2002年版,第49页。

体系不仅得到了法理上的广泛论证,而且通过多次联合国大会的严肃政策性声明以及1993年世界人权大会通过的《维也纳宣言》得到了法律上的进一步肯定。《维也纳宣言》强调,所有的人权是不可分割的、相互依存的和相互联系的。但是,长期以来由于意识形态的分歧,西方学者一般倾向于认为基本的公民权利和政治权利要比经济、社会和文化权利更有意义,甚至否定将经济、社会和文化权利写入人权文献。而且,由于人权公约一分为二的缘故,"结果人们通常认为国际人权法案是由两组截然不同的人权所构成"。"公民和政治权利在理论和实践方面都得到相当的重视,而经济、社会和文化权利却常常受到忽略。"① 这导致了经济、社会和文化权利没有得到很好发展,《经济、社会和文化权利国际公约》的条款规范性没有相应展开,缺乏法律上的约束力。尤其是该公约第15条是国际人权文书中受到忽视的条款之一,其规范性未能得到达充分的发展。② 而该条款是与知识产权有着密切关联的。

许多学者都已经论及《经济、社会和文化权利国际公约》中权利的定义范围不够明确。正如有的分析者所指出的,对于在《经济、社会和文化权利国际公约》中系统安排的权利,其执行和监督一般都遇到不同的概念上和方法上的困难和阻碍。③ 第15条的规定也存在这一问题。经济社会文化权利的意蕴远远不如公民权利和政治权利那样得到充分发展。同公民权利和政治权利相比,《经济、社会和文化权利国际公约》所规定的权利,除有关劳工的条款之外,都没有落实到相应的国内法或国际法机构之上。大多数经济、社会和文化权利首先在《世界人权宣言》中得到系统安排和确认,然后在《经济、社会和文化权利国际公约》中予以特别规定。第15条就是典型例证。虽然在1948年《世界人权公约》诞生之前,关于知识产权的确认以及文化生活和科学进步的话题已经得到广泛讨论,但国际上并未将之视为人权。除此之外,界定第15条范围以及与之相关的成员国义务的文献甚至比在《经济、社会和文化权利国际公约》中规定的大多数其他权利更为稀少。直到20世纪90年代,国际社会才对之表达越来越强烈的关注。

---

① 〔挪威〕A. 艾德:《作为人权的经济、社会和文化权利》,载〔挪威〕A. 艾德等著:《经济、社会和文化的权利》,黄列译,中国社会科学出版社2003年版,第1页。

② See A. R. Chapman, A Human Rights Perspective on Intellectual Property, Scientific Progress, and Access to the Benefits of Science, Panel Discussion on Intellectual Property and Human Rights at 3 (Nov. 8, 1998).

③ See A. R. Chapman, "A 'Violations Approach' for Monitoring the International Covenant on Economic, Social and Cultural Rights", Human Rights Quarterly 18 (1996): pp. 23—66.

人权学者通常用三代人权的理论来解释人权的发展。[①] 第一代是所谓古典权利,即公民权利和政治权利;第二代是福利权利,即经济、社会和文化权利,由于它们要求国家积极采取行动,因而被称为积极权利;第三代是所谓人民权利或者休戚相关的权利,发展权利和自决权是第三代人权的两个主要方面。三代人权理论产生于20世纪70年代,现仍颇具争议,其支持者仍为发展中国家。[②]

1993年6月维也纳会议把发展权确认为一项基本人权。我们不妨就以发展权为例来说明人权的成长导致的冲突。1986年12月联合国大会通过了《发展权利宣言》,宣告:"发展权利是一项不可剥夺的人权,由于这种权利,每个人和所有各国人民均有权参与、促进并享受经济、社会、文化和政治发展,在这种发展中,所有人权和基本自由都能获得充分实现。"日益膨胀的专利保护制度能够大致说明知识产权和发展权之间的紧张关系。在现行专利制度下药物价格不断高企,从而限制了发展中国家人民接近挽救生命的药物。由于印度和巴基斯坦等主要仿制药的生产国家专利保护的加强,仿制药的生产和出口萎缩,全球性药物价格的提高直接影响到贫穷国家的人口健康。执行TRIPS的结果是大大提高发展中国家的药物价格,使得药品获得成为严重问题。[③] 本来可以阻止的大量人口死亡降低了贫穷国家的人力资本储存,因而影响了它们的发展前景。对发展权利的确认应当建立在这样一种基础之上,那就是国家间应当在某些领域进行合作以降低知识产权保护水准,至少不是提高这些水准。事实上在发展权与知识产权之间并非存在必然的冲突。如果我们能从经验上证明知识产权能够促进经济发展,那么两种权利之间就没有不可避免的冲突。当然,这个问题也是值得讨论的。大多数的经验证据存在于专利领域。大量的证据表明,特别是对发展中国家而言,如果没有专利制度或者至少是较低的保护水平,经济发展状况会显得更好。[④] 查普曼就指出:"据称这种更有力的知识产权保护将促进在研究和开发中增加投资,但是即使在工业化国家,是否必然会出现这种情形,还缺少经验性论据。在某些行业,专利制度看来似乎有助于发展新产品和新技术,比如制药业,而在其他行业专利经常被认为有反竞争的后果,甚

---

① 最早提出三代人权论的是法国学者 Karel Vasak,具体参见 Study on the New International Economic order and the Promotion of Human Rights, U. N. Doc. E/CN. 4/Sub. 2/477 at 15 (1981); Lecture by Karel Vasak。许多学者也持同样主张,参见〔挪威〕A. 艾德等著:《经济、社会和文化的权利》,黄列译,中国社会科学出版社2003年版,第4页。

② 参见国际人权法教程项目组编写:《国际人权法教程》,中国政法大学出版社2002年版,第11页。

③ See B. K. Keayla, New Patent Regime: Implications for Domestic Industry, Research & Development and Consumers (National Working Group on Patent Laws, New Delhi, January 1996), p. 20.

④ See Global Interllectual Property Rights, Eedited by Peter Drahos and Ruth Mayne. First Published 2002 by Palgrave Macmillan, pp. 1—12.

至会减慢革新的步伐。此外,严格的知识产权模式适合于先进的市场经济国家,这很可能对欠发达的国家不利。……在严格实施知识产权法时,通过应用这些技术获得的专利奖励和产生的报酬,主要有益于外国的跨国公司,而不会刺激当地的研究和革新。此外,南方很少国家具备维护强大专利体系所需的基础设施和网络体系。缺乏强有力的规范的基础设施和网络体系,也使这些国家处于不利地位。"[①]可见,通过强而有力的知识产权保护以实现发展权,对发展中国家而言也许只是诱人的陷阱。

人权体系持续扩展,其结果是比以往更多的利益正在成为人权诉求的对象,其中包括对信息的利用,传统的言论自由权发展为信息自由权。人类社会步入信息时代之后,越来越多的人通过信息的生产、占有和交换来谋生。信息以各种复杂的方式影响着基本人权的实现。"信息自由"要求的是积极的接近信息的自由,而不仅仅是一项不受干涉的古典的消极权利。信息自由权是公民自由地接受和传达信息的权利。早在联合国1946年第59号决议中,信息自由就被定义为"一项基本人权"。信息自由权在状态上是一项积极权利,它由表达自由推导而来,但又高于表达自由,因为它不仅仅是"不受干涉的"表达自由,而且是"要获得"信息的自由。"除了不得设立取消性的限制之外,积极自由还要求设立某种适当的强制措施以使个人决定的结果在社会生活中得以实现。"[②]

然而,在数字化环境下,所有的信息经由数字技术被开发成为产品,使得包括原本属于公众领域内的信息在内的信息资源如同矿产资源一样,实现了商业化和私有化。这固然大大拓展了信息的开发和使用范围,也以前所未有的速度提高了信息的使用效率,但这种趋势也正在对表达自由以及不可避免要利用既有信息的文化和科学创造活动构成威胁。基本信息的商业化倾向日趋严重,同知识产权公共目标之间不可避免地产生冲突。通过法律保护并促进信息商业化成为当代知识产权制度发展的一个趋势,文化产品可持续生产所需的基本信息出现了被封闭的势态。对实行创新的基本信息实施私有化的结果,还会导致有意图地滥用法律权利达到阻碍竞争的目的。这方面典型的例子是,版权所有人通过在数字化作品上实施技术保护,使得以特定格式储存的文件只能在特定的播放设备上运行(如以CSS加密的DVD只能在得到授权的特定DVD播放器或者驱动器中播放)。版权法对技术规避行为严加禁止的结果,版权所有人可

---

① 〔美〕奥德丽·R.查普曼:《将知识产权视为人权:与第15条第1款第3项有关的义务》,载国家版权局与联合国教科文组织合作出版:《版权公报》中文版,2001年第3期。

② 〔美〕富勒:《自由——一个含蓄的分析》,载《哈佛法律评论》1955年第68期,第1313页。转引自彼得·斯坦、约翰·香德:《西方社会的法律价值》,王献平译,中国法制出版社2004年版,第227页。

以控制数字作品播放设备的生产和销售。而“由于各种播放设备和文件格式相互之间不兼容,大多数消费者又无力购买多种播放设备,因此,消费者一旦选定某种播放设备后,往往就不得不成为该种文件格式的忠实用户。这样,版权人就可以锁定其用户群,将竞争者拒之门外。”①其结果是现有的信息储存被商业化分配,从而严重扼制了新知识的产生,严重影响了包括受教育权在内的公民文化权利的实现。

2. 知识产权:保护范围不断扩张、力度不断加强

全球普遍的知识产权保护标准初步形成于1883年《保护工业产权巴黎公约》和1886年《保护文学和艺术作品伯尔尼公约》。前者建立了专利与商标方面的国际标准,后者则在版权方面建立了统一的保护体系(尽管美国长期不承认《伯尔尼公约》)。直到作为贸易谈判乌拉圭回合的结果的《与贸易有关的知识产权协定》,将知识产权与贸易相捆绑,同时将世界贸易组织的所有成员国捆在一起,制定了强制性国家保护知识产权保护的最低标准,要求各国实施一种共同的而且往往是扩大范围的知识产权保护。它利用世界贸易组织的争端解决机制,实行包括对不遵守这种标准的国家实行贸易制裁的强制措施。《与贸易有关的知识产权协定》“高的最低标准”使许多发展中国家难以制定与国内经济状况相适应的知识产权保护标准,从而影响到人权的保护和实现。

从1883年《保护工业产权巴黎公约》、1886年《保护文学和艺术作品伯尔尼公约》到1967年《建立世界知识产权组织公约》,在TRIPS产生前长达一百多年的知识产权国际保护进程中,知识产权保护的范围限于专利、商标、著作权和反不正当竞争等,而且这些保护对象有严格的限制。最后到世界贸易组织(WTO)在《与贸易有关的知识产权协定》中,把知识产权的范围划定为:著作权及其有关权利(即邻接权);商标权;地理标记权;工业品外观设计权;专利权;集成电路布图设计权;未公开信息专有权。此外还规定了应当对“植物新品种”加以保护。至此,知识产权保护的范围几乎覆盖了所有人类智力活动领域。

不仅仅限于此,知识产权的权利范围仍在扩张。

首先,传统的知识产权客体的范围不断扩张。尤为突出的是,在专利领域以前对授予某些客体专利权的约束和限制被取消。例如长期以来,发明专利都不授予生命有机体,因为将生命形式视为不可复制的“自然产物”,而非人类发明。但美国最高法院在1980年的“戴蒙德诉查克拉巴蒂”一案的判决中,彻底颠覆了传统的专利学说和司法。在该案中,最高法院判定,发明专利可用以保

① 罗莉:《作为社会规范的技术与法律的协调——中国反技术规避规则检讨》,载《中国社会科学》2006年第1期。

护"阳光下人所制造出来的一切东西",裁决一种在遗传上变质并能够分解原油的细菌,可以作为一种新的和实用的产品或物质成分取得专利。[①] 后来,美国专利和商标局,接着是欧洲国家和日本专利局,开始在新的植物种类、非自然出现的非人类多细胞生物方面授予生物技术专利,进而包括与生命有关的基因技术、基因信息(包括人类)和克隆等基因专利。

另一个典型例证是"商业方法专利"(method of doing business)。传统的专利权客体,并不包括纯粹的商业方法或经营管理方法。因为它们并没有利用自然规律,而是属于专利法不予保护的智力活动的规则和方法范畴。美国早在1908年由第二巡回上诉法院对Hotel security checking co. v. lorraine co.一案的判决中认定:应用于餐馆记账的商业方法不能获得专利,从而将商业方法排除在专利保护之外。这一判例所确定的原则,使得美国专利商标局多年来亦认为商业方法不具备"可专利性"。但网络经济的发展催生了商业方法专利。随着互联网业的蓬勃发展,人们创造出一个无所不有的网上虚拟世界(cyber world),专利保护也由过去仅针对有形商品的创新发明扩大到无形商品的创新发明。2000年3月,美国商界因为一件专利核准案而掀起一阵轩然大波。美国著名的"B to C"电子商务"领头羊"亚马逊网络公司(Amazon. com)取得了一项名为"加盟项目"(affiliates program)的专利(注:美国第602194号专利)。它是指网站经营者对于通过其他网站而来的访问流量提供该其他网站一定金额或比例的提成。因为此种交易方式在现实商业环境中十分普遍,在电子交易的所谓虚拟环境中也已经成为各网站争取到访人数的基本方式之一,所以当亚马逊申请该项专利并获得美国专利商标局核准的新闻稿一发布,舆论立即为之大哗。该专利非但未给亚马逊公司带来任何赞誉,反而导致许多人士担心亚马逊公司会利用这一专利赋予的"垄断权"胁迫其他电子商务经营者。毋庸置疑,一旦亚马逊公司执行此专利,绝大多数商业性网站都将不得不付给它一定的专利使用费用。亚马逊掀起的波澜还可追溯到1999年12月。当时亚马逊公司取得了"一点通"(one click ordering)专利(注:美国第5960411号专利),就立即对其竞争对手巴恩斯和诺布尔公司(Barnes and noble. com)提出诉讼,要求其承担专利侵权责任。西雅图地方法院判决亚马逊胜诉。所谓"一点通"的电子商务方法,是亚马逊开发的一种创新的网上购物方式,只要消费者在亚马逊的网站上购买过一次图书,其通信地址和信用卡号就会被自动储存,下次购买时消费者只需用鼠标点击所购的图书,就可以收到所需商品。复杂的包装、邮寄、付款和收款等工作均由亚马逊公司通过内部系统完成。亚马逊虽赢得此一诉讼,却引发了不

---

① Diamond v. Chakrabarty,444 U. S. 303,206U. S. P. Q. 193.

少电子商务经营者对其垄断商业方法的攻击。这两件亚马逊公司为原告的专利诉讼,表明网络时代一种全新的专利类型正充分显示其力量,这种全新的专利就是所谓“电子商务的商业方法专利”。[①]

在版权领域,集成电路布图设计版权、商品化权的保护都最先出现在美国,随后向世界范围扩散。随着互联网的迅猛发展,在美国的推动下,又开始了“数字版权”扩张的时代。正是由于美国的积极促进,世界知识产权组织于1996年12月通过了旨在解决网络环境下数字技术应用所引起的著作权和邻接权保护问题的《WIPO版权条约》(WCT)和《WIPO表演和录音制品条约》(WPPT),它们也被称为“互联网条约”。两条约使得版权保护的范围随着网络而大大扩张,增加了包括“网络传输权”在内的一大批过去不受版权法保护的新权利。对此当时美国总统克林顿评价两个“互联网条约”“是二十五年来国际版权法的一次最广泛的修正”[②]

其次,知识产权的“私权利”扩展到公有领域。这表现为两种趋势:

第一种趋势是公共信息的商业化和私有化。具体表现为版权领域对本属于公共领域的非原创的数据库的保护,对数字形式的版权作品通过反规避条款形成的额外保护,对包括科学研究中的设备、试剂和生物化合物在内的基本科学研究工具的专利保护,对药物以及农业化学的测试信息数据的专有保护,等等。如前所述,这种信息的商业化和私有化在不同方面阻碍了社会公众尤其是文化、教育和科研人员对基础信息的接近,从而影响了“信息接近权”的实现。

我们以在欧盟等地率先实行的对数据库的保护为例,可以观察到版权保护范围扩展的走向正在逐渐与版权法的基本目标背道而驰。美国最高法院在一则著名案例中提出这种观点:版权法的基本目标不是奖赏作者的劳动,而是“促进科学和实用艺术的进步”。……“为达致此一目标,版权制度确保作者对其原创性表达的权利,但同时鼓励其他人在作品所传达的思想和信息基础之上自由地创造。”这就是美国著名的版权法判例——1990年最高法院判决的“费斯特”一案[③]所确立的法理基础:无论是公众所知晓的还是通过研究者的辛勤努力所发现的,思想和信息都不应受到保护。这一判例否定了“额头上的汗水”(辛勤劳动)也受版权法保护的规则[④]。显然,如果知识产权限制了思想和信息的流动,其结果将是阻碍而不是促进创新。因此传统上版权法设定了一个保护的“门槛”:被保护的对象必须具有创造性,而且只能限于智力活动所产生的成果。

---

① 郑万青:《简论电子商务的商业方法专利》,载《知识产权》2001年第2期。

② http://www.dfc.org/issues/graphic/2281/presidn/presidn.html,2004年10月15日访问。

③ Feist Publications, Inc. V. Rural Telephone Service Co., 499U.S.340, 18USPQ 2d 1275(1991).

④ Jeweler's Circular Publishing Co. v. Kehystone Publishing Co., 281 F.83(2d Cir.1922).

通过“创造性”这道门槛,保障基本信息不被人为垄断。版权法还规定了许多例外和限制性条款以支撑和加固这道门槛,如合理使用和法定许可制度等等。设定这些制度的目的都是为了确保社会公众可以接近和可以获得信息的权利。

然而,由发达国家所主导的修改知识产权法律行动正在破坏传统的知识产权法律体制。对人类知识创造所必需的基本信息和工具施加严厉的知识产权保护,正在妨碍未来的文化生产。“信息只有是‘原创’的和‘新颖’的,才有可能得到保护。这种做法就可以使大多数的信息供公众使用,包括科学家、发明家、和企业家。”①但自20世纪90年代以来,随着一些跨国公司大力投资于电子数据库、科技刊物汇编和其他有关数据汇编类的信息产品,一种新的对非原创性数据库的独立的特别权利保护形式(Sui Generis)出现了。1996年欧盟发布了有关数据库保护的指令,设定了一项新的权利——禁止未经授权对编制者进行了实质性投资的数据库中的实质部分(根据“质”或“量”的评估)进行摘录或再使用。“摘录”被定义为永久或一时地将所有或基本部分数据库内容以任何形式或手段转移到另一媒体上(例如资料的下载)。“再使用”被定义为通过发行复制品或出租、联机等其他形式传播,使公众能够获得全部或部分数据库的内容。同时,欧盟数据库保护指令规定权利保护期间为数据库完成后15年,如果在此一期间届满之前,将数据库提供给公众使用,则自首次提供给公众使用起,可再享受15年之保护,所以最长的保护其是从完成时起30年;如果对数据库的内容,在质或量上有重大的变更,且在质或量上进行新的重大投资,包括继续性的补充、删除或变动而累积成重大改变,则对该投资所产生的数据库享有独立的权利保护期间。

这种新的数据库权利在全球引起了强烈反响和争议。出于对威胁信息自由的担心,美国国会至今也未通过相应法案。

对非原创性数据库提供保护的最大的问题是在生物技术行业。“很多公司都担心这样的情况发生:在一个项目上花费数亿美元,结果这个项目不小心使用了别人的数据。正是考虑到这一点,一些公司告诫员工绝不要从网上获取数据。直到现在,这条规矩仍执行得出奇地好。然而,后基因组科学正在发生改变。为了取得进展,科学家们把从学术界和商业上得来的数据综合起来。在这种环境中,科学发现的速度要受限于律师们撰写合同的速度。”②

国外还有学者明确指出:数据库的特殊权利保护建立信息垄断,不但会阻碍发展中国家获取信息,而且会妨碍非商业领域对自由流动信息的利用,对教

---

① Stephen M. Maurer/ P. Bernt Hugenholtz/ Harlan J. Onsrud,《欧洲数据库实验》,载 New Scientist,2001年10月27日, p.789。

② 同上。

育界和科学界将产生严重的消极作用。① 我国学者也指出:“数据库特别权利意味着,一旦数据库制作者把某些处于公有领域的信息汇编入数据库之后就对这些信息享有专有权利,这显然是不公正的。”②

滥用知识产权的结果是使得潜在的发明者无法接近基本的科研信息,阻碍科技创新,妨害技术竞争,从而严重影响科学文化事业发展,影响经济活动。Peter Drahos 将通过信息私有化控制社会而获得“统治权”的现象,称为“信息封建主义”。他同 John Braithwaite 合著的《信息封建主义》一书中指出:“信息封建时代,产权的重新分配包括作为智力公共财物的知识财产转移到私人手中。所谓私人,就是指传媒联合大企业及综合性的生命科学公司,而不是指单个科学家和作者们。我们认为,这样做的结果就是将私有垄断权提高到一个危险的全球化的高度,而此时,全球化的力量从某种程度上削弱了国家的作用;降低了国家保护其公民免受行使私有垄断权影响的能力”。“当著作权人通过超长的著作权保护期(许多国家现在实行作者生前加死后 70 年的著作权保护期)而使公众无法得到许多资料的时候,我们能够交换、获得及讨论信息的利益就受到干预,而公众交换、传播和交流信息是民主发展的根本之路。如果社会把信息产品的定价权赋予知识产权权利人,那么赋予得越多,公民获得的信息就越有限。”③

第二种趋势是将本属于特定群体公有领域的事物无情地私有化。这主要表现为对传统知识的占有。传统知识主要包含民间文学艺术、传统医药及遗传资源三大部分。美国电影界经常利用发展中国家和原住民的民间文学艺术表达改编成畅销的电影,从而获取巨大的版权收入,反过来却限制传统民间文学艺术的所在社区接近作品。西方公司利用传统知识来提炼化学物质,开发医药更是有久远的历史。国际上发生了如印度楝树(NeemTree)案、姜黄案等等西方研究人员利用传统知识的经典案例,甚至连印度的瑜伽在美英等国都被注册成为专利。

总之,知识产权保护范围不断扩张、力度不断加强,已经越过其原有的权利边界,越来越侵蚀到人权领域。

---

① 参见〔比利时〕塞佛里纳·迪索利耶等:《数字环境下的版权和信息获取》,载联合国教科文组织《版权公报》2000 年第 4 期。

② 董炳和:《数据库的法律地位》,载郑成思主编:《知识产权文丛》(第 1 卷),中国政法大学出版社 1999 年版,第 310 页。

③ 〔澳〕彼得·达沃豪斯、约翰·布雷斯韦特著:《信息封建主义》,刘雪涛译,知识产权出版社 2005 年版,第 3—4 页。

(三) 权利冲突(2):人权与知识产权制度的历史隔绝

国际法律中人权与知识产权制度两种权利体制曾经相互区隔,最终是全球化的力量打破了这两种体制之间的隔绝状态,使之相互逼近。

人权制度与知识产权制度长时期处于区隔状态。历史上的人权思想产生于启蒙时代的自然权利的思想,成长于第二次世界大战之后。知识产权的产生则有一个从特权到私有产权的过程。直到1948年《世界人权宣言》两种权利体制才产生交汇,这部人权法律的基础文献提出:保护作者来自于他们所创造的"科学、文学和艺术产品"的"精神和物质利益"(第27条)。这种权利列入了《世界人权宣言》所确认的人的基本自由范畴。1966年的《经济、社会和文化权利国际公约》第15条写进了与《世界人权宣言》相近似的条款。《经济、社会和文化权利国际公约》迄今已有150多个国家签字,其中绝大多数是世界贸易组织成员。但是正如美国学者查普曼所指出的,《经济、社会和文化权利国际公约》第15条作为在国际人权法律文书中最为忽视的条款,其规范没有得到较好的发展。①

作为权利的知识产权在人权体系中几乎无人问津,受到了人权条约机构、专家学者和人权评论者的普遍忽视。而与之相对应的是,其他相关权利,诸如文化权、受教育权、生命健康权、发展权乃至原住民权利等,正在人权体系内勃然成长。

人权法律中有关知识产权的规定同样也始终没有受到知识产权制度的"眷顾"。无论是《巴黎公约》、《伯尔尼公约》还是《与贸易有关的知识产权协定》,这些主要的知识产权公约都没有提及人权问题。尽管这些条约提到授予作者和发明者的保护时都是作为"权利"来加以规定,但是这些条约合法性的主要理由不是基于人权义务上对不可剥夺的基本自由的认可,而是基于对知识财产跨国界保护所获得经济利益的确认。虽然多达140多个国家②已经成为《经济、社会和文化权利国际公约》的缔约国,由此这些国家也就有法律义务遵守上述人权标准,但是大多数国家在立法和政策制定过程中并没有将人权因素考虑进各国的知识产权制度设计之中。各国的知识产制度设计基本上立足于经济考量。其中最主要的原因是知识产权被当做了各国促进经济发展的产业政策工具。

如何解释这种法律上的分裂呢?有人认为部分原因是这两种法律制度的

---

① See Audrey R. Chapman, A Human Rights Perspective on Intellectual Property, Scientific Progress, and Access to the Benefits of Science, Panel Discussion on Intellectual Property and Human Rights at 3 (Nov. 8, 1998).

② 这些国家大多数也是TRIPS签字国。

关注点都集中在更为重要的问题上,双方都没有看到对方的权利扩张和潜在冲突。[①] 在西方国家,这种状况也部分反映了知识和利益领域的智力分裂。一方面,知识产权律师几乎不涉及人权法律,另一方面也几乎没有人权专家出面处理科学技术或者知识产权问题。[②] 虽然很多科学界人士成为人权促进者,特别是在不尊重人权规范的社会,他们的活动总的来说实践意义大于理论意义。他们介入要求尊重人权的政治变革,目的旨在保护遭受迫害的同事。在更广泛的方面,他们基本上是在追求独立地进行科学研究和创造活动的自由,较少过问科学工作者相伴随的社会责任。即使是公共利益科学促进者在思考科学的应用对人类福利的促进方面的问题时,基本上使用的也是"科学的责任"等语汇,而非人权的语汇。[③] 而与此同时,知识产权法律和政治的发展已经被掌握了复杂的法律技术的律师所组成的知识社会所控制和主导。在他们手中,知识财产已经成为高度变异和高度复杂的规则系统。知识产权制度的发展在重要方面已经被这一特殊团体的狭隘和含混的职业价值所影响。[④]

直到最近十几年才首先由人权社会开始关注知识产权问题。有学者认为导致人权法律制定者将知识产权置于其议程之中的是两个因素,一个是国际社会开始重视长期被忽视的原住民权利,另一个是《世界贸易组织与贸易有关的知识产权协定》将知识产权与贸易挂钩所引起的影响人权实现的后果。从人权的视角透视这两种因素,明显暴露了知识产权法律体系的制度性缺陷。[⑤] 这种缺陷使得人权与知识产权制度的隔绝状态被人权学者所关注,也引发了他们的理论思索。TRIPS 对健康权等多种人权的冲击以及全球化导致的原住民权利被侵犯,使得人权机构再也不能对知识产权问题无动于衷。

通过对人权与知识产权制度的隔绝状态的观察,国际社会注意到知识产权制度与人权制度的不同属性。诚如联合国经济和社会理事会经济、社会和文化权利委员会《一般性评论第 17 号(2005)》中指出的:"与人权截然不同,知识产权一般是有临时性的特征,它可以被废除、被许可或者被转让给他人。在大多数知识产权制度下,知识产权除了精神权利之外,是可分配的、有时间和范围限

---

① Professor Laurence Helfer: Human Rights and Intellectual Property: Conflict or Coexistence? Program in Law and Public Affairs, Princeton University . Research Paper No. 04-003.

② See Audrey R. Chapman, A Human Rights Perspective on Intellectual Property, Scientific Progress, and Access to the Benefits of Science, Panel Discussion on Intellectual Property and Human Rights at 3 (Nov. 8, 1998).

③ Ibid.

④ Dr. Peter Drahos, The Universality of Intellectual Property Rights: Origins and Development. Panel discussion on Intellectual Property and Human Rights Geneva, November 9, 1998.

⑤ Professor Laurence Helfer: Human Rights and Intellectual Property: Conflict or Coexistence? Program in Law and Public Affairs, Princeton University . Research Paper No. 04-003.

制的、可交易的、可修正的,甚至是可征用的。"[①]"知识产权首先是国家激励发明创造,鼓励创新产品的传播的工具,同时也是鼓励文化本体发展,为了社会整体利益维护科学、文学和艺术产品完整性的工具。"[②]通过制定知识产权法而创设的工具主义的权利,显然与作为道德权利的人权不是一回事。而在人权的视角下,"从基本原理上讲,它与知识产权法规定的经济利益有所不同。""与知识产权法的个人主义相比,人权学说也承认,作者、艺术家、发明者或创造者可以是一个组织、一个团体或一个个体。人权定位表明,智力产品作为人类尊严和创造力的表达形式具有内在价值。换言之,艺术和科技著作首先不是经济商品,商品的价值是由其实用性和经济价格标记来决定的。"[③]

(四)国际人权文书自身问题导致的冲突

由于国际法律对人权的识别和确认模糊不清,也导致了在更多的方面潜在人权与知识产权的冲突与紧张。知识产权和人权之间存在着复杂的联系与交集。1948 年《世界人权宣言》作为构筑人权体系的划时代文献,并没有直接明了地提及知识产权,在第 27 条第 2 款宣示:"人人对由于他所创作的任何科学、文学或美术作品而产生的精神的和物质的利益,有享受保护的权利。"而同时第 27 条第 1 款则明确表明:"人人有权自由参加社会的文化生活,享受艺术,并分享科学进步及其产生的福利。"第 27 条本身就伴随一种权利上的紧张关系,即一方面要保护信息创造者的权利,另一方面要确保信息的使用与传播,二者本身就蕴含着潜在的权利冲突。

另一种冲突源自"软法"和"硬法"的冲突。人权文书向来以原则性的条款起草,并且以开放性的文本作为存在方式。在人权的文书中要找到某种权利内涵的精确界定是困难的。而且,诸多人权文书都存在一种规范的模糊地带,宣示性的条款占据主导地位,因而向来被视为缺乏强而有力的制裁效果的"软法"。"虽然软法律是引起国际法争论的来源,但它却正在快速发展。""软法律引起人们兴趣的一个原因正是来源于政府签署这样的协定或受道义劝说的影响,而采取了道德上的义务这一事实。"[④]对于《世界人权宣言》的重要程度以及它的效力等问题,在西方国际法学家之间也有不同的评价。例如有人认为,宣

---

① E/C. 12/GC/17, 12 January 2006.

② Ibid.

③ 〔美〕奥德丽·R. 查普曼:《将知识产权视为人权:与第 15 条第 1 款第 3 项有关的义务》,载国家版权局与联合国教科文组织合作出版:《版权公报》中文版 2001 年第 3 期。

④ 〔美〕波塞等著:《超越知识产权:为原住民和当地社区争取传统资源权利》,许建初等译,云南科技出版社 2003 年版,第 86 页。

言不仅是国际习惯法的一部分而且是国际强行法;它属于国际法的基本部分,限制了国家的缔约国自由,就像一些国家的宪法中确立了权利宣言一样,它确立于世界基本法中,成为“世界大宪章”。但有的国际法学家认为,流行的观点是:《世界人权宣言》只表达了对国际社会道德的确信,对国家没有法律的约束力。当它被一国宪法所吸收而产生的法律约束力仅及于该国,并没有直接来自国际法的约束力。至于1966年通过的两个国际人权公约,有的国际法学家认为,即使在它们生效后,一国控告另一国不遵守公约的可能性仍然是完全不存在的,它仅意味该公约对于那些加入公约的国家是有约束力的,而对其他国家,即在联大未投票赞同该公约的国家,不存在国际法义务。此外,已成为公约当事人的国家,是否接受个人作为国际法主体问题,仍然是不确定的。[①] 再者,人权文书经常被托付给成员国或者只是代表非政府组织的观点。例如1984年《原住民权利原则宣言》就是“第四次世界原住民大会日”所发表的一个宣言。1992年的《生物多样性公约》确认了“原住民知识产权”(indigenons intellectual property),但仅仅停留在语言宣示上,对其内涵的详细界定还得依赖议定书和其他法律文书,是典型的“软法”,尽管“由于支持原住民对其知识、领土和资源权利的文件在数量上和影响上的不断增加,这些权利在不远的将来成为国际法的一部分是可以预见的”。[②]

与之形成鲜明对比的是,大多数国际知识产权法律规范都派生自具有约束力的条约法。尤其是20世纪90年代以来,以美国为首的西方国家在国际上进行的知识产权标准化的活动日趋频繁,并渐近成熟。通过TRIPS,一套以美国国内法为范本的知识产权保护标准出炉了。这套标准可以称为“高的最低标准”,它将世贸组织这个经济联合国的一百五十多个国家捆绑在一起,成了与贸易有关的知识产权这一“高的最低标准”的“套中人”。称其高,因为这套标准是按发达国家对知识产权保护的高要求制定的,它第一次将贸易与知识产权挂钩,保护范围十分广泛;它运用了世贸组织十分严厉而行之有效的争端解释机制,不单是就知识产权来裁决知识产权问题,它可以让争议方采取贸易制裁措施(无疑是发达国家占上风),而且可以采取交叉报复手段。显然TRIPS所确定的知识产权保护标准是硬性的,完全不同于绝大多数人权法所规定的“软标准”。

同样是在国际公约层面,同TRIPS在WTO框架内实施严厉执行机制相比,两个人权公约也只具有十分温和的实施程序。两个人权公约都要求缔约国定

① 参见“人权历程:西方人权发展概况”,原文未标明作者,载“中国人权网站”,2006年1月16日访问。

② 〔美〕波塞等著:《超越知识产权:为原住民和当地社区争取传统资源权利》,许建初等译,云南科技出版社2003年版,第86页。

期报告在实现公约所规定的权利方面所采取的措施和所取得的进展。[1] 这些报告由缔约国所推选的18名委员组成的人权委员会予以审核。[2] 人权委员会对各缔约国的报告审议后提出自己的报告及一般建议,送交缔约国。[3] 人权委员会也有资格裁决来自缔约国个人的申诉。这种申诉程序规定在《公民权利和政治权利国际公约任择议定书》之中。但是人权事务委员会的裁决实际上并不具有约束力。《公民权利和政治权利国际公约任择议定书》第5条第4款规定:"委员会应向关系缔约国及该个人提出其意见"。可见,《议定书》并未要求缔约国采取任何行动。至于经济、社会和文化权利的国际监督完全依赖于公约第16条确立的报告程序。国际上有学者认为,应当加强经济、社会和文化权利的国际监督机制,方法主要是通过国际申诉制度。而缺少国际申诉机制往往被人用来作为一种"证明",证明经济、社会和文化权利并非真正的权利。[4] 因此,履行TRIPS下的知识产权保护义务和实行国际人权条约之中的人权主权义务,在法律效力上是极其不平衡的。

知识产权国际条约对各国国内法的影响也与人权条约对国内法的影响有强弱之别,凡是签署了知识产权国际条约的国家毫无例外地都相应制定或修改了内国的版权、专利和商标法律制度,并有一套完整的执法机制;而人权条约虽然也影响各国的法律制度,但对各国的影响程度不同,在经济、社会和文化权利方面,许多国家更是缺乏相应的执法机制。

正因为上述种种不平衡,国际社会开始关注起人权法律与知识产权法律的交集点。一方是知识产权保护,一方是人权保障,二者究竟使得权利主体之间发生怎样的交错关系,国际社会对此并没有达成一致的认识,不同国家和不同非政府组织对此作出的诠释各不相同。反映在国际关系上是日趋激烈的知识产权谈判。例如中国和美国就进行了多次知识产权谈判,笔者认为,中美知识产权谈判就反映了知识产权与发展权之间的冲突。而国际人权文书本身存在的问题导致其无法被中国等发展中国家援引为法律上有效的"防御工具"。因此协调知识产权与人权两种国际体制,迈向政府间谈判无法实现的治理目标,由国际社会协同进行有效全球治理,成为一项十分迫切的工程。

---

① 参见《经济、社会和文化权利国际公约》第16条、第17条,《公民权利和政治权利国际公约》第40条。

② 参见《公民权利和政治权利国际公约》第28条,《经济、社会和文化权利国际公约》第18条、第19条。

③ 参见《公民权利和政治权利国际公约》第40条。

④ 参见〔挪〕A. 罗萨斯、M. 谢宁:《实施机制和救济》,载〔挪〕艾德等著:《经济、社会和文化的权利》,黄列译,中国社会科学出版社2003年版,第494页。

三、知识产权与人权冲突的解决——走向一种新的全球治理

通过前面的研究,我们可以认为,现存的知识产权国际体制是与人权相冲突的,因此必须通过全球治理建立一个符合人权目标的知识产权体制,由冲突达致平衡。

治理的思想是全球化时代的产物,自20世纪90年代初以来,有关治理的思想在国际上开始形成并广为传播,先后提出过三个重要的概念:一是旨在建立新型管理方式的"企业治理"(Corporate Governance),它以企业内部权力互动为基础,尤其重视股东与企业领导之间的权力平衡;二是国际金融机构提出的"善治"概念(Good Governance),它要求发展中国家的政府实行必要的体制改革,使公共事务的管理规范化、透明化,具有可预见性;三是以整合国际社会为总体目标的"全球治理"(Global Governance),它首先要在世界多边关系中建立新的调控方式。①

我国学者俞可平指出:"所谓全球治理,指的是通过具有约束力的国际规制(regimes)解决全球性的冲突、生态、人权、移民、毒品、走私、传染病等问题,以维持正常的国际政治经济秩序。"而"全球规制(global regimes)就是维护国际社会正常的秩序,实现人类普适价值的规则体系。具体地说,国际规制包括用以调节国际关系和规范国际秩序的所有跨国性的原则、规范、标准、政策、协议、程序。从某种意义上说,全球规制在全球治理中处于核心的地位,因为没有一套能够为全人类共同遵守、确实对全球公民都具有约束力的普遍规范,全球治理便无从说起。"②

知识产权与人权的国际规制,包括现有的人权和知识产权国际条约、协议、政府组织和非政府组织的规范、政策等等。对于相应的条约体系我们已经在前面各章作了分析。在此首先论述治理的普遍原则,我们认为这些原则是全球治理的基石。其次,简要描述人权与知识产权的国际规制,并介绍联合国机构的治理行动,以说明构建新的知识产权国际规制的现实情况。最后,我们通过分析人权与知识产权规制的未来进路,提出构建新的知识产权国际规制的"善治"愿景。

---

① 〔法〕陈力川:《协同治理的国际思考与实践》,http://www.cc.org.cn/newcc/xietong/wenji_kjzg_2_clc.php,2006年4月16日访问。

② 俞可平:《全球治理的兴起》,http://www.cctb.net,2006年3月20日访问。

（一）知识产权与人权权利冲突的治理原则

1. 人权的优先原则

2000 年 8 月，联合国人权促进保护小组委员会（Sub-Commission on the Promotion and Protection of Human Rights）通过的关于《知识产权与人权问题》的决议中第 3 条规定："提醒各国政府人权义务优先于经济政策和协议。"①换言之，人权条约优先于知识产权条约，或者说人权义务优先于知识产权义务，具体而言，当特定的条约义务发生冲突时，人权法律应当优先于知识产权法律。笔者认为这无疑是一项处理知识产权与人权冲突问题的首要原则。

在国际法律层面，《联合国宪章》第 1 条、第 55—56 条明确规定了缔约国保护人权的条约义务，第 103 条则规定缔约国对宪章所承担的义务优先于根据其他国际条约所承担的义务。在理论上，人们也认为人权法律在法律位阶上高于其他国际法律义务。美国学者 Tobert Howse 和 Makau Mutua 指出："人权无论是就其法律义务所及范围，还是作为习惯法的地位，或者作为一般性原则，在规范上都优先于与之相冲突的诸如贸易、协定之类的特定条文。"②正因为如此，有一个有关艾滋病的非政府组织就断言："因为国家实现人权的法律义务是必须履行的，它在国际法律中占据优先地位，所以必须承认 TRIPS 同国家人权义务相冲突的地方不具有法律拘束力。"③

在发生冲突的情况下，我们倡导基本的人权义务应当高于 WTO 法律义务，但是如果我们只是简单地察看条约文本，至少在国际惯例法的狭义冲突规则之下，知识产权文书与人权文书在字面上并没有表现出冲突之处。国际惯例假定由同一国家批准的关于同一题材的两个条约没有冲突并且可以执行。一种冲突仅仅存在于条约规则彼此不一致的地方，在这个意义上，一个国家遵守某一规则必然导致违反另一规则。条约内容的不协调才是冲突的基本条件。WTO 关于印度尼西亚汽车工业问题的小组报告中指出："在国际公法下有一种反对冲突的推定。"④但问题在于条约文本本身并不能反映全部实际情况。当某一

---

① Intellectual property right and human rights, Sub-commission on Human Rights resolution 2000/7, E/CN. 4/SUB. 2/2000/7.

② See Robert Howse & Makau Mutua, Protecting Human Rights in a Global Economy: Challenges for the World Trade Organization at ＊6 (Int'l Centre for Human Rts. & Democratic Dev., Policy Paper, 2000).

③ HIV/AIDS Legal Network & AIDS Law Project, South Africa, TRIPs and Rights: International Human Rights Law, Access to Medicines, and the Interpretation of the WTO Agreement on Trade-Related Aspects of Intellectual Property Rights at 2 (Nov. 2001), available at www. aidslaw. ca.

④ See Panel Report on Indonesia—Certain Measures Affecting the Automobile Industry, WT/DS/54/R, WT/DS55/R, WT/DS59/R &WT/DS64/R (July 23, 1998).

个国家签署的另一个国际条约同它在 WTO 项下的义务不一致时，就会出现国际法律冲突问题。TRIPS 面临着这一法律难题。一国政府一般不可能因为它签署了后一个条约就免除其在前一个已签署条约中的义务。[①] 在存在潜在冲突的情况下，《维也纳条约法公约》要求解释两个条约以便使二者的效力不受影响。[②]《维也纳条约法公约》第 30 条第 2 款规定："遇条约订明须不违反先订或后订条约或不得视为与先订或后订条约不合时，该先订或后订条约之规定应居优先。"。在条约一致的范围内，每个条约都有效。至少有一个 WTO 小组报告承认缔约方必须要寻求解释以避免违反两个条约。[③] 在国际条约法律体系中，可以认为包括 TRIPS 在内的 WTO 法律是一种特别法。WTO 是根据《联合国宪章》第 57 条设立的特别机构，但第 57 条并没有给予 WTO 法律上高于其他条约的权力。WTO 法律作为特别法并不高于一般的人权法律。相反，基本的人权义务应当高于 WTO 法律义务。WTO 法律不能免除其缔约方的人权义务，也不能妨碍人权条约机构评估知识产权措施的人权影响。《联合国宪章》在第 1 条、第 55 条和第 56 条，都规定了保护人权的义务。宪章第 1 条明确声明人权是联合国的宗旨；第 55 条要求尊重人权，而不论种族、姓名、语言或宗教的区别；第 56 条要求采取联合的或单独的行动保护人权。而且，根据宪章第 103 条，《联合国宪章》应当具有最高的法律位阶，其条款应当是支配性的。第 103 条指出为避免《联合国宪章》下的义务与其他国际协议相冲突，《联合国宪章》下的义务应当优于其他条约的规定。《联合国宪章》第 57 条规定"设立机构须经第 63 条所规定的大会讨论认可"。在第 57 条之下设立的特别机构，其权威并不能降低第 1 条、第 55 条、第 56 条和第 103 条的效力。因此，尽管 WTO 有着更强更有力的争端解决机制，但无论是对 TRIPS 还是对国际人权条约，有关国家政府都有义务寻求解释，以避免违反协议或条约的义务。

善意履行条约的原则可以辅助人权原则的贯彻。根据《联合国宪章》和《维也纳条约法公约》，条约必须依善意履行，在 WTO 的争端解决规则中也规定了善意履行原则。例如，美国 301 条款案就是争端方就善意问题争论得比较激烈的一个案件。[④] 善意履行包括善意控制权利行使，而不是简单的诚信履约。此外，根据善意履行原则，WTO 成员不能为了实施 WTO 所规定的义务就不履

---

① 参见《维也纳条约法公约》第 30 条："关于同一事项先后所订条约之适用"。

② 参见《维也纳条约法公约》第三节："条约之解释"。

③ See Indonesia—Certain Measures Affecting the Automobile Industry, Report of the Panel on Indonesia, WT/DS54/R, WT/DS55/R, WT/DR59/R, WT/DS64/R (July 23, 1998).

④ 参见韩立余：《善意原则在 WTO 争端解决中的适用》，载《法学家》2005 年第 6 期，第 151—160 页。

行其根据国际人权条约所承担的国际义务。[①]

善意履行还离不开善意解释。《维也纳条约法公约》第 31 条第 1 款规定："条约应依其用语按其上下文并参照条约之目的及宗旨所具有之通常意义，善意解释之。"WTO 已经在争端解决中适用善意解释原则。WTO 争端解决小组和上诉机构主要关注在 GATT/WTO(关贸总协定与世贸组织)法律之下的国内措施的合法性问题，根据 WTO 的"一揽子协议"来处理争端。所谓"一揽子协议"仅仅包括建立 WTO 的协议、多边贸易协议和双边贸易协议。根据《争端解决规则与程序的准则》第 3 条第 2 款，WTO 争端解决机构不能"增加或减少"WTO"一揽子协议"所提供的权利和义务。而国际人权文书并不包括在 WTO 协议之中，因此按照 WTO 法律，人权规则并没有被考虑用以解决争端。WTO 法律也没有要求其争端解决机构去平衡不同部门的国内或国际法律同贸易法律的冲突。但是已经发生的案例表明，WTO 的法官在 WTO 协议下不仅愿意考虑非贸易类的条约，而且愿意采纳非贸易类的软法。在 WTO 上诉机构 1998 年作出的有关"美国对某种虾和虾产品禁止进口"的报告[②]中，上诉机构得出结论："易竭自然资源"这个词语应当被条约解释者视为一个"变化中"(evolutionary)的概念，应当根据有关环境保护的国家组织的当代观念来认定。这种结论表明不仅规制自然资源的国际条约，而且没有拘束力的"宣言"都可以被 WTO 争端解决机构用于裁决争端。相似的态度可以应用于 TRIPS 中"变化的"(evolutionary)术语，特别是针对 TRIPS 第 7 条和第 8 条中的不确定的用语，对之不妨进行人权因素的"灌注"，对第 7 条规定的"目标"和第 8 条规定的"原则"以人权的目标与原则作出解释。在裁决具体的案件时，这样的解释意义尤为重大。

持"人权优先"的观点很容易被认为是提倡一种"权利的位阶"论，笔者并不否认基本人权应当居于权利的最高位阶。知识产权同其他财产权相比，在特定的情况下也有位阶上的差别，"不能将复制某人的艺术作品同剥夺某人的寝具、食物、医药或者构成每日生活必需的其他个人财产相提并论"[③]。不仅如此，知识产权本身也有一个位阶问题，有人指出，"与知识产权的财产权性质相关的一个重要是知识产权的客体——知识财产是否都具有同等的重要性？以电影和药品为例，版权保护影片的复制，专利保护药品及其成分。除了影片的

---

① 王冠玺、李筱苹：《我国知识产权法律与国家发展政策的整合》，载《法学研究》2005 年第 6 期，第 110 页。

② Shrimp/Turtle case, Report of the Appellate Body, United States—Import Prohibition of Certain Shrimp and Shrimp Products, WT/DS58/AB/R (Oct. 12, 1998).

③ The Universality of Intellectual Property: Origins and Development, Document prepared by Dr. Peter Drahos, Panel discussion on Intellectual Property and Human Rights Geneva, November 9, 1998.

制作者外,没有人有权复制和发行该电影作品,药品也是如此,除了专利权持有人外,其他人未经授权不得从事该药品的制造和销售。表面看来,二者似乎没有什么不同,但实际在需求层次上,二者有很大的差别。如果人们无力支付观赏影片的价格,他们可以选择不看;而对药品的需求则并非如此,因为健康对人类的生存和发展而言是至关重要的。与对影片的需求不同的是,健康地生存是人类的基本需求。如果没有健康,没有生存,影片也就没有市场,没有消费者了。"[①]但是问题在于,现成的知识产权体制是将所有的知识产权客体同等对待,并没有认识到不是所有的知识产权保护对象都是同等的。例如,如果某人由于受经济限制,不能购买新发行的受版权保护的音乐 CD,那么他的生活不会比以前变得更糟;但是如果他身患疾病而由于专利保护的原因无法获得能够有效治疗的新药,那么他的生活显然比以前更糟。按照洛克的财产权限制条件观点,这种状况下的财产权就是不正当的。"按照《与贸易相关的知识产权协定》所认定的,知识产权制度不允许生活必需品或教育必需品与其他物品如电影或快餐享有权之间有所区别,或区别相当小。"[②]

我国有学者认为:权利体系中存在着一定的权利位阶,为此各种权利的类型不可能均得到"平等"的保护,但权利的位阶秩序并没有整体的确定性,不可能形成像"化学元素表"那样先在的图谱,因为权利位阶的确立本身往往涉及复杂的价值判断,为此,权利冲突的解决不能以此作为一种普适的依据,而需就个案进行具体的价值衡量。[③] 我们判断人权与知识产权冲突有关的权利位阶问题,应当根据具体情况进行利益的衡量。价值判断的原则就是不能损害基本人权。

经济学家莱斯特·瑟罗 1997 年写道:

> 经济全球化需要知识产权制度的全球化。该制度必须同时反映发达国家和发展中国家的需求。这个问题与下面的问题有些类似,发达国家哪些种类的知识应该公用?第三世界国家对低价药品的需求不能与对低价 CD 的需求相提并论,如果产权制度像目前一样对二者等同视之,那它就不

① 冯洁菡著:《公共健康危机与 WTO 知识产权制度的改革——以 TRIPS 协议为中心》,武汉大学出版社 2005 年版,第 53 页。

② Integrating Intellectual Property Rights and Development Policy, Report of the Commission on Intellectual Property Rights. London September 2003.

③ 林来梵、张卓明:《论权利冲突中的权利位阶——规范法学视角下的透析》,http://www.yfzs.gov.cn,2005 年 12 月 3 日访问。

是一个好制度,也不是一个可行的制度。①

因此,在发生权利冲突的情况下,我们不能够、也无法做到"同等地对待权利"。

2. 权利的平衡原则

无论是国际人权规制还是知识产权规制,有关知识产权的规定都面临着同一基本问题:确定私人垄断性权力的合适范围,以便给予作者和发明者一种从事创作和创新的适当激励,同时确保公众消费者有足够的途径获得作者和发明者努力的成果。一方面是要保持对创新者的有效激励,一方面要保障公众消费者对知识产品的接近权,前者实质上是知识产权问题,后者实质上是人权问题,关键是如何在此二者之间找到平衡点。例如世界卫生组织在一份报告中指出"接近必需的药物是一种人权",但同时鼓励缔约国利用 TRIPS 协议内现存的"保障条款"来"增强对专利药物的购买能力和获得能力。"②

联合国人权高级专员在 2001 年 6 月 27 日提出的一份题为《TRIPS 对人权的影响》的报告中指出:"公共利益与私人利益之间的平衡已经在《经社文条约》第 15 条和《世界人权宣言》第 27 条中奠定了基础",但承认关键问题在于"何处达致权利平衡。"③

人权条约本身也体现了权利的平衡原则,因此,我们必须认真对待人权条约对知识产权与人权冲突的规定。

《经济、社会和文化权利国际公约》第 15 条规定缔约国必须承认的权利包括三个方面:一是人人有权参加文化生活;二是有权享有科学进步及其应用所产生的利益;三是对其本人的科学、文学或艺术作品所产生的精神上和物质的利益享有受保护的权利。④ 因此,国际人权法律在承认发明者和作者的权利的同时,也着重强调社会公众由科技发明和文艺作品获取利益的权利。第 15 条并没有指明创造者从其智力财产的经济利益获取权与社会公众从创造性活动的成果受益权之间如何达到利益平衡。但是《公约》在其他条款中好几处涉及公众对发明成果的接近权。在第 11 条,缔约国"承认人人有权为他自己和家庭获得相当的生活水准,包括足够的食物、衣着和住房,并能不断改善生活条件"。

---

① 素柔. L:《需要:知识产权的新体制》,载《哈佛商情评论》1997 年 9 至 10 月,第 103 页,转引自 Integrating Intellectual Property Rights and Development Policy, Report of the Commission on Intellectual Property Rights. London September 2003。

② World Health Organization, Globalization, TRIPs and Access to Pharmaceuticals, WHO Policy Perspectives on Medicines, No. 3, WHO/EDM/2001.2 at 5 (Mar. 2001).

③ Report of the High Commissioner, The impact of the Agreement on Trade-Related Aspects of Intellectual Property Rights on Human Rights, E/CN.4/Sub.2/2001/13.

④ 《经济、社会和文化权利国际公约》第 15 条。

而第 11 条第 2 款还规定各缔约国“承认人人享有免于饥饿的基本权利”,并同意采取措施“充分利用科技知识改进粮食的生产、保存及分配的方法”。在第 12 条规定,缔约国也“承认人人有权享有能达到最高的体质和心理健康的标准”,采取的步骤包括“预防、治疗和控制”各种疾病,以及“创造保证人人在患病时能得到医疗照顾的条件”。

第 15 条之下规定的智力成果创造人或者智力成果所有人的权利同第 11 条、第 12 条之下规定的免于饥饿、疾病等权利之间的平衡问题,其实在《公约》的第 2 条规定了指导性原则,即“每一缔约国家承担尽最大能力个别采取步骤或经由国际援助和合作,特别是经济和技术方面的援助和合作,采取步骤,以便用一切适当的方法,尤其包括用立法方法,逐渐达到本盟约中所承认权利的充分实现”。这些权利当然包括《经济、社会和文化权利国际公约》第 11、12 条和第 15 条下所列的各种权利。

作为《经济、社会和文化权利国际公约》的权威解释者,对于如何解决缔约国的义务履行冲突问题,经济、社会和文化权利委员会早就有过指导性意见。委员会指出成员国的最低核心义务是“至少确保在最低的基本水平上实现每一种权利”。[①] 委员会还曾特别强调,“任何知识产权制度,如果其使得缔约国遵守同健康权、食物权、教育权等相关的核心义务更为困难,都是不符合成员国必须履行的法律义务的”。[②]

委员会的声明提醒成员国将国际人权规则同知识产权法律的制定和解释相整合的重要性,要采取一种平衡的方式保护“公众和私人在知识方面的利益”,而不能侵犯基本人权。[③] 联合国经济、社会和文化权利委员会 2006 年发表的一般性评论针对第 15 条第 1 款第 3 项所承认的权利也指出:“这种权利旨在鼓励艺术和科学创造者的积极贡献和社会的整体进步。由此,它同这一公约第 15 条承认的其他权利有着内在的联系,即参与文化生活的权利(第 15 条第 1 款第 1 项),享有科学进步及其应用所产生利益的权利(第 15 条第 1 款第 2 项),以及从事科学研究和创造活动必不可少的自由(第 15 条第 3 款)。这些权利与

---

① See The nature of States parties obligations (Art. 2, par. 1 of the Covenant), Committee on Economic, Social and Cultural Rights, Genera Comment No. 3 (1990).

② Substantive Issues Arising in the Implementation of the International Covenant on Economic, Social and Cultural Rights, Economic and Social Council, Committee on Economic, Social and Cultural Rights, 27th Sess., Agenda item 3, U.N. Doc. E/C.12/2001/15 (2001).

③ 同上。

第15条第1款第3项所承认的权利相互联系,同时也相互充实,相互限制。”①

第二个同人权与知识产权冲突有关的国际人权公约是《公民权利和政治权利国际公约》。这一条约的有关规定主要同版权保护与人权冲突问题相关。该公约第19条第2款规定:“人人有表达自由的权利,此项权利包括寻求、接受和传递各种信息和思想的自由,而不论口头的、书写的、印刷的、采取艺术形式的、或通过他所选择的任何其他媒介。”但是第19条第3款许可政府对第19条第2款规定的权利施加某些限制,“这些只应由法律规定并为下列条件所必需:(A)尊重他人的权利或名誉;(B)保障国家安全或公共秩序,或公共卫生或道德。”有学者指出,《公民权利和政治权利国际公约》第19条能够支持一项国际性的版权合理使用权利,如同美国宪法第一修正案在美国国内法中的效果。②

以上人权条约所体现的权利平衡原则是构建一种新的知识产权国际体制的基石。

3. 权利的限制原则

解决权利冲突的一个重要法律途径就是对权利的限制。美国法学家罗纳德·德沃金认为一个国家可以取消或限制权利的最重要理由就是权利的相互冲突,“如果涉及的权利不受到限制,那么与之冲突的权利就会受到破坏。公民享有受国家保护的人身权利和免受国家干涉的人身权利,政府可能必须在这两类权利之间进行选择。例如,关于诽谤罪的法律就限制任何人想说什么就说什么的权利,因为这个法律要求他说话要有充分的根据。即使一些人认为这个法律侵犯了他们的一项个人权利,但是,这个法律是有正当理由的,因为它保护了人们免受他人不负责的语言败坏名誉的权利。”“美国的社会所承认的个人权利常常以这种方式发生冲突,当它们发生冲突的时候,政府的任务就是要区别对待。如果政府作出正确的抉择,保护比较重要的,牺牲比较次要的,那么它就不是削弱或者贬损一个权利的观念,反之,如果它不是保护两者之间比较重要的权利,它就会削弱或者贬损权利观念。所以,我们必须承认,如果政府有理由相信对立的权利中有一方是更为重要的,它就有理由限制另一些权利。”③

普遍的观点认为权利限制是一般规则的一种例外。欧洲人权法院在

---

① GENERAL COMMENT No. 17 (2005), The right of everyone to benefit from the protection of the moral and material interests resulting from any scientific, literary or artistic production of which he or she is the author (article 15, paragraph 1 (c), of the Covenant), E/C. 12/GC/17, 12 January 2006.

② See David Weissbrodt and Kell Schoff Human Rights Approach to Intellectual Property Protection: The Genesis and Application of Sub-Commission Resolution 2000/7, 5 MINN. INTELL. PROP. REV. 1 (2003), p. 5.

③ 〔美〕罗纳德·德沃金:《认真对待权利》,信春鹰、吴玉章译,中国大百科全书出版社1998年版,第255页。

Handyside v. UnitedKingdom 中所作的解释中认为:一般规则是保护权利或自由,规则的例外是对权利或自由的限制。作为一种例外,权利限制不能完全消灭其所限制的权利或自由,不能否定所限制的权利或自由本身的价值或本质。[①]《关于执行〈经济、社会和文化权利国际公约〉的林堡原则》规定:并不意味着对影响个人生活或生存或人格完整的权利加以限制;要求限制的解释和适用不得危害有关权利的本质。[②]

美国学者亨金认为:权利观念承认对权利的一定限制是允许的,但限制本身应受到严格的限制。[③] 一般认为,对权利的限制应以法律规定为限。人权法律的有关条文规定了对权利的限制。《世界人权宣言》第29条规定:“(一)人人对社会负有义务,因为只有在社会中,他的个性才可能得到自由和充分的发展。(二)人人在行使他的权利和自由时,只受法律所规定的限制,确定此种限制的唯一目的在于保证对旁人的权利和自由给予应有的承认和尊重,并在一个民主的社会中适应道德、公共秩序和普遍福利的正当需要。”《公民权利和政治权利国际公约》第47条规定:“本公约的任何部分不得解释为有损所有人民充分地和自由地享受和利用他们的自然财富与资源的固有权利。”《经济、社会和文化权利国际公约》第4条规定:“本公约缔约各国承认,在对各国依据本公约而规定的这些权利的享有方面,国家对此等权利只能加以同这些权利的性质不相违背而且只是为了促进民主社会中的总的福利的目的的法律所确定的限制。”第25条规定:“本公约中任何部分不得解释为有损所有人民充分地和自由地享受和利用它们的天然财富与资源的固有权利。”德沃金主张,为了认真看待权利,必须承认权利具有一种价值规范效力(normative force)。他强调权利只有通过原则争执(arguments of principle)才能被压倒。这些原则争执涉及其他权利的价值规范性牵掣。只有对方说出有何权利与之抵触或比之更重要,才能考虑克胜问题。[④] 因此,当我们倡导“人权优于知识产权”的原则时,不能突破这些对于权利限制的规定,不能将“倡导人权”当做侵犯知识产权的借口。但是人权法律的某些方面,例如禁止种族灭绝和奴隶制等,构成了一种“绝对法”(Jus-cogens)。它们毫无疑问不应当受到限制,应当优先于 WTO 法律的相对条款。当然只有非常少的权利可以符合“绝对法”的要求,“一般说来,国际人权立法中的‘不可克减的权利’就是公认的无论以何种理由、在任何情况下都不得侵犯

① 转引自葛明珍著:《〈经济、社会和文化权利国际公约〉及其实施》,中国社会科学出版社2003年版,第156页。

② UN Doc. E/CN.4/1987/17.

③ 〔美〕L.亨金著:《权利的时代》,信春鹰译,知识出版社1997年版,第5页。

④ 参见夏勇:《权利哲学的基本问题》,载中国法学网,2006年3月20日访问。

的权利"[1]。因此,我们在具体处理人权与知识产权的冲突时,对权利施加的任何限制,都要认真地对待。

无论是国际公约还是各国知识产权立法都普遍规定了对知识产权的合理限制制度。诸如著作权法中的合理使用和法定许可制度及保护期的规定;专利法中的强制许可制度、指定许可制度、不视为侵犯专利权的情形及保护期的规定;商标法中的合理使用制度和保护期的规定等,都是法律对知识产权的权利限制。在知识产权法律之外,各国还通过反垄断的法律制度规制知识产权法律的行使。

知识产权的国际规制中现有权利限制规定包括:《巴黎公约》第5条之3关于专利权的权利限制规定,第9条有关版权的权利限制的规定。《罗马公约》第15条关于邻接权的限制,等等。TRIPS第8条第2款提出了"可采取适当措施防止权利持有人滥用知识产权"的权利限制原则。在TRIPS第13条、第16条第1款、第17条、第24条第8款、第26条第2款、第30条、第31条提出了对版权、商标权、工业品外观设计权和发明专利权给予一定的权利限制,同时规定了对权利限制的限制:保证第三方的合法利益,不能影响正常使用,不能损害权利人的合法利益。但是TRIPS并没有认可《伯尔尼公约》第9条有关权利限制的规定[2]。此外,TRIPS对"权利穷尽"问题也未涉及。[3] 而对于对发展中国家最为有利的强制许可制度,由于美国的影响,TRIPS第31条规定了详细而严格的限制条件,使得实施强制许可(强制授权)十分困难。"例如发生公共卫生危机时,政府可要求专利权人允许其他药厂制造同样的药物,而由其他药厂支付给专利权人一定权利金;如此一来,低收入国家就可以较低廉的价格购买药品。……相关议题在2001年11月于多哈召开的WTO部长级会议也被提出讨论,该会议最后宣示会员国应该有权利使用强制授权,但由于欧美大药厂的强烈反

① 参见前引夏勇:《权利哲学的基本问题》。

② 参见郑成思:《WTO知识产权协定逐条讲解》,中国方正出版社2001年版,第54页。

③ 所谓权利穷尽系为避免知识产权人控制整个销售体系,而规定权利人于首次将产品交易流通后,即失去对该产品的营销控制权,第三人则可透过真品平行输入等方式取得产品。但究竟应采"国内穷尽"(national exhaustion)还是"国际穷尽"(international exhaustion)的原则,WTO的会员国间并无共识。因此,TRIPS第6条规定,知识产权穷尽的问题不得诉诸争端解决程序处理;换言之,TRIPS虽然承认知识产权穷尽为一个"争议事项"(issue),相关调整规范却完全留予会员国自行决定,这是因为各会员国对处理方法无法达成共识。发达国家在其国内法制中偏好实行知识更新产权"领域穷尽"或"国内穷尽"原则,发展中国家则偏好更自由的权利"国际穷尽"原则。"穷尽原则"的适用对国际知识产权的保护与商品在国家间自由流动而言极为重要,以贸易自由化的角度观之,若采取权利"国际穷尽"原则,专利权人所丧失的,不仅为国内的转售权,亦包括输出权;于此情形,第三人以自国外进口产品之方式,将相当程度地改善产品的"可取得性(accessibility)"。王冠玺、李筱苹:《我国知识产权法律与国家发展政策的整合》,载《法学研究》2005年第6期,第108页。

对,目前尚未有发展中国家正式引用过强制授权的特权。”①

国际社会在治理行动中还通过知识产权之外的条约来限制知识产权的权利扩张。例如生物多样性公约(CBD)承认国家享有对其境内基因资源的控制权,有权决定对基因资源的接近条件,规定了“告知”和“同意”的制度,这对知识产权通过TRIPS机制扩张发生了限制作用,而美国认为这将剥夺科技研发与创新,这成为其拒绝签署生物安全议定书的重要原因。②

我国台湾地区有学者指出:“这么多限制传统智慧财产扩张的国际发展趋势,仍未能与美国的贸易调查报告及其贸易制裁威胁相匹敌。在跨进新兴科技领域后,网络智能财产,如传输权(transmissiom right)或公众接取权(public access right)之创设,正是运用传统著作权保护理念加以修正之所得;其余再如软件专利与商业方法(business model)专利在美国的发展,乃至生物技术之可专利性问题,我们都可以看到先进国家有扩大其既有智慧财产权利范围之凿痕。这种拉锯除在专利领域因医药与公共卫生问题而白热化外,自由软件运动与MP3侵权案之间的对照,更显示出另一种扩张与限缩之间的拉锯。”③因此对知识产权的权利限制,不单是一个法律问题,也是一个不同利益方之间的博弈问题,在全球治理中必须认真地对待。

4. 工具主义原则

国际著名的知识产权法和法哲学学者Peter Drahos在其代表作《一种知识产权法哲学》中提出了知识产权法的工具主义思想,他认为财产权不是构成正义的基础,而是实现正义的工具。财产权不应当驾驭道德,而应当服从道德。“我们的核心观点是,通过制定知识产权法而创设的权利是工具主义的权利。在理想中的民主主权条件下,这类权利应当服从于市民通过基本的人权语言所认同的利益和需求。”④由此推导,人权将会导引知识产权的发展;知识产权服务于人权。当然,知识产权的历史并不符合这种理想状态。“当国会市民的代言以民意代表身份为使社会福利最大化而设计权利的时候,拥有强权的精英们

---

① 王冠玺、李筱苹:《我国知识产权法律与国家发展政策的整合》,载《法学研究》2005年第6期,第108页。

② Helfer, Laurence R., Regime Shifting: the TRIPS Agreement and New Dynamics of International Intellectual Property Lawmaking, 29 Yale J. Int'l L. 1, 65—68, Winter, 2004. 另参见范建得:《展望后坎昆时代之TRIPS发展及其对智慧财产扩张趋势之影响》,载郑成思主编:《知识产权文丛》第12卷,中国方正出版社2005年版,第29页。

③ 范建得:《展望后坎昆时代之TRIPS发展及其对智慧财产扩张趋势之影响》,载郑成思主编:《知识产权文丛》第12卷,中国方正出版社2005年版,第29—30页。

④ See Peter Drahos, A Philosophy of Intellectual Property, Chapter 8—9, Applied Legal Philosophy Series, Dartmouth, 1996.

利用特权为自己寻租。”①

Peter Drahos 还指出：在权利理论中，人们认为一种权利要成为现实的存在或者转化为现实的权利，必须以他种权利的存在为前提。哲学家现在同意或承认人们要现实地享有传统自由主义的古典消极权利，要求其他种类权利的配合。自由权需要伴随福利权。权利事实上已经形成不可分割的“权利群”。此外，权利之间有着重要的“互补性”。例如，没有受教育权，就谈不上有效的“自由表达权”。（因为在现代社会如果一个人不能读写，就难以在被媒体垄断的言论市场中有什么发言权。）有些权利在获得确认其他类型的权利方面，是工具主义的。

财产权服务于人权的价值已经有长期的历史。为各种不同的意图，国家制定了诸多的财产使用规则，既通过民事法律也通过刑事法律来保护同时也限制财产权。一方面，财产权变得更加安全稳定，更能够免于被强权所任意充公。合同法的进化也使得当事人能够以一种明确的预期效果进行财产的协商交易。财产有保障性和可流转性正在变得普遍，不能保障财产和合同安全的国家经济上不会繁荣。例如像前苏联这样的超级大国，由于其未能实现有效率的财产权目标，付出的代价是停止了增长和失去了霸权。中国的二十多年的改革成功故事，正是逐步恢复个人财产权并增加个人财产的过程，从实行农业生产责任制到宪法写入“保护私人财产所有权”，中国对财产所有权的保障和对财产流转的促进，推动了中国的经济繁荣。在全球经济中，有关财产和合同的法律已经成为市场经济体制的基础。有保障、有限定、可以自由交易的财产权创设过程，也是对更深层次的人的平等和自由哲学的良好表达。（财产权为天然权利的观念是约翰·洛克反对绝对王权的一个决定性的条件。）另一方面，重新限定、重新思考、重新分配财产始终是政治观念和政治哲学在世界上具体贯彻的一个方面，也许是最重要的方面。有关财产权的限制思想也早已成为人类的政治文化的一部分，例如美国以其缔造者之一杰斐逊为代表的“共和主义”的财产观就认为，“私有财产从属于一个更高的社会目标，它既为一个平等参与的良序社会而设立，也在必要时可为社会而牺牲”。“在给麦迪逊的一封信中，杰斐逊指出专利权，版权的有效期最多不应超过 19 年。这是他的财产权来自社会而非自然的思想的一个明证。”②

我们现在生活在由美国主导的资本主义经济已经发展为信息经济的时代。知识产权制度已经步入世界贸易规则并正在占据全球市场的中心舞台。老的

---

① Peter Drahos 前引文。

② 崔之元：《财产权与宪法之关系的比较研究》，“中国人民大学法理学论坛”第二讲，载中国法理网，2006 年 3 月 25 日访问。

资本主义靠的是货物、工厂和劳动力。而在当今时代,工厂和劳动力已经不成问题,甚至熟练的劳动力也处于一种供给充足的状态。新的资本主义核心是对知识和信息的控制。微软就是代表性的例证。正因为如此,关于知识产权和合同制度的设计才变得十分重要,甚至成为经济发展的关键。知识产权制度的设计问题不单单是法律技术问题,甚至也不仅仅是经济问题。财产已经成为一种工具,知识产权也已经成为各国产业发展的工具。财产制度应当服务于我们凭借人类的道德和政治哲学所认定的基本价值、基本需求和基本利益。我们遇到的难题是现阶段知识产权制度已经全球化了,而关于知识产权制度在全人类的健康、教育、文化和发展方面所扮演的角度却远远没有达成共识。将知识产权同人权语境相联系在迈向一个清晰的理论和政策目标方面是一个决定性的步骤,它将引导我们调节现存的知识产权同新的权利创设之间的冲突。在新的知识产权全球规制形成过程中,有关知识产权工具论的思想越来越得到承认。2005年4月5日世界知识产权组织国际局收到了巴西代表"发展之友集团"提交的提案——《关于制定WIPO发展议程的提案:对文件WO/GA/31/11中所提问题的阐述》,作为文件散发给成员国,该提案认为:"由于WIPO在知识产权保护的问题上的地位举足轻重,因此应该从这样一个更广泛的角度来指导本组织的一切活动,即:以适当考虑各不同国家的国情为前提,把知识产权看做是有利于世界各国获得社会和经济效益的工具。"英国知识产权委员会也指出:"我们认为,最好将知识产权看做国家和社会帮助促进实现人类经济权利和社会权利的一种手段。切记在任何情况下,最基本的人权都不能从属于知识产权保护的需求。"①

以工具主义原则来治理知识产权问题,简言之,就是将知识产权当做促进可持续发展和实现人权的工具。

5. 公共参与原则

长期以来一直由发达国家主导知识产权规制,知识产权规则的背后制定者是主要是跨国公司和知识产权律师。②

为了打破发达国家和跨国公司对知识产权规制的单边主导地位,发展中国家与发达国家在知识产权国际组织中的斗争日趋激烈,同时在发达国家内部,以大公司为代表的知识产权所有人与知识产品消费者之间的冲突也与日俱增。美国学者指出:"国际知识产权其实正在处于深重的危机边缘。在知识产权体制中,政府官员、公民社会团体和私人当事人正在一系列问题上处于互相对立

---

① Integrating Intellectual Property Rights and Development Policy, Report of the Commission on Intellectual Property Rights. London September 2003.

② 参见前引《信息封建主义》第6章,第97—121页。

状态,这些广泛的问题包括医药专利、生物多样性和传统知识、数字内容和网络传输,以及知识产权程序规则的一体化。对立的结果导致了规制功能上的紊乱:对实体规则和价值形成冲击,在国际组织中对政策优势展开竞争,琐碎而不连贯的条约义务和无拘束力的规范大量出现。此种事态尚在快速发展。"①频频发生的针对知识产权急剧膨胀的阻抗已经导致世界贸易组织和世界知识产权组织这两个最重要的知识产权法律制定机关的工作处于事实上的停顿状态。例如在世界贸易组织内,有关医药专利的强制许可问题,有关生物多样性、专利和植物品种权的关系问题,以及地理标志的保护问题一直悬而未决。而在世界知识产权组织内的谈判进展也好不到哪里。发达国家正在紧急寻求制定实体的专利规则、视听作品和广播者权利的新条约,而发展中国家和消费者群体则以"发展议程"与之对抗,吁请延期制定新的知识产权条约,要求世界知识产权组织更多地关注公众接近知识的权利和有关创新的与现有知识产权不同的非财产权制度。"这些冲突力量基本上互相抵消,当有关新规则和政策的辩论变得越来越争吵不休并且陷于程序上的形式主义困境之时,每一方都阻碍和延误了对手的计划。"②

随着世界贸易组织和世界知识产权组织的活动停滞,无论是知识产权的提倡者还是反对者都在寻找更加适当的活动地带。发展中国家以及与它们持同样思想的非政府组织正在走向更具同情心的多边活动场所——诸如世界卫生组织、世界粮食和农业组织、生物多样性公约会议等,它们在此找到对抗知识产权扩张的价值源泉。而发达国家和知识产权所有人也抛开了既有的知识产权多边体制,但并非通过其他国际组织,而是通过双边的或地区的贸易和投资协议。发达国家对要求扩大市场接近和获得外国投资所开出的底价,是要求对方遵守与保护力度最强的多边协议(TRIPS)中所建立的知识产权保护相等同的规则,甚至要求超过这些规则的保护水平(TRIPS-PLUS)。这样又加剧了知识产权规制中的矛盾和冲突。

面对这种情势,国际社会必须形成协调的意志,协同治理知识产权问题。法国人类进步基金会对治理所下的定义就特别重视不同层次关系的协调和对话:"治理是公民利益间关系以及地方、国家和全球等各不同层次间关系在公共空间中的组织艺术;是具有意义、兼顾各种社会复杂性并有利于对话和集体行

---

① See Laurence R. Helfer, Toward A Human Rights Framework for Intellectual Property, Preliminary draft of November 1, 2005.

② Ibid.

动的游戏规则的创造艺术。”①因此,公共参与就显得特别重要。

要实现公共参与,一是要加强发展中国家参与,二是要加强公民团体的参与。在世界知识产权组织中,巴西、印度、中国等发展中国家正在努力将知识产权与发展问题相联系,强调应当将知识产权制度同发展中国家的发展相联系。例如,《关于制定 WIPO“发展议程”的提案》中指出,WIPO 的工作应把发展层面纳入所有的讨论和活动中。“发展议程”的基本提议是,发展应成为关于知识产权制度的所有谈判的中心层面。② 在发展中国家的参与方面,世贸组织在第四届部长会议上通过的《关于 TRIPS 与公共卫生的多哈宣言》堪称一个重要的里程碑。由于广大发展中国家的坚持,该《宣言》认为,TRIPS 是促进知识产权保护的一个国际工具,它应该始终支持世界各国的公共卫生目标。发展中国家由于在世界贸易组织中处于弱势,它们的参与过程今后依然是艰难而漫长的。

近年来公民团体在知识产权全球规制中扮演着越来越重要的角色。公民团体被视为所谓政治运作的第三势力(Thethirdleg)。一般来说,这个术语包括了所有的表达公众意见的非政府组织。例如自由软件基金会、第三世界网络等都是公民团体的典型例子。英国知识产权委员会的研究报告中就提出:“我们对近来非政府组织在知识产权方面的活动范围和影响感到震惊。我们认为非政府组织在宣扬发展中国家所关注的问题方面已做出并将能够继续做出积极的贡献。在《多哈部长宣言》的谈判中,支持发展中国家的那些发展与健康领域的非政府组织所作的宣传活动是一个重要的因素。在农业、遗传资源和传统知识等领域,某些非政府组织集团在强调和分析发展中国家关注事宜方面扮演一个非常重要的角色。”③

只有实现广泛的公众参与,才能结束国际知识产权体制的分裂和对立状态,建立和谐的全球知识产权体制。

(二)人权与知识产权的国际规制

在人权国际规制方面,自第二次世界大战以来,已经产生了几乎覆盖全部人权领域的全球的、地区的人权条约和公约,时至今日 190 个国家中有 140 多个已经签署了所有主要的人权条约。联合国人权委员会负责监督条约的实施。

---

① 参见《治理改革讨论与比较研究国际网络——法国夏尔·雷奥波·马耶人类进步基金会的一项建议》,载《跨文化对话》第 17 辑,上海三联书店 2005 年版,第 49 页。

② 在 WIPO 大会第三十一届会议(2004 年 9 月 27 日至 10 月 5 日)上,阿根廷、玻利维亚、巴西、古巴、多米尼加共和国、厄瓜多尔、埃及、伊朗、肯尼亚、秘鲁、塞拉里昂、南非、坦桑尼亚和委内瑞拉的代表团联合提交了一项提案,要求制定 WIPO“发展议程”(作为文件 WO/GA/31/11 提出)。

③ 同上。

区域性组织(如欧盟)负责监督区域性人权条约。各种各样的国际非政府组织如大赦国际、人权联盟、国际法官协会等非政府组织在促进及保障人权方面也扮演相当重要的角色,积极监督人权保障政策的执行与落实。“自70年代以来,有关人权的非政府组织的数目及其行动的层次都有迅猛的增加。目前,在美国、英国和欧洲大陆各自活跃着200多个与人权有关的非政府组织,在发展中国家这种组织也在不断增加,它们形成一种人权组织的全球性网络,监督和公布各国发生的践踏人权的行为。”[①]无论是国内还是国际性的非政府组织,都在试图营造出一个全球性的市民社会(global civilsociety)。在1993年《维也纳宣言及行动纲领》中,就明确声明各国和国际组织有必要与非政府组织合作,在国家、区域和国际的层面上,确保充分和有效地享有人权并创造有利的条件。

在知识产权规制方面,世界知识产权组织目前成员国已有一百八十多个国家,作为联合国的一个专门机构,其任务是要在全世界范围内保护知识产权。它管理着包括《巴黎公约》和《伯尔尼公约》在内的涉及知识产权保护各个方面的23项国际条约。世界贸易组织作为一个独立于联合国的永久性国际组织,1995年1月1日正式开始运作,负责管理世界经济和贸易秩序,通过已有150个正式成员签字的《与贸易有关的知识产权协定》基本上完成了知识产权保护方面的标准化,在调解成员争端方面具有更高的权威性。此外,区域性组织(如欧盟)、跨国公民团体组织(如公民社会和网络)、民族国家(尤其是美国)和亚国家组织(如美国国际知识产权协会、跨国公司等)都已经参与了知识产权方面的全球治理活动。全球知识产权体系还包含了几个特定机构,如世界卫生组织(WHO)积极对健康与知识产权政策领域提供建议与技术协助,由三个国际协定组成了关于保护植物多样性和基因资源知识产权的框架体系:《保护植物新品种国际公约》(UPOV公约)、《生物多样性公约》和世界粮农组织的《国际粮食和农业植物遗传资源公约》。

近年来世界知识产权组织与联合国人权系统对知识产权与人权冲突问题展开了一系列的治理行动。

为回应人们对知识产权与人权的关系问题的质疑,1998年又恰逢世界人权宣言颁布50周年,世界知识产权组织(WIPO)与联合国高级人权专员(High Commissioner for Human Rights)办公室联合举办了一个题为“知识产权与人权”的专题研讨会,专门讨论知识产权与人权关系问题,与会学者包括国际知名的知识产权和人权方面的专家,都在发言中指出了现存的知识产权制度同人权之间存在的冲突以及国际社会面临的主要问题。会议突出讨论了知识产权的“普

① 何增科:《全球化与国家的权力》,www.cctb.net,2006年3月17日访问。

遍性"和它在社会、经济和文化发展中的角色。学者就知识产权的起源与发展，知识产权与人类健康、传统知识保护、科学技术进步、国民待遇和非歧视等问题作了报告和讨论。[①]

联合国发展计划署则在1999年与2000年的《人类发展报告》中认为,《与贸易有关的知识产权协定》的履行事实上构成了与国际人权法律的抵触。

2000年8月,联合国人权促进保护小组委员会(Sub-Commission on the Promotion and Protection of Human Rights)通过了一项处理知识产权与人权问题的决议(以下简称"决议")。[②] 决议强调"在履行TRIPS与实现经济、社会和文化权利之间存在着实际的或潜在的冲突",这些冲突存在于广泛的范围。"决议"还"支持联合国经济、社会和文化权利委员会阐明知识产权与人权之间的联系，包括通过起草一项关于这一主题的一般性评论。"(该一般性评论在时隔5年之后终于问世。)

为了处理知识产权与人权之间的冲突,决议意图在联合国框架内评价知识产权问题,联合国经社理事会促进和保护人权分会启动了一项雄心勃勃的新议程。联合国人权促进保护小组委员会要求国际上四类不同的行动者——各国政府、政府间组织、联合国人权机构和非政府组织——处理知识产权与人权之间的冲突问题。它要求各国政府在制定法律与政策时,要做到与"人权的义务与原则"相协调,应当特别重视知识产权的社会功能(决议第5条)。它也对政府间组织提出了类似要求,并特别建议"世界知识产权组织、世界卫生组织、联合国发展计划、联合国贸发会议、联合国环境计划和其他相关的联合国机构,继续并深入进行他们对TRIPS所产生的影响分析,包括对TRIPS人权含义的考量"。(决议第12条)它要求联合国人权高级委员会、全球化特别报告员和经济、社会和文化权利委员会考量、分析、阐明TRIPS对人权的影响。(决议第9—11条)最后,为了确保新议程的透明度,人权专门委员会鼓励公民社会团体推动各国政府在其经济政策中充分地体现人权义务,并且对那些未能包括人权义务的经济政策执行后果进行监督并公开其结果。(决议第14条)《决议》还提醒各国政府:"人权义务优先于经济政策和协议。"这无疑是提出了一项处理知识产权与人权冲突问题的原则。

联合国人权系统随后展开行动回应决议的要求,开始对知识产权问题投入前所未有的关注。有关重要事项包括:

1. 人权委员会作出了"关于艾滋病等疾病蔓延情况下对药物的接近问题"

① 参见WIPO,Press Release PR/98/143,Geneva, October 20, 1998。

② Intellectual property right and human rights,Sub-commission on Human Rights resolution 2000/7, E/CN.4/SUB.2/2000/7.

的三项决议。[①] 其中要求国家"采取法律的或其他的措施,同适当的国际法律相协调,维护对受到第三方限制的药物接近权。"[②]

2. 通过人权高级专员分析了TRIPS同公众健康问题。决议第10条"要求联合国人权高级专员分析TRIPS对人权的影响",人权高级专员遂于2001年6月27日提交了题为《TRIPS对人权的冲击》的报告。报告分析了TRIPS与人权的联系,强调应当以人权的态度对待TRIPS,着重分析了TRIPS与健康权的问题,明确指出国家尊重、保护和实现健康权的义务,并探讨了在知识产权制度中医药研究和获得药物的问题,以巴西作为案例,分析了在艾滋病治疗方面面临的问题。最后提出结论与建议。鼓励相关国家政府、WHO等国际组织对执行TRIPS进行监督。[③]

3. 由经济、社会和文化权利委员会发布了官方的"声明",认为"知识产权制度一定要同《经济、社会和文化权利国际公约》中的权利相协调"。[④]

4. 由全球化问题特别报告员发表报告,认为知识产权保护逐渐损害人权目标。[⑤]

5. 2001年8月16日,联合国人权促进保护小组委员会又通过了一项知识产权与人权问题的决议,它重申在TRIPS同基本人权之间存在的冲突,呼吁采取行动反对生物海盗行为(biopiracy),无论是在TRIPS的实施或是评估中,都应当对存在的人权问题给予更严肃的关注。要求进行一项有关TRIPS对原住民影响问题的研究。并且要求联合国人权高级专员在WTO中寻求观察员的位置,以监督对TRIPS的审查评估。还要求联合国人权高级专员考虑检查(an examination),如有必要,采取一项调查(an investigation),评价作为一种法律工具的专利是否同人权的促进和保护及其相应的国家义务相协调。[⑥]

6. 2006年1月发表一般评论。2006年1月12日联合国经济和社会理事

---

① Comm. on Hum. Rts. Res. 2001/33 (Apr. 23, 2001); Comm. on Hum. Rts. Res. 2002/32 (Apr. 22, 2002); Access to Medication in the Context of Pandemics such as HIV/AIDS, Tuberculosis and Malaria, Comm. on Hum. Rts. Res. 2003/29 (Apr. 22, 2003).

② Comm. on Hum. Rts. Res. 2001/33 (Apr. 23, 2001).

③ Report of the High Commissioner, The impact of the Agreement on Trade-Related Aspects of Intellectual Property Rights on Human Rights, E/CN.4/Sub.2/2001/13 (June 27, 2001).

④ Committee on Economic, Social and Cultural Rights, Substantive Issues Arising in the Implementation of the International Covenant on Economic, Social and Cultural Rights, Follow-up to the day of general discussion on article 15.1(c), Nov. 25, 2001, Statement on Human Rights and Intellectual Property, E/C.12/2001/15 (14Dec. 2001).

⑤ J. Oloka-Onyango & Deepika Udagama, Globalization and its impact on the full enjoyment of human rights, E/CN.4/Sub.2/2001/10 (Aug. 2, 2001).

⑥ Intellectual property and human rights, Sub-Commission on Human Rights resolution 2001/21.

会又对《经济、社会和文化权利国际公约》第 17 条所涉及的知识产权与人权问题发表了 2005 年第 17 号评论。指出:每个人对于其本人的任何科学、文学或艺术作品所产生的精神或物质上的利益,享受被保护之权利,这是源自所有人与生俱来的人的尊严和价值。这一事实使《经济、社会和文化权利国际公约》第 15 条第 1 款第 32 项规定的权利以及其他人权同知识产权制度内承认的大多数法定权利得以区别。人权是基本的、不可让与的普遍的权利。这种权利属于每个人,在一定条件下属于个人或社区组成的群体。人权是基本的,而且是人们与生俱来的;而相比之下,知识产权首先是国家激励发明创造,鼓励创新产品的传播的工具,同时也是鼓励文化本体发展,为了社会整体利益维护科学、文学和艺术产品完整性的工具。通过对《经济、社会和文化权利国际公约》第 17 条、第 15 条第 1 款第 3 项的规范性解释,对人们争执不休的知识产权与人权的区别问题予以界定。①

以上文件和报告都包含了对 TRIPS 以及知识产权制度扩张的中肯批评。但同时也认可在人权与知识产权两种国际规制之间共享的目标和其他共同之处,并试图寻求一种既同国家条约义务相一致又与人权不相冲突的制度安排。但这种规制迄今尚在孕育之中。

(三) 知识产权全球治理的人权进路

知识产权与人权这两种国际体制之间的持续紧张以及国际社会对之展开的治理行动,对国际法律制度明显产生影响,至少应有以下几种关于人权与知识产权治理的进路:

1. 作为"软法"的国际人权规则应当进一步发展。人权法律大都是柔性条款,包含诸多灵活机制,它们可以随着时代需要发展成更为精致的法律规则和标准。知识产权对人权的影响无疑会促使人权机构在国际人权文书框架内发展一套清晰的、可以明确解释的权利规则,以便同 TRIPS 中所规定的那套准确而精致的规则相抗衡。前述 2006 年 1 月 12 日联合国经济和社会理事会对《经济、社会和文化权利国际公约》第 17 条所涉及的知识产权与人权问题发表的 2005 年第 17 号评论就是一个重要的步骤。政府的谈判者可能不断面临着同这些人权规制相协调的压力。在人权论坛上所制定的关于知识产权的新规则和新议程,将来会有助于在世界贸易组织或者世界知识产权组织中重新谈判知识产权标准问题。国际法律制定机构在结构上的分散性和无等级性(non-hier-

---

① Committee on Economic, Social and Cultural Rights Thirty-fifth session Geneva, 7—25 November 2005 General Comment No. 17 (2005) E/C. 12/GC/17, 12 January 2006.

achical)使这种情形可能出现。[①] 这种情况将加速经济、社会和文化权利的法理学进化,而这些权利目前在国际人权法上仍处于不发达地带。

2. 知识产品的消费者所拥有的权利应当得到保障。在TRIPS的世界中,知识产品的生产者和所有人是唯一的权利持有人,TRIPS明确表明"承认知识产权是私权"。而消费知识产品的个人和团体则被置于一种较低的使用者的位置,因为在现有的知识产权产权规制中使用者的位置实际处于隐蔽的状态,还看不到关于使用者权利的规定。考虑到知识产品消费的特殊性和信息社会的特点,一般的保护消费者的法律显然难以适用。与现有知识产权规制不同的是,对知识产权的人权态度则认为知识产品的使用人与知识产权所有人和生产者的地位相等。这种逻辑上的重新调节不仅仅是语义上的问题,它也会影响到国家的谈判策略。作为国际组织成员的各国政府应当理性地看待重新制定知识产权标准问题,通过实施得到政府间组织批准的规则,认识到平衡人权义务与知识产权保护之间的努力是建立和谐的国际法律秩序的重要部分,而不是从自我利益出发,一味地扭曲贸易规则或者一心只想搭上国外创造者和发明者的"便车"。知识产品的所有人与使用人之间的权利平衡将是知识产权走向"善治"的基本标志,也是评价治理的一项绩效标准。

3. 应当重新谈判知识产权标准化问题,制定知识产权保护的最高标准,并认真对待被TRIPS所忽略的问题。从《伯尔尼公约》到《巴黎公约》再到"TRIPS"的国际条约都在安排一种"最低标准",例如TRIPS第1条第1款规定:"成员可以但并无义务在其法律中规定高于本协议要求的保护水准,只要其不违反本协议"。但是更高的标准并不被视为问题,这些条约从不阻止成员国政府制定更为严格的国内知识产权法律,或者阻止加入抬高这些标准的协议。《伯尔尼公约》第19条和20条,《巴黎公约》的第19条都有类似规定。[②] 自TRIPS生效以后,美国和欧盟已经同许多发展中国家谈判达成了被称做"TRIPS加码"("TRIPS-plus")的双边协议。有人认为这些协议"要求发展中国家采用比TRIPS所规定的标准更为严格的知识产权规则"。[③] 因为这些协议包含了高于TRIPS的知识产权保护标准,2001年联合国人权委员会和世界卫生组织从人

---

① See Laurence R. Helfer, Constitutional Analogies in the International Legal System, 37 Loyola L. A. L. Rev. (2004).

② 参见《伯尔尼公约》第19、20条,《巴黎公约》第19条。

③ See GRAIN, "TRIPs-plus" Through the Back Door: How Bilateral Treaties Impose Much Strong rules for IPRs on Life than the WTO (July 2001).

权的立场出发，强烈反对“TRIPS 加码”协议。① 这种反对立场也许是第一次对过去十年间不断抬高的知识产权保护标准开始着手划定“上限”。此后反对超出 TRIPS 中确定的最低标准的双边和区域贸易协定（“TRIPS-plus”）的治理行动进一步展开，到了多哈回合谈判阶段，许多国家都积极强调如何利用“弹性空间”的问题，对 TRIPS 的限制问题的讨论正式在 WTO 内部展开。但是对 TRIPS 本身的“弹性空间”的利用并不能有效治理冲突问题，建立知识产权保护最高标准能否成为现实有赖于诸如世贸组织和世界知识产权组织这些知识产权规则的制定者如何接受人权规则。在 2000 年秋季，世界知识产权组织大会成立了“世界知识产权组织关于知识产权与遗传资源、传统知识和民间文学艺术政府间委员会”（WIPO-IGC），近年这一委员会已经举行了多次会议，讨论了广泛的问题，回应了发展中国家和原住民团体的要求。所讨论的问题都是被 TRIPS 所忽略的。这些问题涵盖广泛的政策领域，其中包括粮食和农业、生物多样性和环境、人权、文化政策、贸易和经济发展。② 世界知识产权组织还授权委员会制定有关国际性文书③。联合国人权高级专员、世界卫生组织，还有大量的非政府组织都已经以观察员的身份参与该委员会的讨论，在论坛中创造机会提高国际社会在知识产权问题上对人权的关注。

虽然世界贸易组织要在知识产权问题上如何采纳人权规则依然是不确定的，但走向善治的图景已经初步展现。2001 年 11 月在世贸组织多哈部长会议上发表了《多哈宣言》，明确反映了在接近医药方面的人权主张。多哈回合谈判带动的不仅仅是医药问题，还涉及与人权相关的传统知识与原住民权利。多哈部长会议宣言直接要求 TRIPS 理事会检查“TRIPS 与生物多样性公约之间的关系，TRIPS 与传统知识、民间文艺保护以及其他由成员国提出来的相关新发展之间的关系”④。但是美国迄今仍然阻挠生物多样性公约秘书处申请 TRIPS 理

---

① Report of the High Commissioner, The impact of the Agreement on Trade-Related Aspects of Intellectual Property Rights on Human Rights, E/CN. 4/Sub. 2/2001/13 (June 27, 2001), World Health Organization, Globalization, TRIPs and Access to Pharmaceuticals, WHO Policy Perspectives on Medicines, No. 3, WHO/EDM/2001. 2 (Mar. 2001).

② 世界知识产权组织大会第三十届会议（第 16 次例会）2003 年 9 月 22 日至 10 月 1 日，日内瓦，关于知识产权与遗传资源、传统知识和民间文学艺术政府间委员会的事项（WO/GA/30/5）。世界知识产权组织大会第三十二届会议（第 17 次特别会议）2005 年 9 月 26 日至 10 月 5 日，日内瓦，关于知识产权与遗传资源、传统知识和民间文学艺术政府间委员会的事项（WO/GA/32/7 注 37）。

③ 同上。

④ WTO Doha Ministerial Conference, Ministerial Declaration, WT/MIN(01)/DEC/W/1 (Nov. 14, 2001).

事会中的观察员身份，它还对人权高级专员的类似申请制造不确定性。[①] 2003年在墨西哥坎昆举行的部长会议上贸易谈判宣告失败，表明发达国家与发展中国家之间又产生了重大裂痕。[②] 多哈回合最新的进程是，世贸组织于2005年12月在香港举行第六次部长级会议，各成员就多哈回合议题进行了磋商，结果发表了《部长宣言》，在农业、棉花以及发展问题上取得了进展。这些成果对于世界经济特别是最不发达国家经济发展将带来一定的积极意义。这是在难以就关键议题实现突破的情况下，各成员就发展议题形成的共识。[③] 2005年11月29日WTO决定将最不发达国家遵守商标与版权等知识产权规则的最后期限自原定的2006年1月1日推迟至2013年7月，最不发达国家对药品实施专利保护的最后期限已延迟至2016年。2005年12月7日，WTO宣布将修改TRIPS有关公共健康条款，允许贫穷国家以较低廉的价格从不享有专利权但已获得许可的国家进口受专利保护的药品。此次修改在获得2/3成员国批准后正式纳入TRIPS，成员国作出决定的最迟日期为2007年12月1日。在此之前，贫穷国家仍可按照2003年的决议，从印度等国进口仿制药品。[④]

由此可见，在世贸框架内人权方面的进展虽步履维艰，但正在向前迈进。尽管困难重重，但是世界知识产权组织和世界贸易组织这些知识产权游戏规则的"掌控者"正在逐渐地向人权开启大门。贸易和知识产权的谈判者再也不能拒绝聆听人权社会的声音，因为这种声音已经越来越强烈。国际社会越来越认识到人权与知识产权之间的平衡将既有利于保障个人权利，又有利于增进全球福利。

---

① Report of the High Commissioner, The impact of the Agreement on Trade-Related Aspects of Intellectual Property Rights on Human Rights, E/CN. 4/Sub. 2/2001/13 (June 27, 2001).

② See The WTO under fire: Why did the world trade talks in Mexico fall apart? And Who is to blame?, The Economist, Sept. 20, 2003, at 26—28.

③ 参见新华网专题报道:《WTO第六次部长会议》(2005年12月13日—18日，中国香港)，http://www.xinhuanet.com，2006年3月25日访问。

④ 李昭:《TRIPS协议将作有利于贫穷国家公共健康的修改》，载国家知识产权局网，2006年2月10日访问。

第三章
知识产权国际保护与公共健康问题

晚近以来,一系列调整跨国经济交往关系的国际条约在世界范围内的广泛签订及其对各国行为方式的持续影响,标志着经济全球化与一体化的进程不断得到加强。但全球化带来的世界经济总体当量的迅速增长并不足以掩盖其背后由于经济全球化所直接或间接导致的诸如贫富悬殊急剧拉大、生态系统严重恶化等社会问题及各国政府、非政府组织、相关社会人士等对上述问题的深刻反思。

作为上述问题的突出表现之一,知识产权与公共健康之间的论争在后全球化时代发达国家与发展中国家长期斗争与妥协的语境下具有特别重要的意义。首先,尽管这场论争初步体现于发达国家的私人财产权与发展中国家公民的生命权与健康权之间,但背后所体现的则是国家之间综合实力与意识形态之争;其次,这是一场关于规则的论争,即关于规则的制订权与解释权的论争,论争本身在一定程度上反映出当今世界话语权的掌握与国际法的发展趋势;最后,论争的产生与矛盾的最终妥协主要集中于当前最具决定力的国际组织——世界贸易组织(WTO)的框架之下。因此,结合 WTO 下规则的变迁对知识产权与公共健康问题进行考察,可以帮助我们更为充分地认识这场论争的深远意义。

一、TRIPS 对全球公共健康保护的冲击

(一) TRIPS 产生之前的局面

在 TRIPS 产生之前,全球缺乏知识产权保护的统一标准与强有力的执行机制,同时,知识产权的地域性也决定了各国知识产权保护体系的不尽相同。因此,各国可以依据自己的国内法协调知识产权的保护与公共健康之间的关系,申言之,即各国有权自行决定是否以及如何在本国境内基于公共健康的考虑采取何种专利保护制度,以及依据本国专利法强制许可生产某受专利法保护的药品或决定从境外平行进口该药品。以印度为例,尽管早在 1947 年印度已获独立,但其国内专利保护一直沿用前殖民国英国的体制,其后果是,到 20 世纪 70

年代,印度医药市场的90%以上的份额为跨国公司所控制,印度的药品价格因此高居世界之最。[①] 为扭转这一不利局面,印度于1970年颁行了新专利法,该法案对于药品的专利保护仅限于制造方法而不包括产品本身[②],从而极大地刺激了国内药品制造业的发展,制造商们以不同的生产方法仿制出在欧美等发达国家受到严格专利保护的药品而成长壮大。与此同时,印度国民也能以较为低廉的价格获得需要的药品。除印度之外,还存在着数十个国家对于药品专利根本不予以保护。因此,在这些国家国内,知识产权与公共健康问题并未引发过多争论。

需要指出的是,对于发展中国家为维护本国公民的生命权与健康权的做法,控制着多数药品专利权且具有先进技术与严格专利保护法制的发达国家表示了强烈的不满,它们指责发展中国家的做法损害了发达国家药品研发企业的利益。美国作为这些发达国家的代表,极力将本国严格的专利保护标准推行为普适性标准。但从已有的相关案例[③]来看,美国在其国内实践中,对于专利的保护也存在例外情形,且其多数基于限制竞争等商业目的的考虑;然而,在涉及其他国家因为公共健康之目的对于源自美国的专利权人所持有的药品专利进行强制许可时,美国则表示出强烈的不满,或诉诸多边机构[④],或采取单边措施[⑤]以制裁其他国家不"尊重"美国知识产权的行为。

(二) TRIPS 生效之后的困境

WTO的诞生使得TRIPS得以生效,也标志着以欧美等国国内专利保护制度为参照体系的知识产权保护国际标准在全球得以推行。随着WTO成员数量的不断扩大,越来越多的国家或地区都必须在规定的期限内制订或修改国内知

① David K. Tomar, a Look into the WTO Pharmaceutical Patent Dispute Between the United States and India, Wisconsin International Law Journal, Vol. 17, 1999, p. 582.

② Stephen Barnes, Pharmaceutical Patents and TRIPS: A Comparison of India and South Africa, Kentucky Law Journal, Vol. 91, 2002—2003, p. 921.

③ Crater Corp. v. Lucent Technologies, Inc., No. 04-1349 (Fed. Cir. Sep. 7, 2005); Hughes Aircraft Company v. The United States, 94-5149, 95-5001. (86 F. 3d 1566); Brunswick Corporation v. the United States, 97-5017, 97-5021; Gargoyles, Inc. and Pro-Tec, Inc. v. the United States, 96-5089, -5094 (113 F. 3d 1572); Carter-Wallace v. the United States., no. 322—67 (204 Ct. Cl. 341; 496 F. 2d 535; etc.

④ See "United States-US Patents Code", WT/DS/224, 7 February 2001.

⑤ 考虑到国内感染HIV/AIDS人数已超过全国总人数的1/10,1997年9月,南非总理签署《药物和相关物品控制修正案》,该法案第15条C款授予卫生部长实施药品强制许可与平行进口的权力,由于该法案危害到美国的药品利益而降低了美国的财政收入,美国贸易代表则以制裁相威胁并将南非列入"特别301"条款调查名单。参见那力、何志鹏、王彦志编著:《WTO与公共健康》,清华大学出版社2005年版,第247页。

识产权立法以保证其与 TRIPS 所确立的国际标准相契合。

事实上,TRIPS 的诸多实体规则明显偏袒知识产权大国(发达国家)及其知识产权权利所有者的利益,不仅没有充分考虑到发展中国家实施高标准知识产权规则在人力、财力和技术上遇到的困难,也忽略了知识产权对人权、公共健康等重要社会利益的消极影响。[1]

不可否认,在 TRIPS 中,公共健康问题也有所提及。例如,该协议序言即要求"认识到保护知识产权的国家体制基本的公共政策目标,包括发展和技术方面的目标",而在其第 8 条(原则)第 1 款中,也再次重申"各成员在制订或修正其法律和规章时,可采取必要措施以保护公共健康和营养,并促进对其社会经济和技术发展至关重要部门的公众利益,只要该措施符合本协议规定"。但必须注意的是,该条文强调 WTO 成员保护公共健康必须符合 TRIPS,即符合该协议第 31 条(未获权利所有者同意的其他使用)一系列严格的规定,如"努力与权利所有者协商"、"被许可产品主要适用于国内市场"及"向权利所有者支付适当报酬"等。然而,考虑到绝大多数最不发达成员境内缺乏相关设施与资源用以生产急需的药品,因此该条款在一定程度上不合实际地制约了 WTO 最不发达成员利用 TRIPS 改善国内公共健康福利的可能性。[2] 尽管 TRIPS 也给予 WTO 众多发展中成员与最不发达成员一定的过渡期,但从长远来看并非解决上述问题的根本可行途径。

正因为如此,WTO 发展中成员关注的问题是,TRIPS 在维护专利权人利益的同时是否会导致极大损害其境内的公共健康利益。[3] 更有甚者,WTO 许多最不发达成员不能确切地知悉他们在使用 TRIPS 例外条款以维护公共健康时存有多大的可能性。实践表明,一旦 WTO 最不发达成员严格按照 TRIPS 的要求为相关药品提供专利保护,其国内市场上药品价格往往会上涨 200% 到 300% 。[4] 这势必导致这些国家更多的穷人因无力购得急需的药物而只能静待死亡的来临。在此种局面之下,长远利益与短期利益的交锋、专利保护与经济效益的博弈似乎不再值得慎重考量,美欧为 TRIPS 进行辩护的各种理由已经开始遭到质疑,许多发展中国家、政府间国际组织和非政府组织已经开始将火力

---

① 参见刘笋:《知识产权国际造法新趋势》,载《法学研究》2006 年第 3 期,第 144 页。

② World Trade Organization, TRIPS and Public Health: The Situation in Late 2005, http://www.wto.org/english/tratop e/trips e/health background e. htm.

③ Ibid.

④ Oxfam, Patent Injustice: How world trade rules threaten the health of poor people, Oxfam Briefing Papers, 2001, p. 2.

集中对准 TRIPS。[①]

发展中国家的担忧、非政府组织的指责以及相关国际组织的关注在国际社会引起了巨大的反响,TRIPS 很快成为众矢之的。一些重要的国际组织在发展中国家与各种非政府组织的强大压力之下,开始较为客观地指出 TRIPS 在保护公共健康问题上存在的制度性缺陷及由此引起的消极影响。例如,世界卫生组织于 1998 年专门发布了一个名为“关于 TRIPS 对公共健康之影响”的指南。该指南确认,执行 TRIPS 与实现世界卫生组织的目标及政策之间存在冲突。[②] 联合国经社理事会促进和保护人权分会也于 2000 年在一份报告中指出:“由于 TRIPS 的实施并未充分地反映所有人权的基本性质和不可分割性,包括人人有权享有科学进步及其应用所带来的利益、健康权、食品权、自决权,因此 TRIPS 所体现的知识产权制度与国际人权法之间存在着明显的冲突。”[③]

必须看到的是,在实施产权与公共健康领域,不同国际组织各自制订的规则存在不一致、不协调甚至相互矛盾与冲突的现象只是暂时的不幸,这种暂时的规则不协调是促成今后规则协调的强大动力。[④] 面对内部众多发展中国家的抗议与不满及外界各种组织的批评与指责,WTO 为寻求广泛的支持以实现其宗旨与职能并保证其规则具有更强的执行力度,在其成员激烈的斗争与妥协下,于 2001 年开始的多哈回合对 TRIPS 进行了重要的修正。

二、多哈回合的妥协

2001 年开始的 WTO 多哈回合谈判为 WTO 解决 TRIPS 下知识产权与公共健康之间的矛盾提供了契机。曾积极反对发展中国家实施旨在让公众更为便利地获得药物的强制许可制度的美国,在“9·11”事件之后本身遭遇了“炭疽热”危机,为此逐渐改变了其传统的强硬立场。[⑤] 而欧盟为进一步确立欧非合作伙伴关系的需要,也开始关注发展中国家因执行 TRIPS 而面临的公共健康危

---

① Laurence R. Holier, Regime Shifting: The TRIPS Agreement and new Dynamics of International Lawmaking, Yale Journal of International Law, Vol. 29, 2004, pp. 5—6.

② 转引自刘笋:《知识产权国际造法新趋势》,载《法学研究》2006 年第 3 期,第 146 页。

③ Intellectual Property Rights and Human Rights, Sub-commission on the Promotion and Protection of Human Rights, Fifty-second session, agenda item 4, E/CN. 4/Sub. 2/2000/7, adopted 17 August 2000.

④ Marco C. E. J. Bronckers, More power to the WTO? Journal of International Economic Law, Vol. 4, March 2001, p. 52.

⑤ 2001 年 9 月,为应对可能的炭疽热恐怖袭击,美国政府威胁将强制许可生产德国拜耳公司的抗生素环丙沙星(Cipro),此种做法再一次证明了美国在国际规则利用上的双重标准。See Bryan C. Mercurio, TRIPS, Patents, and Access to Life-Saving Drugs in the Developing World, Marquette Intellectual Property Law Review, Vol. 8, 2004, p. 225.

机问题。在这种背景下,发展中国家有关维护公共健康的诉求开始真正获得国际社会的普遍认同并在WTO多哈回合谈判中得到了一定程度的体现,这集中表现在WTO在2001年11月14日通过的《关于TRIPS与公共健康的部长宣言》(《多哈宣言》)以及此后经过数年的艰苦谈判后于2003年8月30日以总理事会决议形式通过的《关于TRIPS和公共健康的多哈宣言第六段的执行决议》(以下简称《执行决议》)之中。

(一)《多哈宣言》

《多哈宣言》由七段组成。第一段与第三段分别承认了"公共健康问题严重影响许多发展中国家和最不发达国家,特别是影响那些遭受艾滋病、结核病、疟疾和其他传染病的国家"以及"知识产权保护对于发展新药的重要性与有关知识产权保护对价格所产生影响的关注"。这表明WTO不仅开始认识到维护公共健康与保护知识产权之间存在冲突,而且开始试图在维系两者之间的相对平衡方面寻求新的出路。结合《多哈宣言》第二段"强调需要将WTO协议下的TRIPS作为国家的和国际社会的广泛举措中的一部分来解决这些问题"加以考虑,不难发现,WTO已经意识到矛盾的根源与解决的途径在于TRIPS本身。因此,在《多哈宣言》第四至七段中,WTO为TRIPS的执行构建了抽象的框架。例如,宣言要求在尊重成员为维护公共健康而采取措施的前提下善意解释TRIPS①、责成TRIPS理事会拟订方案解决其制药企业没有制造能力或制造能力不足的WTO成员的药品需求问题(嗣后通过的《执行决议》即为实现此目的)、延长WTO最不发达成员对于执行TRIPS下药品专利保护的过渡期并要求发达成员有义务鼓励其企业和公共机构向WTO最不发达成员转让技术等。

(二)《执行决议》

考虑到《多哈宣言》第六段的要求,经过近两年的艰苦谈判后,WTO发展中成员与发达成员最终在相关问题上取得一致意见,并于2003年8月31日通过

---

① 《多哈宣言》第五段包括4个条款:(1)应采用国际法的习惯解释规则,结合TRIPS所表达的目标、意图和原则对TRIPS进行解释;(2)各成员有权依据自身的理由自由批准强制许可;(3)各成员有权决定构成国家紧急状况或其他紧急情况的条件,可以理解公共健康危机,包括与艾滋病、结核病、疟疾以及其他传染病有关的危机,构成上述国家紧急状况或其他紧急情况;以及(4)在TRIPS第3条、第4条有关最惠国待遇和国民待遇原则规定的前提下,TRIPS中有关知识产权权利用尽的规定应当使各成员能够自由地、不受干扰地建立其权利用尽体系。See Declaration on the TRIPS agreement and public health, Adopted on 14 November 2001, WT/MIN(01)/DEC/2, 20 November 2001, para. 5. http://www.wto.org/English/thewto_e/minist_e/min01_e/mindecl_trips_e.htm. 由此不难发现,《多哈宣言》在此赋予各成员充分的自主权以应对因知识产权保护问题而可能引发的公共健康危机。

了《执行决议》。该决议包括 11 项规定和 1 个附件,其主要内容包括但不限于:

1. 相关定义。《执行决议》第 1 条分别对可用来应对公共健康问题的"医药产品"、"符合条件的进口成员"以及"出口成员"作出规定。其中,"医药产品"指在医药领域用来应对《宣言》第一段中认可的公共健康问题的任何专利产品,或通过专利方法制造的产品,其中包括药品制造所需的有效成分和药品使用所需的诊断试剂;"符合条件的进口成员"指任何最不发达成员,以及任何向 TRIPS 理事会发出通知,表明其希望使用此制度作为进口方意愿的成员。按照规定,成员可在任何时候通知 TRIPS 理事会它将全部或有限制性地使用该制度①;"出口成员"指使用本决议中确定的制度生产医药产品并将其出口到"符合条件的进口成员"的成员,换言之,任何拥有相关制药能力的 WTO 成员均有可能成为"出口成员"。

2. 义务豁免。根据《执行决议》,任何 WTO 成员均可出口强制许可生产的药品到"符合条件的进口成员"而将获得 TRIPS 第 31 条(f)款要求"强制许可产品必须主要适用于国内市场"规定下的义务豁免(第 2 条);"符合条件的进口成员"对进口产品行使强制许可时,该成员可不履行 31 条(h)款"向专利权人支付充分报酬"的义务(第 3 条)。

3. 防止贸易转移。按照《执行决议》第 4 条、第 5 条的要求,为不违背基于公共健康之目的而强制许可生产药品的初衷,同时在一定程度上考虑到专利权人的利益,必须严格控制上述药品的流向,避免任何第三方因改变这种流向从中受益。简言之,基于公共健康目的强制许可生产之药品必须流入指定成员境内且不能再出口至他处。

4. 对进口成员生产能力的评估。为确定哪些成员在制药领域内制造能力不足或没有制造能力可有权要求进口,《执行决议》的附件规定了较为具体的评

① 值得注意的是,某些成员将不会使用本决议中确立的制度作为进口成员,《执行决议》中列出了 23 个自愿放弃使用本制度作为进口成员的发达国家,它们分别是美国、英国、法国、德国、日本、加拿大、奥地利、比利时、丹麦、芬兰、希腊、冰岛、爱尔兰、意大利、卢森堡、荷兰、新西兰、挪威、葡萄牙、西班牙、瑞典、瑞士、澳大利亚;还有一些国家或成员声明只在国家紧急状态和其他特别紧急情况下才使用本制度,它们分别是中国香港、中国澳门、中国台湾、以色列、韩国、科威特、墨西哥、卡塔尔、新加坡、土耳其和阿拉伯联合酋长国。See Decision of the General Council of 30 August 2003, Implementation of paragraph 6 of the Doha Declaration on the TRIPS Agreement and public health, WT/L/540 and Corr. 1, 1 September 2003. http://www.wto.org/english/tratop_e/trips_e/implem_para6_e.htm.

估标准。①

5. 争端处理。为保证前述义务豁免落到实处,《执行决议》第 10 条要求,针对一成员依本决议“义务豁免”相关规定采取的措施,任何其他成员均不能因这一成员违反原有规则而依据 GATT 1994 第 23 条第 1 款 b 项和 c 项对其提出指控。

《多哈宣言》与《执行决议》是 WTO 发展中成员面对因艾滋病、肺结核、痢疾和其他流行病而引发的公共健康危机时,在 WTO 框架内通过与若干 WTO 发达成员进行积极斗争而取得的重要成果之一,这也将使 WTO 贫困成员有望获得廉价药品,有利于它们更迅速和有效地控制、缓解公共健康危机。可喜的是,在《执行决议》问世 4 年之后,卢旺达便成为利用该规则从中受益的典型例证。

2007 年 7 月 17 日,艾滋病肆虐的卢旺达向 TRIPS 理事会提出通报②,希望在两年期间内进口 26 万盒由加拿大奥贝泰克制药公司(Apotex)生产的抗艾滋病药品 TriAvir。2007 年 10 月 4 日,加拿大作出善意的回应,授权本国奥贝泰克制药公司(Apotex)生产提供卢旺达所需的 TriAvir。③

然而,我们也不能忽视《多哈宣言》与《执行决议》存在的一些不足。

首先,WTO 发达成员与发展中成员对于 TRIPS 的解释和执行存在着重大分歧,是上述相关文本出台的重要原因之一。④ 然而,尽管上述宣言和协议对 TRIPS 的相关规则作出了一定程度的澄清,但宣言和协议本身也存在着诸多较为模糊的用语。宣言和协议采用这种用语模糊化的行文技巧,或许是基于如下考虑:充分平衡 WTO 发达成员与发展中成员利益的不易,模糊的用语可以为各方寻求其利益之最大化提供便利。但这也为未来可能出现的冲突与争端埋下

---

① 最不发达成员被视为在制药领域内制造能力不足或没有制造能力;对其他成员而言,其在制药领域内制造能力不足或没有制造能力的主张可通过以下方式之一进行确认:(1) 已证实提出主张的成员在制药领域没有生产能力;或者(2) 该成员方在制药领域内存在一定的制造能力,但除专利权人所拥有和控制的制造能力之外,现有制造能力不能满足其需求。See Decision of the General Council of 30 August 2003, Implementation of paragraph 6 of the Doha Declaration on the TRIPS Agreement and public health, WT/L/540 and Corr. 1, 1 September 2003, annex, Assessment of Manufacturing Capacities in the Pharmaceutical Sector. http://www. wto. org/english/tratop_e/trips_e/implem_para6_e. htm.

② Patents and health: WTO receives first notification under "paragraph 6" system. http://www. wto. org/english/news_e/news07_e/public_health_july07_e. htm.

③ Canada is first to notify compulsory licence to export generic drug, http://www. wto. org/english/news_e/news07_e/trips_health_notif_oct07_e. htm.

④ James Thuo Gathii, the Legal Status of the Doha Declaration on TRIPS and the Public Health under the Vienna Convention on the Law of Treaties, Harvard Journal of Law & Technology, Vol. 15, 2002, p. 299.

祸根。例如，在《多哈宣言》与《执行决议》中所提及的“传染病”、“医药产品”等概念，并未具体至何种疾病及产品，对此，发达国家主张就相关传染病症与可能导致公共健康的疾病列出详细的清单，而 WTO 发展中成员则坚决反对这种缩小其适用范围的做法[①]；再如，针对《多哈宣言》第五段第三项“各成员有权决定构成国家紧急状况或其他紧急情况的条件”，有发达国家学者担心这种未限定范围的授权将导致 WTO 发达成员与发展中成员之间紧张关系的加剧[②]。

其次，《执行决议》并没有提供一个促进竞争和降低药品价格的有效模式以刺激药品流入急需的国家，仅考虑人道主义关怀并不足以激发潜在的药品供应者运用该体系的兴趣。此外，出口成员必须履行较为复杂的程序以期获得 WTO 的许可，而履行程序所需之成本又会直接或间接地转嫁给愿意提供药品出口的制药公司，从而进一步打压这些公司的积极性。例如，在前文中提及的加拿大奥贝泰克制药公司的总裁杰克·凯在获得授权的次日即发表声明，对批准强制许可所需的繁琐程序表示出强烈不满；同时他还委婉地指责拥有 TriAvir 药品专利的英国葛兰素史克公司利用繁琐的程序故意拖延授权[③]。

最后，也必须看到的是，《执行决议》采用的是义务豁免模式而不是采用 TRIPS 修改或解释模式，且其法律效力至未来 TRIPS 修改时为止，这意味着《执行决议》并不具有永久的法律效力，同时还表明在 WTO 新一轮贸易谈判中，以美国为代表的发达成员将以此作为筹码，换取发展中成员在投资、服务贸易领域等其他领域的让步。

三、坎昆回合的发展

在 2005 年的继续谈判中，WTO 发展中成员在非农产品、服务贸易等领域的

---

① Bryan C. Mercurio, TRIPS, Patents, and Access to Life-Saving Drugs in the Developing World, Marquette Intellectual Property Law Review, Vol. 8, 2004, p. 237.

② 同时，该学者为证明其观点假设了以下局面：某 WTO 成员认为抑郁症属于公共健康危机进而强制许可生产对症药品百忧解（Prozac）。See Vishal Gupta, a Mathematical Approach to Benefit-detriment Analysis as a Solution to Compulsory Licensing of Pharmaceuticals under the Trips Agreement, Cardozo Journal of International and Comparative Law, Fall, 2005, p. 648.

③ See Life Saving AIDS Drug for Africa Gets Final Clearance, http://www.apotex.com/PressReleases/20070920-01.asp.

进一步妥协换取了发达成员在知识产权与公共健康领域的让步①。2005 年 12 月 6 日 WTO 各成员一致通过了《修改 TRIPS 的决定》,这也是多哈回合谈判启动以来到目前为止唯一经部长级会议确认的重要成果。该决定的附件即为《修改 TRIPS 的议定书》(以下简称《议定书》)。依据《建立世界贸易组织的马拉喀什协定》第 10 条第 3 段的规定,《议定书》将在 WTO 成员 2/3 多数接受后,对接受成员生效。换言之,《议定书》的生效需要现有 150 个 WTO 成员中至少 100 个成员接受。《议定书》原定开放供各成员在 2007 年 12 月 1 日或者部长级会议可能决定的更晚日期之前接受,考虑到截至 2007 年 12 月 1 日,仅有 10 余个 WTO 成员②对此表示接受,因此,部长会议决定将接受期限延长至 2009 年 12 月 31 日或部长会议可能决定的更晚期限。③ 在《议定书》生效之前,《执行决议》仍具有法律效力。

《议定书》包括 6 个条文、2 个附件及 1 个附录。其主要内容是关于《执行决议》的延续与固定化,即在 TRIPS 第 31 条后插入第 31 条之二,共包含 5 个款项,主要规定在一定条件下免除成员基于 TRIPS 第 31 条(f)与(h)款而应承担的义务;在第 73 条后插入附件,该附件对"第 31 条之二"的内容和"药品"、"有资格进口的成员"和"出口成员"的定义以及适用"第 31 条之二"所必须满足的条件作了规定;此外,附件的附录收入《执行决议》的附件,具体规定对进口成员缺少相关药品生产能力进行评估的程序和方法。

《议定书》于《修改 TRIPS 的决定》通过后即开放供各成员接受,标志着《执行协议》有着稳定的后续发展,尽管它并不能全面地消除保护知识产权与维护公共健康两者之间的冲突,但它在某些方面表明 WTO 成员在面对这一问题时

---

① 在于 2005 年 12 月 13 日举行的 WTO 香港回合谈判中,发展中国家在其他领域的让步得到了发达国家在知识产权与公共健康问题上的积极回应。具体可体现为《多哈工作计划香港部长宣言》第四十五段的内容:"我们注意到 TRIPS 理事会根据多哈《执行决议》第 11 段第 1 项及总理事会 2004 年 8 月 1 日通过的决定第 1 段 h 项所做的工作,并指示该理事会继续审查 GATT 1994 第 23 条第 1 款(b)项和(c)项规定类型的起诉的范围和模式,并向下届部长级会议提出建议。各方同意在此期间各成员将不根据 TRIPS 提出此类起诉。See Doha Work Programme Ministerial Declaration, Adopted on 18 December 2005, WT/MIN(05)/DEC, 22 December 2005, para. 45. http://www.wto.org/english/thewto_e/minist_e/min05_e/final_text_e.htm.

② 其中包括美国(接受日期:2007 年 12 月 17 日。下同)、瑞士(2006 年 12 月 12 日)、萨尔瓦多(2006 年 12 月 19 日)、韩国(2007 年 1 月 24 日)、挪威(2007 年 2 月 5 日)、印度(2007 年 3 月 26 日)、菲律宾(2007 年 3 月 30 日)、以色列(2007 年 8 月 10 日)、日本(2007 年 8 月 31 日)、澳大利亚(2007 年 12 月 12 日)、新加坡(2007 年 9 月 18 日)、中国香港(2007 年 11 月 27 日)、中国(2007 年 11 月 28 日)、欧共体(2007 年 11 月 30 日)等。See Members accepting amendment of the TRIPS Agreement. http://www.wto.org/english/tratop_e/trips_e/amendment_e.htm.

③ Amendment of the TRIPs Agreement—Extension of the Period for the Acceptance by Members of the Protocol Amending the TRIPs Agreement, Decision of 18 December 2007, WT/L/711.

的态度、方法与观点正朝着公平公正、理性务实的方向发展。同时,我们需要认识到,WTO只是一个贸易组织而非健康组织,知识产权保护也仅仅在一定程度上加剧了全球公共健康问题的恶化而并非此问题全部症结之所在,全球公共健康福利的实现有赖于各主权国家、相关国际组织、其他各种非国家行为体(包括非政府组织、跨国公司甚至个人等)在WTO框架内外、知识产权制度内外的通力协作。

四、公共健康问题中的知识产权立法进程启示

从TRIPS的生效,到《多哈宣言》和《执行决议》等解释方案的出台,再到《议定书》产生,这一漫长、曲折的过程充分体现出发达国家与发展中国家在WTO之内为维护各自利益时刻进行着激烈的斗争和必要的妥协,同时也从本质上印证了这一问题的复杂性与解决问题的循序渐进性。此外,从这场立法的变迁之中,就发展中国家的境遇、WTO的态度、国际法的发展乃至人类社会规则的演进而言,我们可以得到下列有益的启示。

(一)发展中国家的诉求正在日益受到重视

在自身利益的主导下,发达国家长期把握着国际事务的话语权。在这种局面之下,众多的发展中国家并未从深度与广度不断扩张的经济全球化中享受到应有的福利份额,而是备受发展问题的困扰并不断地被边缘化。这种局面若持续下去,将极大地打压发展中国家参与经济全球化的积极性。因此,WTO总干事拉米在评价和回顾TRIPS诞生后近10来的国际知识产权保护体制时,曾意味深长地指出:"全球知识产权体制的正常运转需要绝大多数国家的共同努力,但这种努力则以各国政府确信其利益之所在为前提。因此(发达国家)需要更多地考虑发展中国家的诉求,并让其具有主人翁意识"①,这也正是WTO针对TRIPS最终作出了一定程度上有利于发展中国家的解释与修正的前提条件。

对此,也有学者充满信心地指出,这场事件作为一个重要标志,反映了发达国家与发展中国家之间的利益冲突与协调,使得公共健康这一基本人权在知识产权领域得到重视,在一定程度上促使知识产权国际保护更多地考虑经济技术落后国家的利益;同时,它也是一个良好的开端,昭示着发展中国家的立场、观点在现行的国际知识产权体系下作为主流意识加以体现,这就进一步引发出传

---

① Pascal Lamy, Trade-Related Aspects of Intellectual Property Rights—Ten Years Later, Journal of World Trade, Vol. 38, 2004, p. 934.

统知识、生物多样性、地理标志等更为广泛的权利保护与利益协调的制度空间。①

（二）WTO 并不排斥社会利益

作为当前国际社会最有影响力的国际经济组织,WTO 致力于推动全球贸易与投资的发展,以提高人类总体福利水平为总的宗旨和目标。但是,当经济的发展逐渐对诸如环境、人权及劳动标准等社会利益形成威胁之时,WTO 也开始意识到经济的发展始终只能作为一种手段而不能成为目的,倘若经济的发展对人类赖以生存的相关社会价值产生严重破坏并出现不可逆转之情势时,WTO 就有必要采取应对措施,即便牺牲部分经济利益,也必须适当维护上述社会价值。换言之,WTO 以其强有力的执行措施打破世界贸易壁垒的坚冰,遏制各种"与贸易有关的……"贸易扭曲措施并不能成为其唯一的职能,它必须尽力以同样富有成效的方式解决因为其片面追求经济价值而可能忽视或损害的相关社会价值。

以 WTO 审理的自由贸易与环境保护的相关案例为例,不难发现,从"美国汽油标准"案②到"美国禁止虾及虾制品进口"案③再到"欧共体影响石棉及含石棉产品措施"案④,WTO 逐步形成了其独特的环境保护价值与观念。通过本书的考察,亦不难发现,当 WTO 意识到过分强调专利保护的私权价值而罔顾公共健康会导致严重的社会危机时,就有必要对原有规则作出调整,使其与时代的需求相符。同时,WTO 近几年在关注公共健康危机方面作出了一些成绩,也在一定程度上表明该组织有能力像处理贸易事务一样解决相关社会问题。⑤

（三）国际法逐步走向人本化

传统上,国际法主要作为主权国家之间的法律,似乎并未对个体上的人加以过多关注。第二次世界大战后,出于对战争的反思及对人类的生命与尊严的强调,一系列国际人权条约得以签订,作为国际法新分支的国际人权法滥觞于此,国际法因而也产生了人本化的因素。作为人权保护的组成部分,将公共健

---

① 参见吴汉东:《知识产权的私权与人权属性——以〈知识产权协议〉与〈世界人权公约〉为对象》,载《法学研究》2003 年第 3 期,第 78 页。

② See "United States—Standards for Reformulated and Conventional Gasoline", WT/DS/2.

③ See "United States—Import Prohibition of Certain Shrimp and Shrimp Products", WT/DS/58.

④ See "European Communities—measures affecting asbestos and asbestos—containing products", WT/DS/135.

⑤ Decision removes final patent obstacle to cheap drug imports, Press/350/Rev. 1,30 August 2003, http://www.wto.org/english/news_e/pres03_e/pr350_e.htm.

康保护纳入国际法的范畴则是以公众或集体为取向的国际法人本化的新动向[①]。

WTO对TRIPS循序渐进的变更与修正，表明该组织不仅开始顾及发达成员与发展中成员利益的平衡，也开始在一定程度下努力实现发展中成员与最不发达成员在适用WTO协议时的权利与义务平衡。易言之，在微妙平衡的不断演化中，WTO成员以实际行动证明世界贸易体制应当为人道主义与发展的目标作出贡献。[②]

（四）人类社会规则的演进日趋理性

众所周知，现有的国际政治格局在一定程度上决定了现有国际经济、社会格局的不均衡，当前的国际经济秩序距离20世纪70年代众多发展中国家所要求创建的国际经济新秩序相去甚远，既存的分配各国利益、调整国际秩序的相关规则也不尽合理。然而，如果片面追求规则的公正合理而不考虑现有国际利益分配格局背后现实的各国实力对比，希望用推翻一切现有规则的方式来祈望理想状态的到来，是不现实和不理智的。比较可行的方法是，尊重当下规则，各利益相关方（包括国家、国际组织和其他非国家行为体）之间通过谈判协商进行博弈，循序渐进地使现有国际规则逐步趋向更加公平合理，才是客观务实的抉择。

因此，当众多发展中国家意识到TRIPS片面强调发达国家利益而导致其遭受不公正待遇之时，并未简单地对TRIPS加以抵制甚至抛弃，而是利用现有规则与发达国家展开博弈，并最终对协议中某些不合理的条款加以修正，使该协议更为符合自身的需要。毕竟，规则内的博弈与妥协才能使人类社会从身份走向契约、由共同体步入社会、让权力服从规则；反之，在规则之外争取权利抑或推翻规则来寻求利益的实现尽管带有革命的浪漫主义色彩而充满诱惑，但历史的实践一再证明，它不可能实现社会福利的“帕累托改进”[③]，甚至无法满足最低限度的“卡尔多—希克斯改进”[④]的要求。

---

① 参见曾令良：《现代国际法的人本化发展趋势》，载《中国社会科学》2007年第1期，第97页。

② See Press Release, World Trade Organization, Members OK Amendment to Make Health Flexibility Permanent, http://www.wto.org/english/news e/pres05 e/pr426 e.htm.

③ 经济学术语，是指在某种经济境况下如果可以通过适当的制度安排或交换，至少能提高一部分人的福利或满足程度而不会降低所有其他人的福利或满足程度。

④ 经济学术语，是指在某种经济境况下如果可以通过适当的制度安排或交换，一部分人的福利或满足程度得到提高而另一部分人的福利程度会降低，但社会的总体福利程度仍将得以提高。这也是为了避免在公共福利评价时无法使用帕累托改进标准时的不得已的选择。

第四章
知识产权国际保护与遗传资源问题

一、知识产权国际保护与基因遗传资源保护概述

基于知识产品的准公共产品特性，对知识产权的开发、利用、保护和管理必然随着资本、技术的国际化而国际化。因而，知识产权国际保护制度的建立和发展是国际交往、融合的结果，也是全球化的必然成果。然而，在国家之间资本、技术不平衡的条件下，知识产权国际保护制度就不仅仅是个别国家所能决定的，而是各国利益博弈的产物。具有某方面比较优势的国家总希望自己的优势得到最大限度的发挥，其中尤其明显的一个表现就是发达国家竭力扩张占优势的知识产权制度，而发展中国家则用基因遗传资源作为筹码进行对抗。因此，在现代知识产权国际保护制度中，对基因遗传资源的国际保护不仅仅是发展中国家保护资源主权的一部分，也是它们对抗和改变自己居于弱势地位、以发达国家为主导的现代国际知识产权制度的一种策略。

基因遗传资源是生物遗传资源的核心，其表现是基因及其 DNA 片段的遗传特性。基因遗传资源的独特性和多样性构成了生物的独特性和多样性。一般认为，生物遗传资源是指具有实用或潜在实用价值的任何含有遗传功能的材料，包括动物、植物、微生物的 DNA、基因、基因组、细胞、组织、器官等遗传材料及相关信息，它是生物技术尤其是生物知识产权的物质基础，其中又以基因及其 DNA 片段的遗传特性最为重要。① 生物学研究表明，基因遗传信息的表现形式——基因物质是一定的，虽然会有变异，但只是排列组合的改变，并不会创造出新的基因物质形式。如果能够取得该物质的垄断权，无疑会带来巨额的利润，也能有效地排斥竞争对手。在国际竞争中，对基因遗传资源的占有情况无疑将成为衡量一个国家综合国力的重要指标。但是，如果遵循基因遗传资源先占原则，无疑首先要将该遗传资源视为无主物，谁强大谁就多占，就可以排斥后来者。这正是生物技术先进国家与落后国家的冲突所在，也是两类国家在基因

① http://www.zhb.gov.cn/eic/650773444689920000/20021206/1036302.shtml 2005/1/21.

遗传资源保护与知识产权国际保护态度迥异的主要原因所在。

在研究知识产权国际保护制度与基因遗传资源保护的关系方面，作为生物体一部分的人类基因遗传资源可以被排除在外，因为它涉及更多的伦理道德问题，在国际知识产权保护制度中较容易协调。因此，除人类基因遗传资源之外的动植物、微生物遗传资源才是本书研究的对象。

目前，在知识产权国际保护制度与基因遗传资源保护的关系方面，国际社会进行了许多卓有成效的尝试。国际性的条约、宣言如《生物多样性公约》、《粮食和农业植物遗传资源国际条约》、《关于获取遗传资源并公正和公平分享通过其利用所产生惠益的波恩准则》(Bonn Guidelines on Access to Genetic Resources and the Fair and Equitable Sharing of the Benefits Arising from Their Utilization，以下简称《波恩准则》)，区域性立法如《1996 年安第斯共同体关于遗传资源获取共同制度的 391 号决议》、《2000 年安第斯共同体关于知识产权共同制度的 486 号决议》、《2000 年非洲联盟关于保护当地社区、农民与育种者权利、管理生物资源获取的示范法》、《东盟生物与遗传资源获取框架协定(草案)》等，此外，哥斯达黎加、印度、南非、保加利亚、菲律宾、玻利维亚、秘鲁、巴西、澳大利亚等国都制订了相关法律协调知识产权保护与基因遗传资源保护的关系。[①] 在这些国际、区域以及国家法律文件(或没有法律约束力的宣言性文件)中，影响最大、内容最全面的是《生物多样性公约》。因此，本书主要以《生物多样性公约》为基础论述知识产权国际保护制度与基因遗传资源保护的关系。

二、基于基因遗传资源的知识产权与物权

基因遗传资源的知识产权利用，是现代生物技术发展的直接结果，也是科技进步—经济发展—法律保护这一知识产权制度模型在基因遗传资源利用方面的逻辑演绎。[②] 但是，由于生物技术自身的特点，基因遗传资源的知识产权保护又有独特之处。首先，基因技术是一种新技术，但其生物学原理却相当简单，基因遗传资源的重组、改良并不能创造出新的基因。人们对生物改良的历史是久远的，微生物发酵、植物育种等技术古已有之。现代生物技术与传统生物技术相比并没有质的不同，只不过前者在改变生物集体的遗传成分时更精确。同时，现代生物技术又有很大一部分向传统生物技术回归，二者之间并无明显的界限。[③] 前人栽树，后人乘凉，在生物技术领域非常普遍。因此，虽然基因遗传

---

① 参见秦天宝编译：《国际与外国遗传资源法选编》，法律出版社 2005 年版。

② 参见吴汉东、胡开忠等著：《走向知识经济时代的知识产权法》，法律出版社 2002 年版。

③ 参见郝晓锋：《生物技术的专利保护问题研究》，北京大学 1995 年博士学位论文，第 5 页。

资源的开发利用可能产生新的方法,还可能创造出新的生物,但构成生物遗传资源的根本元素——基因信息却并不会出现新的类型,也就是说基因本身不具有创新性。其次,生物技术是一种实验技术,原理简单,但真正将技术方案在实验室付诸实施并形成成熟的技术则并非易事,投资巨大,实验周期长,具有高风险性,因此,除非给予技术研发者以充分的激励,人们就缺乏从事该行业的动力。[①] 再次,生物技术的基础是基因遗传资源的利用,而该资源是有限的,往往是越不发达的地方,由于原生态保存较好,基因遗传资源越丰富,因此,除非给予基因遗传资源所有人或者相关利益主体相应的补偿,否则就无法得到或者无法以合法的手段顺利得到该资源。这一点正是基因遗传资源知识产权利用法律机制建立的核心问题,也是目前争议最大的问题。最后,生物技术产业的核心或者主要表现形式是知识产权,因此,只有平衡基因遗传资源所有人、知识产品开发人、社会公众的利益,才能真正保证该行业的健康发展。

由此可见,基因遗传资源与知识产权的关系问题,不纯粹是智力劳动的成果归属问题,它还与产业政策、产业利益、资源权益等密切相关,这在基因遗传资源保护制度与知识产权制度的建构与理论研究方面必须加以重视。总体而言,基因遗传资源的知识产权利用不仅关乎基因信息的利用,还关涉到生物体本身的利用,由此产生了知识产权与物权、资源主权的冲突与协调问题。

(一) 基于基因本身的知识产权与物权

专利法对基因原来并不给予专利保护,主要原因有:基因原来就存在,是一种自然物质,因而不能授予产品专利;基因是一种科学发现,不是发明,发现不能授予专利权;许多基因技术方法是一般人可以了解的方法,因而基因提取方法也不能授予专利;动物、人体基因的专利保护违反了人伦道德。赞成基因专利的理由主要是:基因不是科学发现,分离的基因已经脱离了原始状态,成为独立的技术方案,可以授予专利;科学发现并非一概不能授予专利,关键是看其产业应用的可能性,基因的发现、提纯、培育由于付出了创造性劳动,不同于基础科学中的不具有针对性的发现,因而可以授予产品专利和方法专利;专利法在很多情况下并不能判断技术的社会作用,这应该由其他法律来规范,而且基因专利的实施促进了技术进步,具有社会积极效用;只有对基因专利加以保护,才能有效激励高风险性的生物技术研究。尽管争论从未停息,但生物技术的进步和生物产业的发展已经越来越倾向于基因专利,而将反对意见抛在历史的烟尘

---

① 参见叶兆阳著:《高新技术知识产权的保护和产业化》,华夏出版社 2002 年版,第 60—64 页。

中,生物专利已经大量地授予,并且不断地扩展专利保护客体,同时屡屡冲破专利法的传统戒律。微生物是最先被授予专利的生物,最初将它归入化学物质的范畴授予专利,但后期的专利法将它作为独立的生命物质专利给予保护,这已经打开了生命物质不授予专利的缺口。国际上,《布达佩斯条约》则专门协调了微生物专利的国际保护问题,这已得到大部分国家的认可。世界贸易组织《知识产权协定》明确要求授予微生物以专利,中国现行专利法也是如此。紧随微生物专利的则是植物专利的授予。美国现行知识产权法不仅可以授予植物个体以专利,而且授予植物新品种以专利。欧洲也有类似趋向,但目前主要采取品种权保护模式。《植物新品种条约》(UPOV,1978 版本)允许成员采用专利法或者专门法形式保护植物品种(PlantVariety),TRIPS 也是如此。动物专利则在美国、欧盟等已经得到保护,TRIPS 第 27 条虽然并不要求保护动物本身,但要求保护生产动物的非生物方法以及微生物方法。中国专利法排除了动植物专利,但并未排除方法专利,而且中国也承认基因、蛋白质等遗传物质本身的可专利性。因此,基因技术的发展,已经逐渐将生物本身以及生物的基因序列纳入专利主题之中,形成了利用基因遗传资源的知识产权产业。

的确,基因技术已经使基因的提纯、培育与组合成为新的技术方案,具有授予专利的条件。但是,基因技术的贡献在于分离基因本身的方法而非基因本身,由于基因在分离以前就已经存在而且其排列具有固定性,因此授予基因本身以专利就不仅仅是专利法规则的扩张,而且是专利法价值观念和产业利益驱动的产物。有论者指出:这显然已经背离了专利法的传统,它一方面反映出当今社会中工业利益集团对国家立法的影响力已经远远超过立法者对一般法律原则的呵护能力这一现实,另一方面也说明我们所一贯坚持的原则本身也还没有成为一项基本不可动摇的法律戒条。[①] 实际上,基因专利、生物新品种专利,主要保护的是投资者的投资利益,已经超出了发明创造的范畴,在国际上则体现为保护技术先进与资本雄厚的一方,并没有遵循知识产权法传统规则的逻辑。另一方面,发展中国家寻求基因遗传资源保护与知识产权利益分享并非是对于知识产权制度的敌视,而是要在知识产权国际保护制度的新一轮利益博弈中取得知识产权规则的制定权,以便实现基因遗传资源知识产权利用的利益平衡。

但是,基因遗传资源是具有稀缺性甚至是唯一性的物质,正是这种特性才使垄断基因有了经济价值。方法专利仅保护方法本身以及按照该方法生产的

---

① 参见崔国斌:《基因技术的专利保护与利益分享》,http://162.105.148.89/students/cuiguobin/MA%20paper.htm 2004/4/25。

产品,并不能排斥他人依据其他方法生产该种产品,但是基因工程技术方案比较简单,基因专利申请人的目的显然不是仅仅保护方法,而是为了垄断基因本身。这才是问题的所在。知识产权法在此问题上的尴尬是:不保护基因本身的知识产权,将面临生物技术创新不足,况且这些技术往往是发达国家的大公司完成的,利益的天平也很容易倾斜到它们一方;如果保护基因本身,将不仅面临着专利法规则修改,而且更重要的是,它将可能为后续研究设置障碍,也会冲击现存的传统生物技术的应用(如农民使用以前的种子的权利),对技术落后的发展中国家极为不利。实际上,将生物技术发明、发现引入知识产权保护客体并非绝对不能,因为这毕竟不同于数学公式、纯粹的自然探险活动,而是含有智力创造性的实用技术方案,而知识产权制度的效用就在于用技术公开换取技术垄断、用高额投资换取垄断利益,并没有千古不变的戒律。如果我们将专利乃至整个知识产权制度看做国家与知识产品创造者的社会契约的话,道理就更加明确:技术的进步、社会条件的变化必然带来契约内容本身的变化。但是,关键在于,这种变化不能仅仅考虑到投资者和创造者,还要考虑其他相关利益主体的利益,否则就不能使这一社会契约真正履行下去,在基因遗传资源知识产权利用方面则表现为不顾及资源所有人的利益,就会导致普遍的抵制,生物产业也会因为资源匮乏而不能顺利发展。因此,要么创设一种新权利来保护基因遗传资源所有人以及相关利益主体的利益,要么对利用者的知识产权本身进行限制,以此达到利益的平衡,才能保障生物技术产业健康发展。

(二)基于基因遗传资源生物载体的知识产权、物权

基因遗传资源的知识产权商业利用不可避免会涉及的生物载体的利用问题。这些生物载体一方面可能表现为物权,另一方面则可能表现为资源主权。这里以中药为例进行说明。

中药(Traditional Chinese Medicine)是中华民族对世界医学的重要贡献,至今仍然是中国人治疗疾病的主要药品之一,并且因其独特的疗效而在国际上取得了与西药和混合药品竞争的独立地位。中药的基础是基因遗传资源生物载体,没有基因遗传资源,就没有中医和中药。同时,中药又与中国传统文化紧密相联,它建立在中国古代哲学基础之上,历经世代中医以及普通人民的经验实践。[①] 与西药不同,中药大部分采取直接利用生物材料进行配制,尤其是草药,基本上来自植物体的搭配。按照中国法律,中药可以取得专利保护、商业秘密

---

① 参见 Bryan Bachner:《法律与生物多样性:重新思考全球化时代的知识产权》,武汉大学2003年博士学位论文,第34—35页。

保护等知识产权法保护，同时又可以获得中药品种保护等行政保护，这两种保护都是专有权保护。[①] 但是，现行法并没有明确规定中药材本身的专有权，如果在中国采集的原始植物材料配制成中草药能获取专利，那么势必危及中国人民运用传统方式配制药品的权利，同时也限制了中国企业利用传统生物材料生产药品的权利。

那么，如何正确处理基因遗传资源载体本身的利用与知识产权之间的关系呢？这里存在的问题是：因为显然是药品生产者对材料的组合具有创造性从而产生药品，如果基因遗传资源材料提供者可以获得知识产权，就会违背知识创造的基本原理；如果药品专有权人仅仅按照材料本身的价值付费，那么就会与药品本身的价值相差太大（因为大多数药品素材都是非常低廉的植物材料），而且会影响材料的先前利用（先前的利用很容易落入知识产权尤其是专利权的保护范围内从而受到禁止），因此是不公平的。一种合理的机制可能是将知识产权的授予与利益分配分开考虑，基因遗传资源材料所有人的权利不一定表现为知识产权，但其利益应受到尊重，同时维护知识产权法本身的正确社会功用。

此外，基因遗传资源有形载体的知识产权利用还表现在生物美术作品、传统工艺品制作等领域，在利用者取得知识产权专有权保护时，材料所有人公平的利益分享以及权利保护也不应该局限于知识产权的获取，而是应在知识产权法中作出限制性规定，同时在知识产权法之外寻求其他法律的保护。

（三）基因遗传资源知识产权与物权的冲突与协调

基因遗传资源的生物体本身属于物权的效力范围，但是，对于基因遗传资源属不属于物权的范围，则是争论的焦点。因为基因资源是基因原材料载体上附着的遗传信息，虽然最初的研究者只有接触这些载体才能通过科学手段认识了解其中的基因信息，但在研究者完全揭示了基因原材料中的基因信息，获得可以复制的基因序列以后，该原材料对研究者就失去意义。因此，材料所有人对基因资源的控制权如果简单归属于一种普通有形财产权，则权利人很难有效制止其他人员对有关基因序列的复制，除非创设一种对后续基因信息加以控制的支配性权利。据此有人认为可以在基因遗传资源上建立知识产权控制，当生物本身的物权与后续利用的知识产权相冲突时，该知识产权归属于物权所有人。[②] 另一种观点认为，生物体本身属于物权范围，但资源的遗传信息则不属于

---

① 参见杜瑞芳：《现有中药知识产权保护体系的问题与对策》，载《社会科学家》2003 年 11 月（总第 104 期）。

② 参见崔国斌：《文化及生物多样性保护与知识产权》，北京大学 2002 年博士学位论文，第 96 页。

物权效力范围，信息是无法控制的，因而可以自由利用，这是目前大多数发达国家不保护基因遗传资源的借口。《生物多样性公约》仅仅规定了资源所有权人具有从后续利用的知识产品获得利益分享的权利，显然知识产权的归属仍然属于后续开发者。TRIPS 则根本没有关于基因遗传资源所有人权利的规定。本书认为，和知识产权所包含的知识信息一样，基因遗传信息也有经济价值，它依附于生物体本身，当它以基因片断的形式脱离生物体时，物权所有人确实已经无法根据物权法的规定支配后续的复制性利用，但是，基于公平的考虑，物权法需要回应现代科技的挑战，可以考虑创设一种新权利，视做物权加以规定。这即是基因遗传资源本身的权利。但是，该权利的行使仅仅具有限制知识产权人滥用权利以及进行利益分享的效力，并不能直接取得知识产权，否则就会使知识产品创造者动力不足，也违背了该权利创造的目的。

由于知识产权与物权同为绝对权，因此，建立在基因遗传资源利用基础上的生物知识产权与物权必然存在着权利冲突。冲突的原因之一在于各国（也可能是不同地区等不同利益主体，为叙述方便，一概用各国指代）技术发展与资源分布的不平衡。冲突的法律制度原因在于现行知识产权法利益调节的失衡。在现行国际知识产权制度下，知识产权法仅仅保护下游的技术，而对于基因遗传资源的保存与利用者则不予保护，主要原因在于基因遗传资源材料属于缺乏创新性的有形客观物质，或者其主体难以确定，或者没有书面文献记载权利，或者期限过于久远，与知识产权保护个体创新的基本理念不符。因此，商业育种者或其他基因遗传资源利用者以及农民可从下游创造出来的价值获益，但在上游对基因库作出贡献的人却得不到补偿。物权与知识产权利用的冲突已经成为了基因遗传资源开发利用的巨大障碍，在国际上则表现为人们对知识产权制度的抵制。有人甚至认为，正是 1990 年以后美国生物专利导致了人们对专利制度合法性的质疑。[①] 因此，进行科学的制度设计，协调二者之间的紧张关系极为重要。

知识产权与物权都是绝对性权利，二者并无位阶之分，但有先后之别，同时在基因遗传资源的知识产权利用中贡献不一，因此，公正合理的协调机制的建立应该反映这些实际情况。这种协调机制应该遵从下列原则：尊重物权在先权利；反映知识创造；利益公平分享；有利于社会整体进步。这些原则是《生物多样性公约》所倡导的基本原则，也是目前发展中国家要求基因主权、改变传统知识产权国际规则的基本主张。

---

① 参见〔马来西亚〕许国平（Martin Khor）：《重新思考知识产权和〈与贸易有关的知识产权协定〉》，资料来自“第三世界网络”。

三、《生物多样性公约》与知识产权、基因遗传资源保护

作为稀有甚至是唯一的资源形态,基因遗传资源不仅构成了人类生存的现实物质基础,而且也是人类创造知识的灵感之源。由于知识产权的垄断性特征,在全球化的知识经济时代,基因遗传资源的重要性不言而喻。然而,各国技术水平千差万别,基因遗传资源的知识产权利用也随之相差甚远,但资源的丰富程度却往往与利用能力成反比,由此带来了资源拥有者与利用者的天然矛盾。由于生物多样性的本质就是基因遗传资源的多样性,因此,《生物多样性公约》直接涉及知识产权问题。

《生物多样性公约》产生于国际上关于环境保护的协调。一般认为有三个阶段:1972 年,在斯德哥尔摩召开的联合国关于人类环境的大会决定建立联合国环境规划署,各国政府签署了若干地区性和国际协议以处理如保护湿地、管理国际濒危物种贸易等议题,保护环境和生物多样性;1987 年,世界环境和发展委员会(Brundtland 委员会)发表了划时代的报告"我们共同的未来",从此将可持续发展的理念贯穿进了国际法;1992 年,在巴西里约热内卢召开了各国首脑参加的迄今为止最大规模的联合国环境与发展大会,在此次"地球峰会"上,各国签署了一系列有历史意义的协议,其中包括两项具有约束力的协议:《气候变化公约》和《生物多样性公约》。前者目标是减少 CO_2 等引发温室效应的气体的排放,后者是第一部生物多样性保护和可持续利用的全球协议。在此之前,有关环境问题的国际条约均为发达国家对发展中国家施加压力而制定,发展中国家因害怕发达国家借此干预内政而对此类条约抱有抵触心理,但《生物多样性公约》一改一边倒的趋势,作出了许多有利于发展中国家的让步,从而得到了广大发展中国家的拥护。该公约自签订以来,已经产生了巨大的国际影响:目前已经有一百八十多个国家批准该公约;公约所确定的生物多样性与环境保护、基因遗传资源利益分享等机制已经成为之后的国际法与许多国家国内法的依据,并且已经开始与世界贸易组织条约相协调;以公约为基础,国际上在处理基因遗传资源知识产权利用方面形成了与 TRIPS 体系相对应的生物多样性公约体系。①

《生物多样性公约》有三个主要目标:保护生物多样性;促进生物多样性组成成分的可持续利用;以公平合理的方式共享遗传资源(Genetic Resources)的

---

① 其中包括 FAO《粮食与农业植物遗传资源国际条约》(ITPGRFA)、《卡塔赫纳生物安全议定书》、《关于获取遗传资源并公正和公平分享通过其利用所产生惠益的波恩准则》、《多哈宣言》的有关条款等,因为都涉及基因遗传资源的知识产权保护与利益分享问题,我们都可以将之看做对《生物多样性公约》的贯彻实施。

商业利益和其他形式的利用。① 为此,公约除缔约方大会(COP)作为权力机构外,专门设立了行政机构——秘书处负责日常行政事务以及进行信息交流,并且影响逐渐扩大。

《生物多样性公约》主要包括8项内容:(1)生物多样性保护和可持续利用的措施、激励手段;(2)生物遗传资源的获取;(3)生物技术的取得和转让;(4)技术和科学上的合作;(5)影响评估;(6)教育和公众意识;(7)资金机制;(8)履行公约义务的国家报告等程序机制。另外还包括一个附件,即解决争议的仲裁程序。该公约直接涉及基因遗传资源知识产权问题的规定主要是第8条、第10条、第15条、第16条、第18条和第19条,其中尤其是第8条(j)、第15条和第19条。

《生物多样性公约》确定的基因遗传资源的知识产权利用和惠益分配的基本原则是:遗传资源国家主权原则(第15条);便利利用原则(第15条);利益按约定公平分配原则(第15条);公约独立性原则(第22条),即公约并不影响涉及基因遗传资源知识产权利用和分配的其他任何现有国际协定,除非行使这些权利和义务将严重破坏或威胁生物多样性。由此可见,《生物多样性公约》在反对基因遗传资源生物海盗(bio-piracy)行为的同时,也反对将基因遗传资源的管制警察化,即基因遗传资源既是属于国家的,又是属于人类的,知识产权既属于技术创造者,又需要尊重资源来源国的主权与贡献。总之,《生物多样性公约》承认知识产权的有效性和积极作用,但要求在知识产权利益分配问题上进行利益衡量、友好协商,以促进生物多样性的有效利用和可持续发展。为了实现既定目标与价值原则,《生物多样性公约》在把具体的规范制定权交由缔约方国内法的同时,又要求缔约方履行《生物多样性公约》及其最高权力机构缔约方大会决议的义务。

应当看到,尽管发达国家起初并不想让《生物多样性公约》充当基因遗传资源知识产权利益分配的国际法律机制,但经过发展中国家的斗争以及发达国家内部的协调,《生物多样性公约》还是发挥了相当大的作用,成为TRIPS以后在基因遗传资源知识产权利用领域的准据性法律文件,并且得到了越来越多国家的认可。以该公约为基础,2000年1月29日,《生物多样性公约》缔约方会议通过了《卡塔赫纳生物安全议定书》。作为对公约的补充,该议定书重申了生物多样性安全防范的机制以及公约第8条关于资源获得知情同意的详细机制,并提供了维护生物多样性协调利用的制度安排。此外,COP目前每两年召开一次会议,集中审议公约执行情况和补充有关事项。在第6次会议上,COP根据《生物

① http://www.biodiv.org/doc/publications/guide.asp 2005/1/20.

多样性公约》获得遗传资源和分享利益问题不限成员名额特设工作组(the Open-ended Working Group)的建议,通过了关于获取和惠益分享的《遗产资源获取与公平合理分享其利用收益的波恩准则》。《波恩准则》为合理分享生物多样性资源知识产权商业利用收益提供了指导性意见,尤其考虑了谈判能力有限的最不发达国家与小岛国家的实际情况,该准则已经成为各国建立生物多样性利益分享机制的蓝本,并得到了《生物多样性公约》的大力推广。

2001年12月,联合国粮农组织(FAO)通过了《粮食与农业植物遗传资源国际条约》(ITPGRFA),规定了农民权以及农业植物遗传资源利用的利益分享,取代了以遗产资源免费获取为原则的《植物遗传资源国际约定》(International Undertakingon Plant Genetic Resources)。为了便于植物遗产资源的获取与利益分配,条约授权其领导机构(Governing Body)制定了示范性条款——《标准材料转让协议》(Standard Material Transfer Agreements,以下简称标准协议 MTAs),以保证谈判各方能尽可能在公平的基础上利用资源。2001年11月14日,WTO第四届部长级会议通过了《部长宣言》(即《多哈宣言》),要求WTO部长会议特别审查《生物多样性公约》与TRIPS的关系,并要求后者的实施应以科技创新、利益公平分享为原则(TRIPS 第7条、第8条),同时考虑发展问题。[①] 此外,WIPO还设立了政府间委员会专门讨论传统知识与遗传资源的知识产权保护问题,至今已经卓有成效。[②] 目前,发达国家已经基本认可了《生物多样性公约》所规定的基因遗传资源获取公开、知情同意以及利益分享的正当性,但在知识产权的利益分配机制方面存在争议,其中欧盟国家的表现尤其积极。[③] 另一方面,发展中国家在团结斗争的同时,也认识到了知识产权的正当性与必要性,并积极进行有关的国际协调。这样,尽管《生物多样性公约》不是专门用来解决基因遗传资源知识产权商业利用利益分享机制的公约,但时代的发展已使其承担了这一使命,以《生物多样性公约》为核心的基因遗传资源合理保护与利用的法律体系逐渐形成。

但是,一帆风顺不可能是国际协调的常态,《生物多样性公约》关于知识产权的规定的实施,目前面临着众多挫折和反复。一方面,由于基因遗传资源的稀缺性以及对于知识产权的至关重要性,使得各国必然拼力争夺;另一方面,发

---

① WT/MIN(01)/DEC/1,http://www.chinawto.gov.cn/articleview/593/1/373/ 2003/4/13.

② 目前WIPO政府间委员会已经比照《波恩准则》等起草了《遗传资源获取和惠益均享协议中的知识产权问题指南》(草案),以指导和规范传统资源包括生物遗传资源的知识产权利用和惠益分配问题。参见国家知识产权局条法司译:《遗传资源获取和惠益均享协议中的知识产权问题指南》(草案),http://www.biodiv-ip.gov.cn/xgdt/gjdt/t20050118_39295.htm 2005/1/24。

③ 参见《TRIPS与〈生物多样性公约〉和传统知识》,http://www.biodiv-ip.gov.cn/xgdt/gjdt/t20040217_25398.htm 2004/4/12。

达国家与发展中国家技术能力的悬殊和资源多寡的差距同在,使得国际协调必然是形式多样、变化多端。

四、发达国家和发展中国家对待知识产权和基因遗传资源保护的不同态度

(一)发达国家的态度——以美国和欧盟为代表

1. 美国

美国作为生物技术最发达、知识产权收益最大的国家,从一开始就表示出对《生物多样性公约》体系的反对态度,尤其是对于《生物多样性公约》的知识产权限制条款以及利益分配机制。美国在《生物多样性公约》缔约大会上公开拒绝签署公约,其借口就是担心知识产权得不到保护。虽然美国 1993 年 6 月签署了公约,但迟至今日还未批准生效。

美国坚持认为,承认和保护知识产权是基因遗传资源利用收益分享的前提条件,理由是如果不有效保护知识产权,就无法刺激新技术的开发、技术转让和鼓励对资源拥有国的投资,因此,美国原则上是反对《生物多样性公约》机制的。[①] 在利益分配和技术转让方面,美国坚持按照商业协商原则进行,反对单独由国内立法或者国际法进行强制性规定,要求严格限制专利强制实施。[②] 美国认为,生物专利应该受到保护,以激励生物技术产业,因此,对于专利的授予不应强加事前知情同意等限制,即使要限制那些违反生物安全以及国内法的生物专利,也要采取环境保护法等法律形式,同时只能事后审查,不能对专利局课以过重的义务。另一方面,美国对生物专利的授予规定了非常低的标准,导致大量生物专利被授予。也就是说,美国认为知识产权的获取不应受《生物多样性公约》所规定的知情同意、利益分享等限制,如果有限制的话,也要采取合同的方式进行约定。这是与美国生物技术发达的产业政策紧密相联系的。

美国反对将《生物多样性公约》与 TRIPS 相联系,认为基因遗传资源的知识产权问题应该由 WIPO 或者国内法来协调规定,并且坚持基因遗传资源资源的自由获取。但是,由于发展中国家的反对和欧盟等国家逐渐支持《生物多样性

---

① 参见〔日〕忠川淳司:《生物多样性公约与国际法上的技术限制》,钱永苗译,载《环球法律评论》2003 年夏季号。

② See Kerry ten Kate and Adrian Wells, The access and benefit-sharing policies of the United States National Cancer Institute: a comparative account of the discovery and development of the drugs Calanolide and Topotecan. http://www.biodiv.org/doc/case-studies/ 2005/1/24.

公约》体系关于知识产权利益分享机制的制度安排,美国也逐渐承认基因遗传资源的主权权利和利益分享权利,但是认为《生物多样性公约》和 TRIPS 并没有矛盾,鼓励建立传统知识数据库,并且指出,可以制定"国家或地方的法律、法规",为传统知识的提供者和接受者提供"合同解决"问题的基础,但至少美国反对在 TRIPS 框架内处理传统知识保护问题。[①]

由此可见,鉴于国际形势的压力,美国已经转变了不承认基因遗传资源所有人的利益的态度,但仍然坚持知识产权不受限制原则,并且一贯反对《生物多样性公约》体系的规则,从而希望在商业合同谈判的基础上获取基因遗传资源,避免知识产权受到限制。

2. 欧盟

欧盟国家大多数是发达国家,但是,在如何对待基因遗传资源与知识产权保护方面,欧盟与美国有所不同。原因在于:一方面,欧盟国家尤其是欧洲大陆国家,与美国的历史、文化传统、法律体制等存在差异,具有对抗美国的历史;另一方面,在世界经济、贸易规则博弈中,欧盟国家在很多情况下为了扭转对美国的劣势地位而表现出对发展中国家意见的尊重;另外,欧盟的生物技术远远落后于美国,因此有与美国不同的利益,这使其在基因遗传资源保护方面表现出很大的灵活性。由于欧盟发出的不同声音和欧盟国家的世界地位,进一步使基因遗传资源知识产权利用的多边协调机制成为可能。

但是,欧盟首先还是坚持强知识产权保护。在生物专利的保护方面,欧盟与美国相似,即坚持至少要保护微生物专利、植物品种权,并且承认动物专利,对基因专利也支持。欧盟认为,在保护基因遗传资源、贯彻执行《生物多样性公约》、ITPGRFA 时有必要与《知识产权协定》相联系,并使 TRIPS 的实施支持《生物多样性公约》体系的目标,但其前提是尊重知识产权。欧盟生物技术指令规定:"鉴于如果一项发明是基于植物或动物的生物材料或者是对这些材料的使用,在适当的情况下,专利申请应包含,如果知道时,这些材料的地理来源的信息;并鉴于这些不应影响专利申请的处理或授予的专利权利的有效性",由此可见欧盟对生物知识产权的支持态度和对实施《生物多样性公约》体系的担心。[②]

---

① 参见 Carlos Correa"Traditional Knowledge and Intellectual Property",http://www.biodiv-ip.gov.cn/zsjs/ctzs/ctzsyzscq/t20030602_14308.htm 2003/6/8。

② 在这一点上,欧盟和美国有相同的态度,即认为知识产权法应解决的是技术问题,至于权利是否有效或者是否利益公平合理,则可由民法、行政法等来解决,而不应当在知识产权授予之前加上非技术原因的限制。例如,美国专利授予的"净手规则"与欧盟的公开遗产资源来源地要求,其适用都有限。

不过,欧盟在基因遗传资源保护方面远远比美国态度开放。欧盟 2002 年 9 月 16 日向 TRIPS 理事会提交了它对有关问题的观点,表示乐意以一种开放的态度来遵从多哈部长宣言的要求,寻找解释及实施 TRIPS 的方法,支持《生物多样性公约》的目标。欧盟认为:《生物多样性公约》在其第 16.2 条和第 16.5 条中承认应该充分有效保护知识产权,并要求成员国确保知识产权保护对《生物多样性公约》的支持。《生物多样性公约》中涉及知识产权的语段在应当实行知识产权保护和有必要保证知识产权促进生物多样性的保存和持续利用,保证有关其利用和利益分享原则的实现之间形成了一种平衡。事实上 TRIPS 中没有提到《生物多样性公约》中关于基因遗传资源利用和利用基因遗传资源实现的利益应当分享的原则。然而这并不意味着 TRIPS 与《生物多样性公约》是背道而驰的。TRIPS 中没有任何条款可解释为阻止当利用某遗传资源做出的发明取得经济效益后其利益应当分享和保护传统知识。同时,TRIPS 也并未在建立知识产权保护和遵守《生物多样性公约》规则的联系上提供直接工具。因此,从法律角度讲,《生物多样性公约》与 TRIPS 两者并不互相矛盾。它们有不同的目标,而且处理的主题也不相同,任何一个条约的条款都不阻碍某一国家履行在两个条约中的义务;TRIPS 和《生物多样性公约》应当相互支持。但是,WTO 不是讨论这种问题的合适的舞台,它应交由 WIPO 来进行。[①] 另外,欧盟还表示欢迎《波恩准则》和 MTAs 的生物多样性知识产权分享机制;并在多哈谈判中建议审查《生物多样性公约》与 TRIPS 的关系(《多哈部长宣言》第 19 条)。

由此可见,尽管欧盟国家坚持在保护基因遗传资源时应保护知识产权,但在知识产权是否为前提的问题上已经松动,并将知情同意等机制直接纳入了专利立法之中,这是个非常值得注意的动向。这表明,《生物多样性公约》体系已经逐渐得到包括发达国家的认可,达成生物多样性所有人利益的知识产权保护已经具有了国际上的法律和实践基础。[②]

---

① 参见《TRIPS 与〈生物多样性公约〉和传统知识》,http://www.biodiv-ip.gov.cn/xgdt/gjdt/t20040217_25398.htm 2004/4/12。

② 英国政府的态度似乎可以反映这种趋势。英国政府在针对英国知识产权委员会《综合知识产权与发展政策》的回应中指出:"在传统知识保护与知识产权保护的互动中获得公平合理的解决方案是很重要的。作为《生物多样性公约》(Convention on Biological Diversity)的签约国,英国认为,应该公平地分享遗传资源之使用所产生的利益,而且 TRIPS 以及《生物多样性公约》应该以相互支持的方式来执行。《生物多样性公约》采用了 2002 年 4 月在海牙举行的生物多样性公约缔约方大会上所作《获取及惠益分享指令》(Guidelines on Access and Benefit Sharing)。它们将为各国政府及利害相关者在执行《生物多样性公约》及利益分享安排时提供有价值的参照点。"参见《英国政府对英国知识产权委员会的报告〈综合知识产权与发展政策〉之回应》,http://www.iprcommission.org/Translations/DFID_Response_Chinese_FINAL.pdf 2005/1/24。

（二）发展中国家的态度——以巴西、印度和哥斯达黎加为代表

尽管发展中国家在《生物多样性公约》成立过程中极力反对生物知识产权的授予，但随着时间的推移，知识产权国际化已经不可避免。因此，如何在知识产权保护机制中分享基因遗传资源知识产权利用的商业利益，并对生物海盗进行限制，则成为发展中国家务实的选择。这表现为两个方面：一方面，印度、菲律宾、巴西等国根据《生物多样性公约》体系制定了专门的国内法规范基因遗传资源的知识产权商业利用与利益分享；另一方面，一些国家则主要根据国家主权原则保护生物资源，并在国际上呼吁建立公平的知识产权保护机制，中国属于这一类国家。[①] 下面以巴西、印度、哥斯达黎加为例分析第一种做法。

1. 巴西《保护生物多样性和遗传资源暂行条例》[②]

巴西是生物多样性资源极其丰富的热带雨林国家，宪法规定了传统知识的保护措施。根据宪法和《生物多样性公约》的有关规定，该国于 2001 年 8 月 23 日出台了《保护生物多样性和遗传资源暂行条例》，以规范生物多样性、传统知识的获取与利用，其中规定了有关知识产权保护机制。但是，在该规定中，巴西将基因遗传资源与传统知识进行了区分，这与有的国家主张传统知识包括基因遗传资源的看法不一致。

（1）资源主权原则与社区权利原则。基因遗传资源国家所有、社区所有与私人所有并存，承认地方社区、私人土地所有权人就该地域的基因遗传资源具有所有者的利益，因而材料的获取和利用应征得其知情同意，合同的当事人应

---

① 中国已经承认基因本身的可专利性，在《专利审查指南》中明确规定了生命物质的专利授权条件。《专利审查指南》将基因作为一种化学物质进行可专利性审查，在第十章 7.1.2.2 "基因"中，《专利审查指南》规定：基因是具有特定生理功能的 DNA 序列。无论是基因或是 DNA 片段，从本质上讲，它是一种化学物质，而从生物体中分离和提取得到的基因属于天然物质。正如本章第 2.1 节所述，人们从自然界找到以天然形态存在的基因或其 DNA 片段，仅仅是一种发现，属于专利法第二十五条第一款第（一）项规定的"科学发现"，不能授予专利权。但是，如果是首次从自然界分离或提取出来的基因或 DNA 片段，其碱基的排列顺序是现有技术中不曾记载的，并能被确切地表征，且在产业上有利用价值，则该基因或 DNA 片段本身及其得到方法均属于可给予专利保护的客体。人体基因是源于人体的基因，其区别于其他基因之处仅在于它带有人类的遗传信息。如果首次从人体中分离或提取出来的基因或 DNA 片段，其碱基的排列顺序是现有技术中不曾记载的，并能被确切地表征，且在产业上有利用价值，则该人体基因属于可给予专利保护的客体。

截至 2005 年，中国国家知识产权局已经接受 4000 多项涉及基因的专利申请，从 1985 年 10 月 19 日帝国化学工业泛美公司的"制备具有药用活性的杂环酰胺之新方法"（申请（专利）号 85108623）到 2002 年 9 月 27 日的上海百傲科技有限公司的"一种基因芯片显色装置"（申请（专利）号 02260322.0）等，不一而足。这些专利申请已经基本涵盖基因遗传资源利用的所有领域，其中外国申请居多。但是，知识产权局还没有授予一项基因发明专利，这反映了我国在此问题上的谨慎态度，也基本反映了我国生物技术的发展情况。

② http://www.biodiv-ip.gov.cn/xgdt/gjdt/t20031209_22073.htm 2003/12/14.

以其为一方主体,并受环境部专门的主管机关审查批准。

(2)知情同意与资源获取。基因遗传资源获取仅限于巴西本国的相关研究机构利用,外国机构只能够征得环境部遗传资源管理委员会(遗产资源获取与利益分享的专门行政主管机关)的批准后参与进行,并且必须得到资源所有人的事先知情同意。

(3)知识产权安排。条例的保护措施不应构成对知识产权的不利影响、损害或者限制(第8条),这是与《生物多样性公约》相一致的。但是,如果违反利益分享与知情同意的规定以及相关管理规定,将可能被取消或者中止知识产权的授予,并处以相应的行政处罚。同时,不减少其民事责任:即未按照规定获取遗传资源的,将由过错方将其获利的20%予以补偿(第26条)。

(4)利益分享。主要采用合同方式进行,可以采用FAO的MTAs方式,但是,合同必须经过基因遗传资源管理委员会的审查批准才能执行。如果基因遗传资源的利用有潜在的商业利用价值,则必须首先签订利益分享合同才能获取和利用。

(5)技术支持。环境部设立的遗传资源管理委员会将提供数据库资源、标准合同草拟、遗传资源获取和利用标准等技术上的支持,以统管全国的基因遗传资源获取和利用。

2. 印度《生物多样性法令》①

印度属于具有一定技术研发能力的发展中国家,尤其是在软件制造业和生物制药方面。同时,印度又是文明古国,基因遗传资源以及传统知识极其丰富,因此,印度政府的知识产权政策一直与西方存在巨大冲突,印度因此成为发展中国家阵营中要求弱知识产权保护和基因遗传资源知识产权保护的代表。2002年11月2日,印度依据《生物多样性公约》的有关规定颁布了《生物多样性法令》,就基因遗传资源的知识产权保护机制进行了不同于巴西的规定。

(1)资源主权原则。这方面与巴西不一样,印度生物基因遗传资源归国家所有,由国家统一许可获取与知识产权利用。

(2)获取与利用的双层体制。国内个人或者机构获取与利用基因遗传资源,须经国家生物多样性委员会(State Biodiversity Board,以下简称SBB)的同意并由其管理;国外个人或者机构的相关活动则由国家生物多样性管理局(National Biodiversity Authority,以下简称NBA)的同意并由其管理,二者之间的争议由中央政府裁决。基因遗传资源的获取和利用不需要经地方或者社区的同意,

① Bill No. 93-C of 2002, India, http://www.grain.org/docs/india-biodiversityact-2002.pdf 2004/3/31.

统一由以上国家机关同意并授权。但是,与外国的合作项目须由中央政府直接管辖,地方社区居民利用本地资源不需同意或者批准。NBA 和 SBB 可以向中央政府提出生物多样性保护和利用的相关建议。

(3) 知识产权制度安排。可以对于基因遗传资源的知识利用授予知识产权,但是,必须在申请知识产权之前征得 NBA 或者 SBB 的批准(将在 90 天内决定是否批准),否则知识产权不予授予或被撤销(第 6 条)。但是,植物品种权的授予不在此限,只要经过向上述机关备案即可(第 6 条)。同时,NBA 还可以代表中央政府采取一切必要措施,阻止在印度境外授予基于从印度获取的基因遗传资源或者与基因遗传资源有关的传统知识而产生的知识产权(第 18 条)。无论境内还是境外,只要经过以上机关的同意,都可以申请知识产权,以上机关将向社会公开批准结果。

(4) 利益分享机制。NBA 和 SBB 将负责审查有关的利益分享合同,以确保公平合理的利益分享,包括知识产权共有、知识产权利益的金钱或者非金钱的补偿等方式(第 19 条)。所有基于基因遗传资源的利用收益,将统一存入国家生物多样性基金(National Biodiversity Fund)的账户统一使用,但是,如果特定的组织或者个人对其有直接贡献,则可以直接将资金拨付给该组织或者个人(注:这方面主要是传统知识)。

(5) 司法管辖的相关事项。NBA 和 SBB 将负责具体的行政事项,有关技术问题,法院无权干涉。

3. 哥斯达黎加《生物多样性法》①

作为经济、技术比较落后的国家,哥斯达黎加加强了对传统知识和基因遗传资源知识产权利用的保护措施,于 1998 年通过了《生物多样性法》。该法较多地涉及了基因遗传资源知识产权利用的制度规范,具有参考价值。

(1) 资源主权原则。所有基因遗传资源国家所有,但地方社区和居民有按传统方式继续利用的权利。大学等公益性科研机构利用基因遗传资源,如果按照规定时间已经申请,可以免费利用。

(2) 鼓励生物多样性的利用,不得设置不合理的障碍,但要尊重地方的文化多样性以及本地居民或者社区在基因遗传资源保存与利用方面的贡献,尤其是传统知识(第 10 条)。建立基因遗传资源与传统知识利用的登记制度。基因遗传资源的利用必须使当地社区代表或者相关者代表知情同意(第 63 条),地方相关主体有权基于正当理由(经济或者非经济的理由)反对利用该地区的基因遗传资源。

---

① http://www.grain.org/brl/costarica-biodiversitylaw-1998.cfm 2004/3/31.

(3) 知识产权制度安排。保护知识创新的知识产权机制,包括:专利权、育种者权、本地社区知识产权、农民权、商业秘密权、著作权,但反对将生物本身、转基因生物等授予知识产权(第 78 条)。知识产权的授予必须首先经得专门成立的生物多样性技术委员会办公室(the Technical Office of Commission)事先知情同意,向其进行咨询并提供合法的资源获取地证明,否则知识产权不予授予(第 80 条)。并且,知识产权的授予与实施不得影响当地的对基因遗传资源的传统利用(第 82 条)。

(4) 公平合理的利益分配机制。研究开发机构应当将其研究资金的 10% 或者收益的 50% 存入指定的账户,用以支持基因遗传资源的提供者(第 76 条)。合同的签订应当按照公平合理的方式进行并经主管部门批准方可实施。

由此可见,许多发展中国家基于不同的国情,根据《生物多样性公约》体系的有关规定制定了本国的生物多样性专门保护法,其中都涉及了基因遗传资源知识产权的利用与利益分配机制,并且各国规定有所差别。原因主要在于:《生物多样性公约》、TRIPS 等国际公约体系允许各国自行制定国内法规范基因遗传资源的知识产权利用与利益分配;发达国家对基因遗传资源所有人利益的不尊重导致各国寻求单独的国内法保护,以对抗这种不合理的国际秩序。总的来说,哥斯达黎加《生物多样性法》更符合《生物多样性公约》与 TRIPS 协定的精神,这值得像中国这样的具有一定技术实力又在进行全方位对外开放的发展中国家借鉴。

五、TRIPS 体系与《生物多样性公约》体系的冲突与协调

(一) TRIPS 体系与基因遗传资源保护

TRIPS 的缔结是国际知识产权保护制度史上划时代的事件:一方面,贸易与知识产权结为一体,进一步凸显出了知识产权的工具主义倾向,打破了人们对知识产权制度的理想主义崇拜;另一方面,TRIPS 改变了以前《巴黎公约》等允许保留的传统,“巴黎公约和伯尔尼公约认可了这种尺度以及对等原则的必要,但是允许在设计知识产权制度时有相当大的弹性。随着 TRIPS 的诞生,已经去除了大部分这种弹性”,一国不可能再采用西方发达国家以及日本、印度、

中国等在其技术发展过程中的技术保护策略。[①] TRIPS 的缔结,一方面反映了发达国家全球知识产权保护和发挥技术比较优势的战略,另一方面,也部分满足了发展中国家要求区别待遇的要求以及开放市场的承诺,同时,也反映了欧盟国家与美国的斗争与合作关系(比如版权精神权利、地理标志、生物专利等问题)。

TRIPS 将 WIPO、《巴黎公约》、《伯尔尼公约》等传统知识产权国际机制纳入其中,构成了知识产权全球趋同化的保护机制,由此构成了知识产权国际保护的 TRIPS 体系。由于 TRIPS 的这种特点以及发达国家和发展中国家对于 WTO 的期望,使得 TRIPS 一方面没有像 WIPO 那样专注于知识产权制度逻辑上的一致,另一方面又与贸易活动紧密联系,并与 WIPO 等的知识产权专门公约形成了互相依赖关系。因此,在现今的国际谈判中,TRIPS 只起一个框架和执行作用,具体的知识产权问题协商则留待其他专门机构负责。其中这些机构能否包括《生物多样性公约》,则是一个长期争论的问题,尤其是在美国对《生物多样性公约》持反对态度的情况下。[②] 但是,由于发展中国家的强烈要求以及单边主义保护模式对发达国家生物技术产业带来的不利影响,在 TRIPS 框架内讨论基因遗传资源的保护,并将 TRIPS 体系与《生物多样性公约》体系结合起来实施,使两公约互相支持,已经进入了国际实践层面,其标志就是 TRIPS 将《生物多样性公约》列为观察员以及《多哈部长宣言》第 19 条的提出。[③]

但是,由于 TRIPS 的强知识产权保护特征,因此,将基因遗传资源保护加入进去必将面临观念和利益的重新协调,冲突不可避免。但这并不意味着知识产权国际保护制度与基因遗传资源保护不能并存。

---

① 参见《英国政府对英国知识产权委员会的报告〈知识产权与发展政策相结合〉之回应》:"政府认为,委员会在对现有证据的分析解释中,对知识产权在发展中国家影响力的说法可能过于保守。例如它对印度、中国和巴西等国执行 TRIPS 标准的知识产权保护所可能产生的益处似乎强调不足。同样,虽然关于发达国家在知识产权方面历史经验的那一章很有趣,但它并不能合乎逻辑地推论出,由于现今的发达国家过去曾选择性地使用知识产权,那么这对今日的发展中国家也会是最适当的。因此委员会汇集的证据仍可能让人作出不同的解释。" http://www. iprcommission. org/Translations/DFID_Response_Chinese_FINAL. pdf 2005/1/24.

② 美国虽然没有批准《生物多样性公约》生效,但一致力图干预该公约的运作,其主要手段就是与发达的农业国家进行双边合作,从而孤立《生物多样性公约》,使其不至于影响美国的知识产权战略的实施。《卡塔赫纳生物安全议定书》就是一个例子,其中美国的影响巨大。相关资料参见王顺文:《生物多样性典则的建立与执行之分析》,http://www. npf. org. tw/PUBLICATION/IA/092/IA-R-092-011. htm 2004/4/19。

③ 在 WTO 的审议机制中,只有观察员才能列席会议并提出议程加以审议。长期以来发达国家反对将《生物多样性公约》列入 TRIPS 议程,因此拒绝 WTO 授予《生物多样性公约》观察员的地位,但是,随着形势的发展,这已经改变。将《生物多样性公约》列入 TRIPS 议程,意味着基因遗传资源国际保护多边机制的建立正成为可能和现实。

(二)TRIPS 体系与《生物多样性公约》体系的冲突

1. 目的不同。《生物多样性公约》体系尽管涉及基因遗传资源的知识产权保护,但其主要目的还是环境保护与生物安全,因此,在国内与知识产权相关法律相协调方面问题不大,但在国际协调方面存在诸多问题。首先,能否在知识产权的授予方面进行事先审查,加上知情同意与知识产权利益分享的条件,这首先不是知识产权法的问题,而是物权法的问题。TRIPS 解决的是贸易与知识产权问题,而生物安全与环境问题则由 WTO 有关环境与农业协定来解决,增加上述限制显然与 TRIPS 缔约目的不一致,而且对于知识产权法律本身来说也是一个冲击,因为这更增加了物权本身可以分享知识创造的工具主义倾向。另一方面,TRIPS 强调的是贸易问题,要求以协商的合同形式来解决有关知识产权与技术转让问题,对基因遗传资源保护采用法定主义有悖 TRIPS 的一贯原则。

2. 有关知识产权保护规定的冲突。《生物多样性公约》要求基因遗传资源的知识产权利用必须征得所在国的知情同意,并且进行合理的利益分享,因此,发展中国家(如印度、巴西等)依此制定了保护基因遗传资源的法规,规定违反知情同意、利益分享以及登记制度时知识产权可被撤销或者无效,但这显然与 TRIPS 体系相冲突。TRIPS 要求知识产权一体保护,不得仅以各国国内法对知识产权加以限制。[①] TRIPS 备受争议的第 27 条(2)规定:如果在其领土内阻止发明的商业利用是为了保护公共秩序或者道德,包括保护人类、动物或者植物的生命、健康或者避免对环境造成严重损害所必要,成员可以拒绝对发明授予专利,只要这种拒绝并非仅仅因为这种利用为其法律所禁止。因此,除了协定本身的免责性规定外,TRIPS 不允许国内法对发明专利的授予进行限制。[②] 但是,发展中国家为了利益分享的目的,恰恰总是采用国内立法进行此种限制。这显然与 TRIPS 的规定相冲突。

3. 国际协调的困难。由于美国没有批准生效《生物多样性公约》,而且千方百计阻止该公约的实施,同时欧盟等发达国家对公约的实施尚存在不同的解释,因此《生物多样性公约》与 TRIPS 的规定如何进行协调存在巨大的困难。另

---

① TRIPS 第 29(1)、PCT 第 5 条以及中国《专利法》第 26 条均规定:专利说明书应当对发明或者实用新型作出清楚、完整的说明,以所属技术领域的技术人员能够实现为准;必要的时候,应当有附图。摘要应当简要说明发明或者实用新型的技术要点。但是,并不要求申请人公开生物技术专利的物质资源来源,这与《生物多样性公约》是不一致的。因此,除非对 TRIPS 第 27(3)进行扩张以及利用第 71 条的商议机制另行规定基因遗传资源知识产权利益分享机制,否则采用国内法进行单边保护就有可能要么违反 TRIPS,要么与《生物多样性公约》不一致。

② 参见孔祥俊著:《WTO 知识产权协定及其国内适用》,法律出版社 2002 年版,第 232、525 页。

一方面,发展中国家在公约的实施上也并非意见一致,这加大了发达国家采取分离措施迫使发展中国家就范的可能性,尤其是在基因遗传资源非原生境保护、多国均可提供的情况下更是如此。

(三) TRIPS 体系与《生物多样性公约》体系的协调——基因遗传资源多边保护机制建立的可行性

由于《生物多样性公约》与 TRIPS 之间确实存在着巨大的冲突,尤其是基因遗传资源保护面临着知识产权利益的重新分配,更加大了二者协调的困难。因此,对于统一的基因遗传资源多边保护机制的建立,现有的论述大多认为是不可能的,并将希望寄托于国内法。① 笔者基本同意这种说法,因为国际协调机制的建立首先是利益的较量,发展中国家要求的满足程度与它们所处的弱势地位是成反比的,更何况是一种即将改变传统知识产权利益分配机制(发达国家孜孜以求的国际秩序)的制度变革诉求。但是,国际实践以及知识产权制度的逐渐变化又使我们不必太悲观,《生物多样性公约》体系与 TRIPS 体系的协调存在巨大的空间,在国际上建立基因遗传资源多边保护机制的制度框架具有可行性。

1. TRIPS 的开放性与《生物多样性公约》的包容性使协调成为可能

尽管 TRIPS 设定了知识产权最低保护标准,并不许成员对协定的条文进行保留,但是,这并不意味着 TRIPS 是个封闭的体系。事实上,正如世界贸易瞬息万变一样,TRIPS 也留下了广阔的发展空间,并保持着开放性。这集中体现在第 71 条的“审查与修订”机制。迄今为止,以西雅图会议、多哈谈判与坎昆会谈为代表的协商机制,已经就 TRIPS 的进一步补充和协商进行了谈判,并且初见成效。其中,《多哈部长宣言》第 19 条已经宣布审查 TRIPS 与《生物多样性公约》的关系,而后者已经成为了 WTO 的观察员,具有了谈判与提议的资格。因此,就 TRIPS 的这种开放性来说,讨论基因遗传资源保护机制是可行的。

《生物多样性公约》同样具有包容性,可以部分满足发达国家的知识产权诉求。前文已经谈到,《生物多样性公约》明确规定,公约的实施不得影响任何现有国际协定下的权利和义务,除非破坏或严重威胁生物多样性(第 22 条之 1),这当然包括 TRIPS 项下的一切知识产权协定。鉴于《生物多样性公约》目前的广泛影响和对基因遗传资源知识产权保护的包容性,它与 TRIPS 进行协调是可

---

① 这种观点可参见崔国斌:《文化及生物多样性保护与知识产权》,北京大学 2002 年博士学位论文;韦之、凌桦:《传统知识保护的若干基本思路》,载郑成思主编:《知识产权文丛》(第八卷),中国方正出版社 2002 年版;英国知识产权委员会报告:《知识产权与发展政策的整合》(2002/9),国家知识产权局条法司编译(2003/1)。

能的。

2. 单边机制的局限与多边机制的诉求

由于传统知识产权保护机制没有妥当保护基因遗传资源所有人和相关利益主体的利益,导致国际上基因遗传资源获取与利用中单边保护机制的盛行,一方面阻碍了基因遗传资源的获取和利用,另一方面也违背了发展中国家保护和利用基因遗传资源的初衷,因此是一种不经济、不科学的制度安排。

兼相爱、交相利是基本的社会规则,国际公约的缔结绝大多数是比较优势的诱因所促动的,知识产权保护机制也不例外。当单边保护机制产生普遍的不利影响时,多边国际协调就成为一种必要和务实的选择。因此,发达国家逐渐承认基因遗传资源知识产权利用时要尊重资源所有人和其他相关利益主体的利益,并承认知识产权多边机制的实施不得与人权、环境目标相违背;而发展中国家也开始放弃部分不承认知识产权的要求和绝对的单边主义保护模式。利用 TRIPS 与《生物多样性公约》提供的协商舞台,统一处理知识产权国际保护与基因遗传资源保护的多边机制已成为各方主体的共同需要。

西雅图会议并没有成功地发起 WTO 新一轮谈判,主要原因在于发展中国家对发达国家不公正和没有诚意的贸易与知识产权政策感到失望,同时也使发达国家第一次真正感受到了发展中国家采取对抗与不合作政策的威力。[①] 于是多哈会议的决议便成为南北真正有诚意的妥协,在这次会议上通过的《关于〈知识产权协定〉与公共卫生的宣言》以及《部长宣言》,将公共健康以及基因遗传资源保护问题纳入了世界贸易组织的议题之中,表现了对多边主义的国际诉求。尽管有许多人仍然对多哈谈判的作用表示担心,但毕竟走出了关键的一步,它意味着相关议题将真正合法地进入国际多边协调的法律机制。在墨西哥的坎昆会谈上,尽管与会各国由于农业与知识产权问题争议过大而没有达成实质性的结果,致使多哈回合谈判不能顺利结束,但是,发展中国家组成的 22 国集团所表现出的勇气和责任感已经促使欧美重新考虑世界秩序的变化,从而作出让步。尤其应该提出的是,作为刚刚恢复世界贸易组织成员地位、第一次能够在该组织的舞台上直接发挥作用的中国,勇于代表发展中国家的利益,加强了 22 国集团的实力。总而言之,多哈谈判所开启的道路已经开始了世界贸易组织知识产权谈判的新阶段,基因遗传资源多边保护机制的建立不再只是梦想。所以,尽管美国谈判代表左立克威胁说将把华盛顿的关注从多边协议转向

---

① 李洁:《孙振宇:"多哈回合"谈判发展中成员有得有失》,中国新闻网,2004 年 8 月 1 日访问。

与有意愿的国家间签订双边协定,但实际上,正如历史已经证明的那样[①],“22国集团、美国、日本只有一个真正的选择:多边主义”。[②]

3. 知识产权国际保护制度与基因遗传资源保护多边机制之构想

技术进步、国际格局的变化是多边法律机制建立的现实基础。生物技术的发达改变了传统知识产权法,发明和发现已经不再是区分专利能否授予的实质标准,知识产权的授予和实施更多地成为一种利益分配的工具。[③] 在这种形势下,知识产权法加入了更多的社会价值,例如环境保护、人权与发展、文化多样性保持等价值元素,这也是私权社会化的重要表现。因此,在知识产权的国际协调中,框架性的多边机制的达成必须要有开放性和弹性规定,以照顾不同主体的利益诉求。事实上,任何国际协调都是如此。

(1) 技术支持

美国和欧盟都反对在 TRIPS 框架内直接解决基因遗传资源知识产权利益分配问题,主张 WIPO 等专门的知识产权解决机构来进行技术支持,这是有道理的。的确,TRIPS 的开放性和贸易特征不可能在知识产权问题上和 WIPO 相提并论,毕竟后者有着众多的专家和实践经验,因此更容易解决术语、概念等技术性问题。因此,WIPO 专门成立了政府间委员会,集中讨论传统知识和基因遗传资源保护问题,至今已经初见成效。此外,由于 WIPO 的法律机制已经纳入了 TRIPS 之中并得到执行,因此,由 WIPO 提供技术协商从而在 TRIPS 中进行贯彻的途径是可行的,并且得到了大多数国家的拥护。但是,WIPO 的技术支持不能代替 TRIPS 的直接审议,毕竟,后者的影响更广泛,议题也更多,其开放的空间可以使许多新型的知识产权制度安排纳入,而不像 WIPO 那样体系比较封闭。所以,可以这样设想:WIPO 的技术性解决方案必须得到 TRIPS 的认可,而后者的理事会决议和部长会议谈判虽然可以直接采纳 WIPO 的建议,但必须仍旧有自己独立的议程审查机制(想一想发展中国家在 WTO 中的力量远远比在 WIPO 中的力量强大就可以得知这种安排的价值)。

(2) 事前审查机制与事后补救机制的自由选择

美国极力反对在知识产权授予中事前加入知情同意或者利益分享机制,认

---

① 美国实际上一直进行着单边主义保护机制和双边机制,但是,这并没有多边机制的效果那样强大,这就是美国选择 WTO 解决知识产权问题的目的。尽管目前美国推行双边的 TRIPS PLUS 协定,但离开 WTO 单开谈判,代价是哪个国家都无法承受的,也是不现实的。因此美国的主要手段仍然只能是争取在多边机制的协调中尽可能的获利。

② 参见〔美〕巴格瓦蒂(Jaggdish Bhawati):《莫为坎昆哭泣》,李希强译,载《WTO 经济导刊》2004 年第 3 期。

③ 参见崔国斌:《基因技术的专利保护与利益分享》,http://162.105.148.89/students/cuiguobin/MA%20paper.htm 2004/4/25。

为是有悖知识产权法的基本价值,其理由是知识产权法的功能只能是保护知识创造,而利益分享的机制只能由合同法、环境法等解决;欧盟虽然在 1998 年的生物技术指令中要求加入事前知情同意机制,但仅限于知道或者应当知道,而且并不强制各成员国执行;与此相反,发展中国家则把知情同意与利益分享、知识产权授予联系在一起,实行事前审查机制。分歧何在呢?这主要是制度安排所产生的效果不同。事前审查机制限制了许多知识产权的授予,而且采用国家手段强制分享知识产权利益,必将使商业利用者不能利用信息不对称的优势在基因遗传资源的获取和利用中获得过多的利益,而且,它也规定了知识产权收益的分配途径。而事后审查机制更多的只能是补救措施,很多不当的知识产权都会因为无人主张异议或者知识产权人采取分化措施致使无人愿意主张异议,从而有利于跨国公司获取更多的知识产权收益。在国际实力不对等的情况下,发达国家更愿意主张后者就不足为奇,当然,也有理念方面的差别。[①] 在这个问题上达成完全一致的意见是不可能的,协调的出路可能是双方的妥协:发达国家承认知情同意与公开资源来源的必要性,并在知识产权授予中直接进行审查,同时不干预发展中国家的相关制度安排;而发展中国家则放弃事前进行利益分享的强制性规定,而主要由合同制度来进行,同时可以规定相关部门的审查程序而非直接采取许可主义,这一点哥斯达黎加的做法更值得借鉴。但是,依照本国国内法进行事先审查的制度安排毕竟有违《巴黎公约》以来工业产权法领域的基本原则——知识产权独立保护原则,当然也与 TRIPS 不符。[②] 因此,单纯依靠知识产权法本身来解决这一问题,有可能动摇该制度的一些基本价值原则,是不科学的。基因遗传资源的保护与知识产权保护的冲突不可能在知识产权国际保护制度内完全得到解决,而只能是部分或者间接地得到缓解。

(3) 将环境、人权等价值目标纳入知识产权保护机制

环境和人权、发展问题早已成为国际关注的焦点,这方面的国际协调更容易引起各国的兴趣,因而相关议题的国际条约也比较多。《联合国 21 世纪议程》作为新世纪多边框架的起点,重申了人权、发展与环境保护的人类价值,成为了进一步实现国际协调的基础。但是,将这些价值目标纳入知识产权框架中

---

① 例如,美国一向属于自由主义传统的国家,反对国家干预,在知识产权授予方面也不例外。这一观点大概在法律经济学派和新自由主义学派那里表现得更为明显。相关论述可参见波斯纳:《法律的经济分析》;哈耶克:《自由秩序原理》。

② 无论《伯尔尼公约》还是《巴黎公约》,都规定了知识产权独立保护原则。也就是说,一国可以不允许某项知识创造在其境内实施,但是,只要该项知识创造符合知识产权授予条件,仍应当授予知识产权,并且,一国境内不实施或者不授予知识产权并不影响其他国家授予或者实施。这反映的是一种统一的保护知识创造的理念,也是知识产权国际保护制度的基本价值准则。TRIPS 继承了这种理念。

进行考量,则是知识经济时代的重大课题。这方面的国际对抗当然不可避免,但达成妥协的可能性在一步步成为现实。这方面可以考虑采用选择性的法律框架:在知识产权法中直接纳入相关价值并进行制度安排;或者采用其他法律对知识产权进行限制或者补充,例如基因遗传资源专门法、环境法等。前一种机制国际上实践较少,容易引起争议,而且也很难从技术上解决知识产权法与其他法律的直接协调问题,较之而言第二种机制更为科学。但是,不管哪种机制,都必须在知识产权法甚至宪法中直接规定它们的适用协调关系,否则就达不到预期的目的。在国际层面上则表现为《生物多样性公约》、FAO 协议等法律机制与 TRIPS、WIPO 等机制的直接协调,将知识产权人、基因遗传资源所有人和相关利益主体的保护纳入全球一体化的法律机制之中进行价值宣示和制度安排。

六、《波恩准则》对基因遗传资源保护的启示

虽然《生物多样性公约》在 1992 年就获得通过,并于 1993 年底生效,但这些条款直到 1999 年才开始得到认真贯彻。由此产生的成果是《关于获取遗传资源并公正和公平分享通过其利用所产生惠益的波恩准则》。之所以将其命名为《波恩准则》,是因为 2001 年 10 月在波恩举行了一次政府间会议,来起草《波恩准则》的第一稿,《生物多样性公约》缔约方大会于 2002 年 4 月在海牙举行的第六届会议对第一稿进行了某些修改,并最终通过了《波恩准则》。《波恩准则》是有关基因遗传资源知识产权利用与惠益分享多边协调的成果,它抛弃了 FAO 条约中基因遗传资源免费自由使用的原则,表明各国在此问题上已经越来越接近《生物多样性公约》的目标。

《波恩准则》旨在协助各缔约方、各国政府和其他利益相关者制订全面的获取和惠益分享战略,并确定在基因遗传资源获取和惠益分享的过程中应采取的步骤。更为具体地讲,《波恩准则》的意图是帮助各国制订关于获取和惠益分享的法律、行政或政策措施,和/或通过谈判达成获取和惠益分享的合同安排。现在《波恩准则》已开始执行一个有关能力建设方案,以保证发展中各国能够切实执行《波恩准则》以及《生物多样性公约》的相应条款。《波恩准则》尽管没有法律约束力,但由于大约 180 个国家一致通过,因而具有明确和无可争议的权威,并令人欣慰地证实,国际社会有意愿来着手解决需要所有方面平衡兼顾和作出让步的困难问题,以便共同受益。《生物多样性公约》执行秘书哈姆达拉·泽但认为:2002 年 8 月—9 月在约翰内斯堡举行的可持续发展问题世界首脑会议所发出的呼吁加强了这个意愿,该次会议呼吁各国在《生物多样性公约》的框架内

通过谈判来建立一个国际体制,以促进和保证对通过利用基因遗传资源所产生惠益的公正和公平分享。预计《波恩准则》将成为这一更为广泛的体制的一部分,并将作为一个主要工具来帮助充分执行《生物多样性公约》以及保护所有人类社会所依赖的自然财富。

《波恩准则》旨在帮助各缔约方制定一项可成为其国家生物多样性战略和行动计划组成部分的全面获取和惠益分享战略,并协助它们确定在获取基因遗传资源和分享惠益的过程中应采取的步骤。《波恩准则》体现了基因遗传资源获取的国家主权、事先知情同意、利益公平分享的原则,也反对武断地禁止利用其资源的做法,要求资源的利用者、提供者以及其他利益相关者进行公平协商,并经国家主管部门批准,确立合理分享利用收益的合同条款。为此,《波恩准则》提供了这些合同条款的基本内容作为范本。《波恩准则》第 16 条规定:(1) 作为遗传资源起源国的缔约方或根据《生物多样性公约》获取了遗传资源的其他缔约方应:(i) 争取审查其政策、行政和立法措施以确保其完全符合《公约》第 15 条;(ii) 争取通过信息交换机制和《生物多样性公约》其他汇报渠道就获取遗传资源的申请提出报告;(iii) 争取确保遗传资源的商业化和其他使用不能阻止遗传资源的传统使用;(iv) 确保其以清楚、客观和透明的方式履行其作用和责任;(v) 确保使所有利益相关者都考虑到获取活动的环境后果;(vi) 设立机制以便使有关土著社区和地方社区及利益相关者,特别是土著和地方社区获悉其决定;(vii) 以适当的支持措施提高土著和地方社区的能力,使之在谈判中能充分代表其利益。(2) 在执行共同商定的条件时,使用者应:(i) 根据《公约》第 15 条第 5 款,在获取遗传资源之前申请得到事先知情同意;(ii) 尊重土著和地方社区的风俗、传统、价值观和习惯做法;(iii) 尽可能对土著和地方社区提出的获得更多信息的要求作出反应;(iv) 只按照获得遗传资源时订明的条款和条件使用遗传资源;(v) 为超出获得遗传资源目的之外的其他用途使用遗传资源时,确保重新获得事先知情同意和事先达成协议;(vi) 保存所有有关遗传资源的数据,特别是事先知情同意的文件证据和有关遗传资源产生和使用的资源以及由于此种使用而产生的惠益的资料;(vii) 尽一切努力在该领域内并在提供国家的参与之下使用遗传资源;(viii) 在向第三方提供遗传资源时遵守所要求的条款和条件。他们应向第三方提供有关其获取的数据,包括事先知情同意和使用条件并记录和保持有关向第三方提供材料的数据。应在共同商定条件下规定特别的条件,以便有助于为非商业目的进行生物分类研究;(ix) 根据其同土著和地方社区或有关利益相关者确立的双方同意的条件,根据《生物多样性公约》第 16 条,确保公正和公平地分享由于基因遗传资源商业化或其他使用而产生的惠益,包括向资源提供国转让技术。(3) 提供者应:(i) 仅在其有权利这么做的时候提供遗传资源和/或传统知识;(ii) 力求不对获取遗传资源进行武断的限制。(4) 在其管辖下拥有遗传资源使用者的缔约方应酌情采取法律、行政或政策措施,支持遵守获得提供此种资源的缔约方的事先知情同意并遵守共同商定的关于获取资源的条件。《波恩准则》第 17 条规定:必须使利益相关者参与,才能确保适宜地制定和执行获取和惠益分享安排。然而,由于利益相关者的多样性且其利益各不相同,他们的适当参与只能依具体情况确定。此外,《波恩准则》还规定了有关技术转让和许可的条件与方式、资源使用的程序以及惠益分享的货币与非货币条款,这些都比较具体可行,对于基因遗传资源知识产权利用双方尤其是谈判能力不强的发展中国家,更具有参考意义。

《波恩准则》实际上反映了国际社会尤其是发展中国家对于基因遗传资源知识产权利用问题所持的态度。例如,WIPO《指南》就是仿照《波恩准则》起草的。但是,这一问题植根于当代社会全球化、现代化的背景下,实践不断的超越理论,因此,提出普遍适用的具体解决方案显然不可能,较为可行的是勾画出制度设计的轮廓和依据,而由各国国内法具体进行规范。就中国而言,生物技术相对发达,知识产权保护在所难免,目前再强调生物知识产权的弱保护已经没有意义,关键是如何利用国际协调机制来对抗发达国家超出我国国情的强知识产权保护要求,发挥基因遗传资源大国的优势,争得规则的制定权,为技术进步、资源保护争取有利条件,从而走出一条适中的发展道路。比较印度、巴西、哥斯达黎加这三个国家针对基因遗传资源保护而进行的专门立法,哥斯达黎加 1998 年《生物多样性法》对于中国而言更具有参考价值。该法以单行法的形式规定了基因遗传资源知识产权利用的规则,一方面确认了资源主权原则,另一方面又鼓励利用基因遗传资源,并建立了较合理的知识产权制度安排以及利益分配机制。这种立法既照顾了基因遗传资源所有人以及相关利益主体的利益,又反映了知识创造者和产业投资者的利益,比较合理。

总之,基因遗传资源本身不产生知识产权,也不能作为知识产权的客体,但是,对基因遗传资源的知识产权利用却与知识产权密切相关,需要物权法、知识产权法以及行政管理法规进行规范。[①] 就制度构建而言,一方面应对知识产权法尤其是专利法进行修正,例如废除绝对的文献制度,严格专利审查,另一方面

---

① 全国人大法工委 2002 年 12 月 17 日提出的《中华人民共和国民法(草案)》第 89 条直接将生物多样化(即生物多样性)规定为知识产权的客体,笔者认为这是一种误解。因为生物多样性主要表现为基因遗传物质,其本身仅仅可视为物权的客体,而对其知识产权利用才与知识产权相关,并且这种利用产生的知识产权也不宜归属于资源所有人,因此,这样规定是不科学的。

在物权法中规定生物基因载体的物权性效力,并采用单行法形式较全面地规定基因遗传资源法律保护的基本内容,这样,权利内部规制与外部规制相结合,可以为正确处理知识产权保护与基因遗传资源保护建立相对完善的制度规范体系。这是我国在进行相关立法或政策制定时需要考虑的。

第五章 知识产权国际保护与传统知识问题

根据制度经济学的研究，制度是经济增长的内生变量。在欧美经济增长的历史进程中，逐渐演生了知识产权制度。欧美各国先后制定知识产权法，对人们创造的知识产品，授予专利权、商标权等排他性知识产权，以激励知识产品的生产和供给。知识产权制度对欧美国家经济增长的重大贡献已为世界各国所认同，因而世界各国普遍产生了移植欧美知识产权法的冲动和实践。另外，随着国际经济贸易的发展，知识产品利用的地理空间不断扩大，知识产权的价值也不断放大。知识产品所有者提出了跨国保护知识产权的要求和主张。这成为以《巴黎公约》、《伯尔尼公约》和《与贸易有关的知识产权协定》(TRIPS)等知识产权保护国际公约或协议形成的基本背景。各国根据自己参加的知识产权保护国际公约或协议，修改和调整自己的国内法，达到其最低要求，从而使知识产权制度日益国际化，形成了真正意义上的"国际知识产权法"，知识产权国际保护制度和实践也日益发展。知识产权国际保护过程中的合作与冲突也成为现今国际政治的显著特征。[1] 但是，以《巴黎公约》、TRIPS 等知识产权国际公约或协议等为基准的知识产权国际保护制度，其保护对象是创造性智力成果及其商誉，是"现代性"知识。而在发展中国家和少数发达国家，以原住民为核心的传统部族在非商品经济、非现代科学和非知识产权制度下孕育的传统知识，却因其不能满足现行知识产权制度的条件而得不到保护。现代化的外部社会对传统知识的价值进行无偿利用，主张知识产权，获取了巨额经济利益；但传统知识的创造者和持有者没有得到相应的回报。知识产权制度正义受到前所未有的挑战。为此，各国知识产权制度需要对传统知识保护问题作出理性的、适当的回应。[2] 同时，在知识产权制度国际化的时代，在各国知识产权超越自身国界而在其他国家获得保护的"国际保护"的时代，传统知识也涉及国际保护的问

---

① See Kal Raustiala, International Rights Approaches to Intellectual Property: Commentary: Density and Conflict in International Property Law, 40 U. C. Davis L. Rev. 1021 (March 2007).

② 关于传统知识知识产权保护的正当性可以参见严永和：《论传统知识的知识产权保护》，法律出版社 2006 年版，第二章。

题,传统知识也需要获得国际保护,也需要国际保护制度。实际上,知识产权的国际保护正是传统知识保护问题浮出水面的重要诱因,传统知识保护也是知识产权国际保护引起的一个连锁反应。①

一、传统知识的内涵

(一)传统知识的概念与特征

1. 传统知识的概念

按照世界知识产权组织(WIPO)一个较早的界定,基于传统之上的文学、艺术或科学著作、表演、发明、科学发现、设计、商标、名称和符号、未透露的信息和所有其他一些在工业、科学、文学或艺术领域内以传统为基础的、由智力活动产生的一切创新和创造,都属于传统知识的范畴。② 这是从广义上界定传统知识,即广义的传统知识。在设计传统知识保护制度时,对传统知识取广义不太精确,也不便于操作。晚近,世界知识产权组织在严格意义上使用"传统知识"这一术语,把传统知识界定为以原住民为主的传统部族在其漫长的生产生活过程中所创造的知识、技术、诀窍和经验的总和③,这即是狭义的传统知识,它涉及农牧业、手工业、医药、生物多样性保育等各领域。本章即从狭义上使用传统知识这一术语。在WIPO知识产权与遗传资源、传统知识、民间文学艺术政府间委员会(以下简称WIPO-IGC)第七次会议上,秘书处文件《传统知识保护政策目标与核心原则概览》把传统知识界定为在传统范畴的智力活动中产生和形成的诀窍、技术、创新、做法和经验等,它们可能体现在某社区或民族的传统生活方式中,也可能存在于经整理的世代相传的知识体系中。④ 从技术表现形式看,传统知识表现为方法、物品(包括自然资源如药用植物及其组成部分等)以及二者的结合。故传统知识的实质要素包括作为传统知识自身体现的思想内容和这些思想内容的体现物、附着物。前者如有关动植物医疗运用技术方案,后者如体

---

① See Sabrina Safrin, Chain Reaction: How Property Begets Property, 82 Notre Dame L. Rev. 1917(June, 2007).

② See document WIPO/GRTKF/IC/3/9, paragraph. 25;又参见卡路斯·M. 科瑞(Carlos M Ccorrea)著:《传统知识与知识产权:与传统知识保护有关的问题与意见》,中华人民共和国国家知识产权局条法司译,载中华人民共和国国家知识产权局条法司:《专利法研究》,知识产权出版社2003年版,第449页。

③ See The Secretariat of WIPO, Revised Version of Traditional Knowledge Policy and Legal Options, Intergovernmental Committee on Intellectual Property and Genetic Resources, Traditional Knowledge and Folklore, Sixth Session (Geneva, March 15 to 19, 2004).

④ WIPO/GRTKF/IC/7/5.

现和承载该等技术方案的生物物种、生物资源或其组成部分等。[①] 它属于联合国教科文组织管理的《保护非物质文化遗产公约》所界定的非物质文化遗产的重要内容。[②] 由于传统知识产生久远,并因其在人们生产生活中所具有的实际效用,致其流布甚广。在长期的传播和利用过程中,传统知识赢得了社会公众和市场的一定的认可,从而在相关市场上产生了一定的商誉。这种商誉大多集聚在一些传统名号上。[③] 传统名号应属于另一类非物质文化遗产。[④] 因此,传统知识可细分为:(1) 思想内容包括方法、物品、方法与物品的组合及体现该等思想内容的生物资源。此即传统知识原生方面,通常简称为传统知识。一般所说的传统知识即是指传统知识的原生方面。(2) 传统知识衍生的商誉及反映该等商誉的传统名号包括传统部族名称、传统标记、传统部族图腾符号,此即传统知识衍生方面。

2. 传统知识的特征

在分析了传统知识的概念后,我们须对传统知识的特征进行讨论。WIPO认为,传统知识具有如下特征:一是在传统背景中产生、保存和传播。二是与进行代际保存和传播的传统文化和传统社区(或原住民文化和原住民社区)有着特殊的联系。三是与对传统知识负有监管责任或文化责任如保存知识的义务等(... custodianship, guardianship or cultural responsibility, such as a sense of obligation to preserve the knowledge...)的地方社区或原住民社区相联系,这种关系被正式或非正式地表达于习惯法中。四是起源于广泛的社会、文化、环境和技术领域的知识活动并被起源社区视为传统知识。[⑤] 在我国,唐广良先生较早地将传统知识的特征归纳为传统性、群体性和整体性、延续性和承继性、相对公开性和公有性、特定的指向性等几个方面。[⑥]

我们认为,从学理角度看,传统知识具有如下一些主要特征。[⑦] 第一,从知识形成的深层背景和宇宙观来看,一般来说,传统知识产生于"圣境"理念之上,

---

① 参见严永和:《论传统知识的知识产权保护》,法律出版社 2006 年版,第 32 页。

② 参见《保护非物质文化遗产公约》第 2 条。

③ 参见严永和:《论商标法的创新与传统名号的知识产权保护》,载《法商研究》2006 年第 4 期。

④ 参见严永和:《对文化部〈非物质文化遗产保护法〉草案送审稿的几点建议》,载《中国版权》2007 年第 2 期。

⑤ The Secretariat of WIPO, Revised Version of Traditional Knowledge Policy and Legal Options, Intergovernmental Committee on Intellectual Property and Genetic Resources, Traditional Knowledge and Folklore, Sixth Session (Geneva, Martch 15 to 19, 2004), paragraph 59.

⑥ 参见唐广良:《遗传资源、传统知识及民间文学艺术国际保护概述》,载郑成思主编:《知识产权文丛》第八卷,中国方正出版社 2002 年版,第 54—57 页。

⑦ 参见严永和:《论传统知识的知识产权保护》,法律出版社 2006 年版,第 18 页以下。

产生于对任何事物都有生命力的理解之上,亦即万物有灵。第二,从知识生产者与其所处环境要素的关系来看,传统部族多认为人类、动物以及非动物都有某种亲缘关系,而且互相依赖;人类并不超越于它们之上。人类与各种环境要素共同构成一个生态系统和生态链。个人的自我身份没有与环境世界分离。① 第三,从知识产生和创作的手段来看,传统知识是传统部族若干代人通过观察和亲身实践而获得的。如我国的中医药和草医药传统知识,是中华民族的祖祖辈辈通过“神农尝百草”这种亲身观察和实践的方式而逐步积累起来的。因此,传统知识是一种经验知识的体系。传统知识作为一种“学问”,作为一种“科学”,带上了深深的经验烙印。在这个意义上说,传统知识是一种“经验科学”。第四,从学科方法来看,传统知识强调整体分析而忽略部分分析,强调整体的重要性和可分割性,属于整体论(holism)。如我国中医学理论即从整体论出发,认为生命现象是整体现象。生命是在与“他”相联系的整体中存在的,如脏象学说、五行学说等。如果整体之间的关系出现失衡,人就会生病。中医则运用各种治疗手段调节、纠正这种失衡,使之归于平衡。② 第五,从知识描述形式来看,传统知识具有“另类性”。从知识符号学的角度看,传统知识是一种知识的另类描述形式。知识作为精神生产的产物,属于主观性的东西。知识活动是精神生产者智能运动的过程。由于文化种属、文化背景的差异,人们对知识活动过程和知识活动产物的描述则大相径庭。第六,从“个体性”知识单元的生命历程来看,传统知识具有通延性,传统知识在其形成后,与特定传统部族和传统社区相联系,已经经过传统部族的世代传承和维系。在这种传承和维系过程中,传承人因应环境变化而对其所继承的传统知识不断调整和创新。③ 因此,每一项传统知识单元经历了长期的变迁过程。在变迁过程中,继承和创新、旧知识和新知识浑然一体,难分彼此,融合成一个有机的知识体系。这使传统知识具有通延性特征。这种特征通常使传统知识不符合现代科学话语霸权下的技术标准与法律标准。

从法律角度看,传统知识主要具有如下特征。第一,从权利主体上看,传统知识具有群体性。从总体上看,传统知识的形成及其发展不是靠单个社会成员的智能与灵感完成的,而是由其所在的群体,甚至相关联的多个群体在长期的

---

① Poor people's knowledge: promoting intellectual property in developing countries/edited by J Michael Finger, Philip Schuler(A Copublication of the World Bank and Oxford University Press), 2004 The International Bank for Reconstruction and Development/The World Bank, p.210.

② 王乐羊:《中医在复杂环境中的生存法则——访北京中医药大学王琦教授》,参见 http://www.satcm.gov.cn/lanmu/3rd/tcm04112922wangqi.htm, 2005 年 3 月 10 日访问。

③ See Daniel J. Gervais, Spiritual but not Intellectual: the Protection of Sacred Intangible Traditional Knowledge, Summer, 2003 11 Cardozo J. Int'l &Comp. L. 467.

生产生活实践中共同完成的，是在群体经验的基础上形成的。同时，由于传统知识产生年代久远，现已经过了若干代人的传承，因而大多数传统知识的起源和原创者已很难追寻确证了。它们为若干传统部族或传统社区所共享。第二，从权利客体的控制状态来看，传统知识具有某种公开性。总体上说，传统知识是特定群体通过代代相传共同开发、共同培育的成型或未成型的知识产品。在传统社区内，此类知识一般是共同掌握、共同拥有的，且大多与群体的生活自然相伴，没有刻意的和专门的保密制度或措施。当然，也存在一些保密良好的传统知识。① 第三，从权利客体的经济利益来看，传统知识的经济利益尚未得到实现。很多世界文明古国如中国、印度以及非洲、拉丁美洲的很多国家及其传统部族，历史悠久，文化灿烂。但长期以来，与外部世界的交流很少，商品经济不发达。有的传统部族若干世纪以来与现代社会基本隔绝，缺乏最起码的交流，其知识生产和知识活动在自我封闭的局域内因应自身环境的变化周而复始地运行。直至新世纪前后伴随着全球化的大规模发展，才被卷入世界商品经济的大潮之中，其商品经济和社会商品化程度才渐渐拓深拓广。而在其长期历史过程中创造的丰富的、数量庞大的知识产品，作为其文化产物和文化结晶，由于商品经济不发达，传统部族和传统社区对产权界定和产权激励的需求很弱，致使知识产权制度未能建构起来，因而传统知识的商业价值和财产利益未能实现。

（二）传统知识上存在的各种利益

利益是权利的实质内涵；法律所保护的实质物件亦即是利益。传统知识作为传统部族的智慧财产，并鉴于其所内具的复杂特征和价值，具有丰富的利益内涵。通俗地说，传统知识上的利益即传统知识对传统部族的“好处”。对传统知识上存在的利益进行宏观的概括和归纳颇为困难，我们尝试从传统知识的组成要素出发，对传统知识上的利益进行初步的把握和细分，从而为构建传统知识保护制度提供某种理论支持。从不同的角度，根据不同的标准，对传统知识上的利益可以进行不同的划分。从利益的内容与性质看②，传统知识上的利益

---

① 这一类传统知识可以纳入商业秘密制度予以保护，本书此处不涉及。

② 传统知识上存在的利益还可以从其他角度进行划分，如从受益人的角度看，传统知识上的利益可以分为对传统部族自身的利益和对人类共同的利益。上述精神性利益和经济性利益主要系传统部族的自身利益。传统知识上存在的人类共同利益，即文化多样性利益和文化可持续发展利益。应该说，人类对文化（物品）的需求是丰富多样的。作为一种迥异于欧美现代文化的文化类型，传统知识和传统部族文化是世界多样性文化的重要分子，可以一定程度地满足人类对多样性文化的需求。同时，文化多样性是人类文化可持续发展的基本条件，传统知识有助于文化多样性的保存，并促进人类文化的可持续发展。文化多样性利益和文化可持续发展利益主要是一种精神性利益。

大致可以分为精神性利益和经济性利益。

1. 精神性利益

传统知识上的精神性利益主要包括:(1)“族格”利益。“族格”利益是指传统知识对传统部族整体“族格”确认和维护所具有的利益。如同通常所说的“国格”,传统部族具有自己的“族格”。传统知识的部分构成要素如传统部族名称、图腾符号等其他重要标志,承载着传统部族的“族格”;传统知识所反映的文化品格表征着传统部族的“族格”特色。对这种传统知识构成要素的永久性控制和专有性享有,可使传统部族确认和维系自己的“族格”利益。(2)文化利益。传统知识体现了传统部族文化,是传统部族文化的核心要素。传统部族对自己的包括传统知识在内的文化要素拥有文化自决权、文化享用权等各种文化利益。这也是一种国际上认可的基本人权利益。

2. 经济性利益

传统知识上的经济性利益主要包括:(1)有形资源利益。传统知识的部分构成要素体现为一些自然物质,如药用植物及其根、茎、叶、活性成分、基因等。作为有形物,传统部族对其享有一种物权性利益。(2)知识产权利益。我们认为,传统知识作为传统部族长期以来智力劳动的成果,从自然法角度看,存在两组四种知识产权利益。其两组分别是:第一组,分别以传统知识原生方面和衍生方面为标的和客体的原生性知识产权利益和衍生性知识产权利益;第二组,传统知识权利主体自己直接就传统知识获得知识产权的积极知识产权利益和排除他人获得知识产权授权的消极知识产权利益。上述两组知识产权利益可以分别组合为四种知识产权利益:第一种是积极原生性知识产权利益,即传统部族对其传统知识本原方面从正面获得类似专利权的利益。第二种是积极衍生性知识产权利益,即传统部族对其传统知识衍生方面从正面获得一种知识产权利益。第三种是消极衍生性知识产权利益,即传统部族对其传统知识的本原方面从反面获得一种排除他人获得知识产权的权利,从而构成一种消极知识产权利益。第四种是消极衍生性知识产权利益,即传统部族对其传统知识衍生方面从反面获得一种排除他人获得知识产权的权利,从而构成一种以传统知识衍生方面为客体的消极知识产权利益。这种消极衍生性知识产权利益主要表现为传统部族对传统知识衍生方面的在先权,如对他者就体现传统知识商誉的一些传统名称、传统标志获得商标权的排除权等。因此,传统知识上的知识产权利益也可以分别组合为积极原生性知识产权利益、积极衍生性知识产权利益、消极原生性知识产权利益、消极衍生性知识产权利益两组四种。以下分别简称为积极原生利益、积极衍生利益、消极原生利益和消极衍生利益。

(三)传统知识的知识产权利益具有国际性

对于客体物的经济利益来说,物权性利益亦即有形资源利益,其占有是一种有形的控制,其使用则以有形控制为前提。因此,侵害物权性利益,一般须剥夺原所有人或者用益权人或者占有人的占有。侵害物权也表现为直接剥夺或者减损原权利人的利益。故物权性利益不容易被侵害。而知识产权这种无形财产利益,其客体是无形的技术方案、作品和商誉。一旦公开,其所有者不可能对其进行物理控制或者实施有形占有。在同一时空条件下,它可以为多个主体所占有和控制;更不用说在不同时空条件下了。因此,外国人可以与内国人同时对知识产权利益实施占有和控制。这样,一宗知识产权利益,可能同时在国内和国外多个国家遭到侵权。从这个角度看,知识产权利益具有国际性。传统知识上的知识产权利益,同样也具有国际性。即一宗传统知识的知识产权利益,可能同时在国内和国外多个国家被侵权。如中国传统中药知识,在国外即同时被日本、韩国、美国等国所使用。从这个角度看,传统知识的知识产权利益也具有国际性。传统知识知识产权利益的国际性,决定了传统知识法律保护也具有国际性特征。

二、传统知识法律保护的总体制度架构

(一)传统知识法律保护的含义

1. 传统知识保护是知识产权保护

从保护对象本身而言,传统知识与现代知识产品一样,其占有不发生有形控制,其使用也不发生有形损耗。[①] 故传统知识侵权与知识产权侵权、传统知识保护与知识产权保护在本质上具有共性。从保护对象所涉及的利益的角度看,传统知识的法律保护即通过法律制度保护传统知识上存在的上述各种精神利益和经济利益。但是,在传统知识的利益体系中,知识产权利益占有最重要的地位,也是传统知识法律保护的重点和难点。故传统知识的保护,主要是指对传统知识的知识产权利益加以保护,是指传统知识的知识产权保护。然而,由于传统知识的积极衍生和消极原生利益与现行商标制度、地理标志制度、专利制度不冲突,可以得到其保护;而消极衍生利益则可以得到一定的保护,因此,只有传统知识的积极原生利益的保护在现行知识产权制度上没有法律依据,消极衍生利益的全面保护在现行法下也依据不足。故传统知识的知识产权保护,

① 参见吴汉东主编:《知识产权法》,中国政法大学出版社 2004 年版,第 6 页。

其难点和争点集中在传统知识积极原生和消极衍生利益的保护。现在各界人士所说的传统知识的知识产权保护,主要应是指传统知识积极原生和消极衍生利益的保护,只是为了文字表达的方便,大家才没有刻意指明这一点。为了行文的方便,我们一般也不予特别说明。

2. 传统知识需要国际保护

国家是其境内一切人和物的保护者。国家应对其境内所有合法人员的所有合法财产和利益都应给予法律保护。各国对其境内的传统知识,自然存在保护的义务,只要其认为传统知识应该得到法律保护。传统知识理所当然应在各自所在的国家范围内得到本国法的保护。故传统知识的保护首先即应是国内保护。但是,自19世纪后期特别是20世纪末期TRIPS签署生效以来,国际保护成为知识产权的根本特征。国际性也成为知识产权这种私权的基本特征。从当下的现实来看,传统知识的利用者和受益者主要是发达国家的商业机构和商业性研究者,特别是某些跨国公司和商业研发机构。因此,传统知识的保护,如果仅在内国法上作出规定,仅提供一种内国法上的保护,则难以防范跨国公司和跨国商业研发机构对传统知识的不合理利用,难以实现传统知识上的知识产权利益,难以为传统知识提供真正的法律保护。故应吸取知识产权国际保护的经验[①],推出传统知识保护国际机制,供各国加入和批准,然后将该机制转化为内国法,为传统知识提供国际保护。

总之,我们这里所说的传统知识的保护,从实质对象上说,是指传统知识的知识产权保护;从保护的实施主体和保护的地域范围上说,则涉及传统知识的国际保护。

(二) 传统知识保护的制度架构

1. 传统知识保护的总体制度架构

因应于上文所述的传统知识上存在的各种精神利益和经济利益,我们认为,传统知识法律保护总体架构应由下述部分组成:(1) 传统文化保护制度。传统知识的精神性利益或者说传统知识的文化意义部分,是传统部族"族格"的表征,应纳入传统文化保护制度或文化多样性保护制度的保护范围。这种传统文化或文化多样性保护制度,可以通过特别的传统文化促进法来体现。就目前国际国内相关立法进程和立法安排来看,以《保护非物质文化遗产公约》为国际法依据的非物质文化遗产保护法律制度可完成此任。目前我国国务院法制办正在研究制定的《中华人民共和国非物质文化遗产保护法》即包括了很多传统

---

① See WIPO/GRTKF/IC/6/6.

文化保护条款。传统文化保护制度主要保护传统知识上的精神利益。(2) 财产法。在财产法中,物权法是大陆法系国家确认和保护财产关系的基本法,为财产的归属与流转、发挥财产的效应提供了良好的法律机制。其有关制度组分可服务于传统知识有形资源利益的保护。如有关所有权规则,可用来解决体现传统知识的生物资源的权属问题。合同规则也可为传统知识的流转及利益分享提供法律机制。(3) 传统社区习惯法。传统社区习惯法很复杂,但其本质上是一种非商品经济的法律体系。但传统社区习惯法可以在传统知识归属和权利主体的确定上发挥重要作用。(4) 知识产权法。传统知识作为传统部族的智慧财产,以某种知识产权法律机制确认和保护其知识产权利益,具有自然法上的合理性。因此,知识产权法自应是传统知识保护总体架构的重要组成部分。

2. 传统知识保护的知识产权制度架构

如上所述,积极原生和消极衍生利益是传统知识知识产权利益体系中最重要的利益。但其与现行知识产权法律制度存在矛盾和冲突,需要进行制度创新才能得到保护。这使得知识产权法成为传统知识保护总体架构的难点和重点。如何保护传统知识的上述知识产权利益,是目前法律和政策领域最复杂和最富有争议的一个问题。① 为此,国外学术界提出了一些传统知识知识产权保护制度的设想。卡路斯·M.科瑞(Carlos M. Correa)认为,现行知识产权机制、特别知识产权制度、习惯法、反不当占有机制等,构成了这一架构的框架。② 达里尔·A.波塞(Darrel A. Posey)和格雷厄姆·杜特费尔德(Graham Dutfield)所讨论的架构则涉及西方传统的财产权体系、合同和契约、现行知识产权体系、具有法律约束力的国际公约(如《生物多样性公约》)、国际性"软法律"(如《全球人权宣言》)、传统社区习惯法以及他们提出的传统资源权体系。③ 邓尼尔·J.乔万斯(Daniel J. Gervais)则提出了如下可能的保护方式和途径:现行知识产权机制、特别保护机制、共有财产权(communal property)、不公平受益(Unjust Enrichment)、不合理占有和利用(misappropriation)、合同等。④ 舒伯哈·高希(Shubha

---

① See Rosemary J. Coombe, Steven Schnoor & Mohsen Ahmed, Distributive Justice and Intellectual Property: Bearing Cultural Distinction: Informational Capitalism and New Expectation for Intellectual Property, 40 U. C. Davis L. Rev. 891 (March, 2007).

② 参见卡路斯·M.科瑞(Carlos M. Ccorrea):《传统知识与知识产权:与传统知识保护有关的问题与意见》,载国家知识产权局条法司编:《专利法研究》,知识产权出版社 2003 年版,第 456 页以下。

③ 参见〔美〕达里尔·A.波塞、格雷厄姆·杜特费尔德:《超越知识产权——为原住民和当地社区争取传统资源权利》,许建初等译,云南科技出版社 2003 年版,第 46 页以下。

④ See Daniel J. Gervais, The Internationalization of Intellectual Property: New Challenges from the Very Old and the Very New, 12 Fordham Intell. Prop. Media & Ent. L. J. 929(spring, 2002).

Ghosh)认为传统知识保护有公共领域模式、商业利用模式、信托模式和所有权模式四种。[①] WIPO-IGC 认为传统知识法律保护的制度框架包括:排他性财产权、事先知情同意制度、补偿责任制度(compensatory liability)、反不正当竞争制度、传统社区习惯法等。其中,排他性财产权的实现机制包括对现行知识产权制度的运用、对传统知识产权制度的修改与扩张、建立特别知识产权制度三种途径。[②] 应该说,上述架构对传统知识知识产权保护的制度设计有重要的参考价值和指导意义。我们认为,传统知识的知识产权保护制度架构,包括现行知识产权制度以及知识产权制度创新两个方面。现行知识产权制度包括可以用来保护传统知识消极原生利益的专利制度和可以用来保护传统知识积极衍生利益的商标制度、地理标志制度等商业标志制度以及可以为传统知识消极衍生利益提供一定保护的商标公共秩序制度、商标创造性制度等。知识产权制度创新主要包括创设传统知识保护特别制度、专利申请传统知识披露制度等可以用来保护传统知识积极原生利益的制度以及修改商标法创设可以用来进一步保护传统知识消极衍生利益的制度。另外,还包括传统知识主体制度的创新。

3. 传统知识知识产权保护的国际制度

根据上述,传统知识的知识产权利益及其法律保护具有国际性。为此,传统知识知识产权保护的制度架构中,就涉及国际性制度。达里尔·A. 波塞和格雷厄姆·杜特费尔德已经提出,具有法律约束力的国际公约和没有法律约束力的国际"软法"是传统知识法律保护的机制之一。在现行知识产权国际保护制度中,巴黎公约、TRIPS 等国际机制可以用来保护传统知识的消极原生和积极衍生利益。如上述两个条约所确立的专利制度可以保护传统知识的消极原生利益,商标制度、地理标志可以适用于传统知识积极衍生利益的保护,某些商标制度如商标公共秩序制度、商标创造性制度等可以为传统知识消极衍生利益提供一定的、初步的保护,其所包含的争端解决机制也可用来处理传统知识上述知识产权利益的争议。现行知识产权国际保护制度是传统知识知识产权保护国际制度中的组成部分(后文将予以分析)。不过,传统知识的积极原生利益的国际保护和消极衍生利益的比较完善的国际保护,则需要进行相关的制度创新。另外,传统知识国际保护制度还涉及基本原则和若干具体规则问题,后文将逐步展开分析。

---

① See Shubha Ghosh, Traditional Knowledge, Patents and the New Mercantilism(Part Ⅱ), 85 J. Pat. & Trademark Off. Soc'y 885(November 2003).

② See document WIPO/GRTKF/IC/6/4 Rev, at paragraph 34.

三、现行知识产权制度与传统知识的保护

如上所述,现行知识产权制度只能对传统知识的消极原生、积极衍生利益提供保护。如现行专利制度可以保护传统知识的消极衍生利益,现行商标等商业标志制度可以保护传统知识的积极衍生利益。另外,商标公共秩序制度、商标创造性制度等商标制度也能为传统知识的消极衍生利益提供一定的保护。本题即从这些方面分析现行知识产权制度与传统知识保护问题。

(一)现行知识产权制度与传统知识消极原生和积极衍生利益的保护

1. 现行知识产权制度与传统知识消极原生利益的保护

现行知识产权制度可以为传统知识的消极原生和积极衍生利益提供法律保护,也可以为传统知识的消极衍生利益提供初步的保护。对消极原生利益的保护,如在以美国专利法为模式的专利法框架下,把传统知识转化为专利法上的在先技术,即把公开使用的传统知识予以书面公开,在操作上可以同时建立便于专利审查系统查阅的传统知识数据库。这样,就可以排除他人就传统知识获得知识产权授权,从而为传统知识的消极原生利益提供保护。当然,如果以欧盟和日本的专利法为标准,传统知识本身就已构成在先技术,不需要进行书面公开,其消极原生利益本身就可以得到其专利法的保护。但在我国,根据现行专利法,在我国境内公开使用的传统知识构成在先技术;但在外国公开使用的传统知识并不构成我国专利法上的在先技术。因此,一般说来,外国人并不能就我国的传统知识在我国获得专利权,我国传统知识的消极原生利益在我国能够得到法律保护;但外国人可以就外国的传统知识在我国获得专利权(当然还需要符合我国专利法规定的其他条件)。

2. 现行知识产权制度与传统知识积极衍生利益的保护

传统知识的衍生性知识产权利益一般集载在传统名称、传统标记与传统符号等传统名号上。因此,保护传统知识衍生性知识产权利益可通过保护传统名号而实现。传统名号可利用商标制度和地理标志制度等商业标志制度而得到保护。即由传统知识权利主体对有关反映传统知识商誉的传统名号申请注册为商品或者服务商标、证明商标、集体商标、地理标志、商号、域名等商业标志,使传统知识权利主体把传统知识衍生的商誉采用上述法律机制转化作为自己的财富和利益,保护传统知识的积极衍生利益。如传统部族把自己的传统名号等注册为集体商标以及证明商标,不仅可以自己使用,从而享有一种知识产权;而且,可以形成一种商标法上的在先权。商标局可以依职权拒绝他人就这些传

统名号申请商标注册,也可以在集体商标或证明商标权利人提起的商标复议或商标诉讼中使有关注册无效。在利用该制度保护传统名号方面,我国主要采用地理标志证明商标制度,保护传统性地理名称。截止到2003年11月底,我国申请地理标志证明商标注册的有233件,核准注册的有100件。[①] 把体现传统名号的地理名称,注册为地理标志证明商标,使传统名号转化为商标法上的证明商标,传统名号上的知识产权可以得到保护。

3. 现行知识产权制度与传统知识消极衍生利益的初步保护

传统知识的消极衍生利益,即排除他人就传统名号取得商标等商业标志权。其中,主要是商标权,我们此处就以商标权为例加以说明。现行知识产权制度如商标公共秩序制度、商标创造性制度可以排除他人对某些传统名号获得商标注册,从而初步保护传统知识的消极衍生利益。商标公共秩序制度,是指商标法基于公共政策和社会公益考量而规定有关标识不得成立商标权或已成立之商标权将被撤销或无效的法律制度。在传统名号中,宗教信仰性标识、欺骗性标识和不正当竞争之标识,都属于商标公共秩序制度规制的范畴。构成宗教信仰标识的传统名号任何人都不能将其注册为商标。传统部族以外的人就传统名号申请商标注册,构成欺骗性标识和不正当竞争之标识,故不能成立商标。就商标创造性制度而言,商标要达到易于区别的程度,即具有显著性,才能获准注册;而对具有第二含义的特定标识,即使不具备可区别性也可得到注册保护,如描述性标识。传统名号作为商标标识,一般具有描述性,属描述性标识。因此,没有第二含义的传统名号一般不得申请商标注册。故商标创造性制度可以给不具有第二含义的传统名号以排除商标注册的保护。商标创造性制度只能为传统名号提供"他人不能就传统名号直接注册商标"的低水平的保护。综上,现行知识产权制度主要是商标制度只能为传统知识消极衍生利益提供有限的、初步的保护。

从传统知识的保护战略来看,对传统知识消极原生和积极衍生利益的保护以及传统知识消极衍生利益的初步保护是传统知识保护的第一步战略。之所以将其确定为第一步战略,是因为其与现行制度不存在冲突,不需要制度创新,因而比较容易得到法律的保护。

(二)现行知识产权国际保护制度与传统知识的国际保护

知识产权虽然是一种以国内法为依据的私权,知识产权的保护以国内法为

---

① 参见李顺德:《地理标志与商标协调发展战略》,载《贵州师大学报》(社会科学版)2005年第1期。

直接的依据,在主权国家领域内得到保护;但是,知识产权的本质和特征决定了知识产权的保护需要得到其他国家的支持,特别是随着国际贸易的发展和全球市场一体化的加剧,知识产权保护更需要双边与多边的国际合作。也只有这种水平较高的国际保护,才能充分地实现知识产品开发者的知识产权利益,从而在世界范围内发挥知识产权制度激励创新的制度价值。因此,在 19 世纪后期,随着国际贸易的发展,知识产权国际保护制度和国际保护实践发展起来。《巴黎公约》、《伯尔尼公约》及其一系列子条约和协议相继出台,特别是 1994 年 TRIPS 的通过,使知识产权国际保护制度迈上了新的台阶,成员的知识产权经过一定的程序成为受其他成员司法机制保障的民事权利。如今,知识产权国际保护已形成一套较为完整的制度体系。这套制度体系,大致区分为知识产权国际保护基本原则和基本规则两大部分内容。

根据学者研究,现行知识产权国际保护制度主要有国民待遇原则、最低保护标准原则和公共利益原则。[①] 国民待遇原则涉及外国知识产权权利人在内国的法律地位。按照该原则,内国要在内国法上承认外国人与本国人具有平等的法律地位和待遇,如承认其优先权等。《巴黎公约》、TRIPS 等均规定了国民待遇原则。最低保护标准原则,涉及知识产品权利主体在外国能够享有的知识产权的具体内容,如权利对象、权利取得方式、权利内容、权利限制、权利期间等。上述国际公约建立了知识产权保护的最低实体标准,各国根据自己的国情审慎选择各自的实施机制。在早期,知识产权国际保护制度基本不涉及实体标准问题,如保护客体的资格条件、保护标准、权利的性质与范围、权利的例外等。而随着 TRIPS 的签订,知识产权国际保护制度开始体现知识产权的实体标准问题。公共利益原则涉及公共利益与权利人私益的平衡问题,TRIPS 等知识产权国际保护重要公约都规定了该原则。如知识产权客体除外制度、权利限制制度和知识产权滥用的救济等制度均体现了公共利益原则。在知识产权国际基本规则方面,主要有专利、著作权、商标、地理标志等方面的具体保护规则,这是知识产权最低保护标准原则的具体化。

就现行知识产权国际保护制度与传统知识知识产权保护的关系而言,《巴黎公约》、TRIPS 等确立的知识产权国际保护制度可以为传统知识的某些知识产权利益提供保护。就《巴黎公约》而言,集体商标和证明商标制度、商标客体排除与限制制度、反不正当竞争制度等可以为传统知识的衍生性知识产权利益提供一定的保护。《里斯本协议》的原产地名称(appellations of origin)国际注册

---

① 参见吴汉东:《论知识产权国际保护制度的基本原则》,载吴汉东主编:《知识产权年刊》(创刊号),北京大学出版社 2005 年版,第 12 页。

制度可以为体现传统知识的产品提供原产地名称保护。《商标国际注册马德里协定》及其议定书,集体商标和证明商标的国际注册制度,可以为具有传统来源、体现传统知识的产品提供保护。《专利合作条约》可以用于促进对以传统知识为基础的创新的保护;该公约所规定的最低文献标准可用于把传统知识确认为在先技术。在国际检索系统中,把《专利合作条约》的最低文献标准加以扩张,使之明确包括书面化的传统知识,可以便于保护传统知识的消极衍生利益。① 就 TRIPS 而言,商标制度、地理标志制度可以用来保护传统知识的衍生性知识产权利益;未披露信息制度可以对尚处于保密状态的传统知识提供保护。其专利制度也可以对传统知识的消极衍生利益提供保护。

但是,现行知识产权国际保护制度只能对传统知识提供很有限的保护。从利益的角度看,现行知识产权国际制度只能保护传统知识上的消极原生和积极衍生利益,对于传统知识的消极衍生利益只能提供一定的保护。传统知识的积极原生利益的保护和消极衍生利益的比较全面的保护在现行知识产权国际保护制度及国内制度上都还存在制度性障碍和困难。

四、传统知识保护的困难

根据上述,传统知识保护的困难,主要是指传统知识的积极原生利益在现行知识产权制度下很难得到保护。另外,传统知识的消极衍生利益则难以得到比较全面的保护。

(一)传统知识积极原生和消极衍生利益保护的困难

传统知识积极原生和消极衍生利益法律保护的困难是指传统知识与现行知识产权制度在文化背景、制度理念等方面存在着矛盾和冲突。在制度规则方面表现为现行知识产权制度不能直接对传统知识授予某种知识产权性质的排他性财产权,不能阻止他人非法利用与谋取传统知识的商誉,从而使传统知识在现行知识产权制度不能得到比较充分的、与现代知识产品同等的保护。

从文化背景角度看,由于没有与外部社会进行必要的、较多的文化交流,传统知识所体现的原住民文化或者传统性文化是一种独具特色的、文化基因"纯种"的文化类型。这种文化类型具有浓厚的"圣境"理念,认为任何事物都有生命力,亦即万物有灵。这样,知识和信仰、知识和宗教融合在一起,构成一体化的精神体系。另外,传统社区长期以来停留在自然经济和简单商品经济状态发

① See document WIPO/GRTKF/IC/5/9.

展阶段,商品经济没有得到充分的发育。可见,原住民文化或者说传统性文化,具有圣境性和非商品经济性等特征。在欧美特别是西欧,经过宗教改革和文艺复兴的洗礼,现代知识脱离了"圣境"、脱离了"神性",实现了知识和宗教、知识和信仰的分裂,从而达至了纯粹的"科学"。因此,在现代社会,现代知识与人的精神信仰体系完全分离,完全脱离了"圣境"文化。而同时,伴随着新航路开辟及接踵而至的海外大规模殖民扩张以及因应于资本主义商品经济的需要,欧美形成了肯认私权、公共权力民主化和契约化的制度范式,演生了个体自觉自立、意思自由自治的精神理念①和文化类型。可见,欧美现代文化具有科学性、商品经济性等特征。

从制度理念角度看,这种矛盾和冲突主要表现在两个方面。一是个人主义与群体主义。在现代欧美文化架构下,其主要理念之一就是"个人"的观念。②社会是个人之间相互约束的整体;个人是构成社会的不折不扣的一个一个的"原子";个人被抽象出来,成为一系列无个性的、彼此相同的、可以互相置换的、一般性的赤裸裸的个体。③ 以这种原子式个体为内核,形成了个人主义权利哲学。在这种权利哲学下,知识产权被个人主义化,知识产权具有了个人主义的特征。现代性知识产权制度正是以这种个人主义制度理念为基础和土壤。围绕个人主义所进行的权利制度设计几乎完全集中于个人,而不承认群体固有的价值。即使其承认群体,也是把群体视为由有确定身份的个人所组成的集合体。传统知识与传统社区落后的生产力、封闭的、较少受到西方生活方式影响的社会生活相联系,孕育并承延了一种群体创新机制,奉行群体主义权利哲学。④ 在传统社区,人们认为生来即处于群体关系的网络之中。作为社区的一员,其权利和义务起源于并完全存在于社区群体的背景之中。权利就是群体成员资格的一部分。在他们的理念中,是在对群体身份认同的基础上来界定个人身份的。在这些特殊的群体中,作为其成员的个人的发展与其文化身份紧紧地扭结在一起。这是法律制度差异很大的不同传统部族间存在的一个共同特征。群体主义权利哲学的具体表现即承认共有财产权。共有财产权几乎是传统社区习惯法的一项共同的基本原则。⑤

---

① 参见衣俊卿:《现代性的维度及其当代命运》,载《中国社会科学》2004 年第 4 期。

② 〔法〕皮埃尔·莫内著:《自由主义思想文化史》,曹海军译,吉林人民出版社 2004 年版,第 2 页。

③ 〔葡〕叶士朋著:《欧洲法学史导论》,吕平义等译,中国政法大学 1998 年版,第 53 页。

④ See Lauren E. Godshall, Making Space for Indigenous Intellectual Property Rights Under Current International Environmental Law, 2003, 15, Geo. Int'l Envtl. L. Rev. 497.

⑤ See Kristin Ann Mattiske, Recognition of Indigenous Heritage in the Modern World: U.S. Legal Protection in Light of International Custom, 2002 27 Brooklyn J. Int'l L. 1105.

二是逐利论和生活需要论。在欧美商品经济的土壤中，几乎所有人的都是"经济人"，任何人在从事某种行为时，都要进行成本与收益的权衡。知识产品的创作者也不例外。由于知识产品对社会进步的巨大价值和巨大功用，同时该种产品的创作成本和对创作者的智能和技能要求相对较高，该种产品一旦投入使用又容易逸出权利人的控制，因此，国家必须对知识产品的创作者给予一定的回报，以激励知识产品的创作和生产。对知识产品创作者提供一定时限的专有控制权被认为是最科学的激励方式。此即所谓激励理论。激励理论即把知识产品创作者在知识创作活动中投入的智力、体力、物质资本以及有关风险还原为成本概念，把专利等知识产权保护所确定的一定期限专有控制形式视为对创作者投资的回报，是一种与成本相对应的经济收益。通俗地说，激励理论就是一种"逐利论"。逐利论构成知识产权制度的真正理论基础。[①] 但逐利论并不能解释传统知识的生成动机，传统知识的创作和传承长期以来并不以逐利为目的。至少在过去的知识创新活动中，传统居民并不认可知识产权法对其有何激励，他们又能得到何种激励。从知识发生学角度来看，传统知识表现为一种因应日常生产生活需要的知识运动的自然历史过程，表现为长期的积淀，无尽的延续。传统部族在过去漫长的岁月里没有任何外在激励创造并维持了丰富的传统知识。传统知识的创作和发展动力是满足传统部族生产生活的需要。我们可以确信，传统知识是在因应传统部族生产生活需要的基础上产生的，而与基于成本收益核算的逐利论没有关联。

从制度规则角度看，在现行知识产权制度框架下，一项知识产权的构成要件涉及权利主体、权利期限、知识产品的技术要素等方面。一个知识产品要得到知识产权保护，应有确切的完成发明的日期、一个或多个发明人的身份、相关产品的技术限定参数以及法定的有限保护期等。在上述诸方面，传统知识与之相悖。就权利主体而言，传统知识的作者或发明者通常是一大群分散的大众。另外，通常情况下，不止一个族群或社区拥有相同的传统知识。因此，在确定传统知识权利主体时就存在困难。就知识产品的技术要素而言，首先是新颖性问题。传统知识已经世代相传，且大多已经公开。有的是以书面方式向现代社会公开，有的则在传统社区内部公开使用。传统知识因为产生年代久远并因为已经公开，而处于公共领域。这与知识产权法的新颖性要件相悖。但传统社区不存在西方知识产权法上公共领域的概念和意识。其次是产品的完整性。知识产权法要求被授权的客体是一项在技术上成型而完整的知识产品，而传统知识

---

① See Robert K. Paterson and Dennis S. Karjala, Looking Beyond Intellectual Property in Resolving Protection of the Intangible Cultural Heritage of Indigenous Peoples, Summer, 2003 11 Cardozo J. Int'l & Comp. L. 633.

大多是一些知识产品片段,限定参数不完整。就权利期限而言,传统部族大多要求对其传统知识享有无期限的权利。而使任何一个排他性的权利没有期限,这与知识产权的期限性是矛盾的。[①]

这样,在现行知识产权制度下,传统知识不能得到直接产生专利权或者与其类似的知识产权;虽然传统部族可以将传统知识的商誉通过一定的法律手段转化为自己的财产权,但同时他人也可以与其合法地展开"争夺",在传统部族将其转化为自己的权利之前,不能阻止和对抗他人的谋权行为。现行商标制度中,只有商标公共秩序制度、商标创造性制度等可以为传统知识消极衍生利益提供初步的、有限的保护。

(二)传统知识积极原生和消极衍生利益国际保护的困难

在传统知识的国际保护方面,现行国际知识产权法律制度,巴黎公约体系和 TRIPS 所建构的国际专利制度和国际商标制度,只能保护传统知识的消极原生利益和积极衍生利益。亦即以原住民为核心的传统知识权利主体可以主张传统知识构成国际专利制度下的在先技术,从而排除他人对传统知识直接取得专利权等知识产权;还可以根据国际商业标志制度申请商标和地理标志等,保护传统知识衍生方面的积极利益。传统知识的消极衍生利益则只能在现行国际商标制度下得到初步的、有限的保护。但是,如上所述,传统知识与现行知识产权制度在文化背景、制度理念、制度规则等方面存在着矛盾和冲突。这也包括与现行知识产权国际保护制度存在上述矛盾和冲突。因此,现行国际知识产权制度只能为传统知识提供很有限的保护。只有进行制度创新,建立传统知识保护的国际机制,才能使传统知识的积极原生和消极衍生利益在国际范围内得到比较充分的保护,使传统知识与现代知识产品在国际范围内享受同等待遇。但是很多发达国家不赞成为传统知识提供国际保护。如美国认为,由于传统知识的复杂性,由于传统知识国际保护缺乏国内法上的经验,美国怀疑传统知识国际保护的可行性。[②] 美国有的学者也认为不应采用国际法创设新的财产权的方式来保护传统知识。[③]

传统知识的知识产权的全面保护,无论是国内保护还是国际保护,都面临

---

① See Daniel J. Gervais, The Internationalization of Intellectual Property: New Challenges from the Very Old and the Very New, Spring, 2002 12 Fordham Intell. Prop. Media &Ent. L. J. 929.

② See Paul Kuruk, Goading a Reluctant Dinosaur: Mutual Recognition Agreements as a Policy Response to the Misappropriation of Foreign Traditional Knowledge in the United States, 34 Pepp. Rev. 629 (2007).

③ See Kal Raustiala, International Rights Approaches to Intellectual Property: Commentary: Density and Conflict in International Property Law, 40 U. C. Davis L. Rev. 1021(March 2007).

着许多困难,都需要创设新的财产权制度。

五、传统知识保护制度的探索与实践

虽然有的国家和学者反对传统知识的国际保护,但传统知识保护的探索与实践,还是首先在国际层面上展开并发展到大多数发展中国家。目前,《生物多样性公约》(以下简称 CBD)、WIPO、联合国粮食与农业组织(以下简称 FAO)、世界贸易组织等已成为了传统知识国际保护的重要论坛。CBD 和 FAO《粮食与农业植物遗传资源保护国际条约》等已在相关领域的传统知识保护方面创立了一些新的规则和制度。2000 年以后,WIPO-IGC 开始将传统知识保护作为独立的、与生物多样性和民间文学艺术保护并列的主题进行制度上的探索。在上述传统知识保护的国际论坛中,以 CBD 和 WIPO 的影响为最大。我们在后文主要讨论这两个论坛关于传统知识保护的有关情况。根据上述,传统知识保护制度的探索与实践,目的是保护传统知识的积极原生利益和消极衍生利益,使传统知识得以形成一种排他性财产权,其衍生的商誉也能排除被他人占有。

(一)传统知识国际保护制度的探索与实践——CBD 和 FAO 对传统知识的保护

传统知识国际保护制度的探索,首先是从 CBD 开始的——在 2000 年 WIPO-IGC 成立以前,传统知识并没有被作为一个独立的主题进行国际保护的探索——这也决定了 CBD 所保护的传统知识,仅限于与生物多样性的保存和可持续利用有关的传统知识。

1992 年联合国环境与发展大会签署的 CBD,主要保护遗传资源,确认各国对其遗传资源的主权,并为遗传资源的取得规定了事先知情同意保护机制和利益分享机制。[①] 同时,CBD 也涉及与生物多样性的保存和可持续利用有关的传统知识。与生物多样性的保存和可持续利用有关的传统知识,CBD 称之为“与生物多样性的保存和可持续利用有关的传统的知识、创新和惯例”。CBD 第 8 条(j)款规定,缔约国应依照国家法律,尽可能适当地尊重、保存和维持原住民社区与地方性社区体现其传统生活方式的、与生物多样性的保存和可持续利用有关的知识、创新和惯例;促进经其认可和参与的、对此等知识、创新和惯例的广泛利用并鼓励公平分享因利用此等知识、创新、惯例所获得的利益。根据这个条款,可知 CBD 要求各成员对与生物多样性的保存和可持续利用有关的传

① 参见 CBD 第 15 条。

统知识在国内法上加以保护，确认有关社区对此等知识利用所产生的利益享有分享权。CBD 生效后，CBD 开创的传统知识保护制度为 FAO、安第斯地区和众多发展中国家在各自的相关立法中所落实和发展，由此形成了传统知识保护的 CBD 模式。

2001 年，联合国粮食与农业组织第 31 届大会通过了《粮食和农业植物遗传资源国际条约》，规定了农民权制度，使传统社区的农民所掌握和持有的与粮食和农业植物遗传资源有关的传统知识得到保护。该《条约》是对 CBD 的回应。其第 9 条规定，各缔约国应根据其需要和重点，并依据其法律，采取措施保护和加强农民的权利，其中包括：(1) 保护与粮食和农业植物遗传资源有关的传统知识；(2) 公平分享因上述遗传资源利用所产生的利益。《粮食和农业植物遗传资源国际条约》成为与粮食和农业植物遗传资源有关的传统知识保护的基本国际法律规范。

（二）传统知识国际保护 CBD 模式在地区层面和国家层面的落实与发展

CBD 传统知识国际保护新规则在地区层面和国家层面的落实，主要表现为某些地区和国家把 CBD 涉及的传统知识国际保护规则在相关立法中加以体现和实施。在地区层面上，传统知识国际保护以安第斯共同体和东盟较为积极。1996 年，安第斯共同体发布《关于遗传资源获取共同制度的第 391 号决议》。该决议第 7 条规定，成员国根据本决议和各自的国内立法，承认并重视原住民、美洲黑人和当地社区对与遗传资源及其衍生物有关的传统做法、知识和创新的权利；第 35 条规定，在获取含有有关传统知识的遗传资源或者其衍生物时，获取合同应当包括规定公平合理分享因利用此传统知识所产生的利益的附录，作为该合同的组成部分；第 34 条规定，获取合同应当考虑有关传统知识提供者根据其他相关合同所享有的权利和利益。2000 年，安第斯共同体又发布《关于知识产权共同制度的第 486 号决议》。该决议第 26 条和第 75 条规定，如果申请专利的产品或者方法从原产于任何一个成员国的原住民、美洲黑人或者当地社区的传统知识的基础上获得或者以其为基础开发而来，则应根据第 391 号决议及其有关法令的规定，提供可证明其得到了利用许可或者授权的文件副本，否则构成专利无效的事由。

CBD 传统知识国际保护新规则在国家层面上的落实，主要表现为，很多发展中国家（也有少数发达国家涉及）掀起了一场传统知识（包括生物多样性）保护立法的浪潮，可谓风起云涌，蔚为壮观。1997 年，菲律宾颁布《原住民权利法》。该法第 35 条规定，获取有关原住民知识，只有事先告知有关社区并获得其同意的前提下，才可以在原住民文化社区或者原住民的祖传土地或者领地上进行;第 34 条规定,原住民文化社区或者原住民有权获得对其文化和知识权利的充分所有权、控制权和保护权的承认,他们有权采取特别措施以控制、开发和保护其科学、技术,包括传统医药与医疗实践、关于动植物的知识等。1998 年,哥斯达黎加颁布《生物多样性法》。该法将与生物多样性有关的传统知识纳入生物多样性的范畴,受到事先知情同意机制的保护。同年,孟加拉颁布《生物多样性与社区知识保护法》。该法第 7 条规定,任何有关传统知识以及由此产生的创新,均不得在未事先告知相关社区并取得其明确同意和有效参与的情况下,出售、分配、转让或者处置;社区有权拒绝以营利为目的的交易或者任何商业利用、开发和交换。另外,2001 年巴西《保护生物多样性和遗传资源暂行条例》、2004 年印度《生物多样性条例》及 2002 年《专利法修正案》、2002 年秘鲁《关于建立土著人生物资源集体知识保护制度的法律》、2002 年葡萄牙农业农村发展与渔业部发布的第 118/2002 号法令等均有相关内容。[①] 这些国家的法律大致类似于安第斯共同体的第 391 号决议和第 486 号决议关于传统知识保护的规则,其内容参见下文相关内容。

(三) 传统知识国际保护 CBD 模式的特点与成就

1. 从与生物多样性有关的传统知识到独立的传统知识,保护对象不断延伸

CBD 传统知识国际保护的新规则只涉及与生物多样性保存和利用有关的传统知识。CBD 和地区层面及国家层面为落实 CBD 的立法,把与生物多样性有关的传统知识间接或直接纳入生物多样性的范围,形成了由保护生物多样性进而保护与生物多样性有关的传统知识的进路。如《生物多样性公约》间接地包含对与生物多样性有关的传统知识给予保护,而安第斯共同体 1996 年第 391 号决议《关于遗传资源获取的共同制度》和巴西 2001 年《保护生物多样性和遗传资源暂行条例》等均把与生物多样性有关的传统知识明确纳入遗传资源"获取"机制的保护范围,哥斯达黎加 1998 年《生物多样性法》则明确规定与生物多样性有关的传统知识属于生物多样性范围。但这种保护方式,只限于保护与生物多样性有关的传统知识,其他领域的传统知识则得不到保护。2000 年安第斯共同体发布第 486 号决议《关于知识产权的共同制度》,规定以传统知识为基础的产品或方法申请专利时,申请人应提供传统知识许可或授权使用的文件副本,构成专利授权或不授权或无效的一个条件。2002 年葡萄牙农业、农村发展与渔业部第 118/2002 号法令第 3 条对传统知识作出了明确的定义,划定了其范围,规定了其权利以及救济措施。这样,全部传统知识被纳入了法律保护的范

① 参见秦天宝:《国际与外国遗传资源法选编》,法律出版社 2005 年版,第 3 页以下。

围。可见,地区层面的立法和某些国家的立法已对 CBD 关于传统知识的保护规则有所突破和发展。这样,传统知识渐渐脱离生物多样性而成为一个独立的立法保护对象,有利于从整体出发探索科学合理、专门针对传统知识的保护制度。

2. 从事先知情同意机制到特别制度,保护力度日益增强

事先知情同意机制是 CBD 开创的、保护遗传资源的主要制度。地区层面和国家层面的立法在保护遗传资源和传统知识的过程中,以不同的制度形式规定了以事先知情同意机制为核心的传统知识保护制度。其主要有三种形式:第一,与生物遗传资源相关的传统知识"获取"管制与利益分享制度(以下简称获取管制制度)。如巴西 2001 年《保护生物多样性和遗传资源暂行条例》第 8 条规定,本《条例》保护与遗传资源有关的传统知识;第 8 条和第 9 条规定,与生物多样性有关的传统知识的获取应经过其所有者的同意并取得环境部遗传资源管理委员会的批准;第 16 条和 24 条规定,如果涉及商业化利用,则必须签订《遗传资源利用与利益分享合同》,确定公平合理分享利益以及获取和转让技术的方法后才能获取有关传统知识。印度 2002 年《生物多样性法》第 3 条规定,非印度公民或法人获取印度境内与生物资源有关的传统知识时应经过印度生物多样性总局的事先批准;第 6 条规定,生物多样性总局在作出批准决定时可以征收利益分享费或特许费,或者施加利益分享等条件。可见,"获取"管制制度,主要是针对生物多样性保护而设计的,其所涉传统知识,是指与生物多样性有关的传统知识。该制度主要通过传统知识获取和利用者的事先知情、有关权力/权利主体的同意和批准同时征收有关费用或施加利益分享等条件来确认和保护传统知识上的经济利益和精神利益。此即 CBD 缔约方大会和学术界所说的"获取与利益分享"(ABS)制度。第二,专利申请传统知识披露制度。2000 年安第斯共同体《关于知识产权共同制度的第 486 号决议》第 26 条规定以传统知识为基础的产品或方法申请专利时应当提供传统知识许可或授权使用的文件副本。该许可或授权使用的文件副本成为专利授权或不授权或无效的一个事由。可见,专利申请传统知识披露制度通过要求传统知识的利用人在专利申请文件中披露有关事先知情同意证明和利益分享协议,达到保护传统知识、间接实现传统知识积极原生利益的目的。第三,原住民权利制度和社区权制度。该制度通过把事先知情同意作为原住民和原住民社区的权利给予确认从而达到对原住民和原住民社区与生物多样性有关的传统知识以及其他传统知识的保护。如菲律宾 1997 年《原住民权利法》规定,只有获得原住民社区自主的事先知情同意后方可在原住民社区或原住民土地上获取与生物多样性有关的原住民知识。

可以认为,无论何种形式的事先知情同意机制,其传统知识知识产权利益的保护,都是间接的。而传统知识保护特别制度,是对传统知识直接授予一种民事权利,是一种积极性保护。CBD 并没有为传统知识设计一种特别保护制度。但有的国家的国内法对此有重大突破,专门为传统知识规定了特别保护规则。如葡萄牙 2002 年农业、农村发展与渔业部第 118/2002 号法令实际上推出了传统知识保护特别制度的立法例。该法令第 3 条规定,经政府有关部门确认、登记和适当描述的传统知识享有免受复制或商业化利用的权利;如有关传统知识尚未商业化利用或者仅为社区所知时,经登记该传统知识权利主体有反对未经授权的第三方为商业目的而直接或间接复制、仿制和/或利用的权利以及转让权、许可权和拒绝登记权。传统知识权的有效期为 50 年,从申请日起算;期满后可延长 50 年。从这些规定的内容可以看出,传统知识的特别制度已经构成一种类似专利制度的新型知识产权制度。传统知识保护特别制度把传统知识保护从事先知情同意机制发展到了一种新的特别权境界。

(四)传统知识国际保护制度 CBD 模式存在的不足

可以说,CBD 及其所开创和影响下的传统知识国际保护模式代表了目前传统知识国际保护的最高成就。但是,传统知识国际保护 CBD 模式,仍然存在许多缺陷和不足。

第一,CBD 模式在保护对象上只是附带地保护传统知识。CBD 是一个保护生物多样性的国际公约,其目的在于对生物资源给予保护,以维护全球生态安全为宗旨。故其保护对象主要是生物多样性和生物遗传资源,只是在保护生物多样性和生物遗传资源的同时,对与生物多样性和生物遗传资源有关的传统知识给予一定的保护。在 CBD 影响下,安第斯共同体通过的《关于知识产权共同制度第 486 号决议》,虽然已扩及对全部传统知识的保护,但该立法例尚未得到国际社会的较高的认同;同时,该决议也只是一个地区性条约。因此,CBD 模式对传统知识的保护,在保护对象的确立上存在不足。

第二,CBD 模式讳言传统知识的知识产权性质。CBD 第 8 条要求成员国对其境内与生物遗传资源有关的传统知识予以保护,确保其利益分享;这里所分享的利益可能具有知识产权性质。有的地区性条约和国家法在 CBD 的影响下,修改专利法,建立专利申请传统知识披露制度,用专利申请制度确保传统知识的经济利益得到实现;有的国家建立传统知识特别保护制度,规定了权利内容几乎类似专利权的知识产权,如葡萄牙 2002 年农业、农村发展与渔业部第 118/2002 号法令。上述制度创新虽然可以间接或者直接地保护传统知识,实现传统知识的知识产权利益,但这些制度创新几乎全部讳言传统知识的知识产权性质。

第三,CBD 模式没有把事先知情同意机制直接规定适用于传统知识。CBD 第 15 条规定了遗传资源获取的事先知情同意机制,但没有将其适用于传统知识。这样,在 CBD 事先知情同意规则下,只有本身体现为遗传资源(生物多样性)的传统知识才可能得到事先知情同意机制的保护。而传统知识本身尚不能得到事先知情同意机制的保护。

第四,CBD 没有建立比较明确的传统知识国际保护规则。CBD 虽然是一个国际公约,如今拥有很多成员国,但 CBD 没有建立比较明确的传统知识国际保护规则和传统知识国际保护的最低标准,使成员国在制定本国传统知识保护制度时有所遵循。CBD 只是在第 8 条确立的生物资源的原生境保护规则中要求其成员国对传统知识加以保护,确保传统知识权利主体参与利益分享。而具体如何保护,则由各国自行制定规则。不过,CBD 生效后,CBD 成员方大会已把传统知识与遗传资源获取及利益分享作为两个重要的知识产权“造法”事项并列在一起。① 可见,CBD 并没有形成传统知识比较明确的传统知识国际保护制度,只是为成员国提供了一个“口子”以自行制定相关规则,保护传统知识。

第五,CBD 虽然确定了一个国家与公约之间的争端解决机制,却缺乏解决具体遗传资源及其有关传统知识争端的程序规则。② 这样,使遗传资源及其有关传统知识的保护机制存在重大缺漏,从而使遗传资源及其有关传统知识得不到足够的保护。

(五) 完善传统知识国际保护制度的进一步探索

1. 在 CBD 模式下完善传统知识国际保护制度的探索

在 CBD 模式下完善传统知识国际保护制度的探索,主要表现为在专利申请程序中增加传统知识来源披露要件,即完善专利申请传统知识披露制度。但专利申请传统知识披露制度与知识产权国际保护机制的对接,从而为传统知识提供国际保护,又有两条思路:一是在《专利合作条约》(PCT)中增加传统知识披露要件;二是在 TRIPS 中增加传统知识披露要件。

在 WIPO 召开的 PCT 改革工作组会议上,瑞士代表再次重申了他们与 CBD 成员国大会“获取与利益分享”特别工作组类似的建议。瑞士建议在 PCT 中增加传统知识披露要件。该建议认为:第一,专利制度下的披露义务可以增加有

---

① See Laurence R. Helfer, Regime Shifting: The TRIPS Agreement and New Dynamics of International Intellectual Property Lawmaking, 29 Yale J. Int'l L. 1(Winter, 2004).

② See Lauren E. Godshall, Making Space for Indigenous Intellectual Property Rights Under Current International Environmental Law. 2003, 15, Geo. Int'l Envtl. L. Rev. 497.

关传统知识获取与利益分享的透明度;第二,可以便于传统知识提供者了解传统知识被利用及在传统知识基础上研发出新发明等情况;第三,有利于专利审查员和法官确认有关在先技术;第四,有利于在传统知识获取及利益分享方面增加互信。在 PCT 上增加传统知识披露要件,即是在《专利合作条约条例》(the PCT Regulation)第 51 条之二(1) 增加一款,即要求发明人披露与遗传资源有关的传统知识的来源,如果发明人知道该发明是直接以该传统知识为基础的;该来源是指有权批准获取和利用该传统知识的机关或者是有权参与分享该传统知识利用所产生的利益的实体。如果不符合上述要求,则受到 PCT 和专利法条约的制裁。[①]

如上述所述,CBD 没能为传统知识保护提供一个良好的争端解决机制;这个问题只有在 TRIPS 框架下利用知识产权国际争端解决机制才能得到良好的解决。为此,发展中国家寻求通过对 TRIPS 的修改以保护传统知识。2001 年 WTO 部长会议《多哈宣言》第 19 段要求 TRIPS 理事会审查 TRIPS 与 CBD、传统知识和民间文学艺术保护之间的关系。此后,发展中国家试图迫使所有 WTO 成员把披露生物材料和传统知识的来源作为专利授权和保护的条件。为了帮助 TRIPS 理事会解决在 TRIPS 框架下保护传统知识的问题,2003 年 6 月,WTO 非洲组向其提交了一项建议,强调传统知识需要在 TRIPS 框架下建立国际保护机制。该建议规定:成员有义务集体或者个别地禁止和采取措施阻止对遗传资源和传统知识的非法获取与利用。同时,巴西、古巴、厄瓜多尔、印度、秘鲁、泰国、委内瑞拉也要求修改 TRIPS,规定与生物材料或者与传统知识有关的专利申请人,应披露下述信息作为专利授权的条件:(1) 在发明中使用的生物资源或者传统知识的来源和起源国;(2) 按照有关国家的法律事先告知该国有关部门并获得其同意的证据;(3) 按照有关国家法律公平、公正分享利益的证据。[②] 在 2006 年 TRIPS 理事会年中会议期间,为推动 CBD 与 TRIPS 的关系问题的谈判,巴西、中国、印度、秘鲁等 8 个发展中国家提交了一份提案,要求修改 TRIPS,增加第 29 条之二。其主要内容如下:当申请专利的主题来自于某与遗传资源有关的传统知识,成员应要求申请人披露提供该传统知识的国家、该国的提供人以及经合理调查后获知的起源国;成员也应要求申请人披露符合提供国法律规定的、关于有关传统知识获取的事先知情同意证据和公平、公正地分享因此等

---

① See Emanuela Arezzo, Struggling around the "Natural" Divide: the Protection of Tangible and Intangible Indigenous Property, 25 Cardozo Arts & Ent L. J. 367 (2007).

② See Paul Kuruk, Goading a Reluctant Dinosaur: Mutual Recognition Agreements as a Policy Response to the Misappropriation of Foreign Traditional Knowledge in the United States, 34 Pepp. Rev. 629 (2007).

知识的商业利用或者其他利用所产生的利益的证据等信息；如果申请人故意或者在应当知道的情况下而没有履行上述义务或者提供错误的或者虚假的信息，成员应确保行政或者司法机关有权对该专利申请不予继续审查、不予授权，或者对已授予专利予以撤销或使之不可实施。[①]

发展中国家支持通过在 TRIPS 中增进专利申请传统知识披露制度对传统知识给予国际保护，强调国际保护是国内保护的重要补充。但是，美国认为，关于遗传资源或者传统知识获取、利益分享等目标，只有由有关国家制定符合各国实际需要的制度才能实现，新的专利披露要件不仅不能实现上述目标，而且可能产生重要的负面效果，如披露要件机制只是提供有关信息而没有利益让与的机制；披露要件机制增加了专利诉讼的机会，使专利面临更多的不确定性；各国专利管理成本也将增加等。[②] 故美国依然反对在国际层面上保护传统知识。

2. WIPO-IGC 对传统知识国际保护制度的探索

2000 年，WIPO 组织成立了知识产权和传统知识、遗传资源及民间文学艺术政府间委员会（以下简称 WIPO-IGC）。该委员会成为讨论传统知识保护的恰当的国际论坛。自 2001 年 4 月至 5 月间召开第一次会议以来，至今已召开 11 次会议，商讨和研究传统知识及相关主题的法律保护问题。在 2004 年 11 月 IGC 第七次会议上，秘书处在文件《传统知识保护政策目标与核心原则概览》中的“传统知识保护实体条款”构建了以反不合理占有及使用（misappropriation）[③] 和反不正当竞争为支点的传统知识保护制度。

WIPO-IGC 传统知识保护实体条款共 14 条。第 1 条是反不合理占有与使用保护，第 2 条是传统知识保护的法律形式，第 3 条是保护主题的一般范围，第 4 条是保护标准，第 5 条是受益人，第 6 条是公平公正的利益分享和对传统知识持有人的承认，第 7 条是事先知情同意原则，第 8 条是例外与限制，第 9 条是保护期限，第 10 条是过渡措施，第 11 条是传统知识保护的形式要求，第 12 条是与其他法律框架的一致性，第 13 条是法律保护的管理与实施，第 14 条是国际与区际保护。可以说，实体条款是国际社会二三十年来为保护传统知识而不断奋

---

① 参见国家知识产权局条法司：《遗传资源和传统知识的知识产权保护研讨会资料》，2006 年 12 月，贵阳。

② See Paul Kuruk, Goading a Reluctant Dinosaur: Mutual Recognition Agreements as a Policy Response to the Misappropriation of Foreign Traditional Knowledge in the United States, 34 Pepp. Rev. 629 (2007).

③ 对 misappropriation 的译法，IGC 文件的中文本译为“盗用”，有的学者译为“滥用”，似不甚恰当。笔者认为，对 misappropriation，《牛津高阶英汉双解词典》解释为“take (sb else money) wrongly, esp for one's own use”。在我国法律术语中，译为“不合理占有和使用”，似较为准确。

斗取得的重大成果。该制度基本为 IGC 此后历次会议所承袭,可能成为将来传统知识国际保护规则的参考文本。

该实体条款的贡献主要表现为,以反不合理占有与使用和反不正当竞争为支点构建了传统知识保护制度。按照实体条款的规定,不合理占有与使用(misappropriation)包括任何通过不公平手段或非法手段获取或利用传统知识;明知或因过失未知是以非法手段获取的传统知识而获取或者利用并取得商业利益的行为;违反诚实的商业惯例而从传统知识利用中非法受益的其他商业行为;通过盗窃、贿赂、胁迫、欺诈、侵占、违约或诱使违约、失信或诱使失信、违背受托义务或其他信托关系、欺骗、虚假陈述、在为获取传统知识而征求事先知情同意时提供误导性信息或通过其他不正当或不诚实的手段,获得传统知识的行为;违反关于获取传统知识须以征得事先知情同意为条件的法律措施,而获得或控制传统知识的行为;违反双方商定的作为获取传统知识的事先知情同意条件的条款,使用该传统知识的行为;关于传统知识的所有权或对传统知识的控制的虚假主张或宣称,其中包括某人明知对传统知识以及获取传统知识方面的任何条件所持有的知识产权无效,仍获得、主张或宣称对与该传统知识相关的客体拥有知识产权的行为;对传统知识进行商业或工业使用,凡有营利目的,并能为使用者带来技术或商业优势,而且根据使用者获得传统知识的具体情形,本应给予传统知识持有人以公正、公平的补偿的,却未给予该传统知识的公认的持有人以合理、适当的补偿的行为;传统习惯性文化背景外的第三方故意冒犯性使用对持有人具有特殊道德或精神价值的传统知识并对其构成明显的毁伤、歪曲或者贬抑性修改并违反公共秩序或道德的行为。实体条款还为传统知识设计了反不正当竞争的一般性保护,以制止利用传统知识的不正当竞争行为,包括《巴黎公约》第 10 条之二所规定的各种行为。包括关于某产品或服务是在传统知识持有人的参与下或经其同意制作或提供的,或关于对有关产品或服务进行商业性利用有利于传统知识持有人的虚假或误导性陈述;与传统知识持有人提供的产品或服务引起混淆的行为;在贸易过程中损害传统知识持有人提供的产品或服务的声誉的虚假表示行为(false allegations)。[①] 在对“不合理占有与使用”和“不正当竞争”进行了界定后,实体条款又对如受益人、公平公正的利益分享、事先知情同意、保护条件、保护期限、保护的法律形式以及过渡措施等问题予以适当的规定。实体条款在传统知识保护制度建构上迈出了实质性步伐。它首先对不合理占有与使用行为给予了宽泛的界定,把 CBD 开创的、甚有借鉴价值的保护生物遗传资源的事先知情同意制度、利益分享制度纳入

---

① See document WIPO/GRTKF/IC/10/5, Annex, Ⅲ SUBSTANTIVE PROVISIONS, ARTICLE 1.

“不合理占有与使用”制度的范畴；同时又明确承认传统知识的反正当竞争权，可以保护传统知识的商誉，加上受益人、保护条件等其他制度的配合，实体条款为国际社会讨论制订传统知识保护国际法律文本——无论是有国际约束力的多边协议还是没有国际约束力的“软法”或示范法——都提供了一个重要的基础。

但是，WIPO-IGC 传统知识保护实体条款来说，也存在一些不足：首先，实体条款回避了正面权利和反面权利的区分。实体条款从第 1、2、3 条都直接规定传统知识的“反不合理占有与使用保护”，并且在第 2 条第 2 款明确规定，传统知识的保护不必通过“排他性财产权”的途径。① 而第 6 条规定的利益分享和第 7 条规定的事先知情同意制度分明是一种“正面”权利，即直接规定传统知识持有人对其传统知识享有一种支配权和控制权。当然，国外有的学者认为，这种消极式的授权方式，对传统知识所有者不授予强势的排他性财产权，可以激励第三人积极谋求获得传统知识，从而有利于社会和传统社，也有利于其与现行知识产权制度和谐共存。② 其次，体现“传统”即受保护的标准也有不妥。③ 另外，在保护期限、救济措施等方面，实体条款也存在一定的不足。

六、传统知识保护制度的完善

（一）传统知识积极原生利益保护制度之建构

1. 采纳群体主义理念确定传统知识的权利主体

私法发达史告诉我们，罗马法建立了适应简单商品经济要求的个人主义权利主体制度。这一制度为法国民法所继承，并为德国民法所发扬，从而建立了宏大的私法个人主义权利主体范式。在知识产权法上，17、18 世纪以来亦渐次形成了个人主义权利范式，而至 20 世纪末，知识产权在国际层面被 TRIPS 认可为私权，更是强化了知识产权法的个人主义权利主体制度。但是，群体主义的权利主体制度亦是源远流长。在有形财产领域，日耳曼法上的马克公社制度即是群体主义的良好注脚；在智慧财产领域，中世纪人们一般认为，知识生产或智能财产的创作是群体成员历时性和共时性“协作”的结果。“合作与借用是作

---

① See document WIPO/GRTKF/IC/10/5.

② See Emanuela Arezzo, Struggling around the “Natural” Divide: the Protection of Tangible and Intangible Indigenous Property, 25 Cardozo Arts & Ent L. J. 367 (2007).

③ See document WIPO/GRTKF/IC/10/5.

者、牧师、哲学家彼此依赖的获得创造性来源的优先的创作方法”[①],从而也从一定的角度体现了群体主义。在当代高技术条件下,专利法产生时代单个的、孤独的、贫困的“地窖里的发明者”(basement inventor)已为科学家团队所取代,地窖已为现代实验室所取代。1941 年,通用汽车公司(General Motors)的查尔斯·凯特林(Charles Kettering)公开承认,如今,单独个人的发明是不可能的,并认为,作为一个基本上是群体性努力结果的发明而只奖励个人是不公平的。[②] 由此看来,群体主义权利主体模式并不是“另类”和特殊,而具有某种普遍性。传统知识是传统部族在漫长的历史年代里群体创新的产物;同时,其现有的控制状态也具有群体性。在传统知识保护实践上,美国有关印第安立法与判例即把其祖居的保留地、文化物品等确认为印第安部族群体所有。澳大利亚有关判例也承认其有关原住民对其土地的群体性权利。[③] 故在确认与保护传统知识的知识产权利益时,应采纳群体主义的权利主体制度。

关于传统知识权利主体的确定,目前主要有两种观点。一种观点认为,应把政府(特定机关)作为传统知识的权利主体。[④] 另一种观点认为应把传统社区(传统部族)作为传统知识的权利主体。由于存在自然法上的不合理性、政府与传统部族价值取向不同、发展中国家(传统知识主要集中在发展中国家)政府资源不足以及体制腐败等因素[⑤],我们认为,把政府普遍地确定为传统知识的权利主体不甚妥当;只有那些高度分散、无法确定何传统社区或传统部族持有的传统知识,才应把政府确定为权利主体,如我国的传统中医药知识。通常情况下,应按照传统社区习惯法把持有某传统知识的特定传统部族或特定传统社区确定为传统知识群体权利主体。[⑥] 如果某项传统知识同时为几个传统社区或传统部族所持有,则应把有关传统知识确定为这几个传统社区或传统部族共同所有。

---

① See Angela R. Riley, Recovering Collectivity: Group Rights to Intellectual Property in Indigenous communities, 2000 18 Cardozo Arts & Ent. L J. 175.

② See Graham Dutfield, TRIPS-Related Aspects of Traditional Knowledge, 33 Case W. Res. J. Int'l L. 233 (Spring, 2001).

③ 参见严永和:《论传统知识的知识产权保护》,法律出版社 2006 年版,第 190—194 页。

④ See Paul J. Heald, The Rhetoric of Biopiracy, 11 Cardozo J. Int'l & Comp. L. 519 (Summer, 2003).

⑤ 参见严永和:《论传统知识的知识产权保护》,法律出版社 2006 年版,第 196 页。

⑥ 在传统知识群体权利主体的用语上,有两个相关的术语,即属人意味的“传统部族”和属地意味的“传统社区”。从其内容来看,传统部族与传统社区有时是一致的,有时又不一致。我们的意见是,在一致时,二者可互换使用;在不一致时,如某传统部族成员于特定时间搬离其祖居社区,则以传统部族属人原则处理。在现实中,由于传统部族多依自己的传统集结而居,构成一个个居民成分相对单一的传统社区(我国各民族也是大杂居、小聚居)。因此,对于传统知识群体权利主体,我们选择“传统社区”这个术语,在一定语境下也使用“传统部族”概念。

2. 把PIC机制融入专利申请信息披露制度，间接保护传统知识的积极原生利益

应该说，PIC机制代表了目前国际层面传统知识法律保护的最高水平，也得到了一些地区和国家的认同。对其加以完善，融入现行专利申请信息披露制度，建立"涉传"专利申请传统知识披露制度，可以在传统知识积极原生知识产权利益保护方面发挥重大作用。但其只能间接地保护传统知识的积极原生知识产权利益。我们认为，"涉传"专利申请传统知识披露制度主要应涵括下述要点：首先，确定传统部族对传统知识的财产权。按照现行各国知识产权制度，传统知识应被界定为公有领域的知识和资源，从一定意义上可谓一种"无主财产"。传统知识的积极原生知识产权利益是从正面肯认传统知识上的智慧劳动，而这又与现行知识产权制度如专利制度存在冲突，因而需要对传统知识进行财产权界定。传统知识作为传统部族在其长期的生产生活过程中所创造的智慧产品，传统部族在法理上对传统知识自然享有财产权。因此，在建构"涉传"专利申请传统知识披露制度时，首先要明确规定传统部族对其相关传统知识的财产权。而在难以确认有关传统部族为传统知识的权利主体时，该传统部族所在国家可成为有关传统知识的权利主体，如对中国的传统中药知识而言，中国政府可成为其权利主体。其次，传统知识利用前的事先知情同意和"涉传"专利申请时提交事先知情同意证明。CBD把事先知情同意作为外部组织和人员接近、获得和利用遗传资源的前提。"事先知情同意"，其完整意义应指外部组织和人员在接近、获得和利用有关遗传资源前，告知资源提供方的政府部门或有关传统部族或传统社区，并取得其同意。只有经过这一程序后方可对遗传资源进行利用。在设计和建构"涉传"专利申请传统知识披露制度时，应明确规定，外部组织和人员在利用传统知识前，应事先将有关利用事项告知传统知识所属国、传统部族或传统社区，并取得其相应政府部门、传统部族组织或传统社区组织的同意。同时，传统知识利用人应从上述组织就这种事先知情同意取得书面证明。在将来利用人就"涉传"新发明申请专利时，应向专利部门提交该事先知情同意证明。否则，专利部门应予以驳回；对于已取得之专利，则可成为专利无效的理由。再次，传统知识利用前的许可和"涉传"专利申请时提交许可证明。在遗传资源利用方面，有的地区性条约和国家规定了许可制度。如《安第斯条约》第391号决定规定，如果对任何知识产权或者其他资源的权利的拥有和使用，如果其获得违背了任何安第斯国家资源所在国的有关规定，一律视为无效和无权使用。印度《生物多样性法案》第6条规定，任何人想对其基于从印度获得的生物资源或知识的研究成果获得知识产权，必须事先获得印度生物多样性国家管理局的许可。要求传统知识利用人在取得事先知情同意的同时或

之后取得传统知识使用许可,并签订使用许可证书,方可对该传统知识进行利用。在利用该传统知识做出新发明并申请专利时,要求申请人向专利部门提交该许可证书,以获得有关专利。否则,专利部门应予以驳回或使已取得之专利无效。又次,"涉传"发明中所利用传统知识的来源地和"涉传"专利申请时提交来源地证明。"涉传"发明中所使利用传统知识的来源地是指有关发明中所利用传统知识来源于何传统部族或传统社区或有关国家。来源地证明是指由有关传统部族或传统社区或该国政府有关部门出具的"涉传"发明中所使用的传统知识来源于何传统部族或传统社区或有关国家的证明文件。专利申请人在申请与传统知识相关的专利时,应提交和披露该传统知识来源地证明,否则,专利部门应予以驳回或使已取得之专利无效。

按照上述设计,把传统知识的财产权界定给传统部族或传统社区,为确认和保护传统知识的积极原生知识产权利益提供了前提。加上"涉传"专利申请要求申请人披露传统知识权利主体出具的事先知情同意证明、许可证明和来源地证明,从而使传统知识权利主体在传统知识利用过程中可以与利用人进行有关利益分享谈判,并在谈判中占据主动地位。这种主动的谈判地位,可以在一定程度上确保传统知识权利主体获得较高的利益额度,从而间接确认与保护传统知识的积极原生知识产权利益,实现传统知识的商业价值。这对传统部族和传统社区来说是非常有益的。虽然该机制尚未获得国际社会的普遍承认,特别是美国等发达国家持反对意见,故实施难度颇大。但是,该机制已得到 CBD 成员方会议等国际组织的大力支持,CBD 成员方会议和 WIPO 近几年来一直在进行紧锣密鼓的研讨和磋商。[①] 有的发达国家如瑞士、新西兰等[②]也颇为支持。英、法、德等发达国家在专利申请实践中对此已有条件地加以适用。[③] 很多发展中国家如印度、菲律宾、秘鲁等已将其落实到国内法中。TRIPS 理事会也在研究这一问题。由此看来,把 PIC 机制融入专利申请信息披露制度,对专利申请信息披露制度进行修改,建立"涉传"专利传统知识披露制度还是存在较大的可能性。我国颇值努力。不过,按照我们的上述分析,该机制只能间接保护传统知识的积极原生知识产权利益。另外,该制度还受到创新者是否申请专利的限制。如果创新者不申请专利,而选择用商标秘密的方式管理和实施其"涉传"技术创新成果,传统知识权利主体就毫无办法了。因此,创设传统知识积极原生利益特别保护制度,不可忽视。

---

① See WIPO/GRTKF/IC/7/10, paragraph 3 and WTO document IP/C/W/356.

② See WIPO/GRTKF/IC/5/10, Annex I, paragraph 23,56,64,81.

③ See David R. Downes, How Intellectual Property Could Be a Tool to Protect Traditional Knowledge, 25 Colum. J. Envtl. L. 253(2000).

3. 创设传统知识积极原生利益特别保护制度,直接保护传统知识积极原生利益

要对传统知识的积极原生利益进行直接保护,并且不受制于传统知识利用人是否申请专利等行为,就必须修改现行专利法或者在现行专利法之外发展一套新制度,建立一个传统知识特别保护制度。对这保护模式的选择,即是否建立一个传统知识保护特别制度,有反对和赞同两种意见。反对者如美国有学者认为把专利制度延伸到传统知识是传统知识确认与保护最简单的办法,不主张建立一个新的制度。[①] 支持者则强烈建议建立一个新的特别制度以保护传统知识。[②] 对此,1995 年 CBD 第二届成员方会议就谈到了与现行知识产权制度相分离,发展一套认可传统部族权利的机制[③],表达了对传统知识特别保护制度的支持。我们认为,专利法要对传统知识积极原生知识产权利益提供直接保护,就必须进行重大的甚至是实质性的变革和改造。这势必影响专利法系统的稳定和专利法内寓的政策目标的实现。故我们赞同创设一个特别制度来保护传统知识的积极原生知识产权利益。对于传统知识特别保护制度,WIPO 提出了政策目标、保护客体、保护标准、权利主体、权利获取途径、权利内容、权利期限、权利管理和实施等基本要素。[④] 在这些要素中,以权利主体和保护标准最为棘手。权利主体前文已有分析,兹不赘述;此处仅对保护标准这一难点问题进行讨论,以为传统知识特别保护制度的建构提供理论支持。传统知识特别保护制度的保护标准主要包括权利主题问题和权利要件问题。参照专利法,传统知识特别保护制度的权利主题主要是体现传统知识的自然物质是否可成为知识产权主题,权利要件主要是传统知识获得特别权利的实质条件。

(1) 传统知识与知识产权主题

对于可知识产权的主题,专利法长期将其界定为阳光下人所创造的产品和方法两类,自然物质被排除在外。随着生物科技和生物产业的发展,美国专利审查和专利司法实践逐渐把"自然物质"析解为两个层次的概念:一是自然界自然生发的纯粹物质形式(物质Ⅰ);二是从这种纯粹物质形式中经人工分离和提

---

① See Srividhya Ragavan, Protection of Traditional Knowledge, 2 Minn. Intell. Prop. Rev. 1 (2001).

② 由现行专利制度等因素所导致的生物资源的空前损毁和近些年来发达国家在生物技术方面授予专利对传统部族的凌辱,有些人主张限制专利制度在传统知识的保护方面的作用,甚至主张废除专利制度。See Ikechi Mgbeoji, Patents and Traditional Knowledge of Plants: Is a Communal Patent Regime Part of the Solution to the Scourge of Bio Piracy? 9 Ind. J. Global Leg. Stud. 163 (fall, 2001).

③ See Naomi Roht-Arriaza, Of Seeds and Shaman: The Appropriation of the Scientific and Technological Knowledge of Indigenous and Local Communities, 17 Mich. J. Int'l L. 919 (summer, 1996).

④ See WIPO/GRTKF/IC/3/8.

纯出来的纯粹物质形式（物质Ⅱ）。在美国现行专利审查和司法实践中，物质Ⅱ只要具有新颖性、实用性和非显著性，就可以获得专利。[①] 对物质Ⅱ成为可专利主题，美国专利立法与判例是从其上存在的“人为”因素和经济效用因素两个方面来论证的。体现传统知识的自然物质（传统知识性自然物质）如传统部族的植物原药，既不是物质Ⅰ，也不是物质Ⅱ，但它们也具有“人为”因素和经济效用因素。在“人为”因素方面，这些传统知识性自然物质，是传统部族祖祖辈辈生产生活经验和智慧的结晶。如某传统植物原药的药用部位、采集季节、使用方法、适用病症等诸多因素的复杂排列组合，即充分体现了传统部族的智慧。传统知识性自然物质也具备如物质Ⅱ那种“人的劳动”、“思想的产物”等人为因素和智力成分。在经济效用因素方面，传统知识如传统医药知识，是适应传统部族和传统社区生产生活需要的物质形式和知识形式[②]，植物原药单方或复方使用，就是他们千百年来绵延不绝的治病和用药方式，并成为他们对付生老病死技能的一部分。从技术角度看，科学家提纯的活性物质与传统部族数代相沿使用的通常是同一成分。在技术性能上，植物原药的治病功能与西药各有千秋，各有短长，具有互补性。[③] 因此，体现传统知识的自然物质应纳入可知识产权的主题范围，使之能够享有类似专利权的知识产权。

（2）传统知识特别保护的实质条件

传统知识特别保护的实质条件，可参照专利实质条件来确定。首先，传统知识的实用性。在专利法上，实用性是指技术方案技术上的可复制性和由此决定的经济上的可产业化。而从生活伦理来看，实用性应指技术方案的效用性，亦即该技术方案能够为人们带来什么，能满足人们什么需求，能在多大程度上满足人们的需求。专利法界定的技术方案的实用性，不过其“效能”较强而已。因此，完整的实用性含义似应从两个层次来理解。一是技术方案能够满足人们一定的生理和心理、物质和精神需要，具有一定质和量上的使用价值。这应是技术效用的基本含义，也应是实用性的要旨之一。二是技术方案在技术特征上的可复制性以及由此所决定的可产业化。作为技术方案，传统知识无疑具有第一层次上的实用性。而传统知识技术上的可复制性和经济上的可产业化，则不

---

① 〔美〕阿瑟·R. 米勒等著：《知识产权法概要》，周林等译，中国社会科学出版社 1998 年版，第 15 页。

② See Lester I. Yano, Protection of the Ethnobiological Knowledge of Indigenous Peoples, 41 UCLA L. Rev. 443 (12,1993).

③ 其主要表现有：第一，在我国现在很多医院中都有中西医结合科。第二，大多数医生看病，都是用西医的各种检验手段搞各种各样的“检查”、“化验”，帮助查出和落实病因。而用药上，则中、西并重，或以中药为主，或以西药为主，分别看病情而定。由此可以看出，中西医各有短长，难论优劣。

同于现代知识。我们认为，只要特定传统知识在特定自然和人文环境下能够复制；能够因应当地社区生活的需要，能够低成本地满足传统部族和传统社区大多数生理和心理、物质和精神需要，具有一定质和量上的使用价值，该特定传统知识就具备实用性。其次，传统知识的新颖性。在专利法上，新颖性是指技术方案在时间指向上的前所未有性。但植物新品种保护制度确立了新的商业新颖性标准："一个品种可被认为是新的，如果该品种的繁育材料在申请育种者权之前，未在育种者同意的情况下以开发利用为目的向他人销售或转让。"因此，我们认为，只要特定传统知识没有"以开发利用为目的向他人销售或转让"，其商业价值尚未实现的，就具备新颖性。再次，传统知识的非显著性。非显著性本质上是对技术方案自身特征的描述和表达，是指其技术方案品位和水平所处的状态。对非显著性的判定，是专利立法、专利审查和专利司法实践中最棘手的问题。各国法和有关国际性条约大多回避了正面的定义。美国专利立法和司法实践对此进行了一定的探索。美国现行非显著性的判断标准是所谓一般技术水平和作为一般技术水平具体化的最高法院格拉汉姆要素，包括主要要素和辅助要素。① 主要要素包含如下几点具有逻辑递进关系的步骤：首先，确定在先技术的范围和内容；其次，在上述在先技术范围内由普通技术人员确定有关技术领域的一般技术水准；再次，确定权利要求之技术与一般技术水平的区别。辅助要素是指商业上的成功、长期存在但一直未得到满足的需求、其他人的失败、商业性默认等。辅助要素可用来帮助判断权利要求之技术方案与一般技术水平的区别。应该说，在主要要素中确定权利要求技术方案与一般技术水平的区别，亦即判断权利要求之技术是否具有创造性、是否具有非显著性，是最困难的问题。格拉汉姆主要要素，说到底只是判断技术方案是否具有非显著性的方法和途径，使非显著性的判断仍然具有很强的主观性和任意性；而辅助要素具有较强的可操作性，在非显著性的判断中功能不可低估。我们认为，符合格拉汉姆辅助要素如商业性成功、商业性默认等要求的传统知识即可认可其具备非显著性。

（二）修订商标制度，全面保护传统知识的消极衍生利益

如上所述，现行商标制度只能为传统知识消极衍生利益提供初步的、有限的保护；如要全面地、充分地保护传统知识的消极衍生利益，则需要完善现行商标制度，进行商标制度创新。这种创新主要表现为：(1) 在商标公共秩序制度

---

① See Sheldon W. Halpern, Craig A. Nard, Kennneth L. Port, Fundamentals of United States Intellectual Property Law: Copyright, Patent, and Trademark, Published by Kluwer Law International (1999), pp. 219—225；又参见李明德：《美国知识产权法》，法律出版社2003年版，第40页。

方面,调整商标政治组织名号公序制度,将传统名号纳入其中,使外部社会商事主体不得把传统名号作为商标使用,但经其所有者许可的除外;增设特定文化符号公序制度,使作为特定文化符号的传统名号不得作为商标使用,但经其所有者许可的除外。(2) 在商标创造性制度方面,主要表现为对传统名号不适用"获得"显著性规则。(3) 在商标在先权制度方面,主要表现为把传统名号纳入商标在先权范围,使之享有一种在先权。(4) 在商标申请程序方面,创设传统名号商标申请事先知情同意制度,要求外部社会商事主体就传统名号申请商标注册时,提交特定传统部族或传统社区出具的事先知情同意证明和缴纳有关使用费的证明,从而间接地保护传统名号。体现在我国《商标法》上,我国应作如下修改:(1) 在第9条增加3款,一款为"以与传统名号相同或相似的标志申请商标注册,其显著性不得经过使用而取得";一款为"上述在先权利包括传统名号";一款为传统名号的定义:"传统名号是我国各族人民所有的、凝结和表达其传统商誉的各种长期存在的传统性名称、标记、符号等。"。这三款作为该条第2款、第3款和第4款,原第2款作为第5款。(2) 在第10条第1款增加一项"与传统名号相同或近似的,但经传统名号所有者许可的除外",作为第10项;(3) 在第11条第1款增加一项"与传统名号相同或近似的,但经传统名号所有者许可的除外",作为第4项。(4) 在第19条增加一款,"以与传统名号相同或近似的标志申请商标注册的,应提交该传统名号所有者提供的事先知情同意证明和缴纳有关使用费的证明",作为第2款。

(三)传统知识国际保护制度的完善

由于传统知识的消极原生和积极衍生利益基本可以在现行知识产权国际制度下得到保护,因此,传统知识国际保护制度的完善,主要是为了保护传统知识的积极原生知识产权利益和消极衍生利益。

1. 政策目标

WIPO-IGC认为,传统知识保护主要有如下政策目标。一是承认传统知识与其他知识系统具有同等的内在价值,包括社会、精神、经济、科学、生态、技术、商业、教育与文化等方面;二是促进对传统知识体系、传统知识持有人的尊严、文化整体性、传统知识对环境保护、食物安全和可持续农业、可持续生计的贡献的尊敬;三是满足传统知识持有人的期望,如尊重其权利和贡献等;四是促进传统知识的保存和保护;五是对传统知识持有人授予权利;六是支持传统知识体系在其习惯背景下的延续和发展;七是帮助传统知识的保存以及习惯性与非习惯性发展、保存和传播的平衡;八是制止不正当竞争和不公平使用传统知识;九是尊重其他国际条约并与之相协调;十是促进以传统为基础的创新;十一是确保事先知情同意和按共同同意的条件获取传统知识；十二是促进公平的利益分享；十三是促进社区发展和合法贸易活动；十四是排除在传统知识上授予不适当的知识产权。另外，还有提高透明度和互信、协调与民间文学艺术保护的关系等政策目标。[①] 我们认为，传统知识国际保护的政策目标主要有如下几点：第一，尊重传统知识所体现的传统部族文化的价值和尊严。第二，尊重和承认传统知识上的财产权，该财产权是一种类似于知识产权的特别权利，以此为基础确保传统知识持有人公平分享因传统知识利用而产生的利益。第三，促进传统知识的保存和利用。

2. 基本原则

在保护原则方面，WIPO-IGC 提出了如下几个一般原则：对传统知识持有人的期望与需要作出回应、承认其权利、保护的有效性、保护的灵活性和综合性、公平与利益分享、与其他国际机制协调、尊重习惯性使用等。[②] 现行知识产权国际保护制度已形成一些比较成熟的基本原则，大致可以区分为两类：一是与国家的权利和义务相关的基本原则，一是与知识产权权利人的权利与义务相关的基本原则。前者主要有透明度原则、地域性原则、国民待遇原则、最惠国待遇原则、司法审查原则；后者主要有私权神圣原则、最低保护标准原则、优先权原则、独立性原则、版权自动保护原则、公共利益原则、防止权利滥用原则等。在这些原则中，除了版权自动保护原则与传统知识关系不大、权利滥用原则尚无必要外，其他基本原则均应吸收到传统知识国际保护制度中，作为制定传统知识国际保护具体规则和对传统知识实施国际保护的指导原则。

3. 主要规则（最低保护标准）

主要规则涉及传统知识（权利客体）的定义、权利主体、授权条件、权利内容、权利限制、权利期间、侵权责任与救济等方面。对此，可简述如下：

（1）权利客体。权利客体即传统知识，是指原住民等传统部族在长期生产生活实践中创造出来的、商业价值未实现的技术、诀窍和经验等的总称，包括该传统知识本身、体现该传统知识的动物、植物、矿物和体现该传统知识商业声誉的名称、称号、标记、符号等。传统知识持有人可以向国家主管部门申请登记。

（2）权利主体。一般来说，大多数传统知识属于传统社区或传统部族群体所有。在这种情况下应把持有某传统知识的特定传统部族或特定传统社区确定为传统知识权利主体。如果某项传统知识同时为几个传统社区或传统部族所持有，则应把有关传统知识确定为这几个传统社区或传统部族共同所有。在

---

① See WIPO/GRTKF/IC/12/5(c).

② See WIPO/GRTKF/IC/12/5(c).

传统知识权利主体确定后,鉴于传统社区和传统部族维权能力和维权条件甚弱,应设立传统知识集体管理主体,以协助传统知识权利主体维护其合法权益。因此,笔者主张设立由传统知识专家、现代科技专家、相关企业界人士和有关政府部门工作人员等共同组成的各级传统知识保护协会,协助传统社区和政府开展传统知识的保存、传承、开发利用和知识产权保护等工作。

(3) 授权条件。传统知识应当具备新颖性。新颖性,是指传统知识没有在传统知识权利主体书面同意的情况下以开发利用为目的向他人销售或者转让且传统知识权利主体没有进行过商业性开发与使用。传统知识应当具备创造性。创造性是指传统知识符合下列条件之一:第一,能一定程度或者以某种更廉价的方式或者以某种更安全的方式解决某一技术领域内一直存在而其他人未能解决或者能解决但代价高昂或者不安全的某一特定问题;第二,因为技术原因使传统知识得到市场的认可,取得了商业性成功;第三,竞争者愿意获得传统知识许可或者以传统知识为基础从事进一步研究;第四,有其他技术需求的情形。传统知识应当具备实用性。实用性是指传统知识长期以来满足着当地社区或民族生产和生活的一定需要,能够在当地自然和/或者人文环境下生产或者使用,并能够为进一步研发提供有用的信息。具备上述条件的传统知识,应当享有第四项权利。

(4) 权利内容。传统知识享有但不限于以下权利:第一,任何组织和个人不能对传统知识申请并获得专利权或者类似专利权的其他知识产权,但传统知识权利主体除外;第二,体现传统知识商业声誉的名称、称号、标记、符号等传统名号构成商标法上的在先权利;第三,传统知识权利主体对体现传统知识商业声誉的名称、称号、标记、符号等传统名号享有注册商标(包括集体商标和证明商标在内)、地理标志、企业名称、域名以及其他商业标志的专有权;第四,传统知识权利主体享有依照其传统惯例或不依照其传统惯例制造、使用、许诺销售、销售其传统知识产品,使用其传统知识方法以及使用、许诺销售、销售依照该传统知识方法直接获得的产品的专有权;并依据这种专有权享有许可他人制造、使用、许诺销售、销售其传统知识产品、使用其传统知识方法以及使用、许诺销售、销售依照该传统知识方法直接获得的产品的权利。他人利用传统知识开展下一步研发的,在利用传统知识前应将利用目的、内容、可能造成的影响等有关事项告知传统知识持有人,并取得其书面同意,同时签订许可协议和传统知识来源地证明。在许可协议中就传统知识下一步研发所取得的利益确定双方都能接受的公平的分享条款。在来源地证明中确定传统知识的来源村或来源民族。在就以传统知识为基础开发出的发明申请专利时,申请人应当在专利申请文件中披露利用传统知识的事先知情同意证明、许可协议和来源地证明;否则,专利行政部门应驳回其专利申请或使已取得的专利无效。上述第四项权利须经向政府主管部门登记。

(5) 权利限制。上述第四项权利受专利法强制许可条款的约束。

(6) 权利期间。在上述权利中,第一项、第二项、第三项传统知识权为永久性权利;第四项传统知识权的期限为20年,自登记之日起。

(7) 侵权责任与救济。传统知识侵权责任与救济条款适用于传统知识保护。

4. 制度形式

传统知识国际保护制度的形式,根据其是否具有国际约束力,可以有两种选择:一是有国际约束力的保护机制,二是没有国际约束力的保护机制如建议、对现行法律制度的解释、指南、示范法、宣言等,又被称为"软法"。一个有国际约束力的机制,作为缔约方的国际法上的义务,将使缔约方在其国家法上适用规定的标准。对于是否建立一个有国际约束力的传统知识保护机制,有两种观点①:一种观点认为,有必要建立一个有约束力的国际机制。在WIPO-IGC会议上,都表明了建立一个有约束力的国际机制以保护传统知识的政策立场。另一种观点认为建立一个有约束力的国际机制,有点"早熟"。我们认为,应该建立一个有国际约束力的法律机制,从而为缔约国设定某些保护传统知识的强制性义务,以把传统知识的国际保护落在实处。对于有国际约束力的传统知识保护机制,主要有如下几种表现形式:一是国际条约,二是现行国际协定的议定书或者特别协议,三是具有强制性的、对现行国际法律机制的权威解释,四是为缔约国设定强制性义务并为缔约国正式接受的其他法律机制。鉴于目前知识产权国际保护的重心已经从WIPO转移到了WTO的TRIPS理事会,特别是知识产权保护融入WTO机制后,在WTO争端解决机制的约束下,使知识产权国际保护具有了"硬约束"和某种强制性保障,因此,传统知识的国际保护机制可以争取作为TRIPS的特别协议。当然,这个目标的实现,需要发展中国家的长期努力和斗争。此前,WIPO可以出台传统知识保护的指南或者示范法,以供有关国家或者地区制定有关传统知识保护法时参考。

① See document WIPO/GRTKF/IC/6/6.

第六章
知识产权国际保护与文化多样性问题

2005年10月19日,在法国巴黎举行的第33届联合国教科文组织大会以绝对多数票通过了《保护和促进文化表现形式多样性公约》(以下简称《文化多样性公约》或《公约》)。联合国教科文组织认为,《文化多样性公约》与《世界遗产公约》、《保护非物质文化遗产公约》为国际社会保护文化多样性提供了一个有力的行动框架。① 在一年的时间内,美洲议会联盟、欧盟先后批准了这一公约,并呼吁其成员国支持该公约。中国于2006年12月批准加入《文化多样性公约》。该公约于2007年1月正式生效。

一、《文化多样性公约》的简要分析

(一)《文化多样性公约》的制定:"经济属性"与"文化属性"的较量

《文化多样性公约》的制定背景可追溯到20世纪90年代。其间加拿大和欧共体(特别是法国)强烈反对将以美国大片为代表的视听作品也作为世贸组织法律体制规制的对象,并主张将文化产品作为一种"文化例外"条款写入协定。但是"文化例外"只是一种消极的例外,而非一种积极的政策,而被有些国家认定为贸易保护主义,以至于《建立世贸组织的马拉喀什协定》通过后,"文化例外"宣告失败。

"文化例外"的失败,使得有关国家认识到消极否定文化产品与服务的"经济"属性是不可取的,它们转而倡导其与"经济"属性并列的"文化"属性,并认识到联合国教科文组织在实现这一目的时的重大作用。1991年联合国教科文组织建立世界文化和发展委员会,后者于1995年出版了《我们创造性的多样性》报告,根据其建议,于1998年召开了斯德哥尔摩文化政策发展会议,该会议通过了一项行动计划,指出:"文化产品和服务不应像其他商品一样处理"。

---

① 参见联合国新闻服务中心:《保护文化多样性公约》,http://www.un.org/chinese/News/fullstorynews.asp? newsID=6987,2006年12月21日访问。

2001年,教科文组织以鼓掌的方式通过了《世界文化多样性宣言》及《行动纲领》,提出"深入开展与文化多样性问题有关的辩论,尤其要推动对制定一份关于文化多样性的国际法律文件是否可行进行思考"。2003年教科文组织于巴黎召开第32届成员国大会,通过《拟定一份关于文化多样性的国际准则性文件的可行性》文件,委托执行局就制订一份文化多样性准则性文件的可行性,对相关的技术与法律问题进行初步研究。① 后来,召开了三次专家会议,为总干事提供建议和条约草案文本,并于2004到2005年间召开三次政府间专家会议,对草案进行审议和修改。2004年3月30日至4月3日举行的第二次专家会议讨论并提出"文化财产和文化服务业的文化价值先于其商业价值"。② 后来,《保护文化内容和艺术表现形式多样性公约初稿》(经起草委员会修订的文本)第10条规定"确信文化产品与服务具有经济和文化双重性质,但由于它们传递着特性、价值观和含义,故不应被视为普通的商品或消费品"。③ 最后第三次政府间会议将最终文本呈递给总干事,并于2005年通过《文化多样性公约》,确认"经济属性"与"文化属性"是并列的和互补的。

(二)《文化多样性公约》的内容:"文化霸权"与"文化平等"的博弈

《文化多样性公约》由序言、正文和附件组成。正文有7章,分别为宗旨与指导原则、适用范围、词语定义、缔约方的权利和义务、与其他文书的关系、有关机关及最后条款。

首先,关于《文化多样性公约》的适用范围。公约第3条规定了其适用范围包括缔约方可以采用政策和措施来保护文化表达的多样性。公约要求各国认识到文化活动、文化内容、文化产品和服务的特殊性。其中,"文化活动"将发展中国家未受到知识产权保护的传统文化包含在内。一些世界贸易组织成员曾对此种广泛的保护范围表示担忧。但最终,这一规定因大多数国家的支持而保留下来。

其次,关于国家主权原则。公约第5条规定,"缔约国拥有为实现本公约的宗旨而制定和实施其文化政策、采取措施以保护和促进文化表现形式多样性及加强国际合作的主权"。但是公约最终通过文本与草案文本有极大不同。草案文本规定"同时承认有义务在其境内和全球范围内保护和促进这种多样性"。此种关于国家义务的规定能够极大地提高《文化多样性公约》的法律地位,直到"起草委员会"于2004年12月14日至17日讨论时,仍得到绝大多数国家的赞

---

① UNESCO, 32 C/52.

② UNESCO, CLT/CPD/2004/CONF.201/1.

③ UNESCO,CLT/CPD/2004/CONF.607/6.

同①,但遗憾的是,它最终被公约最终文本的第5条所取代。

再次,关于《文化多样性公约》与其他国际文件的关系。美国认为《文化多样性公约》与其他公约,特别是与有关贸易的国际公约的关系条款是模糊的和模棱两可的,要求对公约重新起草。② 公约草案初稿审议时,一直有两种方案。一种方案要求公约条款不得影响"缔约国从其他现行国际文件中享有其衍生权利和承担其衍生义务,除非行使这些权利和义务将严重损害或危及文化表现形式的多样性";另一种方案为"本公约任何内容不得影响缔约国在其所签署的其他现行国际文件中所享有的权利和承担的义务"。③ 成员国未能就上述方案达成一致,因而主席建议提出另一个替代性方案。该方案应当避免使国际文书有高低之分,相反,应有助于它们相互补充。④

在谈判过程中,针对文化多样性的不同领域,法国、加拿大、中国、非洲及拉丁美洲国家组成同盟与以美国、日本、印度为代表的另一同盟针锋相对。直到2005年教科文组织成员大会召开前的四个月内,美国共提出28个条约修正案,但全部被拒绝。⑤ 公约通过时,只有美国与以色列投了反对票,这一方面表明了公约的影响力,另一方面也显示了公约是国家间博弈的结果。

(三)《文化多样性公约》的定位:"孤立观点"与"协调观点"的对立

《文化多样性公约》已经生效,其制定过程已成为历史,但如何对其加以理解和诠释是当务之急。

第一,对于文化多样性,公约倡导的是不同文化之间的合作与交流,而非孤立与封闭。这主要体现在对"国家主权原则"的理解上。"国家主权原则"在《文化多样性公约》中的体现是反对文化霸权的一种需要,但也容易成为文化封闭与"文化部落主义"的借口。我们应对"国家文化主权"与文化多样性的关系作出合理解释。使得国家的文化政策和文化措施既有利于维护本国文化主权、保护本国脆弱文化,又有利于国际文化交流及世界范围内文化多样性的可持续发展。

第二,对于《文化多样性公约》,应注意其与其他公约的"相互支持、相互补充和互不隶属"的关系。这主要体现在对文化权利等人权概念的理解上。在执

---

① UNESCO,CLT/CPD/2004/CONF.607/6.

② Jlhn R. Crook,United States Supports New UNESCO Instruments on Doping in Sports and on Bioethics;Votes Against New Convention on Cultural Diverstity, 100 Am. J. Int'l L. 229,January,2006.

③ UNESCO,CLT/CPD/2005/CONF.203/6.

④ 同上注。

⑤ Eireann Brooks, Cultural Imperialism VS. Cultural Protectionism: Hollywood's Response to UNESCO Efforts to Promote Cultural Diversity. 5 J. Int'l Bus. & L. 112. Spring, 2006.

行局进行拟定文化多样性国际文件的可行性论证时，曾提出四种方案作为教科文组织可能制定的新文件涉及的范围，这四种方案是：关于文化权利的新的综合性文件；关于艺术家地位的文件；佛罗伦萨协定的新议定书；保护文化内容和艺术表现形式。① 大会最终选择了最后一种方案，并通过了第32C/34号决议，将"文化内容和艺术表现形式多样性作为公约草案的核心内容，同时牢记《世界宣言》所包含的所有适用范围"。② 可见，"文化权利"曾是联合国教科文组织的首要选择，并在草案文本和最后文本中都把文化权利等人权内容作为保护生物多样性的一个方面。

第三，对于知识产权，应认识到《文化多样性公约》与知识产权保护之间的相关联系，同时《文化多样性公约》对知识产权保护提出了新的要求与期待。这主要体现在对传统知识的保护上。

首先，以保护和激励知识创造为使命的知识产权丰富了文化多样性。公约草案规定"强调推动和革新文化表现形式的创造行为的关键作用，以及艺术家和其他创作者的关键作用，其作品应当享有足够的知识产权"。③《文化多样性公约》也认识到"知识产权对支持文化创造的参与者具有重要意义"。其次，现行知识产权制度忽略了对传统文化的保护，《文化多样性公约》对其提出了新的要求与期待。其中《保护文化内容和艺术表现形式多样性公约初稿》（经起草委员会修订的文本）在第4条关于"文化产品与服务"的定义中，指出"它们产生或可能产生知识产权，不论其目前是否受到现有知识产权法律的保护"。此款有三种可行的替代方案：方案（1）它们产生知识产权，这种知识产权应能够容纳在有关知识产权的现有或未来法律标准之内；方案（2）它们构成或可能构成知识产权，不论其目前是否受到现有知识产权立法的保护；方案（3）它们产生或可能产生某种个人或集体权利，不论其是否有资格受到现有知识产权立法的保护。④《文化多样性公约》序言中也提及"承认作为非物质和物质财富来源的传统知识的重要性，特别是原住民知识体系的重要性"。可见传统文化的保护问题在公约的起草过程中受到一定程度的重视。

总之，关于文化多样性保护与知识产权保护，我们应该秉持一种互补的观点，而非对立的观点。有学者提出，"《文化多样性公约》应该像当年世界人权公约确立'人权高于主权'的普世伦理"，"将文化多样性的重要性置于知识产

① UNESCO,32 C/ 52.

② UNESCO,CLT/CPD/2004/CONF.201/1.

③ UNESCO,CLT/CPD/2004/CONF.201/2.

④ UNESCO,CLT/CPD/2004/CONF.607/6.

权保护之上”。[①] 笔者认为,对于中国而言,自进入世界贸易组织后,在《知识产权协定》的框架下过多强调知识产权的弱保护已无多少意义,关键在于我们如何利用国际协调机制对抗发达国家超越协定标准、超出我国国情的知识产权强保护要求,发挥传统文化与资源大国的优势,争得国际规则制定的话语权。[②] 虽然《文化多样性公约》有利于保护我国传统文化,但短期内仍不能改变我国的文化弱势地位。《文化多样性公约》已经生效,我国是其缔约国之一,目前我们的首要任务不是要反对该公约,而是合理解释和利用公约,为保存和发展我国文化创造条件,这必然涉及文化多样性保护与主权范围下的文化政策、人权范围下的文化权利、私权范围下的知识产权相互之间的关系。

二、文化多样性与国家文化主权

国家文化主权是《文化多样性公约》提出的一个重要法律问题,涉及各缔约国保护和促进文化表现形式多样性的政策目标和指导原则。《公约》第1条“目标”第(8)款规定:“重申各国拥有在其领土上维持、采取和实施他们认为合适的保护和促进文化表现形式多样性的政策和措施的主权。”第2条“指导原则”第(2)款“主权原则”规定:“根据《联合国宪章》和国际法原则,各国拥有在其境内采取保护和促进文化表现形式多样性措施和政策的主权”。这里所讲的主权,即是各缔约国拥有的文化主权。

包括文化主权在内的主权原则,是国际社会共同接受的国际关系准则。从本源上讲,权力是与国家相伴而生的概念,有国家就会有相应的国家权力。主权虽为国家权力的一种表现形式,但并非生而有之,而是一个历史的概念。从古代社会到中世纪时期,国家与国家之间的关系奉行的是弱肉强食法则,国家主权没有产生的基础和条件。只有到了近代,随着民族国家的兴起,国家才逐渐形成主权的观念。从17—18世纪开始,主权原则首先在西欧确立起来,主权自此成为国家最高权力的体现。[③] 第二次世界大战以后,主权概念和原则从以往有限的地域逐步扩展到整个世界,成为各国建立联合国时的重要主张。1946年《联合国宪章》在关于联合国基本原则的规定中,第1条就明确宣布:“本组织基于各成员国主权平等之原则”。时至人类社会走向经济全球化的今天,国家

---

① 傅谨:《〈文化多样性公约〉与中国的国家立场》,载《博览群书》2004年第10期。

② 吴汉东:《后TRIPs时代知识产权的制度变革与中国的应对方略》,载《法商研究》2005年第5期。

③ 参见刘杰著:《秩序重构:经济全球化时代的国际机制》,高等教育出版社1999年版,第190页。

主权仍然是维系当代国际关系的基本出发点。维护国家主权的基本宗旨在于实现主权平等,其要义是指各国应当相互尊重主权,各国有决定其政治、社会、经济和文化制度的权利。《文化多样性公约》提出“主权原则”(principle of sovereignty),其内容即是文化主权原则。这说明,主权原则作为一项传统的国际法原则并没有过时,它依然是现代国际关系的法律基础。

文化主权与经济主权是现代国家主权原则的新的内涵。近代国家主权原则自提出以来,不仅在地域适用范围扩展到整个世界,而且在内容构成方面也有所变化,即从政治领域发展到了经济、文化和社会生活等领域。在主权构成方面,国家主权最初主要指政治和安全上的独立权和平等权。《联合国宪章》规定,“各会员国在其国际关系上不得使用威胁或武力,或以与联合国宗旨不符之任何其他方法,侵害任何会员国或国家之领土完整与政治独立。”20 世纪 60 年代以后,发展中国家基于发展民族经济的需要,提出了维护经济主权的主张。1962 年联合国大会通过《关于天然资源之永久主权宣言》,宣布“各民族及各国族行使其对天然财富与资源之永久主权”。1966 年联合国大会通过《经济、社会和文化权利国际公约》,该公约规定“所有人民得为他们自己的目的自由处置他们的天然财富和资源。”这即是以天然资源永久主权为主要内容的经济主权原则。主权概念延伸到文化领域始自 20 世纪 90 年代,尽管这一时期尚无正式的国际文件对文化主权加以准确界定,然而它已在许多国家成为一个频繁使用的概念,用来指称国家维护本民族传统价值观和生活方式的至高无上的权力。① 联合国教科文组织在近 60 年的历程中一直致力于“保护和促进丰富多彩的文化多样性”和“制定必要之国际协定,以便于运用文字与图像促进思想之自由流通”。② 2001 年该组织首先通过《世界文化多样性宣言》及其《行动纲领》。宣言参照教科文组织颁布的国际文件中有关文化多样性和文化权利的条款,专章讨论了文化权利与人权的关系,但并未涉及文化主权问题。2005 年 10 月,联合国教科文组织正式通过《文化多样性公约》,基于保护和促进文化表现形式的立场,第一次以国际公约的形式确认了文化主权原则。③ 可以说,正是由于经济主

---

① 参见刘杰著:《秩序重构:经济全球化时代的国际机制》,高等教育出版社 1999 年版,第 235 页。

② 引自《总干事关于制定〈保护文化内容和艺术表现形式多样性公约草案〉所取得的进展情况的报告・附件三》,http://unesdoc.unesco.org/images/0013/001388/138884C.pdf,2006 年 3 月 1 日访问。

③ 2005 年 1 月 31 日至 2 月 11 日举行关于公约草案初稿的第二次政府间会议,会议在“国家层面的权利和义务”的这一条款中“增加了一项关于国家主权的新原则”。参见 2005 年 8 月 4 日《总干事关于应该制定一项规章的情况和该规章可能涉及的范围的初步报告,及一份保护文化内容和艺术表现形式多样性公约的草案初稿》,http://www.sipo.gov.cn/sipo/ztxx/yczyhctzsbh/zlk/gjhy-wj/200510/P020060403598672034715.pdf,2006 年 8 月 4 日访问。

权和文化主权的形成,使得主权观念发展成为涉及政治、安全、经济、社会生活、文化传统和价值观念等方面的原则规范体系。

文化传统保护与文化发展选择是文化主权原则的基本内容。一般而言,文化主权原则是指"一个国家的文化主权神圣不可侵犯,一个国家的文化传统和文化发展选择必须得到尊重,包括国家的文化立法权、文化管理权、文化制度和意识形态选择权、文化传播和文化交流的独立自主权等"。[①] 文化主权原则在公约中表现为缔约国采取有关保护和促进文化表现形式多样性的政策和措施的主权。根据《公约》的解释,"文化政策和措施"是指地方、国家、区域或国际层面上针对文化本身或为了个人、群体或社会的文化表现形式产生直接影响的各项政策和措施,包括与创作、生产、传播、销售和享有文化生活、产品与服务相关的政策和措施。缔约国根据《公约》第6条的规定,得以制定和实施文化政策、采取措施的主权行为有:(1)为了保护和促进文化表现形式的多样性所采取的管理性措施;(2)以适当方式在本国境内为创作、生产、传播和享有本国的文化活动、产品与服务提供机会的有关措施,包括其语言使用方面的规定;(3)为国内独立的文化产业和非正规产业部门活动能有效获取生产、传播和销售文化活动、产品与服务的手段采取的措施;(4)提供公共财政资助的措施;(5)鼓励非营利组织以及公共和私人机构、艺术家及其他文化专业人员发展和促进思想、文化表现形式、文化活动、产品与服务的自由交流和流通,以及在这些活动中激励创新精神和积极进取精神的措施;(6)建立并适当支持公共机构的措施;(7)培育并支持参与文化表现形式创作活动的艺术家和其他人员的措施;(8)旨在加强媒体多样性的措施,包括运用公共广播服务。上述措施涉及文化管理措施、文化设施建设措施、文化资助措施、文化激励措施、文化产业机构的建立和支持措施、文化人员的培养和支持措施等,这些政策措施可根据缔约国自身的特殊情况和需求在其境内作出,但应与《公约》所规定的保护和促进文化表现形式多样性之目标相符。对此,加拿大政策文化顾问、加拿大文化多样性国际交流委员会主席 Garry Neil 评价说,条约关于缔约国权利和义务的规定,是公约的核心内容。但是《公约》第四章即"权利和义务"规定的重点放在权利而不是义务,最主要的一点是缔约国基于文化多样性保护和促进的目的可以在其境内采取适当的文化政策和措施。[②] 值得注意的是,《公约》还规定了缔约国对"脆弱文化表现形式"得以确认和采取适当保护措施的权力。所谓"脆弱文化表现形式"是指"文化表现形式属于面临消亡危险,受到严重威胁,

---

① 胡惠林著:《文化产业学》,高等教育出版社2006年版,第149页。

② Garry Neil, Assessing the Effectiveness of UNESCO's New Convention on Cultural Diversity, Global Media and Communication[1742—7665(2006)2:2] volume2(2):257—262.

或是需要紧急保护的特殊情况”。缔约国有权确认受紧急保护的特殊情况,但应向政府间委员会报告应对该类情况所采取的有关措施,后者可以对此提出合适的建议。

文化多样性的保护与发展实质上是一个国家特殊的文化主权形态。文化多样性与文化主权有着内在的联系。首先,对文化多样性的尊重,即是对国家文化主权的尊重。与经济全球化相伴而生的文化全球化,并不能消解文化的民族性和多样性。当今世界的情况是,一万多个不同的社会群体生活在大约二百多个国家之中。对一国内部而言,许多国家都是多文化、多民族的,维护文化的多样性,即主要在于对少数人群体权利的尊重;但对国际社会而言,文化的多样性意味着语言、宗教以及生活方式的差异性,承认这种文化多样性就是承认不同国家文化主权的独立性和自主性。“尊重不同文化的平等地位,尊重不同文化的多样性和它们丰富的活力,尊重完成发展的不同路径”①,这是实现文化多样性的伦理基础②,也是国家文化主权原则的法律要求。其次,捍卫文化主权的独立性和自主性,才能有效地保护和发展文化的多样性。国家不分大小,民族不分强弱,都应有维护自己文化传统和选择文化发展路径的权力。必须看到,“传统的经典式的属于少数人的精英文化对话语权的垄断和对大众文化的一种霸权,在当代国际关系中,已经演变成一种少数文化产出国对其他国家的文化霸权”③。可以说,文化产业的全球化和文化霸权的形成,使得民族国家的文化主权不断弱化和传统文化走向边缘化。文化多样性和文化主权之间的关联性说明:一方面,保护和发展文化多样性,有助于形成民族的文化认同感和民族的精神凝聚力,从而维系国家的文化安全(国家文化主权)。在这个意义上说,保护和发展文化多样性就成为有效维护国家文化主权和文化安全的政策选择;另一方面,尊重国家文化主权平等,承认各国文化发展的独立性和自主性,才可能保持不同民族、种族文化的存在,在国际上实现文化生态平衡,化解经济全球化与世界文化多元化之间的矛盾和冲突。

保护和发展文化多样性的文化主权原则与世界贸易组织规则,从根本上来讲并不是矛盾和冲突的。《公约》第 20 条规定了公约与其他条约之间的关系,即“相互支持、互为补充和不隶属”。公约强调,“本公约的任何规定不得解释

---

① 前联合国秘书长、世界文化与发展委员会主席佩雷斯·德奎利亚尔语。引自联合国教科文组织、世界文化与发展委员会:《文化多样性与人类全面发展》,广东人民出版社 2006 年版,第 3 页。

② 世界文化与发展委员会认为,多元化(pluralism)是全球伦理的基本原则,其意思是指“文化多元化是人类社会的基本特征,而且无处不在,无时不在。民族认同是对抗全球化压力的一个正常的健康有益的反映”。参见联合国教科文组织、世界文化与发展委员会:《文化多样性与人类全面发展》,广东人民出版社 2006 年版,第 3 页。

③ 胡惠林著:《文化产业学》,高等教育出版社 2006 年版,第 151 页。

为变更缔约国在其为缔约国的其他条约中的权利和义务”。这说明,《文化多样性公约》与世界贸易体制在本质上应是一致的。美国对于公约提出一个重要的反对意见,即是认为公约对于已经建立的国际贸易体系具有潜在的破坏性。“美国政府担心,缔约国可能对《公约》错误解读,将一部分贸易、服务和农产品与文化的表达方式相关联,对其进行保护从而形成新的贸易壁垒。”[①]其实不然,根据《公约》第4条“定义”,“文化活动、产品与服务是指从其具有的特殊属性、用途或目的考虑时,体现或传达文化表现形式的活动、产品与服务,无论他们是否具有商业价值”。教科文组织“独立专家会议”认为,公约的保护对象是以文化活动、产品与服务为载体的文化表现形式;文化活动、产品与服务具有商品内涵和文化内涵的双重禀赋。[②] 这种解释是有意义的:在国际贸易协定(包括世界贸易组织《货物贸易协定》、《服务贸易协定》、《与贸易有关的知识产权协定》)中,文化活动、产品和服务的交易,涉及的是文化财产属性与知识产权问题;而公约强调的是文化多样性的保护,国家采取有关保护的政策措施,是文化主权行为的表现。“独立专家会议”认为,这里的“保护”一词在任何情况下都不成为缔约国闭关自守的遁词。关于文化表现形式的交流,专家们既强调了市场的力量,也指出了市场的缺失。无限制的文化市场和绝对的文化贸易自由,有可能造成文化生态的失衡。在一些文化表现形式处于弱势的情况下,国家干预对保护文化多样性是必要的。[③] 从世界贸易组织相关政策文本的解读,我们也可以得出相同的结论。世贸组织所形成的诸多协定,广泛涉及文化的各个领域。它所确立的国际文化贸易原则,实质上是当今国际社会一种新的国际文化关系准则,成为处理国家与国家之间文化贸易关系和争端的规范。世贸组织在它的政策系统中不仅包括了“市场准入”、“透明度”、“非歧视”和“最惠国待遇”等原则,而且也规定了“涉及保持传统文化的艺术品和文化”、“允许例外和实施保障措施”、“维护国家安全”等原则和规则。这就为世贸组织成员尤其是发展中国家行使文化主权,保护和发展文化多样性留下了必要的制度空间。这意味着,任何国家都可以在世贸组织框架内消解文化产品贸易壁垒、开展自己的对外文化贸易,同时也可以根据例外条款保护本国文化传统和文化利益。在这

---

① See “The Convention on the Protection and Promotion of the Diversity of Cultural Expressions”, http://geneva. usmission. gov/Press2005/1011Unesco. htm,2006 年 10 月 11 日访问。

② 参见 2005 年 3 月 31 日“总干事关于制定《保护文化内容和艺术表现形式多样性公约草案》所取得的进展情况报告”,附件三。http://unesdoc. unesco. org/images/0013/001388/138884c. pdf, 2006 年 12 月 9 日访问。

③ 参见 2005 年 3 月 3 日“关于总干事的初步报告,其中附有两份《保护文化内容和艺术表现形式多样性公约》草案初稿”, http://portal. unesco. org/culture/fr/file _ download. php/b1d0ee4fd7fb9be2157db6455d171836203_6_reportch. pdf,2007 年 2 月 1 日访问。

里，文化市场的对外开放，是贸易自由使然；同时，文化市场也应是双向开放，须以文化多样性的存在为基础。可以认为，世贸组织的文化产品贸易，应是一个基于文化多样性平台而平等进行的国际文化贸易。正如有的学者指出的那样，“世贸组织的原则是保护本国文化的个性化，支持各国文化的多样并存，维护世界文化的丰富性和多样性。”①世界贸易组织所主张的文化贸易自由，并不应该是对保护文化多样性之文化主权的否认。

三、文化多样性与文化权利

人权和基本自由是《文化多样性公约》提出的一个核心法律问题，是关于保护文化表现形式多样性这一国际文件框架得以形成的基础。《公约》在序言中指出：“颂扬文化多样性对充分实现《世界人权宣言》和其他公认的文书主张的人权和基本自由所具有的重要意义。”《公约》第 2 条第 1 款规定了首要指导原则，即“尊重人权和基本自由原则”：“只有确保人权，以及表达、信息和交流等基本自由，并确保个人可以选择文化表现形式，才能保护和促进文化多样性。”《公约》强调了基本人权和文化多样性的本质联系。在这里，基本人权涉及的主要是文化权利。

基于文化多样性的文化权利是一项国际人权。关于人权的国际文件并没有对文化权利有着明确的定义说明，但是依据相关国际人权公约对该类权利的列举式规定，我们可以将文化权利解释为公众参加文化活动并从中享有利益的权利。在 20 世纪以前，人权问题均由一国权利宣言或宪法类文件加以确认。对文化自由与知识传播的权利问题，往往根据国家政治、经济、文化等制度的具体情况，以宪法性文件加以规定，是为国内人权。1789 年法国《人权宣言》宣称：“文化交流思想和意思是最珍贵的人权之一”。美国宪法的制定者提出了著名的“3P”文化政策，其中含有“促进知识”（the promotion of learning）的政策。②加拿大《权利法案》有两条涉及文化权利的规定：一是每个人都拥有自由参加社会文化生活的权利，以享受艺术与分享科技进步的利益；二是每个作者都有权利维护其科学、文学及艺术作品所产生的精神利益和物质利益。③ 进入 20 世纪

---

① 胡惠林著：《文化产业学》，高等教育出版社 2006 年版，第 166 页。

② 其他两项政策是“公共领域保留”的政策（the preservation of public domain）、“保护作者”的政策（the protection of the author），参见 L. Ray Patterson. Stanley W. Lindberg, The Nature of Copyright: A Law of User's Right, The University of Georgia Press, 1991, pp. 49—55.

③ A. A. Reyes, Copyright And Fair Dealing In Canada, Fair Use And Free Inquiry, Ablex Publishing Co., 1980, p. 213.

以后,以《联合国宪章》为开端,产生了一系列的国际性、地区性的人权宪章,使人权成为国际法的调整对象之一,文化权利的相关问题因此具有了国际人权意义。1948年《世界人权宣言》第27条宣布了两条权利:(1)人人有权自由参加社会的文化生活,享受艺术,并分享科学进步及其产生的福利;(2)人人对由于他所创作的任何科学、文学或美术作品而产生的精神的和物质的利益,有享受保护的权利。《世界人权宣言》宣示的"权利",在1966年《经济、社会和文化权利国际公约》得到进一步发展,该公约第15条将文化权利确认为:(1)参加社会文化生活的权利;(2)享受科学进步及其产生的利益的权利;(3)对自己的智力成果所产生的精神上的和物质上的利益享有被保护的权利。从上述人权文书中,我们可以看出:文化自由是文化多样性的必要条件,文化权利是文化多样性的法律保障。正如教科文组织一份文件所指出的那样,"言论自由、传媒多元化、语言多元化,所有文化平等享有艺术表现形式和科学技术知识,所有文化都有利用表达和传播手段的机会等",这些都是文化多样性的实现途径[①],当然同时也是文化权利保障的法律要求。

文化多样性的权利和自由属于集体人权的范畴。现代人权主体观念的一个重要变化,便是由过去单纯的个人人权发展成为"以种族、民族为构成内容的集体人权"[②]。它是"集体的权利,即群体或人民的权利"。[③] 民族(或人民的)的自决权是最早和最广泛地被接受的一项集体人权。作为不同的生活共同体,每个民族都有自由的相对稳定的生活地域,在历史发展中形成了自己独特的语言文字、宗教信仰、风俗文化。[④] 基于此,这些特定的社会群体对内形成了自己的文化认同和民族认同,对外则产生了争取社会理解和认可的政治法律诉求。1966年《公民权利和政治权利国际公约》和《经济、社会和文化权利国际公约》用相同的措辞确认了民族自决权,即"所有人民都有自决权。他们凭这种权利自由决定他们的政治地位,并自由谋求他们的经济、社会和文化的发展"。民族自决权对保护文化多样性的权利实现,有着基础性的作用。1952年联合国大会通过的《关于人民和民族自决权的决议》指出:"人民和民族应享有自决权,然后才能保证充分享受一切基本人权"。1955年不结盟国家亚非会议发表的《万

① 引自2003年3月12日联合国家教科文组织执行局,"指定一份文化多样性准则性文件的可能性:对相关的技术与法律问题的初步研究",http://unesdoc.unesco.org/images/0012/001297/129718c.pdf,2006年3月1日访问。

② 徐显明:《人权主体之争引出的几个理论问题》,载《中国法学》1992年第5期。

③ 英国国际法学者斯塔克语。转引自李泽锐:《国际人权法论》,载《人权论集》,首都师范大学出版社1992年版,第318页。

④ 参见曲相霏:《人权主体论》,载徐显明主编:《人权研究》(第一卷),山东人民出版社2001年版,第31—32页。

隆宣言》重申:"自决是充分享受一切人权的先决条件。"上述国际人权文书表明,民族自决权首先是政治自决,但也包括经济、社会、文化发展的自决。文化多样性的问题,实质上涉及文化传承、文化发展的自由选择。这种文化权利的行使,当以自决权利的存在为前提。民族自决权是一项集体人权,隐含着文化生活方式自决的内容。其实,文化权利和自由如同发展权一样,既属于个人的人权,也属于集体的人权;但在文化多样性保护方面,文化权利和自由主要是集体人权。在这里文化权利作为集体人权与该集体的个人人权并不是对立的:集体人权是为了保障个人人权而从其中推导出来的权利,而且集体人权和个人人权有着同样的道德价值。世界文化与发展委员会关于"文化多样性与人类全面发展"的报告,深刻地阐述了文化权利与自由的基本内涵:第一,"文化自由是一种集体自由,它指的是人类群体自由选择生活方式的权利。"第二,"真正的文化自由是整体自由的保证。它不仅保证集体的利益,也保护集体之中每个人的权利。"第三,"通过保护不同的生活方式,文化自由鼓励创造性、尝试和多样性。""正是多文化社会所产生的多样性,以及多样性赖以生存的创造性,使这些社会更具有创新能力,更有活力,生存繁衍更加久远。"第四,"文化的核心是自由,特别是决定什么是有价值的东西,寻求我们所期望的那种生活方式的自由。"[①]可以说,文化多样性实质上是文化方式和文化发展自由选择的结果,这种文化自由乃是基于文化认同之群体的权利。

文化保护和人权保护具有"相似性","它们交织在一起,不可分离"。[②] 美国学者所说的"相似性",是指某些文化活动、文化行为,既是保护文化多样性的必要措施,也是保障文化权利的基本要求。《文化多样性公约》和有关人权公约用不同的措辞表述了相同的观点。国际人权文书提出了"参加文化生活的权利"、"享有科技进步利益的权利"和"作者权益保障的权利",这是一般意义上的文化权利。在文化多样性领域,相关文化权利具体表现为以下几个方面:(1) 享有自身文化尊严和文化自由。2001 年《世界文化多样性宣言》认为,保护文化多样性与尊重人的尊严是密不可分的。"它要求人们必须尊重人权和基本自由,特别是尊重少数人群体和土著人民的各种权利。"尊重人的人权和基本自由,即要求尊重他人文化的尊严,尊重他人文化选择的自由。这是保护文化多样性的基本要求。在此不作赘述。此外,《文化多样性公约》特别强调了少数人群体(含土著人民)的权利问题。在国际上,该群体是指那些处于社会边缘、

① 联合国教科文组织、世界文化与发展委员会:《文化多样性与人类全面发展》,广东人民出版社 2006 年版,第 5 页。

② Eiream Brooks, Cultural Imperialism vs. Cultural protectionism: Hollywood's Response To UNESCO Efforts To Promote Cultural Diversity, The Journal of International Business & Law, Spring, 2006.

自身比较脆弱的群体,他们生活在多数人群体及其占统治地位文化意识形态的影响之中。[①] 根据《文化多样性与人类全面发展》报告的划分,少数人群体包括四类人群,即土著人民、地域型少数人群体、非地域型少数人群体或游牧民族、移民。[②] 1992 年联合国《属于民族、种族、宗教和语言少数人群体的权利宣言》列举的权项有文化自由、宗教自由、语言自由和参与文化、宗教、社会、经济和公共生活的权利。这些权利和自由是必需和重要的。可以认为,提升少数人群体异质文化的地位,防止民族同化趋势出现,是文化多样性的可靠保证。(2) 参与文化生活的权利及其选择自由。《世界文化多样性宣言》规定:"每个人都应当能够用其选择的语言,特别是自己的母语来表达自己的思想,进行创作和传播自己的作品;每个人有权接受充分尊重其文化特性的优质教育和培训;每个人都应当能够参加其选择的文化生活和从事自己所特有的文化活动。"这里列举的权利主要是语言多样性的权利、文化教育的权利以及文化活动选择与参加的自由。按宣言的说法,上述权利为文化多样性提供了有利条件。(3) 文化表达与传播的平等权利。文化多样性是所有人的文化多样性,也是人类社会所有文化的多样性。《世界文化多样性宣言》规定:"在保障思想通过文字和图像的自由交流的同时,务必使所有的文化都能表现自己和宣传自己的言论自由、传媒的多元化、语言多元化、平等享有各种艺术表现形式、科学和技术知识——包括数码知识——以及所有文化都有利用表达和传播手段的机会等。"《文化多样性公约》的任务,即是保障多样性的文化都有利用不同表达和传播手段的机会。不同文化平等享有这种权利,意味着文化多样性实现的可能。

以基本人权为基础的文化多样性,有助于实现人类的全面发展。文化多样性与经济、社会发展的关系,涉及文化权利和发展权利这两项基本人权之间的协调和互动。发展权原则是一个"有关新国际经济秩序的国际法原则"[③],发展权是第三代人权的重要内容。1974 年《各国经济权利和义务宪章》对发展权作了明确阐释:发展权是普遍的权利,即"每个国家有权分享科学技术进步和发展的利益,以加速其经济和社会发展"。发展权对发展中国家尤为迫切和重要。该宪章要求:"所有国家应促进发展中国家取得现代科学和技术成果","帮助发展和改造发展中国家的经济"。这一诉求反映了第三世界民族主义的出现以

---

① 根据人种学家的研究,在构成国际社会的 180 个主权国家中,生活着 3000—5000 个在人种、种族、宗教、语言或文化方面不同于所在国多数人的所谓少数人群体。参见〔奥〕曼弗雷德·诺瓦克:《民权公约评注》,毕小青等译,三联书店 2003 年版,第 475 页。

② 联合国教科文组织世界文化与发展委员会:《文化多样性与人类全面发展》,广东人民出版社 2006 年版,第 18 页。

③ 杨泽伟著:《新国际经济秩序研究》,武汉大学出版社 1998 年版,第 65 页。

及他们对权力、财富以及其他重要资源在全球范围内进行分配的愿望。[1] 发展权的实现,有赖于一种社会秩序和国际秩序的建构。按照1986年《发展权利宣言》的说法,关于社会秩序,即要求各国在本国采取一切必要措施实现发展权利,确保所有人在获得基本资源、教育、保健服务、粮食、住房、就业、收入公平分配等方面的机会均等。关于国际秩序,即要求各国加强合作,以确保发展,清除发展的障碍;单独或共同采取措施,制定国际发展政策,以期充分实现发展权利。[2] 关于发展的基本内涵以及文化与发展的关系,上述国际人权文书并没有作出回答。世界文化与发展委员会认为,"没有人文背景的发展,只是一种没有灵魂的经济增长而已,经济的繁荣本身就是人类文化发展的一部分"。他们所主张的发展观,是"人的全面发展"思想。"与只注重经济增长的发展观不同,它是从文化条件来看待经济增长和社会进步的。"发展是为了消除贫困。但是,贫困不仅是物质生活贫乏,同时也意味着,在社会生活方面缺乏选择的权利,包括接受教育和获取知识的机会、政治和社会自由、参加文化活动的权利等。"人的全面发展"观,不仅强调"物质生活资料的丰富",而且注重"人类不断增长的选择能力和选择范围"。该委员会的结论性意见是:"文化是人类进步与创造力的源泉","必须把文化发展纳入到发展概念的整体之中"。[3] 文化与发展的关系告诉我们,在基本人权体系中,文化权利与发展权利不应是相互孤立,彼此隔绝的。一方面,保障文化权利,尊重文化生活方式选择的自由,促进文化多样性的发展,即是发展权实现"人的全面发展"目标的重要内容;另一方面,保障发展权,建构新的社会秩序和国际秩序,加速经济社会发展,可以为各国特别是发展中国家的文化发展提供重要物质基础和社会环境,从而实现文化多样性领域的人权目标。在当代世界,文化国力已经成为综合国力的重要指标体系之一。文化经济是硬实力,文化影响则是软实力。少数发达国家的发展战略之一,即是在全球范围内不断扩大其文化影响力和文化出口贸易额。在这种以合法形式进行的文化垄断下,发展中国家的多样性文化在生存和发展方面遭遇着前所未有的困境。必须认识到,发展的实质在于发展中国家的发展,发展权的核心是发展中国家促进"人的全面发展"的发展权。对于发展中国家而言,以文化权利和发展权利为法律武器,推进文化发展与经济发展,或者说文化与经济综合发展,有着特别重要的战略意义。

---

① 夏旭东等著:《世界人权纵横》,时事出版社1993年版,第16页。

② 〔挪威〕A. 艾德:《人权对社会和经济发展的要求》,转引自曲相霏:《人权主体论》,载徐显明主编:《人权研究》(第一卷),山东人民出版社2001年版,第36页。

③ 联合国教科文组织、世界文化与发展委员会:《文化多样性与人类全面发展》,广东人民出版社2006年版,第1—4页。

四、文化多样性与知识产权

《文化多样性公约》对知识产权并没有专门规定,仅在序言中确认:“知识产权对支持文化创造的参与者具有重要意义。”以文化主权和文化权利的形式来解决文化多样性的保护问题,是《公约》采取的基本举措。但是《公约》所述及的“文化表现形式”即“文化活动、产品与服务”,《世界文化多样性宣言》强调的作者和艺术家的权利等,无一不与知识产权有关。

文化表现形式以及体现或传达文化表现形式的活动、产品与服务,可以受到知识产权保护。文化多样性保护,强调的是文化表现形式的独特性、多元性的文化特征;知识产权保护,着眼于具有不同特性的文化表现形式的本身及其载体。《公约》将“文化表现形式”解释为“个人、群体和社会创造的具有文化内容的表现形式”。有学者认为,文化多样性是人类在长期过程中形成的生活方式。其表现形式可以是有形的,如村落、庙堂、建筑、饮食、舞蹈、传统的加工活动(如烹调、编制、舂米、雕刻)、实物(如衣服、家具、农具、生活用具、民间工艺品等)、礼仪活动等,也可以是无形的,如语言、文字、音乐、戏剧、舞蹈、信仰意识等。[①] 上述表现形式,符合保护条件的,可以视为知识产权客体。此外,《公约》规定多样性的文化表现形式应能平等享有各种传播手段,其涉及的领域包括电影、电视、有线电视、广播、摄影、视觉艺术、网络、出版、通信、娱乐游戏等。这些传播手段都涉及知识产权保护问题。联合国教科文组织执行局认为,对上述文化表现形式,该国际组织已颁布两项著作权公约,即 1952 年《世界版权公约》和 1961 年《保护表演者、录音制品制作者和广播组织罗马公约》。此外,《公约》的适用范围通过世界贸易组织批准的《知识产权协定》(1994 年)和世界知识产权组织通过的《互联网条约》(1996 年)而有了新近的更新。有基于此,教科文组织认为在著作权方面没有必要考虑新的准则性行动。[②] 这说明,符合条件的文化表现形式,可以受到现代知识产权法的保护,但这种保护是有限的。

《文化多样性公约》强调采取包括知识产权在内的文化政策和措施,以鼓励和支持艺术家和参与创造活动的其他人员。《世界文化多样性宣言》率先对此作出了原则性宣示,即“应当特别注意创作意愿的多样性,公正地考虑作者和艺术家的权利”。《公约》多个条款涉及上述问题,要求缔约国努力承认艺术家以

---

① 参见刘冬雪:《文化全球化与文化多样性》,载《社会科学季刊》2003 年第 1 期。

② 联合国家教科文组织执行局,“指定一份文化多样性准则性文件的可能性:对相关的技术与法律问题的初步研究”,http://unesdoc.unesco.org/images/0012/001297/129718c.pdf,2003 年 3 月 12 日访问。

及参与创作活动的其他人员在培育文化多样性方面的核心作用，采取文化政策与措施鼓励和支持他们“发展和促进思想文化表现形式或文化活动、产品、服务的自由交流和流通”①。联合国教科文组织执行局认为有关艺术家及参与创作活动的其他人员的权利，在联合国教科文组织、世界知识产权组织、世界贸易组织制定的一系列国际公约中已作出系统规定。在此情况下，教科文组织应该考虑保护与扶持艺术家的其他问题。这些问题涉及“对艺术的资助，对创造活动的补贴，艺术教育，艺术与新技术，艺术家的工作条件，艺术家的纳税与健康，集体谈判的权利和艺术家的流动”。1980年联合国教科文组织《关于艺术家地位的建议》，对上述问题作出了原则性阐述，但这是一个非强制性文件，对缔约国的文化政策并无约束力。1997年在巴黎召开的“关于艺术家地位的世界大会”，建议采取协调一致的措施并通过具有强制性的国际文件。这就是说，《公约》鼓励和支持艺术家的有效措施，尚有待其他国际文件的配合和补充。关于艺术家地位的有关规定，包括但不限于知识产权保护，其内容涉及一国的整个文化政策。在这里，艺术家及参与创作活动的其他人员的权利，不仅是作为人权的文化权利，同时也是作为私权的知识产权。世界文化与发展委员会的报告认为，在文化多样性方面，“保护艺术家的权利至关重要”。其原因有两个方面：一是新传播技术的出现。“技术发展为艺术家的创造活动拓展了新的领域，但同时又危害着他们的权利。”②在数字压缩、虚拟映像和各种多媒体产品层出不穷的情况下，知识产权制度的任务应是更好地保护艺术家的权利，同时确保更多的人有机会接触艺术产品。二是新国际贸易体制的形成。知识产权国际保护成为当代国际经济、文化、科技贸易领域的重要法律秩序。以《知识产权协定》为核心的国际知识产权制度，使得版权保护朝着以贸易为中心而不是以作者为中心的方向变化。其后果不仅使得艺术家的精神利益得不到有效保护，造成作者权利的缺失，而且由于文化产品进出口贸易的不平衡，损害了发展中国家艺术家的创造积极性和这些国家文化产业的发展。在文化多样性的保护与发展过程中，鼓励多样性的文化创造活动，离不开知识产权保护；同时，文化自由与艺术创造之间的联系又超越了知识产权问题，绝不限于私权保护本身。有鉴于此，世界文化与发展委员会报告建议，探索建立一套新的知识产权法律体系，以确保艺术家的合法权益得到有效保障；而且也应采取特殊的社会、法律、财政和制度性的措施来维护艺术家的特殊地位。③

---

① 参见《文化多样性公约》第6条第(5)款、第(7)款，第7条第(2)款。

② 联合国教科文组织、世界文化与发展委员会：《文化多样性与人类全面发展》，广东人民出版社2006年版，第165页。

③ 同上引文。

传统文化表现形式或者说传统知识,是现代知识产权制度尚未解决的难点问题。《公约》在序言中宣称:“承认作为非物质和物质财富来源的传统知识的重要性,特别是原住民知识体系的重要性”;强调“文化表现形式,包括传统知识表现形式的多样性”,在思想表达与信息分享方面的重要价值。尽管《公约》在指导原则中“强调尊重少数民族和原住民的文化”,在“促进措施”中主张对“少数民族和原住民的特殊情况和要求给予应有的重视”,但《公约》并没有提出一个有效施行的制度方案。从文化视角看,“传统知识是一种文化要素,即是文化多样性的有机组成部分”。[①] 从法律角度看,传统知识是知识产权对象的智力创造源泉。传统知识是传统部族在千百年来的生产、生活实践中创造出来的知识、技术、经验的总称。按照世界知识产权组织的说法,传统知识是指基于传统所产生的文学、艺术或科学作品,表演,发明,科学发现,外观设计,标记,名称及符号,未公开的信息,以及一切来自产业、科学、文学艺术领域内的智力活动所产生的基于传统的创新或创造。[②] 传统知识的具体类型几乎囊括了《世界知识产权组织公约》所规定的一切知识财产形式,但它与现代知识产权客体有明显的区别,即传统知识这个概念深刻地表明了该类知识的本源性(基于传统产生而不是新的智力创造)和知识的文化性(附属于特定部族或地域而不是个人的智力成果)。长期以来,传统知识一直被简单地归属于共有领域,任由他人自由而无偿地获取、利用。近年来,国际社会十分重视传统知识的保护问题,并对这种制度安排进行了有益的探讨:(1) 采用现行制度保护。根据世界知识产权组织对一些国家的调查,许多国家包括北美、西欧的一些发达国家认为现行知识产权制度原则上可适用传统知识保护。[③] 知识产权现有形式下的保护方式包括:著作权及邻接权(以民间文学艺术表达为主的传统知识为保护对象)[④]、专利权(以遗传资源的利用、开发有关的产品和方法为保护对象)、植物品种权(以改进原生状态物种的新植物品种为保护对象)、外观设计权(以传统的手工艺产品为保护对象)、商标权(以含有传统知识的商品或服务所采用的个体或团

---

① 严永和著:《论传统知识的知识产权保护》,法律出版社 2006 年版,第 49 页。

② WIPO Intergovernmental Committee On IP and GR, TK and F, Sixth Session(Geneva,March 15 to 19,2004),Revised Version of TK Policy and Legal Options, p. 6.

③ 参见朱雪忠:《传统知识的法律保护初探》,载《华中师范大学学报》(社科版)2004 年第 3 期。

④ 联合国教科文组织与世界知识产权组织合作,为非洲国家制定了《突尼斯著作权示范法》,着力保护一些民间风俗和原始工艺品,而不考虑民间风俗是否能够被固定于有形物质之上。《突尼斯著作权示范法》在法律实践中对非洲一些国家如布隆迪、喀麦隆、加纳、几内亚、象牙海岸、马里、刚果等产生了重大影响。参见 Eiream Brooks, Cultural Imperialism vs. Cultural protectionism: Hollywood's Response To UNESCO Efforts To Promote Cultural Diversity,The Journal of International Business & Law, Spring, 2006。

体标记为保护对象)、地理标记权(以各类天然、传统的工艺品所采用的社区标记为保护对象)、反不正当竞争(以未公开的传统知识为保护对象)。① 必须看到,现行知识产权制度无法对所有形式的传统知识提供保护,且在实施过程中在主体确认、客体保护条件、权利保护期限、利益分配等方面存在着诸多困难,因此,适用现行制度保护,只能是应急之策,恐怕难为长远之计。(2) 采用专门制度保护。一些学者和非政府组织强烈建议的方法是建立一种专门制度,即为适应传统知识的本质和特点而创设独立法律制度。制定专门法的途径,有两种制度选择:一是单一保护制度,即建立一种涵盖传统知识保护各个方面的综合性制度。一些国家和某些区域性的政府间组织和机构,尝试创设所谓的"社区权"、"社区知识权"、"传统资源权"制度,对土著文化社区的传统知识给予保护。例如,安第斯组织正在起草的"保护传统知识的共同制度",太平洋岛国拟议中的"传统知识和文化表达的示范法",以及菲律宾、厄瓜多尔、巴西、委内瑞拉等国的宪法和法律中关于"社区权"的相关制度。这种保护制度受到国际社会的关注,但其实际施行却进展甚微。有鉴于此,一些发展中国家建议构建专门的"数据库保护制度",即是将传统知识在整体上作为特殊的数据库加以保护。这种特殊数据库除获得一般数据库的作者权外,还包括对数据库实际记录的知识本身所享有的权利,对已经登记的知识表达形式复制和具体内容利用所享有的权利。② 这种保护制度是著作权与未公开信息保护制度相结合的产物,既保护了思想表达,又可保护思想内容,有其合理性。二是多种保护制度。考虑到单一保护制度要处理传统知识的不同主题(如作品、技术或标记等),较难对其制定共同规则,一些国际组织以及部分国家建议对传统知识中易限定的部分(特别是民间艺术创作、传统医药等),先行给予专门保护。例如,1996 年世界知识产权组织在其《表演与录音制品条约》中将民间文艺列入受保护的表演范畴;2000 年,欧洲委员会提出"关于知识产权法下民间文化表现形式的国际保护报告"以及泰国制定的《传统泰药知识法》、中国制定的《传统工艺美术保护条例》等。这种制度保护对象明确,权利界定清楚,其立法有可资借鉴之处。关于专门制度的法律属性,即是否属于知识产权保护机制的范畴,国际上有不同的认识。有的认为这是一种"专门的知识产权制度",尽管它的学理基础、规范方法与典型的知识产权制度有较大的差异;也有的认为,这种制度"处于现行知识产权体系的保护之外,它实际上归属于国际社会正在讨论的一个更为宽泛的权利系统——传统资源权"。"如果说现行知识产权制度是对智力创新的激

---

① 参见 Carlos Correa:《传统知识与知识产权》,国家知识产权局译,http://www.biodiv ip.gov.cn,2006 年 12 月 9 日访问。

② 参见宋红松:《传统知识与知识产权》,载《电子知识产权》2003 年第 3 期。

励,那么传统资源权就是对智力源泉的涵养”。[①] 可以认为,传统知识保护是当代知识产权国际保护制度发展过程中的新问题,也是文化多样性保护必须面对的重要法律问题。

以知识产权的形式对文化多样性进行保护是必要的,但当代国际知识产权制度在这一方面存在明显的不足。《知识产权协定》在序言中宣示“知识产权为私权”。在诸多知识产权公约中,《知识产权协定》第一次明确界定了知识产权的本质属性,即以私权名义强调知识财产私有的法律形式。在西方国家,私权神圣是一项基本的法律原则。承认知识产权为私权,意味着知识产权与其他财产权一样都处于同样的私权地位,从而在理念和制度上可以为知识产权提供有力的法律保障。知识财产私权化在国内法和国际法领域的扩张造成的后果值得我们重视:一方面,知识财产私权化在国内法领域的拓展,导致原来人们所共有的生产、技术、市场知识和技能开始划归私人领域,知识财富的公有领域相对缩小,从而造成知识创造者的个人利益与知识利用者的公众利益之间的冲突。[②] 另一方面,知识产权在国际法领域的加强,迫使经济、技术、文化处于落后地位的发展中国家不得不接受扩大私权保护范围、提高私权保护水平为发展方向的国际知识产权保护新体制,这势必造成它们与发达国家之间在知识财产利益方面的不平衡。知识产权的理念与制度,张扬的是神圣的私权,这与作为普遍人权、集体人权的文化权利是不同的。与《文化多样性公约》的宗旨不同,以《知识产权协定》为核心的知识产权国际保护制度,极力保护的是文化表现形式的独创性、新颖性,而忽视了文化表现形式的多样性。我们看到,现代欧美文化类型以其“现代性”为特征称雄于世界。从文化的角度看,欧美文化对各地原住民文化、传统文化的同化,日益蚕食着世界文化的多样性;从法律的角度看,西方国家主张的法律精神及其制度准则,已经成为国际社会生活的指南。[③] 在知识产权领域,欧美文化类型在知识产品的现代化生产中,以各种“智力创新”的形式得到欧美国家主导的国际知识产权制度的周延保护。与此相反,知识产权制度对不同的文化类型即“智力源泉”却缺乏必要的法律涵养,这一制度“只能保护知识财产上的财产利益而难以保护其同时存在的文化利益”。[④] 在国际社

① 龙文:《论传统知识产权权利的实现形式》,载国家知识产权局条法司编:《专利法研究》(2004),知识产权出版社2004年版。

② 参见袁泳:《知识产权法与技术、文化创新》,载《北京大学学报(哲社版)》1997年第5期。

③ 参见严永和著:《论传统知识的知识产权保护》,法律出版社2006年版,第61—62页。

④ 有学者认为,知识产权不能充分保护文化多样性。在文化类型之间占有和利用中引起的财产损害,知识产权法作出了回应;而所造成的文化损害,知识产权法则没有相应的补偿机制。参见Rebecca Tsosie, Reclaiming Native Story: An Essay on Cultural Appropriation and Cultural Rights, Spring, 2002, 34, Ariz. St. L. J. 299。

会,以知识产权名义所进行的文化创作、生产、传播行为,对他种类型的文化表达和知识形式等进行不当占有和利用,往往损害了文化的多样性,特别是非主流文化、传统部族文化、少数人群体文化的存在和发展。其常见形式有:(1) 对他种类型的文化赋予不同的意义而并入另一种类型中,损害特定文化生存的独立性;(2) 以文学、艺术作品形式失真地编排他种类型的文化生活,损害传统部落文化表现形式的真实性;(3) 对他种类型的文化表现形式如歌曲、舞蹈、戏剧、医药等进行占有和利用,既不标示来源,又不支付报酬,损害传统文化资源的合法权益;(4) 利用电视、电影、网络、音像、广播、出版等技术控制文化传播手段,扩展单一文化的传播空间和时间,损害弱势文化得以平等表达的机会。我们看到,发展中国家经过千百年实践积累下来的传统知识、传统文化表达,正被一些发达国家无偿地利用,甚至成为这些国家的知识产权。这一情形表明,以知识产权为后盾的西方主流文化在不断张扬,而以文化权利为表征的文化多样性却日趋弱化。《知识产权协定》立足于知识财产的私权属性,着力于与贸易有关的知识产权保护,未能顾及文化创作的源泉——文化多样性的问题,实质上是对文化权利这一基本人权的忽视。关于知识产权所保护的作品与文化多样性的关系,《世界文化多样性宣言》作出了明确的阐述。其第 1 条强调:"文化多样性是交流、革新和创作的源泉,对人类来讲就像生物多样性对维持生态平衡那样必不可少。"第 7 条指出:"每项创作都来源于有关的文化传统,但也在同其他文化传统的交流中得到充分的发展。因此,各种形式的文化遗产都应当作为人类的经历和期望的见证得到保护、开发利用和代代相传,以支持各种创作和建立各种文化之间的真正对话。"有鉴于此,《文化多样性公约》在序言中宣称:"文化多样性是人类的共同遗产",并在"指导原则"中赋予保护文化多样性以基本人权的意义。上述规定说明了文化传统对智力创作成果的本源意义,表述了文化多样性对创作意愿选择的存在价值。没有文化传统多样性的存在,文化创作就成为无源之水,文化创作自由也就无法实现。可以认为,在文化领域,《文化多样性公约》是对《知识产权协定》一个有益的补充,它着力于解决现行知识产权制度保护智力成果而忽视智力源泉的弊端,为实现文化权利与知识产权之间的平衡与协调提供了可能。

五、文化多样性的权利协调与制度安排

文化多样性领域的多元权利形态,发挥着各自的制度功能,服务于共同的缔约目标,它们并不是相互孤立和隔绝的,也不应是彼此冲突和对立的。多元权利形态如何实现缔约目标,多元权利形态之间关系应该如何处理,这涉及法

律原则遵循和法律制度安排的诸多问题。

1. 文化主权的正当行使、自动限制与文化多样性的缔约目标

文化传统保护与文化发展选择,是《文化多样性公约》的缔约目标,也是国家文化主权的基本内容。在本国领土范围内采取措施保护文化多样性,应是国家享有的文化主权;同时,致力于文化多样性发展的双边、多边合作,则是国家应尽的国际义务。文化多样性缔约目标的实现,与文化主权的行使有着密切的联系。在这里,首要的问题是维护文化主权。在文化全球化和文化产业全球化的今天,我们面临着一个"风险文化的时代"。英国学者斯科特·拉什为此警告说:"始料不及的风险和危险将不再是由工业社会的物质化生产过程中所产生的风险和危险,而是从信息领域、从生物技术领域、从通讯和软件领域产生出的新的风险和危险。"①当今时代的"文化风险",即表现为民族国家文化主权的弱化和传统文化边缘化。在全球范围内,许多民族、部落的传统文化与所谓的主流文化、强势文化一直存在着某种紧张状态,这一情况,不仅存在于东西文化之间,而且也表现在欧美文化内部之中。"法国对好莱坞电影在全球畅通无阻感到不妥和恐惧,为抑制美国娱乐业的入侵,法国在欧共体内寻求建立欧洲及国家定额管理制度。澳大利亚的文化产业委员会也感到不安,他们建议政府在遵守世界贸易组织规则的基础上,建立和创建'文化防火墙'制度。加拿大在世界贸易组织裁决其对美国杂志采取的限制措施有悖自由贸易原则之后,采取了'论坛应变'(form shifting)的措施,建立起多元文化网。"②在《文化多样性公约》生效之后,民族国家根据公约规定,采取必要并适当的文化管理措施、文化资助措施、文化鼓励和扶持措施等,应视为是一种文化主权行为。这种文化主权是文化多样性存在和发展的法律基础。上述所言即是主权的正当行使。与此相关的另一个问题是文化主权的自动限制。文化产品贸易与文化服务贸易是世界贸易组织框架内国际贸易的重要内容。参与国际贸易体制本身不仅意味着国家不能完全按照自己的利益愿望制定经济、文化政策等,在对外经济、文化交往中会受到有关国际规则的制约;而且还由于文化霸权在国际上的出现,使得许多国家客观上保护和发展

① [英]斯科特·拉什:《风险社会与风险文化》,王武龙译,载《马克思主义与现实》2002 年第 4 期。

② 薛晓源:《全球化与文化产业研究》,载林拓主编:《世界文化产业发展前沿报告》(2003—2004),社会科学文献出版社 2004 年版,第 9—10 页。

民族文化的主权能力下降。[①] 前者表现了国家以主权必要限制来换取国际经济利益的追求,后者则意味着文化霸权对他国文化主权的侵蚀。笔者认为,国家文化主权的自由限制来源于国际公约的约束力,而不应是个别国家的政治强权、经济强势和技术强力,这是对文化多样性保护进行国际协调的重要前提。当然,国家的文化主权行为应有着合理的边界,即应符合文化多样化的缔约目标,不得侵犯受到国际法保障的人权和基本自由,不得影响缔约国在其他公约中所承担的国际义务。上述所言即是主权的自动限制,其出发点都应是保护文化多样性的缔约目标。

2. 文化权利的基本内涵实现途径以及对文化主权的影响

《文化多样性公约》将“文化多样性”定义为“各群体和社会借以表现其文化的多种不同形式”。“文化表现形式”则是个人群体和社会创造的“源于文化特征或表现文化特征的象征意义、艺术特色和文化价值”等文化内容的表现形式。公约的目标即是保护“文化表现形式”的多样性。这里的“保护”意指“保存”(preservation)、“维护”(safeguarding)和“加强”(enhancement)文化表现形式多样性而采取措施。根据相关国际公约和一些国家的做法,文化多样性的保护措施主要有:(1)有形文化财产的物理保护和无形文化财产的固化保护。国际公约确认国家、民族或部族对于文化遗产物(如古人类遗址物、墓葬物、神圣物等)及其他文化财产的物理表现形式的所有权,以及对非物质文化遗产(如民俗、民歌、民间舞蹈、口头传说)的管领和控制权。上述即是自身文化享有权。缔约国有义务资助“收集整理文化多样性的各种有形无形表现形式,并以适当的方式加以保存,从而满足将来可能发生的文化需求”[②]。(2)对文化身份认证权利的保护和对文化表达形式选择自由的保护。国际公约确认各民族、部族以及少数人群体有权维护自己的文化身份和文化尊严,表达和信奉其语言、宗教、传统、风俗(违反国家法律和国际标准的习俗除外)等。上述即是文化表达的选择权。缔约国有义务采取立法措施提供必要条件,以维护各民族、部族的文化特征。在这里,应特别注意创造条件使少数人群体学习其母语或以其母语接受

① 以政治、经济、科技优势为后盾所形成的“文化霸权主义”,危及着多样性文化的进程。有学者认为,信息交往首先需要由双方都能够解码的信息代码。目前网络上通行的是英文,首先是“ASCII(American Standard Code for Information Interchange)”,即“美国信息交换标准代码”,它冠名“美国”但实际上是国际交换标准代码。这种以某种语言为主导的跨国信息交流有可能压抑他种语言形式从而限制文化的多样性发展。更为严重的是,信息的流向远非对等,多由发达国家流向发展中国家,随着经济、科技信息的流入,同时也会发生意识形态、价值观念、宗教信仰等文化的“整体移入”,以致使其他国家的原有文化受到压抑。参见乐黛云:《全球化时代的多元文化发展问题》,引自中华孔子学会、云南民族学院编:《经济全球化与民族文化多元发展》,社会科学文献出版社 2003 年版,第 87 页。

② 严永和著:《论传统知识的知识产权保护》,法律出版社 2006 年版,第 80—81 页。

教育,鼓励社会人群对少数人群体历史、语言和文化的了解。[①] (3) 对传统文化生存和加强之权利的保护。国际公约确认不同民族、部族有权对其文化传统享有全部经济利益,平等享有文化的各种表现形式和利用各种传播手段,以维持自身文化存在,推进文化多样性,促进传统文化繁荣。上述即是文化生存和延续的发展权。缔约国有义务提供和创造适当的社会条件,推动民族文化产业发展;采取必要的政策和法律措施,保障文化主体充分实现其文化价值和获取经济利益,为文化多样性的存在、发展孕育所需的物质基础和经济资源。保护文化表现形式的多样性,是个人、群体或社会享有的文化权利,也是对国家正当行使文化主权的法律要求。文化主权与文化权利的关系,有一个不断发展与变化的过程,实际上表现为国际人权机制对国家主权行为的影响以至干预。"国际人权机制自第二次世界大战后形成并逐渐作用与实践,它的每一步都伴随着其超国家性的不断增强。"[②]《联合国宪章》在将人权纳入国际规范时,只是将联合国的人权责任界定为"鼓励、推动、作成建议"等非强制性权力;《世界人权宣言》仅是要求"努力通过教诲和教育促进对权利和自由的尊重";但在《公民权利和政治权利国际公约》中,对缔约国的人权要求则有了提升,规定"每一缔约国尽最大能力采取步骤或经由国际援助和合作",尤其包括用立法的方法来促进权利的实现。该公约还特别设立"人权事务委员会",授权其"接受和审议一缔约国指控另一缔约国不履行它在本公约下的义务的通知"。《经济、社会和文化权利国际公约》则进一步规定,缔约国对于人权保护所采取的措施和取得进度,应向联合国秘书长提出报告,并由后者转交联合国经济和社会理事会进行审议,该委员会可以提请联合国其他机构(包括它们的辅助机构、专门机构)对有关人权事项予以注意,以决定在各自的权限内是否采取旨在有助于履行公约的国际措施。缔约国违反国际人权义务,应承担何种法律后果,相关人权公约未作具体规定。但据一些学者的研究,如果有关国家侵犯了受害人(包括个人或群体)的权利,"人权委员会"可为受害者提供"衡平救济"(equitable remedies)以及其他保护措施,例如侵害调查、赔偿或其他赔偿、终止侵害、阻止后续侵害、侵害国法律修订等。[③] 这些说明,由于国际人权机制的影响,缔约国的文化主权行为须以基本人权的实现为目标,并在文化权利方面自动限制其主权的

---

① 参见 1992 年联合国大会《关于民族或种族、宗教和语言上属于少数的人的权利宣言》。

② 参见刘杰著:《秩序重构:经济全球化时代的国际机制》,高等教育出版社 1999 年版,第 217 页。

③ Lauren E. Godshall, Making Space for Indigenous Intellectual property Rights Under Current International Environmental Law, 2003, 15, Geo. Int'L Envtl. L. Rev. p. 497. 转引自严永和著:《论传统知识的知识产权保护》,法律出版社 2006 年版,第 82 页。

排他性效力。

3. 知识产权与文化权利的价值目标取向及其权利之间冲突的协调

知识产权制度是以保护私人创作成果，促进信息自由传播为其立法宗旨的。对此，国际人权公约强调了保护文化多样性与上述目标的关联性。《文化多样性宣言》认为，“文化多样性是交流、革新和创作的源泉”。“每项创作都来源于有关的文化传统，但也在同其他文化传统的交流中得到充分的发展。”在这里，宣言描述了作品创作性与文化多样性的关系。可以说，文化多样性为作品创造性提供了必要的智力源泉和文化土壤；同时，文化的创作和传播也有助于多样性文化之间的交流和发展。《文化多样性公约》在“开放和平衡原则”中进一步指出，“在采取措施维护文化表现形式多样性时，各国应寻求以适当的方式促进向世界其他文化开放，并确保这些措施符合本公约的目标”。公约重视“表达、信息和交流等基本自由，并确保个人可以选择文化表现形式”，并以此作为保护和促进文化多样性的人权基础。可以认为，文化多样性固然是对“文化霸权主义”的一种反抗，但并非意味着对“文化孤立主义”的承认。“文化孤立主义”或称“文化部落主义”，反对文化交往和沟通，在一个封闭的环境中虚构自己的“文化原貌”，固守排他性、封闭性的本土文化。[①] 这些并不是《公约》所倡导的文化多样性保护。笔者认为，知识产权与文化权利在鼓励文化创造和交流方面有着相通和共融的地方，但是两种权利形态也是有区别的：知识产权是一项私权，着眼于保护私人智力创造。从国际范围来看，知识产权资源并不为一切人所实际享有，也并不由各个国家均衡掌控。在文化产业和版权业扩张的今天，这一权利多为发达国家具有文化传播实力的出版大亨、传媒巨头、影视公司老板所把持；而文化权利是一项集体人权，致力于维护文化多样性。发展中国家拥有丰富的传统知识和文化资源，但其民族、部族的文化权利难以有效地实现。以知识产权为后盾的文化全球化和全球化的文化产业正挤压着多样性文化的生存空间，这即是知识产权与基本人权的冲突。自进入后 TRIPS 时代以来，国际社会十分关注知识产权与基本人权的关系问题。国际贸易领域的知识产权问题与国际政治领域的人权问题，被喻为当代国际关系的两大热点问题。2000 年，联合国人权促进保护小组委员会发表了“知识产权与人权”的报告，审查了《知识产权协定》对国际人权带来的影响，宣称：“由于《知识产权协定》的履行没有充分反映所有人权的基本性质和整体性，包括人人享有获得科学进步及其产生利益的权利、享受卫生保健的权利、享有食物的权利和自我决策的权

---

① 参见乐黛云：《全球化时代的多元文化发展问题》，引自中华孔子学会、云南民族学院编：《经济全球化与民族文化多元发展》，社会科学文献出版社 2003 年版，第 82—83 页。

利,所以,《知识产权协定》中的知识产权制度作为一方与另一方的国际人权之间存在着明显的冲突。”[1]对此,前任 GATT/WTO 法律顾问 Patesmann 教授提出尖锐的批评:《知识产权协定》没有参照人权法,其根源在于“制定贸易政策的政治家宁愿选择避免人权对话,从而使得政治化的贸易关系不具有民主色彩”。[2] 国际社会十分重视知识产权与文化权利的关系,并努力改革现有的国际知识产权制度,使之符合国际人权的标准。《文化多样性公约》的缔结即是一个良好的示范。根据国际公约的原则规定和国际人权的一般理论,我们可以得出处理知识产权与文化权利之间关系的一般性结论:一是关于权利的冲突,即奉行“法益优先保护”的原则。保护文化多样性的文化权利是国际公约承认的基本人权,上述权利是民族、部族或其他社会群体维护其文化身份和文化尊严所不可或缺的重要权利,也是个人、群体和社会选择文化表达的基本自由。相对于知识产权这一财产权利而言,上述权利应当具有优越地位即应看做是具有优先性的法价值。实行“法益优先保护”原则,意味着现代知识产权制度不仅要符合国际知识产权公约的规定,而且不应与国际人权标准相冲突。立法者在为知识产权提供法律保护时,应符合其必须遵守的国际人权义务。二是关于权利的协调,即实行“利益平衡”的原则。其实,知识产权与文化权利在本质上可以达到一致。包括知识产权在内的私人财产权是基本人权实现的基础。这是我们实现权利协调的一个重要条件。“利益衡平”是民法精神和社会公德的要求,也是“人权思想和公共利益原则”的反映。[3] 它要求当事人之间、权利与义务主体之间、个人与社会之间的利益应当符合公平的价值理念。知识产权法所强调的利益衡平,实际上是与一定形式的权利限制、权利利用制度相联系。也就是说,出于保护文化多样性这一公共利益目标,出于对文化权利等基本人权的尊重,在一定情况下应对知识产权进行必要限制。

---

① UN Commission in Human Rights, Intellectual Property and Human Right, 2000, E/CN1.4/sub.2/2000/7.

② E. U. Patesmann, the WTO Constitution and Human Rights, Journal of International Economic Law, Vol. 3, 2000. 转引自孙皓琛:《WTO 与 WIPO:TRIPS 协议框架中的冲突性因素与合作契机之探讨》,载《比较法研究》2002 年第 2 期。

③ 〔美〕奥德丽·R. 查普曼:《将知识产权视为人权:与第 15 条第 1 款第 3 项有关的义务》,载国家版权局主编:《版权公报》2001 年第 3 期。

参考文献

1. 吴汉东等:《知识产权基本问题研究》,中国人民大学出版社 2005 年版。

2. 吴汉东主编:《知识产权国际保护制度研究》,知识产权出版社 2007 年版。

3. 吴汉东主编:《知识产权年刊》,北京大学出版社 2005 年版。

4. 吴汉东主编:《知识产权法》,北京大学出版社 2007 年版。

5. 唐广良、董炳和:《知识产权的国际保护》(修订版),知识产权出版社 2007 年版。

6. 古祖雪:《国际知识产权法》,法律出版社 2002 年版。

7. 郑成思:《WTO 知识产权协议逐条讲解》,中国方正出版社 2001 年版。

8. 郑成思:《关贸总协定与世界贸易组织中的知识产权》,中国人民大学出版社 1994 年版。

9. 郑成思著:《知识产权法:新世纪初的若干研究重点》,法律出版社 2004 年版。

10. 郑成思:《知识产权论》,法律出版社 2003 年版。

11. 〔英〕戴维·赫尔德、安东尼·麦克格鲁:《治理全球化:权力、权威与全球治理》,曹荣湘、龙虎等译,社会科学文献出版社 2004 年版。

12. 〔日〕中山信弘:《多媒体与著作权》,张玉瑞译,专利文献出版社 1997 年版。

13. 〔美〕E. 拉兹洛:《决定命运的选择》,李吟波、张武军、王志康译,三联书店 1997 年版。

14. 〔德〕柯武刚、史漫飞:《制度经济学》,韩朝华译,商务印书馆 2004 年版。

15. 易继明:《技术理性、社会发展与自由》,北京大学出版社 2005 年版。

16. 李明德:《"特别 301 条款"与中美知识产权争端》,社会科学文献出版社 2000 年版。

17. 王晋刚、张铁军:《专利法生存》,知识产权出版社 2005 年版。

18. 〔美〕罗伯特·考特、托马斯·尤伦:《法和经济学》,张军等译,上海三联书店、上海人民出版社 1999 年版。

19. 〔美〕庞德:《法理学》(第一卷),邓正来译,中国政法大学出版社 2004 年版。

20. 〔英〕戴维·赫尔德、安东尼·麦克格鲁:《全球化与反全球化》,陈志刚译,社会科学文献出版社 2004 年版。

21. 〔印〕甘古力著:《知识产权:释放知识经济的能量》,宋建华、姜丹明、张永华译,知识产权出版社 2004 年版。

22. 曾令良著:《世界贸易组织法》,武汉大学出版社 1996 年版。

23. 曹建明、贺小勇著:《世界贸易组织》,法律出版社 2004 年版。

24. 石广生主编:《世界贸易组织基本知识》,人民出版社 2001 年版。

25. 刘春田主编:《知识产权法》,中国人民大学出版社 2002 年版。

26. 赵维田:《世贸组织(WTO)的法律制度》,吉林人民出版社 2000 年版。

27. 王铁崖主编:《国际法》,法律出版社 1981 年版。

28. 王献枢主编:《国际法》(修订第 2 版),中国政法大学出版社 2002 年版。

29. 洪德钦著:《WTO 法律与政策专题研究》,中国人民公安大学出版社 2004 年版。

30. 蒋德恩:《世界贸易组织中的争端解决》,对外经济贸易大学出版社 1999 年版。

31. 司法部法规教育司、国家外国专家局科教文卫司:《WTO 争端解决机制——规则、程序与实践》,法律出版社 2002 年版。

32. 许海峰主编:《涉外知识产权保护法律实务》,机械工业出版社 2005 年版。

33. 孙琬钟主编:《世界贸易组织法研究文集——中国入世专家谈》,当代中国出版社 2002 年版。

34. 赵秉志主编:《中国知识产权的刑事法保护及对欧盟经验的借鉴》,法律出版社 2006 年版。

35. 冯晓青主编:《全球化与知识产权保护》,中国政法大学出版社 2008 年版。

36. 曹建明、陈治东主编:《国际经济法专论(第五卷)》,法律出版社 2000 年版。

37. 国家版权局办公室编:《国际版权和邻接权条约》,中国书籍出版社 2000 年版。

38. 张乃根:《国际贸易的知识产权法》,复旦大学出版社 2007 年版。

39. 黄桂林:《地理标志的国际保护及中国现状》,人民法院出版社 2005 年版。

40. 孔祥俊:《WTO 知识产权协定及其国内适用》,法律出版社 2002 年版。

41. 刘剑文主编:《TRIPS 视野下的中国知识产权制度研究》,人民出版社 2003 年版。

42. 王传丽主编:《国际贸易法——国际知识产权法》,中国政法大学出版社 2004 年版。

43. 韩立余等编著:《美国对外贸易中的知识产权保护》,知识产权出版社 2006 年版。

44. 〔日〕富田彻男著:《市场竞争中的知识产权》,廖正衡、张明国等译,商务印书馆 2000 年版。

45. 曾陈明汝:《商标法原理》,中国人民大学出版社 2003 年版。

46. 黄汉民主编:《中国对外贸易》,中国财政经济出版社 2006 年版。

47. 张旗坤等编著:《欧盟对外贸易中的知识产权保护》,知识产权出版社 2006 年版。

48. 〔澳〕彼得·达沃豪斯、约翰·布雷斯威特:《信息封建主义》,刘雪涛译,知识产权出版社 2005 年版。

49. 〔法〕米海伊尔·戴尔玛斯·马蒂著:《世界法的三个挑战》,罗结珍等译,法律出版社 2001 年版。

50.〔挪威〕A.艾德等著:《经济、社会和文化的权利》,黄列译,中国社会科学出版社 2003 年版。

51.〔英〕彼得·斯坦、约翰·香德:《西方社会的法律价值》,王献平译,中国法制出版社 2004 年版。

52.〔美〕波塞等著:《超越知识产权:为原住民和当地社区争取传统资源权利》,云南科技出版社 2003 年版。

53. 冯洁菡著:《公共健康危机与 WTO 知识产权制度的改革——以 TRIPS 协议为中心》,武汉大学出版社,2005 年 7 月版。

54.〔美〕罗纳德·德沃金:《认真对待权利》,信春鹰、吴玉章译,中国大百科全书出版社 1998 年版。

55. 秦天宝编译:《国际与外国遗传资源法选编》,法律出版社 2005 年版。

56. 叶兆阳著:《高新技术知识产权的保护和产业化》,华夏出版社 2002 年版。

57. 严永和:《论传统知识的知识产权保护》,法律出版社 2006 年版。

58. 李明德:《美国知识产权法》,法律出版社 2003 年版。

59. 王笑冰:《论地理标志的法律保护》,中国人民大学出版社 2006 年版。

60. 徐明华、包海波等著:《知识产权强国之路——国际知识产权战略研究》,知识产权出版社 2003 年版,第 186 页。

61. Susan K. Sell, Private Power, Public Law: The Globalization of Intellectual Property Rights, Cambridge University Press, 2003.

62. R. Palan & J. Abbott, with P. Deans, State Strategies in the Global Political Economy, London: Pinter, 1996.

63. Gunther Teubner, Global Law without a State, Dartmouth Pub Co, 1996.

64. Peter Drahos, A Philosophy of Intellectual Property, Dartmouth: Publishing Company Limited 1996.

65. Joshua S. Goldstein:《国际关系》,北京大学出版社 2005 年英文影印版。

66. Peter M. Gerhart, The Triangulation of International Intellectual Property Law: Cooperation, Power and Normative Welfare, 36 Case W. Res. J. Int'l L. 1.

67. Susan K. Sell, Industry Strategies for Intellectual Property and Trade: The Quest for TRIPS, and Post-TRIPS Strategies, 10 Cardozo J. Int'l & Comp. L. 79.

68. Paul C. B. Liu, Taiwan: U. S. Industry's Influence on Intellectual Property Negotiations and Special 301 Actions, 13 UCLA PAC. BASIN L. J. 87.

69. Graeme B. Dinwoodie and Rochelle C. Dreyfuss, TRIPS and the Dynamics of Intellecutal Property Lawmaking, 36 Case W. Res. J. Int'l L. 95.

70. Laurence R. Helfer, Regime shifting: The TRIPs Agreement and New Dynamics of International Intellectual Property Lawmaking, 29 Yale J. Int'l L. 1.

71. Peter Drahos & John Braithwaite, Intellectual Property, Corporate Strategy, Global-

ization: TRIPS in Context, 20 Wis, Int'l L. J. 451 (2002).

72. R. Palan & J. Abbott, with P. Deans, State Strategies in the Global Political Economy, London: Pinter, 1996.

73. Eyal Press & Jennifer Washburn, The Kept University, Atlantic Monthly Mar. 1, 2000, 39. Citing Clovia Hamilton, Proposed Cooperative Economic Development Agreements under the Bayh-Dole Act, 36 J. Marshall L. Rev. 405.

74. Clovia Hamilton, Proposed Cooperative Economic Development Agreements under the Bayh-Dole Act, 36 J. Marshall L. Rev. 405.

75. Laurence R. Helfer, The International Relations of Intellectual Property Law: Mediating Interactions in an Expanding, 36 Case W. Res. J. Int'l L. 123.

76. M. Gadbaw, Intellectual property and international trade: Merger or marriage of convenience? Vanderbilt Journal of Transnational law 22 (1989).

77. Michael P. Ryan, The Function-specific and Linkage-Bargain Diplomacy of International Intellectual Property Lawmaking, 19 U. Pa. J. Intel'l Econ. L.

78. Stephen D. Krasner, Structural causes and regime consequences: regimes as intervening variable, International organization, 36(3): (1982).

79. Robert Weissman, A Long, Strange TRIPS: The Pharmaceutical Industry Drive to Harmonize Global Intellectual Property Rules, and the Remaining WTO Legal Alternatives Available to Third World Countries, 17 U. Pa. J. Int'l Econ. L. 1078.

80. Graeme B. Dinwoodie, The International Intellectual Property Law System: New Actors, New Institutions, New Sources, 10 Marq. Intell. Prop. L. Rev.

81. Michael P. Ryan, The Function-specific and Linkage-Bargain Diplomacy of International Intellectual Property Lawmaking, 19 U. Pa. J. Int'l Econ. L.

82. Anupam Chander and Madhavi Sunder, The Romance of the Public domain, 92 Calif. L. Rev.

83. Shubha Ghosh, Reflections on the Traditional Knowledge Debate, 11 Cardozo J. Int'l & Comp. L.